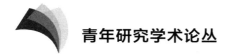

青年研究学术论丛

The Research on
the Values of Youth Based on
the Postmodernization Theory

# 后现代化
# 理论视野下的
# 青年价值观研究

吴鲁平　刘涵慧　王静 等 / 著

社会科学文献出版社
SOCIAL SCIENCES ACADEMIC PRESS (CHINA)

本研究得到中国青年政治学院科研基金资助

《后现代化理论视野下的青年价值观研究》一书，在某种意义上说，标志着我国青年研究进入了一个新的阶段，它在实现社会科学理论与青年主体两者结合上，跨出了明显的一大步，这是本书最大的优点和学术价值。后续研究如能以偏重于建设性反思的新型现代性为理论框架，在青年主体方面增加代表性和覆盖面，并注意增加中国气派、中国风格和中国特色，就会更加有价值。

——中国人民大学社会学一级教授、中国社会学会名誉会长郑杭生

本书以国内外大量经验事实为证据，充分论证了青年价值变迁中出现的全球化与后现代化趋势，无论是对青年价值观研究，还是对青年价值观教育，均具有极其重要的意义。然而，本书更重要的价值还在于，研究者依据中国经验数据提出的概念工具或理论命题，如"价值结构的多重性"（即传统价值观、现代价值观和后现代化价值观同时并存于中国青年的价值结构之中）、"全球价值观与国家价值观之间具有共生关系"等，凸显了中国青年价值结构的复杂性及其变迁的非线性等具有本土化意义的特征，在一定程度上实现了对全球化和后现代化理论中某些理论预设或命题的超越与创新，为进一步研究中国青年的价值变迁提供了新的理论视角和分析框架。

——中国社会科学院学部委员、社会学研究所研究员景天魁

在任何国家，青年都是社会中思想最为活跃、行动最为积极的一群。尤有甚者，对于中国这样的转型国家而言，青年一代既受到社会变迁的巨大影响，反过来又严重影响着变迁的进程；他们的所思所为典型性地标志着社会变迁的发展及其结果；更重要的是，他们的所忧所喜、所恨所爱还会在未来的年代里形塑社会变迁的指向和归依。在这个意义上讲，理解青年就是理解迄今已经发生的社会转型，理解青年就是理解我们社会的未来！

吴鲁平所编撰的《后现代化理论视野下的青年价值观研究》一书，立基于实证调查的资料，依托于理论思考的洞识，试图对当下中国青年的价

值观念做出全景式描述，并对其间所显露的基本特性、内在含义以及源流脉络进行深入的探讨和初步的解释。书中的各篇文章从不同的角度论说了同一主题，既启发着我们进一步展开思考，又供给了展开深入思考所必需的实证材料，因而值得我们精研细读。

——清华大学政治学系教授兼系主任张小劲

《后现代化理论视野下的青年价值观研究》一书围绕青年价值观这一核心主题，跨越时空，对比了多国青年的价值观变迁，探讨了社会、政治、经济等因素的影响机制。视野高远且聚焦，剖析全面而深刻，为读者勾画出了不同国度青年的价值观发展形态与特点的清晰图景。该书基于国际化比较，着力揭示了中国青年价值观的多元特点，这既丰富了价值观领域的研究内容、拓展了研究思路，又对转型期的中国社会改革极具参考价值。大量的实证调查，国际化数据库的利用，定性和定量研究方法的综合使用等，无疑在很大程度上保证了研究结果的客观性，也为后续的有关研究奠定了良好的基础。

——北京师范大学心理学院教授姚梅林

价值观是一种内心尺度，是决定人们行为的心理基础，价值观会随着时空的变迁而不断变化，传统价值观念会不断地受到新价值观的挑战。

本书通过跨文化的对比，分析了中国青年价值观的现状；同时探讨了在后现代价值观影响下，当代中国青年的行为方式；更可贵的是，本书的作者总结提出了关于青年价值观研究的新视角，为该领域的研究提供了发展方向上的重要参考。

——北京师范大学发展心理学研究所教授陈英和

《后现代化理论视野下的青年价值观研究》一书以全球化理论和后现代理论为主线，以定量和定性实证研究所获得的资料为依托，沿着空间、时间线索梳理各国、各类青年群体价值观的演变过程和特点。该书不仅呈现了不同国家青年群体价值观的概貌，还对影响青年价值观的各类背景因素进行了深入分析，在一定程度上检验、丰富、完善了青年价值观的有关理论。值得称赞的是，本书对中国青年价值结构多重性的着力刻画为全球化理论提供了新的支持，为后现代化理论的创新发展提供了佐证，同时又凸显了中国青年特有的价值风格。

——美国波士顿马萨诸塞大学教授严文蕃

# 序

　　马克斯·韦伯所说的理性化是一个世界历史过程，在安东尼·吉登斯的理论视野里，现代性的根本性后果之一就是全球化。他指出，"全球化可以界定为世界范围内社会关系的强化，这种关系以这样一种方式将彼此相距遥远的地域连接起来，即此地所发生的事件可能是由许多英里以外的异地事件而引起，反之亦然。"①

　　在吉登斯看来，现代性本身就具有全球化的性质，② 因为现代性的动力源也是推进全球化的机制。换言之，具有普适性特征的时空重组、抽离化机制和现代性的自反性实际上都表述了扩张主义，即在与传统上的固有实践相遇时现代社会生活所呈现出的那种鲜明特征。全球化概念的一种较妥帖的理解是对时空延伸的基本方面的表达。全球化使在场与缺场纠缠在一起，让远距离的社会事件和社会关系与地方性场景交织在一起。在现代时期，时空分离的水平显著地高于先前的任何时期。当地的与远方的社会形式和事件之间的关系相应地变得"延伸"了。所谓全球化实质上即指这样一种延伸的过程，不同社会背景或地区之间的联系方式在整个地球表面都趋于网络化。即便是地方性的信息，也成为社会联系跨时空横向扩展和全球化的一部分。因此，应该依据时空延伸与地方性情境、地方性活动的

---

① Giddens, A., *The Consequences of Modernity*. Stanford: Standford University Press. 1990, p. 64.

② 吉登斯认为，现代性的一个极其显著的特征就是"外展性"（extensionality）和"内植性"（intentionality）这两"极"之间不断增长的交互关联：一极是全球化的诸种影响力；另一极则是个人素质的深刻改变。参见吉登斯《现代性与自我认同》，赵旭东、方文译，生活·读书·新知三联书店，1998，第1页。

变迁之间不断发展的关系的角度来把握现代性的全球性扩展。从某种意义上说，现代性所导致的社会活动的全球化，就是真正的世界性联系的发展过程，这些联系包含在全球民族—国家体系之中或国际分工之中。这意味着没有人能够"逃避"由现代性所导致的转型。现代制度的一切方面，包括在小范围内起作用的方面，也会影响到生活在高度"发达"地区之外的那些较为传统情境下的人们。而在那些发达地区，人们日常生活的本质里已经将地方和全球之间的关联结合于一系列更加深刻的演变之中。①

应当指出的是，吉登斯这里所谓现代性的全球化是在一种普遍主义的预设前提下进行的理论逻辑推衍，并没有充分分析地域性因素和文化背景上的差异性，正是这些差异性在世界历史进程中的特殊作用，已使得全球化进程具体表现为多重现代性的身姿。

而当时间进入 20 世纪下半叶，西方发达工业化国家出现了丹尼尔·贝尔所称"后工业社会的来临"。在一种视野中，西方社会进入了后现代社会。一般而言，"后工业社会"这一概念更多地涉及社会结构层面②的意涵，而"后现代社会"这一概念则更多地涉及文化模式层面③的意涵。

---

① 值得注意的是，吉登斯强调必须把全球化理解为一种辩证的现象，即在一种时—空延伸关系中，一极的事件会在另一极上引起不同甚至是相反的结果。参见吉登斯《现代性与自我认同》，赵旭东、方文译，生活·读书·新知三联书店，1998，第 23～24 页。

② 丹尼尔·贝尔指出，"后工业社会"这一概念首先涉及社会结构方面的变化，即经济改造和职业体系改组的方式，而且涉及理论与经验，尤其是科学与技术之间的新型关系。具体表现在五个方面：从产品生产经济转变为服务性经济；专业和技术人员阶层处于职业结构的主导地位；理论知识处于中心地位，成为社会创新与进行决策的源泉；对技术进行鉴定并控制技术发展；决策上新的智能技术的兴起。参见丹尼尔·贝尔《后工业社会的来临：对社会预测的一项探索》，高铦等译，新华出版社，1998，第 1～50 页。

③ "后现代社会"这一概念涉及"后现代主义"、"后现代化"、"后现代性"等多个复杂方面，至今尚未有一种共识性较高的定义或界说。英格尔哈特指出，"后现代化"这一术语表达了一种重要的洞见：现代化著称的过程不再处在利刃上，社会变迁现在正以根本不同的方向运动。此外，后现代主义文献表明了这一新方向的某些特性，它是这样一种变化，即脱离强调经济效能、科层权威和科学理性这些现代化特征，而趋向于一种为个人自主、多样性和自我表现提供更多空间的更人本的社会。"后现代"一词负载了如此众多的意义，以至于它具有既表达了一切又什么都没表达这样的危险。所以，他提出，后现代社会是一个正在脱离标准化的功能主义和对（曾在短缺时代支配过工业社会的）科学与经济增长的热情，而赋予审美和人的体谅以更多意义并且将过去的因素结合进一种新的脉络之中（Ronald Inglehart, *Modernization and Postmodernization：Cultural, Economic, and Political Changes in 43 Societies.* Princeton, New Jersey：Princeton University Press, 1997, p. 12.）。

与后工业社会或后现代社会来临相伴随的是社会价值观的后现代转向，换言之，后工业社会或后现代社会是后现代价值观兴起的社会基础，而后现代价值观的兴起则是后工业社会或后现代社会的文化表征。

罗纳德·英格尔哈特认为，人类社会的发展进程中曾经出现过两次重大的文化转向。第一次是从传统价值观向现代价值观的转向，其基础是从农业社会向工业社会的转型。农业社会的价值观阻止社会流动并且强调传统、继承的地位和公共的义务，这些观念受到绝对的宗教规范所支持。进入工业社会，由于社会文化的日益世俗化，农业社会的价值观让位给了激励经济成就、个体主义和创新精神的现代价值观。今天，促进从传统社会向现代社会转型的某些势能，在发达工业社会已经达到极限，于是，社会变迁出现了一种新的方向，即后现代转向。从现代价值观向后现代价值观的转折，是至今人类出现的第二次重大文化转向。

如果说后现代价值观的兴起是一种较大范围的文化变迁的话，那么，其中有一个具有特色或代表性的方面，英格尔哈特称之为后物质主义价值观的盛行，抑或价值观的后物质主义转向。

那么，这种价值观的后物质主义转向是通过什么社会机制实现的呢？

英格尔哈特认为，任何稳定的经济系统、政治系统都有一个和谐的和支持性的文化系统。这种文化系统使政治系统、经济系统合法化。从广义上说，一种文化是由一个社会广泛共享的态度、价值观和知识构成的一种系统，并且从一代人向另一代人传递。比较核心的和早期习得的文化对于变迁具有抗拒性，既因为它要求用大量努力来改变一个成年人认知结构中的核心要素，还因为要人们放弃最核心的信念将会产生不确定性和焦虑。在面对社会经济状况持续变迁时，即便是文化的核心部分也会被改变，但这种变化不是通过已经社会化的成年人的转变来达成的，更可能是通过代际之间的人口更替来实现的。[①]

基于大规模长时段调查的结果，英格尔哈特及其同事得出的结论是，20 世纪最后 1/4 时间里，西方发达工业社会中发生了后现代化这一变迁。根据他们的分析，导致这种变迁的宏观层面上的经济社会动因，首先是经

---

① Ronald Inglehart, *Modernization and Postmodernization：Cultural, Economic, and Political Changes in 43 Societies.* Princeton, New Jersey：Princeton University Press, 1997, p.15.

济奇迹。其次是经济奇迹再与现代福利国家的安全网相结合，于是，产生出前所未有的高度经济安全性或保障性。这种态势进而导致了文化和心理上的反应。

英格尔哈特等人在1994年指出，过去20年里，后现代主义价值观呈现增长之势，而其增长比例与人口更替模式所预测的比例几乎是完全相同的。[①] 根据他们的研究结果，导致价值观后现代转向的宏观层面上的文化和社会动因主要有：第一，在时代精神层面上，理性、科技威信的逐渐衰落。第二，在社会结构层面上，科层权威效能的日益减弱。第三，在社会文化层面上，短缺价值观的消退与安全价值观的生长。

英格尔哈特认为，在整个发达工业社会中，从物质主义价值观向后物质主义价值观的转向仅仅是从现代价值观向后现代价值观广泛转向的一个方面。在大多数发展中国家，价值观变迁的主要趋势仍然是从传统价值观转向现代价值观。因此，后现代价值观转向还不是所有社会的共同特征。

20世纪最后1/4时间里，西方社会价值观发生的转向，从与社会结构变迁相联系的角度看，可以称为后现代转向，与此相应的变迁是从现代社会到后现代社会；如果从与人的需要层次变迁相联系的角度看，可以称为后物质主义转向，与此相应的变迁是从物质主义价值观到后物质主义价值观。后物质主义价值观是后现代价值观的一个重要部分，更具体地表现为个体层面而不是社会层面的主观状态的变迁。

根据英格尔哈特的观点，可以将后物质主义价值观的主要内容概括如下：①强调自我表现。②重视环境保护。③珍视个人自由。④性观念的更新。⑤重新关注意义。⑥倡导宽容品质。⑦注重民主和参与。可以说，后现代价值观已经引发社会的各种变迁，包括政治、工作、宗教、家庭和性行为的基本规范都发生了变化。

在英格尔哈特看来，后物质主义价值观的主要内容涉及生活质量、自

---

① 这些证据主要有两个来源：一是，自1970年至20世纪90年代"欧洲晴雨表"以间隔方式（一般为两年一次）测量欧共体所有成员国的物质主义/后物质主义价值观的状况。这一常态化的测量工作使研究者得以将现实经济状况短期波动带来的影响与预计代际人口更替中呈现出来的长期性变化区别开来。二是，在1981年和1990年对20个国家进行的"世界价值观调查"获得了更加广泛的资料，尽管时间较短，但其结果显示，在9年时间里，这20个国家的后物质主义者比例在增加。

我实现和公民自由等问题，但是，后物质主义理论并不认为价值观变迁是一种国家现象，而认为后物质主义是产生于大众社会层面的个人现象。这一点也体现出英格尔哈特所做价值观调查的一种重要方法论特征。

英格尔哈特于 1970 年开始测量文化变迁时就提出过一个假设：在西欧社会中，战后出生的一代人与前一代人之间在价值观的优先性上存在差异，其原因在于，战后一代人一直是在较安全的环境中成长起来的。当经历第二次世界大战大萧条，第一次世界大战后出生的几代人把经济安全和人身安全放在价值观的最高位置上的时候，较年轻一代中的大多数人则把自我表现和生活质量置于价值观的优先地位上。

英格尔哈特在两个假设的指导下具体地进行了研究。一是，稀缺性假设（A scarcity hypothesis）。人们的优先价值观实质上是对于经济社会环境的反映，一般总是把最重要的主观价值观赋予在相对稀缺的事物上面。二是，社会化假设（A socialization hypothesis）。经济社会环境与优先价值观之间的关系并非直接相互对应。两者之间较大的时间堕距（time lag）虽然呈现出个人的基本价值观，但所反映的则是其青少年时期的状况。

作为经济社会发展状况的一种反映，价值观的变迁是通过个体层面的状况呈现的，而个体层面上价值观形成的一种重要机制就是人的社会化过程。个体的价值观形成和人格结构的定型是在人的社会化过程中尤其是在青少年时期的社会化过程中完成的，因此，可以说明两个现象：一是，社会成员某种价值观的形成或变化不是在短时间内实现的；二是，两代人之间的价值观会呈现差异性，原因在于他们在各自的价值观和性格形成时期经历了不同的经济社会发展阶段，或者说，受到了不同时期经济社会发展状况的塑造。

20 世纪 50～60 年代是西方经济社会高速增长的时期，加之福利国家的出现，这种物质上的富足状况导致了经济上的安全性，从而使 1970 年前后出生的一代人进入成年期之后，在人生、社会和政治的观念体系上形成了与前一代人明显的反差。不同于前一代人更关心经济增长、工作稳定和社会保障等直接与物质利益相关的问题，新一代人则更加关心环境保护、自我表现、社会参与和言论自由等后物质主义价值观问题。

英格尔哈特及其同事的调查结果表明，在年老一代人中，绝大多数是物质主义者，这些人对于经济和人身的安全性赋予了最高的价值优先权。

但是，在年轻一代人中，物质主义者的比例下降了，而后物质主义者的比例上升了。在"二战"后出生的一代人中，后物质主义者的比例超过了物质主义者。

一般看来，年龄上的差异只是简单地反映了生命周期的效应，它意味着，当年轻一代人开始变老的时候，他们可能像年老一代人一样也成为物质主义者。而实际情况则是，当年轻一代人变老的时候，他们并没有变得更加物质化。这一情况表明，代际之间的价值观变迁或者说代际之间的价值观差异的确已经发生了。

从一定意义上说，西方社会价值观的后现代转向，是在当年轻一代成长起来并在社会生活中逐渐替代年老一代的过程呈现出来的，换言之，后物质主义价值观是从人身安全和经济安全程度较高的青年一代身上首先表现出来的社会价值观。

社会价值观的变迁是多个层面上社会变迁的一种反映，尽管社会结构的变迁是社会价值观变迁的宏观动力机制，但是，社会价值观变迁还有其微观动力机制，英格尔哈特的探索及其学术贡献就在于，不仅指出了社会价值观变迁具有多个层面的社会动力机制，而且还着力探讨了社会价值观变迁的微观动力机制，换言之，也就是放在一种经济高度发达和社会福利完善的安全状况下，通过个体需要的满足所引起的人的需要层次变化，来解释社会层面上价值观的整体性变迁。

英格尔哈特提出的两个假设及其相互补充的原理是极其重要的。稀缺性假设说明，人们价值观的优先性被赋予了那些稀缺或短缺的事物，但是，还必须用边际效用递减原理来补充说明，即当人们某种需要得到满足之后，就会追求更高层次需要的满足。如果用马斯洛的人类需要层次理论来解释就表现为，在低层的需要（生理需要、安全需要）得到满足之后，人就会追求高级的需要（爱—社交—归属需要、自尊需要、认知需要、审美需要、自我实现需要）的满足。

在一个社会中，当一定数量的社会成员表现出这种需要层次上优先性变化的时候，就会使社会层面上的价值观呈现出一种趋势性的变迁。如果说，人们的低层需要被赋予优先性时所表现出的价值观取向呈现物质主义特征的话，那么，当人们的高级需要被赋予优先性时所表现出的价值观取向便具有后物质主义特征。更具有独特意蕴的是，英格尔哈特的研究结果表明，在西方社会中，这种社会价值观的后物质主义转向，是通过特定时代背景下年轻一代取代年老一代的代际更替过程呈现出来的，换言之，后物质主义价值观首先是在经济高增长、社会高福利条件下的年轻一代身上表现出来的价值观及其取向。

因此，在人类发展过程中，作为因果链上的一个环节，经济增长和社会发展必然导致社会文化的变迁，但是，社会文化变迁是如何发生的？作为链条上的另一个环节，尤其显示了英格尔哈特的探索颇具新意及其洞见独创性的是，他指出，社会文化的变迁是通过个体需要层次的变化所引起的价值优先性的变化，当这种变化从一代人身上表现出来时，便最终导致了社会层面上价值观的变迁。[①]

在十年前的一篇小文[②]中，笔者对当时我国青年研究曾作出这样一个基本判断：正处于一个转型时期，更确切地说，处在一种从"感发式"研究向"学科化"研究转变的时期。

在这种转型时期，由于"问题意识"和"建构素质"的短缺，极容易出现两种偏颇现象：一是，看到学科的地方看不到青年。青年研究在不断吸收各种学科的知识成分的过程中，很容易面临这样一种问题，即自身被各种学科所瓦解。因此，在一项研究中似乎难以找到自身关于青年的本质规定性。二是，看到青年的地方看不到学科。青年研究学科化努力的进程已经持续多年，但仍不乏一些"论文"更多的是罗列生活当中鲜活的青年现象，而难以从一种学科视野和方法来进行分析和作出判断。

---

① 参见以下文献：Ronald Inglehart, Modernization and Postmodernization：Cultural, Economic, and Political Changes in 43 Societies. Princeton, New Jersey：Princeton University Press. 1997；Ronald Inglehart and Christian Welzel, Modernization, Cultural Change and Democracy：The Human Development Sequence, New York：Cambridge University Press, 2005；Ronald Inglehart, Globalization and Postmodern Values. The Washington Quarterly, Winter, 2000, 23：1, pp. 215 – 228；Ronald Inglehart and Wayne E. Baker, "Modernization, Cultural Change, and the Persistence of Traditional Values." American Sociological Review 65 （February）, 2000：19 – 51；Ronald Inglehart, and Daphna Oyserman, "Individualism, Autonomy, and Self – Expression." In H. Vinken, J. Soeters and P. Ester （eds.）, Comparing Cultures, Leiden：Brill, 2003；罗纳德·英格尔哈特、克里斯蒂安·威泽尔：《何为现代化》，陈晶环译，沈杰校，《北京青年政治学院学报》2011 年第 4 期；克里斯蒂·韦尔泽、罗纳德·英格尔哈特、汉斯－迪特尔·克林曼：《跨文化分析的人类发展理论》，沈杰、王正绪译，《开放时代》2012 年第 1 期。

② 沈杰：《青年研究何去何从》，《中国青年研究》2002 年第 1 期。

在《后现代化理论视野下的青年价值观研究》这本书中，我们看到，社会科学学科理论与青年主体这两者之间正在逐渐地实现有机结合，其中呈现的一些重要动态尤其值得关注。

一是，一些比较前沿的社会科学学科理论、范畴、概念正在成为探讨和分析中国青年的重要视角和工具。

如果说青年研究发展的总趋势表现为，根据变化中的社会世界和青年世界不断扩充和丰富自身的基本概念、重要原理、学科体系的话，那么，这种进程意味着：一方面，要运用已有的学科知识对处于特定时空坐标中的青年进行研究；另一方面，要根据处于特定时空坐标中的青年特性来建构新的学科知识。

中国青年研究学者应该在及时了解、掌握、借鉴国外同行所提供的新知识的同时，根据本国的社会文化背景和青年主体特性提出、发展、完善有关的学科理论。中国当前所处的社会转型时期以及中国青年发展所呈现的巨大变化，为中国青年研究学者建构、丰富、检验各个层面的学科理论尤其是经验性的学科理论，提供了极好机遇和丰富场域。

二是，研究方法的重要性正在日益凸显，青年研究取得进展的另一个重要领域同时也是动力，在于研究方法上的突破。

在量化研究方法方面，社会统计技术在过去 20 多年取得了长足进步，并正在进一步趋于完善。它对于人与社会的变迁所特有的描述分析和动态跟踪的特长，使社会科学许多学科日益具有较强的专业化程度并且可以用经验数据来加以证实或证伪。而定性研究方法晚近以来更多地成为国际社会科学界的一个关注重点。其原因在于：一方面，受到有关人文社会科学学科的促进；另一方面，则是出于对量化研究方法局限性的超越。青年研究学者在自己的研究当中逐渐在尝试运用各种质性研究方法。而研究方法体系的发展和完善无疑将成为中国青年研究发展进程中的一个显著趋势。

三是，学术规范正在逐渐地从一种外在强制力量变成一种内在遵循准则。

学术规范不仅是学术共同体的游戏规则，还是学术活动作为一种社会行动的导向准则。甚至可以说，学术规范在低度的眼光中只是一种底线，在高度的视野里则是一种境界。

与发展较成熟的社会科学学科相比，青年研究学术规范的形成，其意义显得更为重大。青年研究学术规范所具有的重要作用表现在：第一，建立青年研究学术演进的导向机制；第二，建立青年研究学术水准的评价机制；第三，建立青年研究知识生产的认定机制；第四，建立青年研究知识产权的保护机制。

我们所置身其中的这个时代，社会变迁进程变得更加复杂，社会科学学科理论和方法知识日益增长，这将使青年和青年研究都发生着前所未有的深刻变化。

在这样的时空中，充满用新的学科知识来探索青年的激情，充满使青年研究在社会科学之林中挺立起来的冲动，都是难能可贵的。而这种激情、这种冲动需要这样一份给养：在功利涌动的大潮中坚守一份执著学术求索的宁静。

沈　杰

2012 年 6 月 17 日

# 前　言

　　价值观是指一个人对周围客观事物（包括人、事、物）的意义、重要性的总评价和总看法，它是决定人的行为的心理基础，对价值观进行探讨是非常必要的。因为考虑到个人的价值观一旦确立，便具有相对稳定性，因此，目前的很多研究（比如，社会心理学领域）都将切入点放在价值观的个体差异上。而事实上，如果从整体的、社会的层面上看，我们不难发现，随着经济、政治等的发展，各个国家或地区的价值观是在发生显著变化的。这一变化的规律如何？促成这一变化的背后推力又有哪些？

　　马克思重点强调了经济基础对政治和文化价值变迁的决定作用，即经济基础决定上层建筑，经济发展对于文化价值观的变革具有决定性的推动作用。然而，韦伯则反其道而行之，重点强调了文化价值观对政治和经济的作用。对于上述理论争论，英格莱哈特依据"世界价值观调查"的数据提出，经济发展和文化价值观二者是互相促进的。因此，我们不仅应当关心价值观背后的经济推手的作用，更应当考虑价值观对经济、政治发展的引领作用。这一观点对于正处于改革开放大潮和思想解放趋势下的我国社会无疑是非常具有启示意义的。应当如何恰当发挥价值观的引领作用成为一个值得探索的重要话题。

　　此外，代际价值变迁理论发现，在整个价值观变迁中，青年群体价值观变化幅度是最大的。因此，本书拟通过对全球青年价值观现状及变迁的描述，并借助全球化及后现代化理论对价值观的分析，考察我国青年群体价值观的基本走向及其成因。

　　本书对青年价值观研究的主要特色如下：

　　第一，以理论为指导、以实证材料为支撑。本书分别从空间和时间两个维度分析青年价值观的变迁问题。在这两个维度上，我们分别选取了全球化理论及后现代化理论，并在这两个理论的指导下提出研究问题、进行研究设计、搜集第一手实证材料。例如，在全球化理论的指导下，我们提出全球意识与国家民族意识能否并存的问题，并设计了调查问卷，搜集全球意识（或态度）与国家意识（或态度）方面的数据，以客观实证材料探讨二者之间的关系。此外，我们还收集了国外相关的大型调查的原始数据库，如"国际社会调查项目"（ISSP）中关于"国家认同调查"方面的原始数据并获得了数据的使用权；收集了从1980年到2008年五次"世界价值观调查"（WVS）的原始数据并获得了使用权。我们运用选定的两种理论，对原始数据做了深度开发与分析。

第二，以定量研究为主，以定性研究为辅。本书中价值观领域实证资料的搜集方法既有定量取向的问卷调查法，也有定性取向的深度访谈法，但以定量取向的问卷调查法为主。例如，有关青少年国家态度与全球态度关系的研究，青年消费主义取向及其影响因素的研究，中、日、韩青年价值结构多重性的研究等，均属定量研究范式。而有关IT行业白领青年主观幸福感的研究，大学生后现代人生价值取向研究，志愿者参与动机的结构转型及其多元共生现象的研究，则属于定性研究范式。

第三，统计分析与逻辑推理并举。无论对定量还是定性方式搜集到的价值观实证材料，本书的分析方法均既有统计分析又有逻辑推演。其中，对以问卷法搜集到的定量数据，我们既借助SPSS分析软件进行较为基础的方差分析、多元回归分析等处理，又借助AMOS和HLM等较高级的统计软件进行较为复杂的验证性因素分析、路径分析、多层线性回归分析等处理。而对于以深度访谈等方法搜集到的质性数据，我们则借助专门的定性资料分析软件Nvivo，对其进行开放式编码、轴心编码及核心编码，尽量按照"扎根理论"的步骤要求，在对资料进行各种分析的基础上建构理论或将理论建构在资料之上。

第四，"简单即美"与"恰当复杂"并重。本书在问题提出和研究设计中均尝试精简变量，力图做到用最少的、最恰当的变量回答问题。同时，我们也在理论框架的指导下，选择适量变量构建结构方程模型，以便更准确地回答各变量之间的复杂的关系。

本书由三部分组成。第一部分研究的是全球化背景中的青年价值观。在这一部分，前四篇文章着重分析世界各国，尤其是西方国家中的青年的国家意识现状及其成因，并特别分析了其中与全球化有关因素的作用。其后是对我国青年大学生群体国家意识的讨论。重点分析的是，在中国青年中，国家意识与全球意识之间究竟是相互对立的关系，还是可以并存的共生关系？

第二部分主要是从后现代化理论的视角来透视青年的价值变迁。这一部分以英格莱哈特的后现代化理论或代际价值变迁理论为主要理论视角，一方面，深度描述与分析了西方发达国家青年价值观的结构转型及其社会经济根源；另一方面，重点探讨了中国青年在主观幸福感、消费观、人生观、婚恋观等日常生活价值观方面的后现代取向。在此基础上，进一步深入地探寻了在女性身体建构（以整容为例）、流行音乐和手机短信等流行文化中呈现的具有后现代价值取向的各种表征。

第三部分以中、日、韩三国价值观实证对比分析为案例，提出了"时空压缩"以及"价值结构多重性"两个核心概念。这两个概念既有助于更深入地理解青年价值观的多元共生现象，又有助于对近年来我国各类青年价值观的研究做一个梳理和总结。

本书主要以全球化理论和后现代化理论为分析框架，对中国青年价值观及其变迁做了透视。本书在运用上述两种理论来研究青年价值观的同时，又根据经验研究中的发现，对上述两种理论实现了某种意义上的超越和创新，具体表现为以下三个方面：

第一，提出了价值结构的"多重性"等核心概念，强调中国青年价值观在转型社会境遇下变动的复杂性和非线性特征。

第二，发现了全球价值观的出现并没有导致国家价值观的崩溃，相反，二者实现了和谐共生。

第三，发现了传统、现代、后现代三类价值观同时并存于当下中国社会，青年的价值结构呈现出"多元共生"的状况。

我们希望通过对这些概念、研究结果的呈现，能够给"青年价值观"这一研究题目提供更具特色的观念与新的研究途径。也希望能由此引发更多的研究与讨论，起到抛砖引玉的作用。

吴鲁平　刘涵慧

2012 年 6 月 15 日

# 目 录
CONTENTS

# 第一部分　全球化与青年价值观

# 第二部分　后现代化与青年价值观

## 第三部分　时空压缩：青年价值观研究的新视角

# 第一部分

# 全球化与青年价值观

# 第一章 公民国家认同的特点及其与
# 对外接纳度的关系

## ——来自 ISSP 2003 的证据

本研究利用国际社会调查项目数据（ISSP 2003），对国家认同及其各子成分进行定量分析。根据探索性、验证性因素分析的结果，我们验证了国家认同标准的两个子成分——族群标准与公民标准，国家自豪感的两个子成分——国家政治自豪感与国家文化自豪感，以及接纳性的两个子成分——对外国及国际组织的接受与对外来移民的接受。方差分析结果表明，受教育水平越高者，对族群标准重视程度越低。年龄越大者，国家认同的标准会越苛刻。多元回归分析的结果表明，越认为族群标准重要者接纳性越低，而越认为公民标准重要者接纳性越高；国家政治领域的自豪感有助于提高人们对外部的接纳性，相反，国家文化领域的自豪感则在一定程度上减少人们对外部的接纳。

作为目前国际社会最大的合法群体，国家对于每一个个体的重要性是不言而喻的。在现实的法律世界中，每个人都有自己所隶属的国家。但法律上的"冷标准"是否等同于心理上的"热标准"？亦即，法律所界定的国籍个体是否认同？在多大程度上认同？在哪些方面更认同？这些问题都直接关系到国家内部凝聚力量的大小，也关系到个体的自我统一性和幸福感，应予以深入探讨。已有的研究已经对国家认同的基本状况进行了分析。这些研究对勾勒国家认同的概貌、作用及影响因素等都很有帮助。然而，随着国际化、全球化的来临，"地球村"、"全球一体化"、"共同体"等概念越来越深入人心，国际间的交流与合作也日益紧密，这些是否会对人们的"国家认同"带来冲击？国家认同是否会对国际化的趋势带来影响呢？

本文利用国际社会调查项目（International Social Survey Programme）在

2003 年对国家认同的第二次调查的数据（以下简称 ISSP 2003），调查的范围涵盖了 34 个国家，内容涉及国家认同相关的数个方面。本文拟探讨以下三个问题：①国家认同的具体状况。即人们究竟更认同的哪些方面，认同的程度如何？②不同特征群体的国家认同状况是否存在不同？③国家认同与对外国或国际社会和对外来移民的接受（以下分别简称接受他国或国际组织和接纳移民）之间有什么关系？为了解决以上三个问题，还要先明确界定国家认同的内涵以及国家认同的具体测量方法。

在结构安排上，本文首先对目前存在的关于国家认同内涵、测量、影响因素及其可能造成结果等方面的研究进行回顾，提出我们的研究问题。然后，利用 ISSP 2003 国家认同数据库对国家认同的现状进行描述，并利用统计方法确定影响国家认同的可能因素。接着，探讨国家认同与接纳性之间的关系。最后，在上述研究的基础上，对上述结果进行相应的综合分析并讨论其对于国家认同相关政策制定及全球化发展的意义。

## 第一节　国家认同内涵、测量方法、
## 特征及相关因素分析

### 一　国家认同内涵：功能 vs 内容

认同（identity）是一种复杂的心理现象（冯忠良，2002），是由于对客体价值发自内心的认可而产生的一种对客体的特殊认识状态和情感归属。认同对于群体的重要性是不言而喻的（钱雪梅，2002），因此目前群体认同的研究也越来越丰富。其中尤其以国家认同（national identity）的研究最受人重视。研究者根据自己的理解对国家认同的内涵进行了不同的界定。我们认为，概括起来主要有两种界定角度——功能的角度与内容的角度。

功能的角度。国家认同是指一个人确认自己属于哪一个国家以及这个国家究竟是怎样一个国家的心理活动。Rex 也认为，国家认同是一种对"自己与国家之间联系的一种意识"（Rex，1996），亦即与他人相比，自己是哪个国家的。或者从对立的角度理解，国家认同实际上是国家认异，即一个民族国家确定自己不同于别国的差异或特性（张汝伦，2001）。还有的定义认为，国家认同是一种直接影响其国家凝聚力，发展动力，甚至是影响国家存在的合法的、巨大的粘合力量，让人们感觉到如同在家一样（Keane，1994）。这些定义均是从概念功能的角度界定的。简言之，"国家认同"就是一种能让人产生"自己属于哪个国家"——这个结果的一种心理活动。

内容的角度。林震认为，国家认同是一种主观信仰，表现为政治主张或政治立场（林震，2001）。贺金瑞等对国家认同的定义则是"一个国家的公民对自己祖国的历史文化传统、道德价值观、理想信念、国家主权等的认同，即国民认同（贺金瑞、燕继荣，2008）。有的研究者还对这些内容进行归类，提出可以分为偏重国家的认同（civic national identity）和偏重族群国家民族的认同（ethnic national identity）（Meincke，1970）。此类界定方式展现了国家认同的可能方面，具有较强的可操作性。但该定义的不足之处在于，并未阐明"认同"的究竟是什么。

综合上述关于内涵的研究，我们认为，上述两类对国家认同内涵的界定存在着各自为政、自说自话的倾向。事实上，功能与内容两个方面均能在一定程度上反映国家认同的实质，如果同时将功能和内容作为两个维度纳入，则其理解将更加全面。从功能维度上看，国家认同最后的判断标准是"归属感"，那么归属的标准，即用以区分"我国人"和"别国人"的指标，以及归属的程度，即对国家状况的认识、接纳和欣赏。而从内容上看，这两个成分在不同的内容上（比如历史、文化、经济、政治等）有不同程度的展现，亦可反映该个体的国家认同状况。

## 二 国家认同的测量：直接与间接

由众多研究者对国家认同的内涵分析中不难看到，对国家认同内涵的理解是复杂多样的，并没有完全一致的结论，因此，对国家认同的测量也自然存在着多种测量方法。我们拟从直接、间接的维度梳理已有的研究。

直接式的研究即研究者希望用最直接的方式探测个体的国家认同，一针见血地找到核心特征。很多研究者采用了"认可"、"亲密程度"等关键词测验。其内部逻辑是，如果一个人认为自己不属于某个国家，就不会感到亲近，更不会表达自己属于这个国家。亦即归属感程度测量。例如，Sinnott（2004）归纳总结了三类测量方法——认同的排序（rankings）测量法（A 类）；亲密性（closeness）或者接近性（proximity）程度（rating）测量法（B 类）；认可性（importantance）程度测量法（rating）（C 类），并认为这三类测量方法既有效应也有差异，其中，亲密性、认可性李克特量表的优势效果更为突出（Sinnott，2004）。

表 1 - 1　三类测量方法的测量学特征

|  | 研究名称 | 问题中的关键词 | 测量方式 |
|---|---|---|---|
| A | EVS | 属于/认同/将自己认为是（国家一员，国际一员等） | 是/否 |
| B | ISSP | 觉得跟谁很亲密（项目：国家、家乡、城市等） | 李克特量表 |
|  | EB，91，99，95 | 觉得跟谁很有感情 | 李克特量表 |
| C | EB 82 - 92 | 认为你自己是谁谁 | 李克特量表 |
|  | EB 92 - 99 | 认为你自己是…… | 顺序量表 |

EVS：European values Study，欧洲价值调查　　EB：Eurobarometer，欧洲晴雨表测验

直接式的测量方式语言直接、内部逻辑清晰，测验设计也相对简单。但这种直接的测量方式存在一定的局限性，主要有以下两个方面：一是，表露方式过于直白，表面效度过高，容易出现社会赞许效应。二是，所测内容不完整。尽管"国家认同"是测量个人归属感的有无，但这并非国家认同的全部，还应当包括"产生此判断的标准"以及"这个国家是如何的"等认识和情感。

鉴于直接测量的局限性，很多研究者提出使用间接测量的方法，此类方式的关键词为"重要性""自豪感"等。例如，Doeley 和 Silver（2000）的研究中用"具体领域自豪感"（是否为国家的某个方面感到自豪），估计国家忠诚（Doeley & Silver，2000）。Hjerm（1998）的国家认同则是一系列的认同标准"重要性"（是否感到国家的某一方面对于成为一个国人很重要）（Hjerm，1998）。这种测量更像是一种"内隐测验"，即看似没有表达其归属感，但从其客观的评价中即可反映出不同的归属倾向性。例如，假设有人更重视生长在这里，那么其归属感的建立更多的是基于这个原因，同时，他也更倾向于归属于"共同生长在这里"的群体。同样，若某人更倾向于为自己国家的"公平"感到自豪，那么其归属感或者国家认同的建立便更可能源自"公平"。这样的测量用细节刻画出国家认同的状况。

综上所述，两种测量各有优缺点，笔者认为，间接题目具有隐蔽性，

容易得到更加真实的结论，因此，界定对国家认同的测量包括两类题目：一类是"认为一些具体特征（例如，血缘、信仰等）对于成为国人是否重要？"；另一类是"为国家的哪些方面（民主、公平地对待每一个人、历史等）感到自豪？"

### 三　不同类型群体的国家认同状况

对国家认同研究的现状分析的确具有重要意义，但是做分析研究的最终目的应该是解释国家认同形成的过程和机制（Brubaker，Rogers & Cooper，2009）以及国家认同可能的功能，能够为国家的政策的偏向提供一定的数据研究的基础。我们可以从国家和个体两个层面上分析国家认同形成的机制问题——国家层面和个体层面。

国家层面上。有研究者从国家的经济发展状况、全球化程度、军国主义历史等方面进行了详细分析。经济越发达、文化全球化越发达的地区，国家认同的程度越低（Kunovich，2009）。但是由于经济和文化关系太近，很难分清楚究竟是哪个方面的作用。但军国主义和内部文化的变异性与国家认同之间的关系却存在矛盾现象。还有研究者对比分析了各个国家的认同状况，认为不同类型的国家具有不同程度或不同类型的国家认同，例如，西方国家（包括西欧和美国）的国家认同是比较公平、民主的，中欧和东欧则是比较具有民族局限性的、保守排外的等。但是，正如 Kunovich 所言，无论何种程度的因素都得转化成个人行为（Kunovich，2009）。因此，本研究拟借鉴国家层面研究中的对经济状况、文化程度等因素及其在对国家认同的结构进行细化的基础上进行分析，探讨个体因素是否可能对不同子类型的国家认同有影响？

个体层面上。我们主要从以下几个方面进行分析。

#### 1. 性别与国家认同

性别对国家认同是否有影响呢？有研究者认为不同性别国家认同没有差异。例如，Moghadam 的研究认为不同性别的国家感觉（national feelings）之间并无显著差异（Moghadam，1995）。与之相似，Legge Jr 针对德国国家认同直接测量的研究也认为性别并不能对国家认同标准造成影响（Legge Jr，1996）。Evans 和 Kelley 的研究支持无差别观点，但同时提出不同性别的美国人的自豪感之间是有差异的（Evans & Kelley，2003）。鉴于这种可能的国家差异，Smith 和 Kim 的研究以 ISSP 2003 为基础，对不同国家自豪感进行对比分析，结果表明，在其所调查的 33 个国家中，性别仅有微弱且变幻不定的关系（Smith & Kim，2006）。在具体自豪感上，仅在 15 个国家中表现出显著差异，其趋势为男人比女人自豪感更高（Smith & Kim，2006）。

### 2. 受教育水平与国家认同

受教育水平高的人究竟拥有更高还是更低的国家认同呢？从爱国主义相关测验推断的角度看，受教育水平低的人群也会有较少的爱国主义倾向（以一般自豪感为指标）（Smith & Kim，2006）。此种趋势对于形成"世界大同"是有利的，也是当前一些国家试图引导的方向。来自德国的一项国家认同研究表明，受教育水平和国家认同之间可能存在负相关（Legge Jr，1996）。受教育水平越高者，国家认同程度越低。而来自 ISSP 2003 的数据也提示，在国家认同标准上，也存在着受教育程度越高，国家认同标准越宽松的结论（Kunovich，2009）。

除了对总体国家认同的分析外，还有研究者具体分析了受教育水平同具体维度的认同之间的关系。教育水平基本对科技自豪没有影响，对文艺、体育、经济上有负的影响，即受教育水平越高者，文艺、体育和经济自豪感越低（Evans & Kelley，2003）。还有研究者认为，教育水平越高，虽然总体上国家认同标准放宽了，但与国家政治相关的认同标准却更严格（Kunovich，2009）。

总的看来，受教育水平越高者都更多表现出较弱的国家认同趋势，但是各个结论在国家数量、测量方法和指标上存在一定的差异。对于受教育水平对国家认同究竟如何影响，主要对哪个子维度有影响的探讨并不十分清晰，有待进一步探讨。

### 3. 年龄与国家认同

不同年龄阶段的人是否有国家认同的差异呢？来自爱国主义（即一般国家自豪感）的研究表明，绝大多数国家的人都有，年龄越大爱国主义倾向越强烈，爱国主义最强的人群是 70 岁以上的老年群体（Smith & Kim，2006）。而来自具体自豪感上的数据揭示出更具体的结论，即年龄越大者，对国家的科技、艺术、文学和经济的自豪感越高。但在体育自豪感上，不同年龄之间并无显著差异。其中，美国的年龄差异尤其突出（Evans &

Kelley，2003）。

当然，年龄和受教育水平可能有一定的重合，老年人的高分可能是因为受教育水平低。不过，即使控制了年龄，在 31 个国家受教育水平低者还是有更高爱国主义倾向（一般自豪感）（Smith & Kim，2006）。

### 4. 其他

除了上述三个主要的群体差异外，实际的研究表明，其他一些因素（民族、历史渊源、特殊事件、教育方式等）也可能会影响到国家认同，例如，Dowley 和 Silver 的研究表明，美国的白人比黑人的爱国主义和是否愿意与他国开战上有显著差异（Dowley & Silver，2000）。特殊事件，例如战争、恐怖袭击等也将促使国家认同激增（Dowley & Silver，2000）。而国家的教育内容，爱国主义传统等的不同也都会影响国家认同。

由上文中对国家认同的综述可以看出，年龄、性别、受教育水平不同，国家认同也存在一定差异。但已有的研究分析存在三个问题：①不同群体的国家认同研究中，国家认同的界定标准存在差异，以一般自豪感亦即爱国主义倾向为测量指标的研究比较成熟。而严格地讲爱国主义倾向并不属于国家认同的范畴。国家认同方面的研究却局限在国家认同标准（国家认同内容）的研究上，而事实上具体自豪感和国家认同标准的共同作用似乎更有价值。②对自豪感的探讨比较丰富，而对国家认同标准的探讨相对较少。③对自豪感的探讨以单个项目为单位（例如，对民主、历史等单个方面），缺少一定的整合，结果比较复杂，对规律的揭示受到一定的限制。

鉴于上述问题，本文拟通过对 ISSP 2003（国际社会学调查）中调查数据库的分析，对不同性别、受教育水平、年龄和是否有国籍等不同群体的国家认同的状况进行定量研究，分别解决两个问题：①国家认同具体状况，在哪些方面更认同，在多大程度上认同？②不同特征群体的国家认同有何不同？

### 四 国家认同与对他国、国际组织及移民的接纳

对外国、国际社会及移民的接纳，是指个体对外国人、国际组织或者由外国移入本国的移民几类群体的接纳。接纳是同仇外（Xenophobia）以及反其他国家（antiforeign）相反的概念，更大程度的排斥就意味着更少的

接纳。这是同一个事物的两面。下文中对仇外或反他国等的研究在一定程度上也是对接纳性的研究。

研究者之所以会着重探讨仇外以及反其他国家的问题，是因为仇恨以及反他国的态度或情感问题非常重要，将会直接影响国家间以及国家内不同民族间的关系是否密切，且一旦仇恨模式形成，在短期内很难改变。

究竟是何种因素导致了仇恨以及反他国的态度和情感的形成？有的研究者认为，经济地位是导致反他国态度形成的关键原因。例如，Castles 和 Kosack 的研究认为，无论是对他国人的偏见还是歧视均源自社会和经济因素。并认为只有社会和经济条件的改善才能去除偏见、对立、歧视等（Castles & Kosack，1985）。Legge Jr 认为，存在仇外、对立和反国家特质的人群之间都存在着政治或者经济的竞争关系（Legge Jr，1996）。"权利"的得失将直接影响人们对竞争对象的仇恨的强弱。而与上述"权利论"相反的是"抽象认同论"（symbolic theory）。他们认为，人群间对立仇恨并非源自权利竞争，而是个体头脑中对于国家、民族等的抽象理解，亦即国家认同，国家认同的程度越高，对他国的仇恨或反他国的力度就会更高，相应的对他国的接纳程度自然也越低。至于究竟是何种原因导致了反国家态度情感的存在，有研究者进行了对比分析后认为，两种说法都有一定的道理，但与实际的经济地位相比，国家认同对反他国的影响更大，其影响力基本达到了前者的数倍（Legge Jr，1996）。

鉴于国家认同对反国家可能的预测作用，随后的很多研究者围绕着国家认同影响反国家或外族情感的机制问题进行了分析。研究者 Hjerm 发现，对国家不同方面的认同对于反外国或外族的预测作用并不一致（Hjerm，1998）。具有居住地、法律实体、政府、政治愿望、国民的相同权利和共同价值等认同标准越严格者反移民程度越低，而持祖先、血缘标准者反移民程度越高（Hjerm，1998）。根据前文所论述的对国家认同类型的分析，前者属于偏国家的国家认同，后者则属于偏族群的国家认同。国家自豪感也是相似的。国家的民主、政治制度、经济、社会安全系统、公平地对待每一个成员等方面的自豪感较强则反移民程度低，国家的科学技术、文化、历史、体育等方面的自豪感较强则反移民程度较高（Hjerm，1998）。前一类自豪感是国家政治自豪感（nation – politicall pride），后一类是国家文化自豪感（natio – cultural pride）（Hjerm，1998）。

最近的一项研究是通过将国家认同标准的两部分——偏国家部分和偏族群部分"求和"或"求差"获得了总体国家认同"和标准"和"差标准"两类标准，并认为"和标准"代表了国家认同的总量，"差标准"代表了偏国家认同的量（Kunovich，2009）。探讨此两类国家认同标准者对对外政策的影响，其对外政策包括对外移民的政策、对外国籍的政策、对外民族文化融入的政策以及对是否应遵循国家兴趣等 5 个方面（Kunovich，2009）。和与差标准对 5 种因变量指标的影响相对复杂，但存在一个总体趋势，即越偏好国家标准，反他国、仇恨他国或者限制性的感情和态度便会越低，而相反的，整体国家认同标准越高，对他国的限制性、仇恨性感情和态度则会越高（Kunovich，2009）。

鉴于上述分析，可以发现国家认同和对他国或他族的态度之间的关系研究存在一定的问题：①对于反国家、仇恨等概念的定义并不完全一致。有的研究是用反他国，有的研究是反移民。而二者的混淆可能会限制我们对产生机制的理解。②对于国家认同的成分的划分并不一致，用差的形式是否能够反映国家倾向的国家认同标准也是值得探讨的。③对国家认同的研究并不完整，或仅用国家认同内容（或标准），或仅用国家自豪感等代表国家认同。本研究拟完整考虑对他国、国际组织以及移民的仇恨（其反面是接受），并尝试使用验证性因素分析获得"对外国或国际组织以及移民的接受（分别简称接纳外国和国际组织和接纳移民）"、国家认同标准以及国家认同自豪感的完整的测量模型，并利用多元回归分析的方式探讨国家认同与对外界的接纳性之间有何关系？

在已有研究的基础上，本文尝试做以下三点改进：①在概念上对接纳他国及国际组织与接纳移民做明确的区分，并用探索性和验证性因素分析的方法对该区分进行验证，以便在此基础上分别探讨国家认同对两类接纳的影响，避免接纳概念内涵含混不清，有利于清晰地勾勒出国家认同与接纳之间的关系。②以更广的样本数据为依据进一步证明关于国家认同标准和国家自豪感各自的二维结构。一方面希望可以与以往的以典型国家为样本的研究结论互相验证，另一方面也可以将该二维分法拓展到更广范围的样本中。③以多元回归的统计方法将国家认同标准和国家自豪感的各两个维度都涵盖在内，尝试回答，在引入数个重要变量时，国家认同的指标是否仍然对接纳有影响，作用是否与已有研究相一致。

# 第二节　国家认同具体状况分析

本研究数据来源为 ISSP 2003。此次调查共包含 35 个国家（或地区、民族）：澳大利亚、德国、英国、美国、奥地利、匈牙利、爱尔兰、荷兰、挪威、瑞典、捷克、斯洛文尼亚、波兰、保加利亚、俄罗斯、新西兰、加拿大、菲律宾、以色列、日本、西班牙、拉脱维亚、斯洛伐克、法国、葡萄牙、智利、丹麦、瑞士、委内瑞拉、芬兰、南非、韩国、乌拉圭。接受调查的共有 43977 人。由于保加利亚和拉脱维亚缺少 v18 的数据，新西兰缺少 v19 的数据，智利缺少 v47，南非缺少 50～54，因此，将以上所述 5 个国家都排除，结果共有 30 个国家（或地区、民族）的 36884 人参与下列分析。

## 一　国家认同测验项目及结构分析

根据上文对国家认同及相关概念的界定，笔者界定国家认同主要包括两个方面：一是客观上的国家认同标准；二是主观上对具体国家的自豪感。具体题目参见附录。

笔者选择出 9 个认同标准的题目，并对这 9 个题目的表述及含义进行理论分析，同时还选择了 9 个自豪感题目，并对这 9 个题目的表述及含义进行理论分析，共计得到 18 个题目。

### 1. 国家认同标准的结构分析

通过对 9 个国家认同标准题目进行探索性因素分析（抽取所有数据的 30% 进行探索，其后对国家自豪感和接纳性的分析与此方法相同），我们得到 9 个题目的探索性因素分析的结果（见表 1-2）。其中，祖先、出生地、生活地、宗教、生活习惯 5 个项目聚在一起。根据 Shulman 的分析可知，出生地、生活地等是代表了偏向族群方面的认同（ethnic national identity）（Shulman，2002）。ISSP 2003 的数据中将宗教、生活习惯以及祖先等加入后，也聚在该维度下，由于其代表的更多的是传统的、历史的沉淀、与生俱来的或者是国家最初形成时所依据的特征，因此，我们将其定义为"族群标准"。而尊重体制、会讲英语、自我感觉 3 个项目聚在一起。根据

Shulman 的分析可知国籍、语言、制度、感觉等代表了偏国家的认同（civ-ic national identity）（Shulman，2002）。本研究中，除国籍外，三项目均聚在一起，由于其代表的更多的是现代的、可以学习的特征、目前国家形成所依据的标准，因此，笔者为其命名为"公民标准"。国籍在两个因子上载荷基本相等。通过分析笔者认为，该项目应当归属于公民标准。因此，笔者以此结构为基础，进行验证性因子分析，得到如图 1 - 1 所示的模型载荷图。

表 1 - 3 列出的是模型拟合的各项指标。一般而言，RMSEA 低于 0.1 表示好的拟合；CFI 在 0 ~ 1，大于 0.9（越大越好），所拟合的模型是一个好模型。当样本量较大时，$X^2/df$ 的值参考价值有限，GFI 也应大于等于 0.90，同样的 TLI 也应当在 0 ~ 1 之间，越接近 1 表示模型拟合度越好。证明这个结构是合理的。

**表 1 - 2 国家认同标准的两个测量子维度探索性因素分析**

| 题 号 | | 族群标准 | 公民标准 |
| --- | --- | --- | --- |
| V18 | 祖先是美国人（ancestry） | 0.812 | 0.133 |
| V11 | 出生在美国（born） | 0.796 | 0.183 |
| V13 | 一生大部分时间生活在美国（live in） | 0.662 | 0.369 |
| V15 | 是一个基督教徒（religion） | 0.637 | 0.129 |
| V47 | 共同的生活习惯和传统（customs and traditions） | 0.462 | 0.020 |
| V16 | 尊重美国的政治体制和法律（regime） | - 0.075 | 0.786 |
| V14 | 会讲英语（language） | 0.168 | 0.693 |
| V17 | 自觉是个美国人（feeling） | 0.346 | 0.620 |
| V12 | 有美国国籍（citizenship） | 0.502 | 0.534 |

**表 1 - 3 国家认同标准两因素模型的拟合指标**

| $X^2$ | df | P | GFI | TLI | RMSEA | CFI |
| --- | --- | --- | --- | --- | --- | --- |
| 5067.236 | 26 | 0.00 | 0.957 | 0.883 | 0.086 | 0.915 |

每个维度所包含的题目的分数求算术平均数，即可获得该维度的总分。需要说明的是，由于 ISSP 2003 都是分数越低，表示认同程度越高，

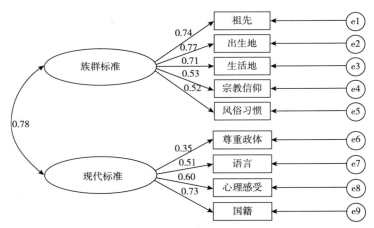

图1-1　国家认同标准两因素模型的验证性因素分析

因此，笔者对分数进行逆算调整，具体方法是，原始数据库中非常重要的得分为1，比较重要得分为2，比较不重要得分为3，非常不重要得分为4。将其方向逆转，即非常重要得分为4，比较重要得分为3，比较不重要得分为2，一点都不重要得分为1。变成分数越高，表示认同程度越高，以便于更好地解释研究的结论。

### 2. 国家自豪感的结构分析

对9个国家自豪感题目进行探索性因素分析，得到9个题目的探索性因素分析的结果（见表1-4）。其中，民主、社会安全、经济、政治、公平对待每一个人5个项目聚在一起。根据Hjerm研究对ISSP 1995年数据的分析可知，民主政治、经济、社会安全、公平等方面似乎是和国家或者国家的政策联系起来的，称为国家政治自豪感（national political pride），ISSP 2003数据中这5个项目也聚在该维度下。笔者也命名该维度为国家政治自豪感。而体育的、科学的、文化的、历史地聚在一起，笔者也借鉴Hjerm的命名，称之为国家文化自豪感（natio - cultural pride）（Hjerm，1998）。

值得注意的是，军事项目在两个因子上的负荷都相对较低，而且基本相等。因此，笔者排除了该项目。这也在一定程度上说明，相对于10年前而言，军事引起人们自豪感的程度相对有所降低。当然这也可能与本研究的被试范围更广有关。

表1-4 国家自豪感的两个测量子维度探索性因素分析

| 题 号 | 政治自豪感<br>（national political pride） | 文化自豪感<br>（natio-culture pride） |
|---|---|---|
| V26 民主 （democracy） | 0.778 | 0.084 |
| V29 社会安全 （social security system） | 0.762 | 0.009 |
| V28 经济 （economy） | 0.749 | 0.181 |
| V27 政治 （political） | 0.673 | 0.228 |
| V35 公平对待每个人 （equal treatment） | 0.660 | 0.190 |
| V32 文化艺术 （arts and literature） | 0.096 | 0.789 |
| V31 体育 （sport） | 0.101 | 0.742 |
| V34 历史 （history） | 0.085 | 0.639 |
| V30 科学技术 （scientific and technologicalachievements） | 0.375 | 0.557 |

因此，笔者以此结构为基础，进行验证性因子分析，得到如图1-2所示的模型载荷图，模型拟合的指标参见国家认同标准部分所示。综合判断表明，模型的拟合系数较好（见表1-5），这个结构是合理的。

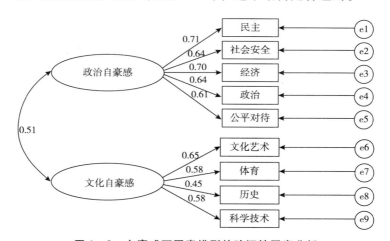

图1-2 自豪感两因素模型的验证性因素分析

表1-5 国家认同标准两因素模型的拟合指标

| $X^2$ | df | P | GFI | TLI | RMSEA | CFI |
|---|---|---|---|---|---|---|
| 3543.327 | 26 | 0.00 | 0.970 | 0.909 | 0.072 | 0.935 |

每个维度所包含的题目的分数求算术平均数，即可获得该维度的总分。需要说明的是，由于 ISSP 2003 都是分数越低，表示自豪程度越高。因此，笔者对分数进行逆算调整，具体方法是，原始数据库中非常自豪的得分为 1，有点自豪的得分为 2，比较不自豪的得分为 3，一点都不自豪的得分为 4。将其方向逆转，即非常自豪的得分为 4，有点自豪的得分为 3，比较不自豪的得分为 2，一点都不自豪的得分为 3。最终变成分数越高，表示自豪程度越高，以便于更好地解释研究结论。

## 二 不同群体国家认同的状况分析

### 1. 不同群体国家认同标准的分析

对不同性别、受教育水平、年龄以及国籍状态的群体进行统计分析，结果如表 1-6 所示。分别进行方差分析，结果表明，无论在公民标准还是族群标准的重要性上，性别、受教育水平、年龄、国籍的有无等都会影响个体对国家认同标准的判断。

由于本数据库所用的被试样本量较大，单因素方差分析可能在一定程度上夸大了差异的显著性，因此，笔者又进行了效应值的检验（cohen $f^2$）。依据 Cohen 在 1988 年提出的效应量大小标准，$f^2 \leq 0.02$，小；$0.02 < f^2 < 0.15$，中；$f^2 > 0.3$，大。笔者认为中等大小的效应量是有统计意义的。

据此，笔者认为，年龄对认同标准的影响是显著的，无论是公民标准还是族群标准，都有年龄越大者认为标准越重要的倾向。其他条件不变，年龄越大者认为标准的重要性越高，这在一定程度反映了年龄较大者对于判定国人有着更加严格的标准，对每个指标的重要性看得都比较重，也可能重视的指标比较多。这可能正是全球化理论所预测的那样，在全球化理论的影响下，年轻人的国家观念在逐渐淡薄，而老年人受到全球化的影响较少，对国家的界限的认识还相对较强。当然这也可能与不同年龄段的人性格特征的不同有关，年龄越长的越慎重对待各种事情，表现出了更严格的认同标准。

表 1 - 6　29 个国家不同群体的国家认同标准描述性分析

| 类　别 | | 认同标准 | | | | | | | |
| --- | --- | --- | --- | --- | --- | --- | --- | --- | --- |
| | | 族群标准 | | | | 公民标准 | | | |
| | | $f^2$ | M | SD | F | $f^2$ | M | SD | F |
| 性　别 | 男 | 3.410 | 0.540 | 5.990 * | 0 | 2.720 | 0.723 | 31.448 ** | 0.001 |
| | 女 | 3.423 | 0.520 | | | 2.762 | 0.730 | | |
| 受教育水平 | 无学历 | 3.469 | 0.517 | 20.963 ** | 0.002 | 2.967 | 0.668 | 464.552 ** | 0.049 * |
| | 低学历 | 3.439 | 0.523 | | | 2.883 | 0.684 | | |
| | 中等学历 | 3.406 | 0.534 | | | 2.692 | 0.728 | | |
| | 高学历 | 3.375 | 0.533 | | | 2.446 | 0.734 | | |
| 年龄（岁） | 0 ~ 20 | 3.277 | 0.570 | 222.615 ** | 0.024 * | 2.595 | 0.706 | 475.037 ** | 0.045 * |
| | 20 ~ 40 | 3.345 | 0.547 | | | 2.601 | 0.714 | | |
| | 40 ~ 60 | 3.424 | 0.529 | | | 2.722 | 0.731 | | |
| | 60 ~ 80 | 3.542 | 0.467 | | | 3.011 | 0.669 | | |
| | 80 ~ 100 | 3.555 | 0.463 | | | 3.034 | 0.665 | | |
| 国　籍 | 有 | 3.426 | 0.528 | 198.923 ** | 0.005 | 2.751 | 0.732 | 103.823 ** | 0.003 |
| | 无 | 3.255 | 0.545 | | | 2.582 | 0.629 | | |
| 总　体 | | 3.417 | 0.530 | | | 2.743 | 0.727 | | |

注：方差检验中，＊代表 p < 0.05，＊＊代表 p < 0.01；效应值检验，＊代表 $0.02 < f^2 < 0.15$。

此外，受教育水平对族群标准的影响是显著的，受教育水平越高者认为族群标准越不重要。该结论在一定程度证实了 Kunovich 的教育程度越高总体国家认同越低的结论。同时也符合 kunovich 对于教育程度可能会提高国家倾向认同的趋势（kunovich，2009）。尽管笔者并未得到教育程度高者国家倾向的认同的得分更高，但至少并未得到教育水平对公民标准的抑制趋势。正如认知技能理论（cognitive skills theory）所说，认知技能越高者会更好地将自己表象为属于一个更大的组（例如，是欧洲人而不仅仅是德国人）（Kunovich，2009）。而且学历越高，接触面也越广，对于族群的一些标准进行一定的思考，他们可能会认为，例如血缘、历史等这些与生俱来的、不能通过后天努力获得的标准已经与目前的全球化的趋势不相匹配。因此，在主观上对其认可度便有所降低。但现代的国家的政治、经济、社会制度、语言等特征并没有表现出可能的局限性。因此，学历越高对传统（族群）认同标准的推崇下降，但对公民标准的推崇并没有降低。

最后，通过相关样本 t 检验，笔者对两种认同标准进行了比较，结果发现，$t_{(36883)} = 199.726$，$p = 0.000$，效应值 ES = 1.040（ES > 0.8，表示较高的效应值）。这表明人们对两种标准的重要性程度的判断是有显著差异的，总体上看，公民标准得分更高。这也可能说明人们更重视现代意义上的国家的定义，而对于血缘、传统（族群）等标准的重视程度变低了。

### 2. 不同群体国家自豪感的分析

对不同性别、受教育水平、年龄以及国籍状态的国家自豪感进行统计分析，结果如表 1 - 7 所示。分别进行方差分析，结果表明，无论在国家政治自豪感还是国家文化自豪感上，性别、受教育水平、年龄、国籍都会影响个体对标准重要性的判断。

表 1 - 7　29 个国家不同群体的国家自豪感描述性分析

单位：岁

| 类　别 | | 国家自豪感 | | | | | | | |
| --- | --- | --- | --- | --- | --- | --- | --- | --- | --- |
| | | 国家政治自豪感 | | | | 国家文化自豪感 | | | |
| | | $M$ | $SD$ | $F$ | $F^2$ | $M$ | $SD$ | $F$ | $f^2$ |
| 性　别 | 男 | 2.493 | 0.646 | 126.36 ** | 0.003 | 3.055 | 0.536 | 45.78 ** | 0.001 |
| | 女 | 2.419 | 0.617 | | | 3.092 | 0.509 | | |
| 受教育水平 | 无学历 | 2.604 | 0.616 | 25.57 ** | 0.003 | 3.148 | 0.518 | 16.73 ** | 0.002 |
| | 低学历 | 2.442 | 0.628 | | | 3.076 | 0.515 | | |
| | 中等学历 | 2.439 | 0.633 | | | 3.084 | 0.527 | | |
| | 高学历 | 2.478 | 0.637 | | | 3.036 | 0.527 | | |
| 年　龄 | 0 ~ 20 | 2.404 | 0.598 | 62.14 ** | 0.007 | 3.058 | 0.542 | 42.75 ** | 0.005 |
| | 20 ~ 40 | 2.405 | 0.617 | | | 3.042 | 0.525 | | |
| | 40 ~ 60 | 2.454 | 0.641 | | | 3.070 | 0.530 | | |
| | 60 ~ 80 | 2.522 | 0.640 | | | 3.133 | 0.497 | | |
| | 80 ~ 100 | 2.616 | 0.625 | | | 3.151 | 0.487 | | |
| 国　籍 | 有 | 2.467 | 0.630 | 306.45 ** | 0.008 | 3.076 | 0.522 | 1.59 ** | 0 |
| | 无 | 2.214 | 0.627 | | | 3.061 | 0.525 | | |
| 总　体 | | 2.453 | 0.632 | | | 3.075 | 0.522 | | |

注：方差检验中，* 代表 p < 0.05，** 代表 p < 0.01；效应值检验，* 代表 0.02 < $f^2$ < 0.15。

同样，由于本数据库所用的样本量较大，因此单因素方差分析可能在一定程度上夸大了差异的显著性，因此，笔者又进行了效应值的检验（cohen $f^2$）。同样依据 Cohen 在 1988 年提出的效应量大小标准，$f^2 \leqslant 0.02$，小；$0.02 < f^2 < 0.15$，中；$f^2 > 0.3$，大。笔者界定中等大小的效应量是有统计意义的。结果表明，不同群体在国家自豪感的两个维度——国家政治自豪感还是国家文化自豪感上并不存在显著差异。尽管并不显著，但仍可看出随着受教育水平的提高，自豪感在降低，这与 Evans 和 Kelley 关于教育程度越高科学技术、体育以及经济自豪感越低的结论（Evans & Kelley，2003）以及与 Smith 和 Kim 的低水平的教育与较强的国家自豪感强相关的观点（Smith & Kim，2006）也有一致之处。值得一提的是，有国籍比无国籍者表现出更多的国家政治自豪感。但在国家文化自豪感上的自豪感并无差异。可以认为，无国籍的人对于科技文化、历史、体育等方面的自豪感并不见得比有国籍的人少，但没有国籍者却没有更高的政治自豪感。这可能与国籍与政治法律的关系密切有关。

最后，总体看来，人们对国家的政治自豪感要显著低于对国家文化的自豪感，$t_{36883} = 184.610$，$p = 0.000$，效应值 ES = 0.961。自豪感较低，在一定程度上可能说明，目前这些接受调查的国家中还有一部分在国家政治方面做得不是令国人很满意，至少不能保证和国家的文化传统等同样让国人满意。不过也有可能是因为人们对国家文化和国家政治是否优秀的评判标准不同。相对而言，人们对于科学技术、历史、体育、文艺领域的成绩通常是比较宽容的。而对于国家政治相关的民主、政治影响、经济进步、社会安全系统等的要求却比较苛刻。之所以会有判断尺度的不同，一方面可能因为政治直接影响到每个人的衣食住行，切身体会，自然要求更具体、更多。而文化等并不直接影响个人的生活发展等。另一方面也可能因为，文艺、历史等内容相对不易与其他国家形成比照，而民主等政策内容却很容易引起人们的横向对比。因此，对于不同的国家可以视具体的情况应对这些可能性。

## 第三节 国家认同与对他国、国际组织及外来移民接纳度的关系

### 一 接纳性结构分析

通过题目的分析，笔者选择出 12 个表示接纳性（即对外国、国际组织及外来移民接纳度，以下简称接纳性）的项目。探索性因素分析的结果如表 1 - 8 所示。其中，对外来移民的接纳的 5 个题目聚在一起，这一结果与 Hjerm（1998）所界定的"仇恨"一致，只是在 Hjerm 中分数越高表示仇恨程度越深，接纳程度越低，而在本文中却是接纳程度越深，仇恨程度越低，因此，笔者将其命名为接纳移民。其他 7 个题目聚在一起，这些题目均与对他国的接纳有关，因此，笔者将其命名为"接纳他国"。

笔者以此结构为基础，进行验证性因子分析。得到如图 1 - 3 所示的模型载荷图，模型拟合的指标参见国家认同标准部分。模型的拟合系数较好（见表 1 - 9），证明这个结构是合理的。

表 1 - 8    "接纳他国、国际组织及移民"因素模型的拟合指标

| 题　号 | 接纳他国 | 接纳移民 |
|---|---|---|
| V40  接纳外国影视（film and programmes） | 0.700 | 0.017 |
| V45  接纳外国文化等（exposure to foreign culture） | 0.670 | 0.129 |
| V36  接纳进口（import） | 0.640 | 0.132 |
| V41  接纳国际大公司（international companies） | 0.621 | 0.050 |
| V39  接纳外国人买土地（buyland） | 0.561 | 0.308 |
| V44  接纳国际组织（international organization） | 0.517 | 0.159 |
| V38  考虑他人感受（respect interest） | 0.499 | 0.103 |
| V51  移民有利于经济发展（economy） | - 0.017 | 0.761 |
| V53  移民带来新文化（bring new culture） | 0.048 | 0.737 |
| V50  移民没有提升犯罪率（crime rate） | 0.201 | 0.688 |
| V54  移民应当消费政府的钱（spend much） | 0.213 | 0.683 |
| V52  移民没有减少工作机会（job away） | 0.400 | 0.585 |

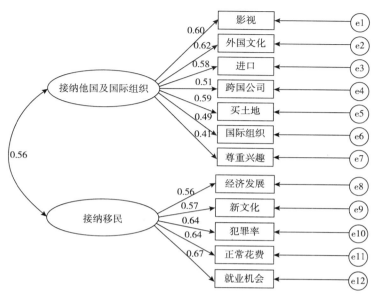

图 1 - 3 接纳两因素模型的验证性因素分析

每个维度所包含题目的分数求算术平均数，即可获得该维度的总分。

## 二 不同群体的接纳性

依据已有的研究结果，不同的国家认同会产生出不同的接纳性，即国家认同将可能是引发接纳性的一个重要因素。笔者首先对接纳性的整体分布做一个描述统计，然后用多元回归的方法估算国家认同对于接纳性的影响。

对不同性别、受教育水平、年龄以及国籍状态的国家自豪感进行统计分析，结果如表 1 - 9 所示。分别进行方差分析结果表明，无论在对他国和国际组织的接纳还是对移民的接纳上，性别、受教育水平、年龄、国籍等对接纳性的影响均显著。对其进行效应值的检验（cohen $f^2$），结果发现，受教育水平越高，人们接纳他国、国家组织以及外来移民的程度就越高。年龄越大，对他国的接纳越少，但是对移民的接纳没有表现出差异。可见，

表 1 - 9 国家认同标准两因素模型的拟合指标

| $X^2$ | $df$ | $P$ | GFI | TLI | RMSEA | CFI |
|---|---|---|---|---|---|---|
| 8302.471 | 53 | 0.00 | 0.947 | 0.849 | 0.077 | 0.879 |

教育水平、年龄的作用是贯穿始终的，随着教育水平的提高、年龄的减少，人们的认同标准的关切程度相应在降低，自豪感也趋于平静，对他国的态度也趋于接受。总体看来，人们对他国和国际组织的接纳性低于对移民的接纳性。$t_{(36883)} = 48.158$，$p = 0.000$，效应值 ES = 0.251。尽管 t 检验是显著的，但是效应值较小，因此，笔者并不认为二者存在很显著差异。可以认为，人们接纳他国和国际组织以及接纳移民的程度是基本相似的。

表 1-10  29 个国家不同群体的接纳性描述性分析

| 类　别 | | 接纳性 | | | | | | | |
| --- | --- | --- | --- | --- | --- | --- | --- | --- | --- |
| | | 接纳他国和国际组织 | | | | 接纳移民 | | | |
| | | $M$ | $SD$ | $F$ | $f^2$ | $M$ | $SD$ | $F$ | $f^2$ |
| 性　别 | 男 | 2.752 | 0.730 | 79.54** | 0.002 | 2.916 | 0.802 | 0.569 | 0 |
| | 女 | 2.686 | 0.696 | | | 2.922 | 0.770 | | |
| 受教育水平 | 无学历 | 2.470 | 0.640 | 467.79** | 0.050** | 2.756 | 0.722 | 570.77** | 0.062* |
| | 低学历 | 2.588 | 0.667 | | | 2.754 | 0.752 | | |
| | 中等学历 | 2.755 | 0.721 | | | 2.957 | 0.770 | | |
| | 高学历 | 3.017 | 0.718 | | | 3.295 | 0.778 | | |
| 年　龄（岁） | 0~20 | 2.868 | 0.688 | 397.23** | 0.043* | 2.937 | 0.772 | 109.75** | 0.012 |
| | 20~40 | 2.845 | 0.679 | | | 3.000 | 0.772 | | |
| | 40~60 | 2.728 | 0.721 | | | 2.932 | 0.793 | | |
| | 60~80 | 2.472 | 0.697 | | | 2.772 | 0.778 | | |
| | 80~100 | 2.501 | 0.633 | | | 2.822 | 0.749 | | |
| 国　籍 | 有 | 2.715 | 0.712 | 1.476** | 0 | 2.927 | 0.783 | 63.717** | 0.002 |
| | 无 | 2.735 | 0.732 | | | 2.784 | 0.832 | | |
| 总　体 | | 2.716 | 0.712 | | | 2.919 | 0.785 | | |

## 三　国家认同对接纳性的影响

对接纳性进行回归分析，采用了下述分析步骤：①首先，根据已有研究选择可能有作用的 8 个因素，其中包括国家认同标准及国家自豪感各两个部分及年龄、受教育程度、性别和国籍状况等 4 个因素。②再根据上文描述性统计所做的状况的描述及可能的推论，确定引入国家认同标准和国家自豪感的两个变量4个子成分以及受教育水平、年龄，用"Enter"的方式进入方程。③再用"Stepwise"的方式引入性别和国籍。之所以对这两个因素采用逐步引入的方式，是因为这两个变量对接纳性的影响的方差分析中，尽管F值显著，但$f^2$值并不显著，因此笔者并不清楚其预测力是否显著，因此逐步引入方程。最后，获得回归方程标准化系数 β 以及校正后的解释率（Adjusted $R^2$）和回归方式的效应值$f^2$。与之相似的，在对接纳移民进行分析时，也首先用"Enter"方式进入国家认同标准和自豪感以及受教育水平，之后用"Stepwise"方式进入性别、年龄和国籍。得到两个回归方程模型，如表1-10所示，图1-4、图1-5则更清晰地表示其影响的方向（正或负向）及大小。

表 1 - 11 　 影响国家接纳及移民接纳的因素回归分析

| 类　别 | | 接纳他国及国际组织 | | 接纳移民 | |
|---|---|---|---|---|---|
| | | 标准化回归系数 β | t | 标准化回归系数 β | t |
| 国家认同标准 | 公民标准 | — | — | 0.038 | 6.838 |
| | 族群标准 | -0.413 | -76.302*** | -0.393 | -70.529*** |
| 国家自豪感 | 政治自豪感 | 0.171 | 34.647*** | 0.158 | 30.795*** |
| | 文化自豪感 | -0.101 | -20.216*** | — | — |
| 重要人口学变量 | 受教育水平 | 0.109 | 23.426*** | 0.148 | 31.122*** |
| | 是否拥有国籍 | — | — | -0.043 | -9.159*** |
| | 性　别 | -0.020 | -4.349*** | 0.026 | 5.637*** |
| | 年　龄 | -0.095 | -20.385*** | | |
| Adjusted $R^2$ | | 0.263 | | 0.209 | |
| $f^2$ | | 0.357*** | | 0.264** | |
| F | | 1874 | | 1385 | |
| Sig | | 0.000** | | 0.000** | |

注 1. 标准化回归系数 β 的含义是，国家认同标准、国家自豪感、重要人口学变量等对接纳他国及国际组织、接纳移民的影响程度。系数为正表示影响是正向的，例如，国家政治自豪感对接纳他国及国际组织的影响中，β = 0.171，表示族群标准每增大一个单位，对他国和国际组织的接纳就增大 0.171 个单位。相反，系数为负则表示影响是负向的。以族群标准对接纳他国及国际组织的影响为例，β = -0.413 表示，族群标准每增大一个单位，对他国和国际组织的接纳就减少 0.413 个单位。

2. "＊＊＊"即代表与该 t 值相应的 β 值具有非常显著的统计意义（p＜0.001）。

**图 1 - 4  影响他国及国际组织接纳的各因素影响示意**

3．"＋"表示影响是正向的，即影响因素取值越高，接纳他国及国际组织的程度也越高；相反，"－"表示影响是负向的，即影响因素取值越高，接纳他国及国际组织的程度就越低；虚线表示没有影响。

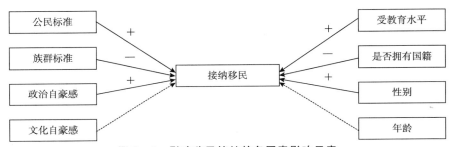

**图 1 - 5  影响移民接纳的各因素影响示意**

4．"＋"表示影响是正向的，即影响因素取值越高，接纳移民程度也越高；相反，"－"表示影响是负向的，即影响因素取值越高，接纳移民程度就越低；虚线表示没有影响。

结果表明，各模型均达到显著水平。

第一，看公民标准和族群标准的影响作用。

在对外来移民的接纳上，族群标准的系数为负，公民标准系数为正。这说明，对族群标准的认同程度越高，人们对外来移民的接纳相对越低。这可能是因为族群标准的核心在于认同血缘、历史、信仰等与生俱来的东西。这代表一种相对刻板的认同方式。即使移民的身份发生变化，成为国家合法一员时，持此标准者却还有可能不能实现接纳，这一结论与 Legge Jr 的研究有一致之处，国家认同高者更容易有反外情绪和态度（Legge Jr，1996）。且这种认同尤其集中体现在民族认同上，国家倾向认同部分越高者对外来移民态度便会相对更宽容，而民族倾向认同者对外来移民的排斥则会相对更强，做出类似"限制移民，让移民的文化被同化而消失"（Kunovich，2009）等选择。同时，这种刻板当然也表现在对其他国家或者国际组织的意见上，该结论是对以往研究结论的拓展，因为无论是 Legge Jr（1996）还是 Hjerm（1998）或者是 Kunovich（2009）中的反外情绪和态度的对象都是外来移民，而对国际组织、跨国公司、外国影视等来自外国或国际组织的成分并未详述，本文中的研究证明，与对外来移民的结果一样，持传统（族群）的国家认同更高标准者对外国、国际组织等的影响同样是负向的。事实上，持狭隘的传统（族群）认同标准者可能更多地带有一种偏见，这种偏见可能源自其对自身民族和血缘等的崇拜，为了保护有着同样血缘者能够在社会资源或经济利益上的优势，心中产生对本国的少数民族的对抗。而随着全球化的来临，跨国公司或者各种文化机构等已经将势力范围扩大到其领土之上，而这显然会造成本国一定经济或其他利益的消失，面对此种"危机"，善于自我保护的传统（族群）认同者自然会将自己的对抗对象向外扩张，扩展到对外国人或者国际组织的对抗上。

而与之相比，公民标准则显得更加灵活，持有较高的公民标准并不会阻碍对外界的接纳，相反还会促进对外来民族的接纳。建立这种适应性、开放性较强的国家认同也是很多研究者所提倡的（Michael，1993）。

第二，国家自豪感的影响作用。无论是对接纳他国还是对接纳移民的估计中，都有国家政治自豪感的回归系数为正，即国家政治自豪感越高，对其他国家或国际组织或其他民族的接纳程度也会越高。相反，政治自豪感越低，对他国的接纳也会越低。

对某个客体或事情形成自豪感的条件有两个，一是这件事情国家的表现是很好的，二是自己认为这一点是重要的。如果有的人对"国家的经济、政治、民主、平等、社会保障"等感到自豪，那么可能的理由就有两点，一是国家的经济，政治、民主、平等、社会做得好。三是，他感到这些国家的成就无论对于稳固国家地位还是其他都是很重要的。正是由于关心，如果做得不好，人们便会归咎他人。自豪感越差，就越可能不合理归因。相反，越是感到自豪，说明人们对自己国家的表现很自信，也就不再需要归咎于他国，在其思维中，他国或者国际社会也许会有一些消极的影响，移民也许会竞争资源，但是源自于对自身经济政治国家发展的自信，他们并不认为外来的国家或民族带来的消极影响会撼动其自身的优势。

国家文化自豪感上却是越自豪，越不接纳。这可能因为，对政策政治来说，接纳外国的经济合作对自己的威胁并不巨大。但是一个骄傲于自身文化历史科技发展的人，一方面可能会在一定程度上看不上他国文化，另一方面也会担心他国的另类文化会使自己国家优秀的文化会"变质"，当然也有可能是本国做得很好了，不需要别处的文化干扰或科技融入。

第三，笔者选择的 4 个个体变量的结果与以往的研究既有一致之处，也有不一致之处。教育水平对反外国情绪和态度的预测系数均为负，即教育水平越高者对外国、国际组织或外来移民的反对也越低，该结论与 Jegge Jr 的结论是一致的。究其原因，可能也正如 Jegge Jr 的研究所推断的那样，教育水平越高者经济水平也越有可能更高，而经济水平越高者反外国性就越低；此外，教育水平越高者，也相对越开放、包容，而这会带来国家认同的降低，认同越低，同时反国家性也越低。通过这两条路径最终造成了反其他国家性降低的效果（Jegge Jr，1996）。而在是否拥有国籍的问题上回归系数为负，说明相对于有国籍者而言，无国籍者对外来移民的接受显著要高。这自然可能是因为没有国籍者中的很大一部分恰恰是外来移民，因此他们对自身相近群体自然有着更多的接纳性。年龄越大者对他国的接纳也会越大。综观对国家认同标准和国家自豪感的研究不难看出，年龄的作用似乎一直是存在的，年龄越大者，国家认同的标准越严格，对国家的自豪感也有越强的趋势，这些都预示了年龄越大者对他国或他族的接受可能会更低。尽管在接纳外族上差异效应值不够大，但笔者的研究结果基本是和此逻辑相一致的。也曾经有研究者认为年龄越大反外族程度越低（Jegge Jr，1996），之所以存在着看似矛盾的现象也可能是经济地位和认同程度两种变量发挥的作用。经济地位越高，接纳性越高；国家认同越高，接纳性越低。年龄越高，可能同时带来经济地位的提高和国家认同的降低。这二者作用的力量方向是相反的。但经济地位的作用力远远小于国家认同的作用力（前者是后者的1/7）（Jegge Jr，1996），因此，在二者的综合作用下，年龄对接受的预测力应当是负的。

最后，需要说明的是，本研究所用的预测变量存在一定的相关，经过容忍度和特征根以及方差膨胀因子检验，结果均未发现多重共线性，因此所建立的回归模型是可靠的。

# 第四节 国家认同中的理性色彩及其启示

与传统的爱国主义和国家主义的研究不同,国家认同的概念本身便具有一定的理性色彩。同爱国主义或国家主义一样,尽管国家认同包括了情感的成分,属于归属的一种,但同时,国家认同更多表达了一种具体的、分析性的、理性的倾向。无论对于个体还是国家,用国家认同这个概念都能够挖掘到以往研究所忽视的理性话题。

对国家而言,领导者和管理者希望看到国人对自己国家的满意、自豪、信赖等。但是仅靠以往爱国主义"一般式"的测验,只能获得一个结论,即是否爱国。但这种"爱"究竟是如何产生的?或者,如果不是很"爱国",原因可能是什么呢?我们不得而知。因此,对于政策的制定等的帮助也是有限的。对个人而言,爱国主义测验往往带有很强的社会赞许性,同时也不太符合目前人们追求人本和理性的趋势,因此,个人从心理上对国家认同概念的接受程度要高于对爱国主义概念的接受。

本研究所探讨的国家认同即以较为内隐的方式测得人们的认识和一些能够"具体化"的情感,这种来自个体视角的"自下而上"的素材对于国家和个人是应当具有一定的参考价值的。

## 一 认同标准的侧重:从传统到现代

在认同标准的分析中,笔者通过询问人们在面对"族群标准和公民标准"判断是否是"国人"这个问题上的重要程度后,得到:相对于传统(族群)的标准而言,人们认为公民标准的重要性程度更高。这也许说明现代的人已经更多地接受了现代国家和现代"公民"的关键特征,即合法性、共同的政治和政策、共同的语言等。尽管这并不意味着人们放弃了传统的界限,不意味着大家放弃了传统的血统、出生、生活时间、宗教等标准。但是,这种"现代气息"的标准观在所有人群中(不同的受教育水平,有无国籍以及性别等)都基本是一致的,即使是老年人对于公民标准的重视也高于族群标准。这可能代表了在近一个世纪中,现代的、法律的国家国人观念已经深入人心,尽管人们没有放弃对族群标准的认同，但也很明显地对公民标准赋予了更多的关注。而且，随着教育水平的提高，人们在保持着公民标准重要性程度不变的情况下，对族群标准的重要性认可度在显著降低。受教育水平高者一般都更容易接受新鲜观念，尝试创新事物，是社会前进的先锋力量，对社会发展的方向性有着一定的预测作用。可能正是目前世界上的和平、发展的趋势直接影响了高学历层次者的认同思想。也许在不久的将来对于传统的血缘、历史等"界限"的认可度都会有所降低。人们可能相对会更加重视国家、政治、法律、社会公平性等。因此，这对于新时代的移民或其他人口的流动会有一定的积极作用。对国家而言，也应当注意到这个趋势的存在，并根据自身的情况给予不同年龄或者受教育水平者以可能的引导或支持。

### 二 自豪感的失衡：苛责还是欠缺

在对自豪感的分析中也不难看到一个明显趋势，国家政治自豪感低于国家文化自豪感。而且与认同标准一样，无论在哪个群体（不同的受教育水平，有无国籍以及性别等）都有这样的差异。可以看到对于文化的自豪感大概属于比较自豪程度，而对于国家政治自豪感则是介于有点自豪和比较自豪之间。为何会有这样的显著差异呢？这可能源自人们对于国家政治方面的要求过高。但是，对于国家而言，这也是一个值得重视的信号。尽管与国家文化自豪也许不太具有可比性，但自豪感对于形成稳定的国家认同的重要性却是不可忽视的。因此，为了更能促使国人建立对国家的稳定的、内在的认同，国家也可以多考虑如何提高工作水平，以赢得更多的国人认同，提高既理性又包含情感的凝聚力。

### 三 接纳的源泉：政策的自信

接纳他国、接纳外族对于形成国际社会在各方面的合作都是非常重要的。如果国人不同意在必要的时候（例如，环境保护），国际社会的利益可以高于国家的利益，那么，国际社会的合作必将举步维艰。从表面上看，认同一个国家与接纳别的国家或者国际社会是相互矛盾的，以往的研究中大多将"爱国主义"当做是国家认同的标准，由于爱国主义自身的局限性，这个结论也值得推敲。从笔者实际的研究中可以看出，笔者并没有发现绝对的此类趋势。相反，一个国家自豪感越强的人越是接纳其他国家、国际社会以及移民等。因此，这个结论在一定程度解决了爱国还是爱世界的冲突。正如上文所述，这可能与公民自豪自信的心理活动有关。一个国家公民越自信，他们对于他国和国际社会不良影响的担忧就越少，因此也会显得更加开放。但是，值得注意的是，对族群标准重视程度越高的人，对他国和外族的接纳也会相对越少。因此，对于国家而言，可以根据自身的实际情况选择如何引导或者试图改变国家认同的标准，调整引发国人自豪感情绪也能够改变人们的对外接纳程度。

### 附　录

### 1. 国家认同标准 9 个题目

下面的这些因素中哪些对于成为一个真正的美国人是重要的？

| 项　目 | 非常重要 | 相当重要 | 不是很重要 | 一点都不重要 | 并不能选择 |
|---|---|---|---|---|---|
| V11　出生在美国 | | | | | |
| V12　有美国的国籍 | | | | | |
| V13　一生的大部分时间都生活在美国 | | | | | |
| V14　会讲英语 | | | | | |
| V15　是一个基督教徒 | | | | | |
| V16　尊重美国的政治体制和法律 | | | | | |
| V17　自觉自己是个美国人 | | | | | |
| V18　祖先是美国人（是美国血缘） | | | | | |

下面的一些陈述你认为同意的有哪些？

| 项　目 | 非常同意 | 同意 | 无所谓同意不同意 | 不同意 | 非常不同意 | 并不能做选择 |
|---|---|---|---|---|---|---|
| V47　对于一个不能共享美国人习惯和传统的人是不会真正成为完全的美国人的 | | | | | | |

## 2. 国家自豪感 9 个题目

下文中的哪些部分自己会感到比较骄傲、自豪？

| 项　目 | 非常<br>自豪 | 有点<br>自豪 | 并不是<br>很自豪 | 一点都<br>不自豪 | 并不能<br>做选择 |
|---|---|---|---|---|---|
| V26　民主 | | | | | |
| V27　政治影响 | | | | | |
| V28　经济进步 | | | | | |
| V29　社会安全系统 | | | | | |
| V30　科学和技术 | | | | | |
| V31　体育 | | | | | |
| V32　文艺 | | | | | |
| V33　历史 | | | | | |
| V35　公平对待每个人 | | | | | |

## 3. 对外国人、国际组织及外来移民的接纳 12 个题目

下面的一些陈述你认为同意的有哪些？

| 项　目 | 非常<br>同意 | 同意 | 无所谓同<br>意不同意 | 不同意 | 非常<br>不同意 | 并不能<br>做选择 |
|---|---|---|---|---|---|---|
| V36　美国应当限制进口，保<br>护国家经济 | | | | | | |
| V38　美国应该按照自己的兴<br>趣行事，即使会与他国<br>产生冲突也在所不惜 | | | | | | |
| V39　外国人不应该能买美国<br>的土地 | | | | | | |
| V40　美国的电视应该播放美<br>国的电影和电视节目 | | | | | | |

续表

下面的一些陈述你认为同意的有哪些？

| 项　　目 | 非常同意 | 同意 | 无所谓同意不同意 | 不同意 | 非常不同意 | 并不能做选择 |
|---|---|---|---|---|---|---|
| V41　大的国际公司正在越来越强烈地威胁着美国的商业 | | | | | | |
| V44　国际组织正在从国家政府中拿走太多的权利 | | | | | | |
| V45　不断暴露在外国电影、音乐、书籍中的异质文化正在不断地危害我们的国家和本土文化 | | | | | | |

有很多关于"移民者"的观点，你是否同意下面的观点？

| 项目 | 非常同意 | 同意 | 无所谓同意不同意 | 不同意 | 非常不同意 | 并不能做选择 |
|---|---|---|---|---|---|---|
| V50　外来移民者增加了犯罪率 | | | | | | |
| V51　外来移民者对美国经济是有好处的 | | | | | | |
| V52　外来移民者抢了美国本土人的工作 | | | | | | |
| V53　外来移民者通过带来新的观点和文化提高美国社会的发展水平 | | | | | | |
| V54　政府花费了太多的钱帮助外来移民者 | | | | | | |

# 第二章　国家特征如何预测青年群体的对外接纳度

## ——来自多层线性模型的证据

本文通过使用多层线性模型（HLM）分析了 2003 年国际社会调查项目（ISSP）中的国家认同调查数据（青年部分），详细讨论了不同国家青年的对外接纳度及其出现接纳差异的原因。结果表明：各国间青年对外接纳度差异源自两个方面：一是国家层面的整体政治（指标：透明指数）、经济（指标：GDP 增长速度、人均收入）等领域特征直接决定了本国青年的对外接纳度，国家层面的差异占青年对移民接纳度变异的 10.22%，对外国人和国际组织接纳度变异的 16.16%。二是国家的政治、经济等特征调整了青年对国家认同度与对外接纳度的关系。值得注意的是，较快的发展速度能减弱由个人严苛的国家界限标准带来的更小的接纳力量。此外，与富裕国家相比，较贫穷的国家反而更能抑制民族主义倾向所带来的更小接纳。这一结论有助于我们更深入地了解各国青年排外心态及其发生原因并给出相应的调整建议。

## 第一节　引言

各国公民尤其是青年公民对移民和外国人的对外接纳度问题一直以来都是政治社会化研究的热点问题。因为公民尤其是青年公民对外来的人与物是否接纳在某种程度上决定了当前及未来国际间交流合作的民间基础。

一个一致的看法是，公民对外的接纳程度是有显著差异的。但学者们更希望探索究竟是什么造成了这种差异。最初，人们注意到个人的背景特征（例如，性别、年龄），社会结构特征（例如，受教育水平、工资收入水平），主观变量（例如，国家认同标准）都可能带来对外接纳（或者仇外）程度的不同。但后来，越来越多的研究者注意到，即使个人条件相同的公民，也有可能在对外接纳度上表现出较大的差距。究竟为何会出现这种现象呢？研究者推测，也许造成对外接纳度差异的因素并不仅仅在个人层面上，还可能有组织因素参与其中。同时，也不难观察到，一个重要的"组织因素"就是国家。隶属于不同特征（例如，地区、经济发展水平、政治水平、军事水平）国家的国民，其对外接纳度存在着显著差异。鉴于此，已有的研究既有从国家特征出发探讨对外接纳度差异原因的，又有从个人特征入手考察各类特点的公民接纳差异的。

笔者认为，个体对外接纳度的差异，是国家层面和个人层面因素交互作用的结果。国家既能直接决定其国人的对外接纳度，又可以调节一些个体变量对接纳度的预测作用。这两种作用机制的影响逻辑与路径并不相同，前者直接由国家特征解释平均对外接纳度的差异，而后者则用国家特征解释其个人层面特征（例如，受教育水平）与对外接纳度间的关系。

本研究选择了国际社会调查项目（International Social Survey Programme，ISSP）2003年对25个国家5729名青年公民所做的"国家认同调查"（National Identity）的数据，并使用多层线性回归模型（Hierarchical linear modeling，HLM）来分析这一数据，探讨在整体上，国家特征与各国青年对外接纳度平均水平的关系，青年的国家认同度与对外接纳程度关系的同时，进一步探讨国家特征对青年认同与对外接纳度关系的调节，以期更全面地了解各国青年的对外接纳状况，分析这些状况差异的形成原因，并希望以此为基础，更深入地了解我国青年国家认同及对外接纳状态的现状和形成机制，为青年的政治社会化教育提供一定的启示。

## 第二节　国家认同与对外接纳度的关系分析

对外接纳度是指个体对移入本国的外国移民、外国人及国际组织的接纳程度。在以往的研究中，研究者多是从对外接纳度的反面，即仇外族（Xenophobia）以及反对其他国家（anti - foreign）的角度分析该变量的。很显然，更大程度的对外族的仇恨或者对其他国家的反对即意味着更低程度的接纳。下文对仇恨外族或反对其他国家等的研究亦即对接纳度的研究。

已有研究者之所以看重对外接纳度（或仇外族和反对其他国家）的相关研究，在于这些态度可能直接影响国家间以及国家内不同民族间的关系，且一旦仇恨模式形成，在短期内很难改变。而且，也有研究者对此进行了追踪，发现自 20 世纪 80 年代末到 21 世纪初的这段时间里，反抗他国（anti - foreign）的程度在很多国家有逐渐增强的趋势（Semyonov & Raijman，2006）。

## 一　概念及测量

本研究重点关注的是两个概念：国家认同及对外接纳度。因此，笔者首先对这两个概念给予界定，同时在前人研究的基础上理清研究中经常使用的测量两个变量的题目，即为两个变量界定其操作定义。

国家认同是什么？很多研究者都对这个概念给出自己的定义。有的依据结果定义，即认同关键在于其是否意识到自己是哪国人（张汝伦，2001），是否可以达到视国为家程度，认同的最高境界即成为团结国家的巨大粘合力（Smith & Kim，2006）。有的则从认同内容的角度分析，提出所谓国家认同即对国家的国家主权、历史文化、理想道德等方面的认同，国家认同亦即认同国家。

正是在这些认识的启示下，研究者或用理性标准（Jones & Smith，2001，105）或用感性自豪感（Evans & Kelley，2001）或用二者的综合（Hjerm，1998）指代国家认同的相关内容。前者被称为国家认同标准，后者被称为国家自豪感。很多研究者也都在一定程度上追随了该认识，将认同标准和国家自豪感看做了国家认同的核心成分，并在实际的测量中（例如，ISSP，1995）验证了两个部分的合理性。

与相对统一的国家认同测量相比，对外接纳度的测量却有着很多的不同说法。例如，有的研究者（Hjerm，1998）用"仇外态度"（Xenophobic attitudes）一词指代对外尤其是对外来移民的排斥，使用了"移民增加了犯罪率"，"移民在总体上是有助于本国发展的"，"移民们抢走了本国人的工作"，"移民使国家容易接受新文化和观念"等指标测量仇外态度（Hjerm，1998）。还有研究者（Legge Jr，1996）用"反外国情感"（anti -

foreign sentiment）来指代这种排斥度，使用了"外国人带来了失业加重"，"外国人滥用社会系统福利"，"政治家过分关心外国人"三个指标测量反外国情感（Legge Jr，1996）。还有的研究者（Kunovich，2009）利用一些更加直观的变量——公民在涉外政策上的倾向推测其排外程度，比如，移民政策（移民的数量是否该增加，为移民所花的钱以及是否应当保持移民文化），国籍政策（何种公民才有权拥有国籍等问题）。

很显然，上述各类测量对外接纳度的方式尽管并不一致，但也都从不同角度测量了公民对于外国人尤其是来到本国的移民的排斥度。不过，我们也可以发现，这些题目所表达的内容似乎并不在同一个维度上。有的测量的是针对移民的一些内心的认识，而有的测量的是一种外显的对政策的看法（Scheepers，Gijsberts & Coenders，2002；Raijman，2008）。

我们认为，无论是外在的对政策的表述，还是内在的内心感知，均能在一定程度上反映出公民对外的接纳程度。事实上，在很多研究者的实际操作中，没有将这二者分开，同时，内在感知和外在指标几乎可以相互解释（Scheepers，Gijsberts & Coenders，2002）

故此，我们的研究并不刻意区分这两类指标，而是直接选择了最能反映其接纳心态的内部指标作为评价接纳或排斥的依据。

二 不同国家公民的对外接纳度分析

不同国家的公民的对外接纳程度是否存在显著差异呢？尽管在经验上我们认为各国公民间会存在差异，但是究竟是否如此，以及差异如何等均未得到更多研究的证实。同时，我们也没有更多的关于各个国家公民尤其是青年群体对外接纳程度的测量。

只有一些研究者，以个别典型国家为例，对其进行过简单分析。例如，有研究（Hjerm，1998）选取了在国家历史及移民政策上有巨大差异的英国、德国、瑞士和澳大利亚等国，经过对各国公民接纳度平均数的对比后发现，对外排斥度由强至弱依次为英国、德国、瑞士、澳大利亚。还有研究（Scheepers，Gijsberts & Coenders，2002）也发现了，比利时、德国、奥地利、丹麦等国的对外排斥程度更高，而西班牙、爱尔兰以及芬兰的排斥度较低。

这些国家的公民的对外排斥度为何会有程度的差别呢？国家本身的哪

一种或几种特征造成了这种差异呢？也许与本国的历史传统和对外移民政策有关，也许与国内的成员成分（非欧成员所占比例）有关，也许与国家经济发展状况（例如，失业率）有关，显然，尚未有研究用相对严谨的设计系统地对这个问题进行过探索。

然而，我们可以从间接的角度作出一些推论。也许一些重要的国家变量，例如，军国主义、全球化、内部文化变异未必会影响民众心态及态度行为，但一些看来比较重要的国家特征，例如，民主程度则有可能是影响心态的社会因素（Kunovich，2009）。

### 三 对外接纳度研究中的个人因素分析

尽管已有的研究暗示了国家层面的特征对于公民对外接纳度的重要影响力，但是，已有的研究（Scheepers，Gijsberts & Coenders，2002）也表明，在有关对外接纳度差异的分析中，国家层面的特征仅仅能够解释变异的一小部分，大部分的变异需在个人层次上获得解释。因此，我们将对个人水平的变量进行分析。

#### 1. 社会结构变量

究竟拥有哪些特征的人更容易有开放接纳的态度呢？研究表明，个人拥有的一些社会结构变量能够比较有效地解释其持有的开放态度。所谓社会结构变量是指那些与社会阶层相关的变量，例如，职业、收入、受教育水平、生活地等。手工业者、失业者、收入水平低者、受教育水平低者总是表现出更少的接纳。也就是说，越是处在社会边缘化的民众其对外排斥度越强。当然，也有一些例外，比如部分小资产阶级、中产阶级也表现得比较排外。

尽管这些个人社会结构变量在预测对外接纳度上是有显著意义的，但是，即便将这些变量全部引入（加之性别、宗教信仰等一些人口学变量），其能够解释的比率也较低。

鉴于此，研究者开始相信，事实上，能够决定对外接纳度的不仅仅是以社会结构变量为代表的一些客观背景变量。也就是说，地位、权利等外在的客观的因素不过是次要的，主要的影响将来自主观层面，比如，国家情感（Legge Jr，1996），国家认同，主观途径的影响力可能会达到客观权利等影响的数倍之多。

### 2. 国家认同

人们的仇恨对立并非源自外在的客观的权利争夺，而是头脑中的主观认识和归属。这一规律用在国家间，就转换成为本国公民对外国公民的排斥并非更多源自自身利益受到损害，而更多地源自其对祖国的认同与归属感。认同度越高者，排外性越强。这是一个很重要的推论，如果该结论被更多证实，那也就意味着，无论是分析接纳差异的来源，还是做对接纳度的调整均可以从国家认同这个因素着手了。

根据上文所述，尽管已有的研究成果对国家认同的操作定义存在差异，但基本上都是从两个角度入手的——国家认同标准和国家自豪感。

国家认同标准。国家认同标准是由族群（ethnic）标准和公民（civic）标准两个部分构成的。所谓的族群标准是，认为成为国人的标准是拥有相同的祖先、宗教信仰、生活习惯等，很显然，此类标准带有一定的狭隘的民族主义成分。而公民标准则是，认为成为国人的标准是，尊重国家法律、有共同的语言、拥有国家的国籍等。相对而言，此标准具有更浓厚的现代民主气息。已有的研究（Hjerm，1998；Kunovich，2009），尽管所用的方法不同，所用的被试不同（前者使用的仅有4国数据，后者所用31个国家数据），但都在不同程度上暗示了，族群标准的持有能够正向预测排斥，而公民标准则没有这样的预测力。

国家自豪感。国家自豪感是由政治经济等领域自豪感和文化历史等领域自豪感两个部分组成的。有研究（Blank & Schmidt，2003）认为，对政治经济等领域的满意或自豪程度将能够成功地降低人们对外来竞争和威胁的认识，提高他们对外来事物的接纳。究其原因，对现代的民主的事物的偏爱的背后恰恰是人道主义的民主原则，而这条原则原本就是支持文化与社会的多样化的。自然，也就很难同排斥建立关系了。当然，也有研究（Herjm，1998）的结论提示我们，应当对此保持清醒。即便是这种带有民主和现代气息的自豪感，在有些国家里，也不能非常有效地帮助公民打开心胸，接纳外来。例如，德国和英国。

### 四 国家及个人层面变量的交互作用

正如国家自豪感相关研究所暗示的那样，尽管国家和个人水平的变量均能在一定程度上解释公民接纳度的差异，但是这两个水平之间可能还存在着一些更为复杂的交互作用。也即，相同的个人水平变量，在不同的国家，可能带来的对外排斥力度有所不同。正如：

Hjerm（1998）的研究中的政治自豪这一典型的个人水平变量，在瑞典或者澳大利亚，若国家通过各种教育或改进现有政策等手段使公民的自豪满意度得到提升，其对外国人的态度也就随着发生改善。但是，在德国，即使人们对国家的认同程度再高，似乎其对外的开放接纳程度也不能得到有效的提升。由此可见，在不同的国家，若要促进国人的开放接纳度，需要有针对性地改变个人的条件。除上述研究外，还有研究者以区分国家的方法对国家认同相关的主观变量（例如，爱国主义情感、国家主义情感）对心理接纳的作用进行了分析，同样证实了不同国家间主观认同变量预测力具有显著差异（Raijman，2008）。

尽管这些研究证实了这种交互作用力的存在，却很难解释为何会出现该交互作用，自然也就难以解决在拥有不同特征的国家中该如何提高公民的接纳开放程度的问题。

鉴于此，Quillian（1995）便开始了将双层变量同时引入研究的尝试，选取了两个重要的国家层次的变量——移民的数量、国家的经济状况，以及多个个人层面的变量，例如，经济地位、邻居中是否有移民、受教育水平及年龄等。结果表明，在个人层面上，经济地位、邻居中有异族对偏见均有正向预测作用；同时，这种预测力会受到国家层面变量的调节，在移民数量多、国家经济状况较差的国家，这种正向的预测力将会更大。研究者用"群体威胁理论"解释这一结果。他们认为，国家中移民的数量越多，国家的经济状况越差，说明国家这个群体面对的威胁性越大，而在威胁越大的环境中，个人层面特征对偏见的影响力更强，无论这个影响力的方向是正的还是负的。

然而，值得注意的是，很多研究并没能证明这一理论的正确性，甚至还有研究（例如，Scheepers，Gijsberts & Coenders，2002）基本上否定了"群体威胁论"。他们使用的个人层面变量如是否是手工劳动者，是否生活在大城市等；国家层面的变量，例如，非欧人口所占比例、政治避难者的比例、失业率、失业率的变化等。结果表明，除了仅有"是否是手工劳动者"这一个变量对排斥的正预测力被"非欧人口所占比例"这个国家层面的变量加强外，其余交互作用均不显著。当然，对于"群体威胁论"，即使是其支持者如 Quillian（1995）也得到过无法解释的例子，例如，受教育水平对于偏见的负影响力，以及年龄对于偏见的正影响力，均被"更多威胁"这类国家层面的变量减弱了（Quillian，1995）。

在此种情况下，研究者（Kunovich，2004）提出了一种与之相反的理论设想——"群体威胁弱化论"，即国家这个大环境的威胁的增加会令第一层的个人变量与排斥之间的作用更趋近于零，同样这一趋势也在正作用力和负作用力上都适用。同时，他们的研究也在一定程度上佐证了这一结论。例如，若以国家的经济水平为第二层次的变量，就有经济情形越差，即群体的威胁越大，受教育水平、收入水平等与排斥间的负向关系将被弱化。

五 问题提出与研究假设

鉴于上述分析，不难看出，尽管已有研究对国家和个人两个层面及其交互作用可能的影响力进行了分析，但仍然存在一些问题：（1）个人层面的变量选择有忽视主观之嫌。很明显，以往的研究尽管已经暗示了国家认同会对个人态度等造成影响，但介入了国家特征这个二层变量之后却忽视了国家认同这个重要的主观变量。事实上，国家认同对国人接纳等态度和行为的影响力是客观变量的数倍。（2）结果变量的选择，有重接纳移民、忽视接纳外国等的趋势。也许是受到了时代特征的影响，20 世纪末的许多研究者倾向于探索何种因素可以解释对移民的对抗。当然，这也恰恰能反映出研究者希望探讨适合其本国国情的结论。这些结论的启示意义对于一些非移民大国显然是不够的。（3）国家层面的变量选择有重现状、轻趋势之嫌。当然，已有的研究本来就不多，很难将国家方方面面的特征考虑进来。事实上，有些趋势变量，例如，经济发展速度也会是反映国家发展侧面的重要变量，也能提高该系列研究结论对于发展中国家的启示意义。

在对上述三个部分改进的基础上，我们选择了最能代表未来发展方向的青年群体为对象。并提出以下三个问题：（1）国家层面上，哪些国家特征（现有经济水平、经济发展状况、国家政治透明指数）会影响对外接纳度，如何影响？（2）在个人层面上，国家认同（认同标准、国家自豪感）对接纳度（接纳移民、接纳外国等）的预测力如何？（3）国家层面上的变量如何调节个人层面上的国家认同与对外接纳度之间的关系？

根据已有的理论和研究，我们提出以下假设。

第一，国家层面上。经济和政治民主程度越好的国家对外接纳度越高。第二，个人层面上。越重视族群标准，则对外接纳度越低。越重视公民标准，则对外接纳度越高。政治经济领域的满意自豪感程度越深，则对外接纳度越高。文化领域的满意度越高，则对外接纳度越低。第三，国家层面对个人层面作用的调节。低经济水平（指标：人均收入越低、GDP增长速度越慢）将会减弱国家认同度对接纳度的预测力。更优秀的政治环境（指标：透明指数）会加强国家认同与接纳度的关系（依据：威胁减弱论）。

本文将首先使用描述性统计分析的方式对各个国家的接纳度进行系统分析。再从国家水平上，以多元回归的方法探讨各个国家特征变量对青年公民对外接纳度的影响。接着，我们将引入个体层面的主观变量——国家认同，在与第二层变量实现数据库对接之后，运用多层线性回归的方法探讨国家特征与国家认同的交互对接纳度的作用。最后，我们将对此结论进行整体分析，并以此为依据对我国青年国家认同的培养及接纳度的把握提供一些理解与建议。

# 第三节　研究工具与方法

## 一　分析工具

在本研究中，我们使用多层线性回归模型HLM504版本，分析一个层级的数据嵌套在另一个层级的形式的数据库。

## 二　数据

本研究的第一层数据来源为国际社会调查项目（International Social Survey Programme，ISSP）2003年的调查数据。此次调查共包含了35个国家（或地区、民族）的8637个青年，由于我们需要国家层面的特征变量为第二层变量，因此，排除了东德、西德，以色列犹太族，以色列阿拉伯族等民族或地区的数据。

我们的第二层变量即国家特征变量，主要取自2009年世界银行的统计数据中 2007 年各国的指标。指标包括：各国人均收入，各国 GDP 发展速率，以及各国家的政治透明指数。由于保加利亚、新西兰、智利、南非、韩国、乌拉圭等 6 个国家的这三个指标的数据不完整，因此排除这 6 国的青年的数据。在排除了关键个体变量（包括性别、年龄、受教育层次等 6 个变量）的缺失数据后，获得了来自 25 个国家（澳大利亚、英国、美国、奥地利、匈牙利、爱尔兰、荷兰、挪威、瑞典、捷克、斯洛文尼亚、波兰、俄罗斯、加拿大、菲律宾、日本、西班牙、斯洛伐克、法国、葡萄牙、丹麦、瑞士、委内瑞拉、芬兰、乌拉圭）的共 5729 名青年被试的完整数据库。两个层次所选各个变量的描述性统计如表 2 - 1 所示。

值得注意的是，我们文中根据前人研究分别选择了 8 个题目测量国家认同标准，9 个题目测量国家自豪感，12 个题目测量对外的接纳（具体题目如附录所示）。并借用已有研究对结构的分析（Kunovich，2009）和验证（例如：吴鲁平等，2010），将祖先、出生地、生活地、宗教等为族群标准，尊重体制、语言、自我感觉、国籍等为公民标准。民主、政治、经济、社会安全、公平对待等项目隶属于政治自豪感维度，体育、科学技术、文化艺术、历史等项目属于文化自豪感维度。对外来移民的接纳 5 个项目为移民接纳，对外国影视、文化、进口物品、国际大公司、外国人买土地、国际组织、尊重感受 7 个题目为接纳外国。以该维度所包含所有项目的算术平均数为该子维度的分数（例如，公民标准子维度的分数等与心理感觉、政治制度两项目分数的算术平均数）。

表 2 - 1　描述性统计量

| | 变量名 | 个案数 | 均　值 | 标准差 | 极小值 | 极大值 |
|---|---|---|---|---|---|---|
| 个人层级变量 | 接纳移民 | 5729 | 2.97 | 0.77 | 1 | 5 |
| | 接纳外国人、组织 | 5729 | 2.86 | 0.68 | 1 | 5 |
| | 族群标准 | 5729 | 2.65 | 0.76 | 1 | 4 |
| | 国家标准 | 5729 | 3.30 | 0.56 | 1 | 4 |
| | 政治自豪 | 5729 | 2.42 | 0.60 | 1 | 4 |
| | 文化自豪 | 5729 | 3.06 | 0.52 | 1 | 4 |
| 国家层级变量 | 人均收入 | 25 | 31941.00 | 19753.34 | 1620.00 | 76450.00 |
| | GDP 增加速度 | 25 | 4.49 | 2.49 | 1.30 | 10.40 |
| | 透明指数 | 25 | 6.91 | 2.21 | 2.10 | 9.30 |

## 第四节　模型及分析结果

### 一　各国在接纳度上的差距

我们首先计算了 25 个国家青年的对外接纳度（见表 2－2）。从表 2－2 的数据可以看出，各个国家青年公民对移民的接纳度的平均数从 2.46 到 3.38。接纳移民程度较低的前 5 个国家依次是匈牙利、捷克、俄罗斯、英国、挪威，接纳移民程度较高的前 5 个国家依次是乌拉圭、委内瑞拉、瑞典、法国、加拿大。对外国人和国际组织的接纳度的平均数从 2.38 到 3.35。对外接纳度较低的前 5 个国家依次是乌拉圭、匈牙利、俄罗斯、菲律宾、葡萄牙，对外国人和国际组织开放接纳程度较高的前 5 个国家依次是瑞士、挪威、荷兰、瑞典、日本。

表 2－2　各个国家的对外接纳度

| 国家名称 | 对移民的接纳度 | 对外国人、国际组织的接纳度 |
| --- | --- | --- |
| 澳大利亚 | 3.23 | 2.83 |
| 英国 | 2.65 | 2.93 |
| 美国 | 3.06 | 2.97 |
| 奥地利 | 2.93 | 3.01 |
| 匈牙利 | 2.46 | 2.45 |
| 爱尔兰 | 2.93 | 2.96 |
| 荷兰 | 3.03 | 3.27 |
| 挪威 | 2.80 | 3.22 |
| 瑞典 | 3.26 | 3.33 |
| 捷克 | 2.92 | 2.78 |
| 波兰 | 2.86 | 2.77 |
| 俄罗斯 | 2.60 | 2.46 |
| 加拿大 | 3.38 | 2.97 |
| 菲律宾 | 3.13 | 2.62 |
| 日本 | 3.16 | 3.35 |

续表

| 国家名称 | 对移民的接纳度 | 对外国人、国际组织的接纳度 |
|---|---|---|
| 西班牙 | 3.20 | 2.83 |
| 斯洛伐克 | 2.81 | 2.71 |
| 法国 | 3.35 | 3.17 |
| 葡萄牙 | 3.09 | 2.69 |
| 丹麦 | 3.12 | 3.14 |
| 瑞士 | 3.13 | 3.20 |
| 委内瑞拉 | 3.25 | 2.88 |
| 芬兰 | 2.94 | 3.15 |
| 乌拉圭 | 3.23 | 2.38 |

## 二 国家特征对接纳度水平的影响

表 2-3 重要的国家因素对青年公民对外接纳度的回归分析

| 类 别 | 对外接纳度 | | | |
|---|---|---|---|---|
| | 接纳外国 | | 接纳移民 | |
| | $t$ | Beta | $t$ | Beta |
| 人均收入 | -0.352 | -1.047 | 0.647 | 3.233 ** |
| GDP 增长率 | 0.055 | 0.226 | -0.014 | -0.094 |
| 透明指数 | 0.810 | 2.372 * | 0.244 | 1.197 |
| Adjusted $R^2$ | 17.9% | | 70.9% | |
| F | 2.603 | | 18.824 | |
| Sig. | 0.082 | | 0 | |

以国家整体青年被试平均分所做的分析可以看出,一个国家青年对外国、国际组织、跨国公司等单位的接纳程度变异的70%,均可被我们所选择的人均收入、GDP增长率以及透明指数这三个指标所解释。尤其是人均收入,人均收入越高国家的青年似乎有着更高的对外接纳度。该结论部分证实了假设1,即相对经济政治状况越好的国家可能会有更高的接纳度,不过此处的接纳度的增大主要集中在对外国人而非对在本国生活的移民。

我们认为,一方面,这可能是因为,参与分析的25个国家中,人均收入相对较高的国家多半是当今世界上的发达国家,它们拥有更多跨国公司,拥有更强大的文化输出力量,在国际组织中占有主导地位。也就是说，与世界上的其他国家相比，它们正是这些国际交流与合作的更大受益者。它们正在用自己的文化同化他国文化，正在用跨国公司赚取更高的利润，正在用国际组织的力量为本国谋得利益。因此，即使它们也会在一定程度上反对其他国家在其领土上成立的跨国公司，但整体上，作为受益者它们没有理由拒绝给其带来利益的外国人和跨国公司及国际组织等。另一方面，对富有的国家而言，它们在同外国人的生意往来中，多半是盈利者，所以它们希望与国外有经济往来。对于既得利益，这些国家的青年人自然更愿意接受。相比之下，富裕国家对移民并没有太多的喜爱，也许也恰恰是移民所带来的优势不如外国更多的缘故吧。

此外，透明指数对接纳移民的积极正向预测力，则可能与已有研究（Kunovich，2009）所讨论的民主氛围可以更多引发更现代化的公民标准有关，更多的公民标准不可避免地将成为国家的青年公民们更开放接纳的促发力量。

三　对外接纳度的差异分解

**1. 对外来移民的接纳**

使用 HLM 的一个优势是它可以将接纳度的整体差异分解到不同层级里，并给出一个定量的指标表示不同层级所导致的接纳性的差异占总差异的份额。

我们使用 HLM 的零模型（null model）来分解对移民接纳的差异，具体模型如下。

第一层：对移民的接纳 = $\beta_0$

第二层：$\beta_0 = \gamma_{00} + \mu_0$

总模型为：对移民的接纳 = $\gamma_{00} + \mu_0 + r$

其中，$\beta_0$ 为第一层截距，r 为随机效应，$\gamma_{00}$ 为第一层解决在第二层的固定效应，$\mu_0$ 为第二层随机效应。这个模型中不加入任何变量，因此可以检验总方差的分布。

表 2 - 4　分层级分解对外来移民的对外接纳度

| 固定效应 | 系　数 | 标准误 | | | |
|---|---|---|---|---|---|
| 对移民的接纳 | 0.022 | 0.0703 | | | |
| 随机效应 | 方差成分 | 占总方差的份额 | 自由度 | $X^2$ | $P$ |
| 层级 - 2 效应（国家间） | 0.1025 | 10.22% | 24 | 656.822 | 0.000 |
| 层级 - 1 效应（国家内） | 0.9009 | 89.78% | | | |

从表 2 - 4 可以看出，对移民的接纳的平均数为 0.022 （标准分数）。在方差成分中我们看到，国家内方差为 0.9009，国家间则为 0.1025，$X^2$ 为 656.822，在 24 个自由度下 $P$ 值接近于 0，证明国家因素对青年移民的接纳度的差异的影响是十分显著的。更进一步，根据 HLM 给出的方差成分在两个层级的分布，可以算出，国家间的效应比例为 10.22%，国家内的效应比例为 89.78%。换言之，因为国家的不同造成了接纳的差异，而这部分差异占青年公民对移民接纳度差异的 10.22%。

### 2. 对外国人和国际组织的接纳

与上文相似，我们使用 HLM 的零模型 （null model） 来分解对外国人和国际组织等的接纳的变异，具体模型如下。

第一层：对外国人和国际组织的接纳 = $\beta_0$

第二层：$\beta_0 = \gamma_{00} + \mu_0$

总模型为：对外国人和国际组织的接纳 = $\gamma_{00} + \mu_0 + r$

其中，$\beta_0$ 为第一层截距，$r$ 为随机效应，$\gamma_{00}$ 为第一层解决在第二层的固定效应，$\mu_0$ 为第二层随机效应。这个模型中不加入任何变量，同样也可以检验总方差的分布。

从表 2 - 5 可以看出，对外国人和国际组织的接纳平均数为 0.077 （标准分数）。在方差成分中我们看到，国家内方差为 0.8381，国家间则为 0.1616，$X^2$ 为 1171.087，在 24 个自由度下 $P$ 值接近于 0，证明国家间的对外接纳度差异十分显著。更进一步，根据 HLM 给出的方差成分在两个层级的分布，可以算出，国家间的效应比例为 16.16%，国家内的效应比例为 83.84%。换言之，因为国家的特征不同造成了青年在接纳方面的差异，而因其造成的差异占对外接纳度总体差异的 16.16%。

表 2 - 5　分层级分解对外国人和国际组织的接纳

| 固定效应 | 系　数 | 标准误 | | | |
|---|---|---|---|---|---|
| 对外国人和国际组织的接纳 | 0.077 | 0.079 | | | |
| 随机效应 | 方差成分 | 占总方差的份额 | 自由度 | $X^2$ | $P$ |
| 层级 - 2 效应 （国家间） | 0.1616 | 16.16% | 24 | 1171.087 | 0.000 |
| 层级 - 1 效应 （国家内） | 0.8381 | 83.84% | | | |

四 国家特征的影响机制

以上分析了国家特征因素对接纳度的直接影响。下面我们将重点探讨国家特征影响接纳度的间接路径，即它调整个人层面变量——国家认同度与接纳度的关系。无论对接纳外来移民的影响还是对接纳外国人及国际组织的影响均可从该路径上考虑。

我们分别对接纳移民和接纳外国人及国际组织建立在两个层次都加入了自变量的多层线性回归模型。其中表 2-6 为未加入国家层面变量，仅有第一层个体层面变量时的结果，表 2-7 为加入国家层面变量后的结果。表 2-7 则展示了第二层变量能够解释的第一层斜率和截距的国家间变异的程度。

1. **第一层模型分析**

● 对移民接纳的一层模型分析

接纳移民 $= \beta_0 + \beta_1 \times$ 族群标准 $+ \beta_2 \times$ 公民标准 $+ \beta_3 \times$ 政治自豪感 $+ \beta_4 \times$ 文化自豪感 $+ r$

● 对外国人及国际组织接纳的一层模型分析

接纳外国人及国际组织 $= \beta_0 + \beta_1 \times$ 族群标准 $+ \beta_2 \times$ 公民标准 $+ \beta_3 \times$ 政治自豪感 $+ \beta_4 \times$ 文化自豪感 $+ r$

表 2-6　青年国家认同程度与其对外接纳关系的随机回归分析
（不包括第二层预测变量的模型）

| 类　别 | | 回归系数和显著性检验 | | | 方差成分与显著性检验 | |
|---|---|---|---|---|---|---|
| | | 回归系数 | 标准误 | T 检验 | 方差成分 | $X^2$ |
| 对移民的接纳 | 截距 | 0.021 | 0.064 | 0.322 | 0.1042 | 794.273*** |
| | 族群标准 | -0.386 | 0.042 | -9.240*** | 0.0383 | 166.847*** |
| | 公民标准 | -0.023 | 0.024 | -0.956 | 0.0092 | 60.782*** |
| | 政治自豪感 | 0.141 | 0.029 | 4.778*** | 0.0165 | 109.472*** |
| | 文化自豪感 | -0.028 | 0.014 | -1.954^ | 0.0012 | 31.425 |
| 对其他国家的接纳 | 截距 | 0.076 | 0.080 | 0.959 | 0.16182 | 1328.070*** |
| | 族群标准 | -0.320 | 0.024 | -12.824*** | 0.00953 | 62.375*** |
| | 公民标准 | -0.032 | 0.019 | -1.710~ | 0.00366 | 43.256* |
| | 政治自豪感 | 0.019 | 0.027 | 0.699 | 0.01283 | 95.197*** |
| | 文化自豪感 | -0.046 | 0.015 | -2.981** | 0.00190 | 32.020 |

从表 2-6 中我们可以得到以下结论。

第一，族群标准负向预测对外来移民和外来国家的接纳。这说明，对族群标准的认同程度越高，人们对外来移民的接纳相对越低。拥有所谓族群标准的核心在于认同血缘、历史、信仰等与生俱来的因素，这些是判断是否是本国公民的关键。这意味着，人们会拒绝接纳那些获得国籍，成为合法移民的非本国血缘的其他国家公民。这一结论证实并拓展了已有研究（Legge Jr，1996；Kunovich，2009）的结论，即族群标准越强的青年不仅越可能持拒绝移民或者让移民文化等消失的态度，而且还会对国际组织、跨国公司、外国影视等来自外国或国际组织持反对态度。我们认为，这可能源自族群认同标准较严格者的一种偏见，该偏见可能源自其对自身族群和血缘等的崇拜，为了保护有着同样血缘者在社会资源或经济利益占有上的优势，心理上出现的对外抗拒。这种抗拒既指向了本土中的外来移民，也指向了跨国公司和外国的文化影视等。与之相反，公民标准则显得更加灵活，持有较高的公民标准并不会阻碍对外界的接纳。建立这种适应性、开放性较强的国家认同也是很多研究者所提倡的。

第二，国家政治自豪感正向预测对移民的接纳。即政治自豪感越高的青年对移民的接纳程度也会越高。对一个国家的某个方面形成自豪感条件是该国家在某方面表现较好。一般说来，当表现较好的情况下，人们的自信心会得到增强，担心其他事物对其造成伤害的倾向性会小。因而，对政治经济领域的自豪就带来了更多的对外来移民的接纳。不过，这种由自信带来的开放心态也需要有一定的前提条件，即所接纳的对象不能对国家有伤害。先进的政治制度和强大的经济实力等均不是一个容易受影响、容易走下坡路的领域，相反，一旦良好的政治体制形成了，无论外来还是外国都很难将其带坏。因此，更容易将这些外来人等同化在自己的政治体制下。然而，文化、科技等领域却相对脆弱，国外势力的渗透也许并不会改变一个国家政治体制，却很可能使优秀传统文化在潜移默化中消失殆尽。

此外，对各变量回归系数的变异情况（即表 2-5 之"方差成分与显著性检验"部分）分析表明，在对移民的影响上，族群标准、公民标准、政治自豪感以及截距变异均是显著的，即表明这些斜率在各个国家之间是不同的；而在对国家的影响上，族群标准、公民标准、政治自豪感、文化自豪感以及解决的变异也均是显著的，也说明这些变量与接纳外国的关系在各个国家之间是不同的。亦即需要加入第二层变量进行进一步的分析。

### 2. 第二层模型分析

• 对移民接纳的第二层模型分析

$\beta_0 = \gamma_{00} + \gamma_{01} \times 透明指数 + \mu_0$

$\beta_1 = \gamma_{10} + \gamma_{11} \times 人均收入 + \gamma_{12} \times GDP 发展速度 + \mu_1$

$\beta_2 = \gamma_{20} + \gamma_{21} \times 人均收入 + \gamma_{22} \times GDP 发展速度 + \mu_2$

$\beta_3 = \gamma_{30} + \gamma_{31} \times 透明指数 + \mu_3$

$\beta_4 = \mu_4$

• 对外国人及国际组织接纳的第二层模型分析

$\beta_0 = \gamma_{00} + \gamma_{01} \times 人均收入 + \mu_0$

$\beta_1 = \gamma_{10} + \gamma_{11} \times 人均收入 + \gamma_{12} \times GDP 发展速度 + \mu_1$

$\beta_2 = \gamma_{20} + \gamma_{21} \times 人均收入 + \gamma_{22} \times GDP 发展速度 + \mu_2$

$\beta_3 = \gamma_{30} + \gamma_{31} \times 透明指数 + \mu_3$

$\beta_4 = \mu_4$

表 2-7　青年的国家认同对其接纳外来程度的影响：以国家为二层变量的二层线性模型分析

| | | | 回归系数和显著性检验 | | | 方差成分与显著性检验 | |
|---|---|---|---|---|---|---|---|
| | | | 回归系数 | 标准误 | T 检验 | 方差成分 | $X^2$ |
| 对移民的接纳 | 族群标准 | | -0.386 | 0.042 | -9.240*** | 0.01277 | 62.178*** |
| | | 人均收入 | -0.176 | 0.031 | -5.745*** | | |
| | | GDP 增长速度 | -0.007 | 0.031 | -0.237 | | |
| | 公民标准 | | -0.023 | 0.024 | -0.956 | 0.00659 | 45.1098** |
| | | 人均收入 | 0.016 | 0.023 | 0.709 | | |
| | | GDP 增长速度 | 0.076 | 0.023 | 3.315** | | |
| | 政治自豪感 | | 0.141 | 0.029 | 4.778*** | 0.01340 | 83.9040*** |
| | | 透明指数 | 0.050 | 0.019 | 2.678* | | |
| 对其他国家的接纳 | 截距 | | 0.076 | 0.080 | 0.959 | 0.0594 | 452.363*** |
| | | 人均收入 | 0.301 | 0.050 | 6.066*** | | |
| | 族群标准 | | -0.320 | 0.024 | -12.824*** | 0.00768 | 49.027 (P=0.001) |
| | | 人均收入 | -0.058 | 0.019 | -2.996** | | |
| | | GDP 增长速度 | 0.002 | 0.023 | 0.097 | | |
| | 公民标准 | | -0.032 | 0.019 | -1.710~ | 0.00421 | 42.533 (P=0.006) |
| | | 人均收入 | 0.018 | 0.018 | 1.051 | | |
| | | GDP 增长速度 | 0.025 | 0.018 | 1.362^ | | |
| | 政治自豪感 | | 0.019 | 0.027 | 0.699 | 0.00971 | 81.107*** |
| | | 透明指数 | 0.032 | 0.016 | 1.977^ | | |

对表 2 - 7 的分析，结果表明：

首先，人均收入将会加强青年所持有的族群标准对接纳移民及外国人、国际组织程度的负向预测度。

根据对不包含第二层预测变量模型的分析可知，持族群标准者对外来移民及外国人、国际组织的排斥作用是非常显著的：越重视血统、出生等传统族群标准的人越反对外来移民，反对外国人、国际组织。且抑制作用的强度在不同国家之间存在显著差异。加入国家这个二层变量后的预测模型表明，人均收入对该排斥外族作用有显著的加强作用，且人均收入对这种变异的解释率达到了 66.58%（见表 2 - 8），亦即能够解释国与国间族群标准与接纳关系变异度的 2/3，越富裕的国家，族群标准对排斥外来的正向预测作用越明显。该结论证实我们的假设 3。也证实了研究者（Kunovich, 2004）的关于经济条件对社会结构变量与民族排斥度的调节作用符合"群体威胁减弱论"的论断。所不同的是，本研究中的预测变量变成了主观心理变量——对族群标准的认可，同时结果变量也相对有所拓展，既包括了对外来移民的排斥，又包括了对外国人、外国组织的排斥。

本研究中以人均收入作为经济条件的指标，以族群标准作为社会结构的一个指标。人均收入低即意味着本国人面临高威胁，人均高收入则意味着本国人群体面临低威胁状况。依据群体威胁减弱论的逻辑，人均收入越低，亦即威胁越大时，对族群标准看法不同群体的排斥度差异就会越接近于零（绝对值越小）；相反，人均收入越高，则由族群标准带来的排斥度的差异越大（绝对值越大）。

在富裕的国家，民族主义倾向每增加一个单位，对外来的排斥比穷的国家多排斥移民 0.176 个单位，多排斥外国人及国际组织 0.058 个单位。也可以认为，民族主义在富裕国家滋生造成的国际间的矛盾的可能性会更大。之所以会存在这个趋势，我们认为原因可能有两个方面：一方面，在贫穷的国家中，由于整体经济实力不强，所有国民都处在不利情境中，而移民，作为外来移民，外国公司等其处境可能相对会更差。提供给国人的相对优势还是清晰的，促发民族主义者抗拒外来的诱因相对较低。而富裕国家的经济利好，相对而言，移民可能生活得与本族居民同等优越，外族人也会享有很高的福利和各种保障条件，所以，更容易促发民族主义者的反抗神经。一经煽动，则反抗移民的力度就会大增。另一方面，贫穷和富裕的国家中的原住民对移民的看法是不同的。贫穷的国家可能更多地将移民多当成一种荣幸，移民的到来更像是帮助自己的国家建设。所以，即使民族主义倾向严重，也会因这种好感而减弱对他们的抵制。而相对富裕的国家可能会更多地将移民看成分享者、抢掠者。尽管这种差异没有直接引发贫富国家对移民的接纳程度，但在此处却成为了调节民族主义倾向与接纳关系的重要变量。

其次，GDP 增长速度可以减轻公民标准对移民及外国人、国际组织接纳度的负向预测度。根据对不包含第二层预测变量模型的分析可知，持公民标准者对外来移民及外国人、国际组织仅有排斥趋势，但却并不显著。但这一趋势在各国之间却有显著差异，在公民标准对外来移民的预测中，预测强度在各国间存在的差异显著，VR = 0.0103，$X^2$ = 57.681，P < 0.001；在公民标准对外国人和国际组织的预测中，预测强度在各国间也存在显著差异，VR = 0.0031，$X^2$ = 34.083，P < 0.05。加入国家这个二层变量后的预测模型表明，GDP 的发展速度抵消了公民标准对接纳移民及接纳外国人、国际组织的负向预测作用。而且，GDP 的发展速度可以解释公民标准与接纳移民间关系的 36.5%。尽管整体上负作用不显著，但发展速度慢的国家，公民标准对接纳的负作用是比较大的。在经济发展速度快的国家，国家界限的主观标准对接纳度的消极的影响被削弱了。

不难看出，人均收入和国家 GDP 增长速度这两个国家层面的变量对于族群认同标准和公民标准对对外接纳度的预测力的影响存在一定的交叉作用。族群标准的预测力受到人均收入的调节，没有受到国家 GDP 发展速度的调节，而公民标准的预测力受到 GDP 发展速度的调节。

表 2-8　国家背景变量在青年国家认同对对外接纳度影响的变异中所解释的方差

| 项　　目 | | 原始方差 | 条件方差 | 解释的方差 |
|---|---|---|---|---|
| 对移民的接纳 | 截距 | 0.1155 | — | |
| | 族群标准 | 0.0383 | 0.0128 | 66.58% |
| | 公民标准 | 0.0092 | 0.0066 | 28.26% |
| | 政治自豪感 | 0.0165 | 0.0134 | 18.79% |
| Level-one | 残差 | 0.9009 | 0.7452 | 17.29% |
| 对他国的接纳 | 截距 | 0.1618 | 0.0594 | 63.29% |
| | 族群标准 | 0.0095 | 0.0077 | 18.95% |
| | 公民标准 | 0.0037 | 0.0042 | 13.51% |
| | 政治自豪感 | 0.0128 | 0.0097 | 24.22% |
| | 文化自豪感 | — | | |
| Level-one | 残差 | 0.8381 | 0.7387 | 11.86% |

为了澄清这个交叉作用，有必要分析族群标准和公民标准对对外接纳影响的核心作用方式以及与人均收入和发展速度本身所带来的威胁度。

民族主义标准者之所以排斥外来移民和外国人，原因在于他们认为移民或者外国人会抢夺国家的资源，比本国人地位更高，赚钱更多。如果国家本身很穷，那么移民和外国人相对可以抢夺的东西少一些，同时，此时的外来者比本国人的处境也相对差一些，在相对优势下，民族主义标准者的仇外排外程度也就可以稍稍得到减轻。也可以说，穷困的环境反而是一个相对无威胁的环境，负的影响力被淡化了。

但是，在发展速度快的国家，资源消耗大，机会多，外来移民可能会抢占资源，抢占地位，尽管也带来了经济的发展，自己也得到了一些实惠。然而，对于有民族主义倾向的人来说，发展速度实在不能算得上一个无威胁的环境，更多的是中性环境。因此，发展速度快并不会减弱民族主义者对接纳度负的预测力。

而公民标准取向者相对具有更理性的思维方式，国家界限是相对比较开放的，只要国籍和政治等方面认同即可被认为不是危险。与相对的优势相比较，他们关注得更长远，更重视发展预期。因此，也许在发展势头比较好时，公民主义者对那些外来影响发展的事物并不排斥。但是当发展势头不好的时候，公民主义者也会将矛头指向一切可能的因素，外来移民和外国来人也就会成为替罪羔羊。因此，在发展速度慢的国家里，公民标准更可能会成为负向预测对外接纳度的因素。

总之，从这两层四个变量的交互过程不难总结，真正起作用的可能是"群体的相对威胁"。

相对的威胁越小，斜率越趋近于零，也许这种相对性也恰好取决于公民们在相对环境中的主观感受（Semyonov，Raijman，& Tov et al.，2004）。例如，人均收入低的环境，对于民族主义者来说，就是个相对小威胁的环境，而对于公民主义者来说，只是个中性环境。发展速度慢，对于民族主义者来说是中性环境，可是对于公民主义者来说就是一个大威胁环境。

最后，政治透明指数越高的国家，政治自豪感对接纳度促进的效力会更大。该结论与已有研究（Dowley & Sliver，2000）是一致的。此外，人均收入越高的国家对他国的接纳度越高。而且，仅人均收入一个变量就能解释各国间回归方程截距变异的63.29%。相对富裕程度每增加一个单位，接纳外国和国际组织的程度就增加 0.301 个单位。这与国家层面上的分析结果是一致的。这意味着，人均收入越高的国家相对更愿意接受他国的影视、文化、跨国公司及国际组织，并对国际组织等怀有好感。

# 第五节　小结

一个国家在未来的 50 年内是否还能拥有强大的向心力，是否还会保持适度的开放包容？这个问题值得研究者探讨。对当今经济全球化时代下青年对外接纳度的讨论，将有助于我们获得解决这个问题的线索。

本文利用来自 25 个国家的 5729 个青年数据，并将其与 2009 年世界银行所报告的这 25 个国家的经济和政治状况相互对接。初步获得了 25 个国家的对外接纳度的全貌，以及可能对青年群体对外接纳度造成影响的国家层面及个人层面的特征以及这两层特征的交互作用状况。

## 一　认同的力量——主观因素的"效用"

究竟是哪些因素造成了青年公民在对外接纳程度方面的差别呢？显然，国家层面的特征变量起到了重要的作用，在所有的个人层面的接纳外国人和国际组织程度的差异量中，高达 16.16% 的差异来自国别的差异，对移民接纳的差异量也有 10.22% 的差异来自国别。

但是，很显然，除国家层面可以解释的变异外，大部分还都是个人层面特征带来的差异。已有的研究对不同背景变量的青年的对外接纳度做了详细的分析，无论是性别、年龄、受教育程度、工作背景还是收入。很显然，这些都可以作为解释差异的重要变量。然而，我们发现，这些背景变量的解释率较低，无论是对于接纳移民还是接纳外国人和国际组织，均只有不到 5% 的解释率。这说明我们对影响对外接纳度的因素分析中还没有抓住比较重要的原因。我们的分析已经表明，与上述作为背景的客观变量相比，国家认同——这个代表了对国家的亲密度以及归属感的主观变量的对外接纳度却相对更大，显示出更多的优越性。这些变量一经引入，解释率均增加到 20% 左右。因此，对于青年群体而言，若要对他们的对外接纳度有所引导，可以将国家认同作为重要的调节变量。当然，若要评价一个国家的对外接纳度，认同的力量也绝不可忽视。

二 矛盾的富人——"威胁"的中介

是富裕国家的青年更开放，还是贫困国家的青年更开放呢？我们的研究表明，财富的占有对对外接纳度既有积极影响又有消极影响。

从积极影响来看，富裕国家的青年比贫困国家的青年对外国人、跨国公司以及国际组织的接纳程度更强。这一发现对未来的国际交流合作等是具有很积极的意义的。毕竟青年代表着未来国家的发展方向。富裕国家青年所展示的更宽广的胸怀和接纳包容的态度为全球化的发展奠定了心理的基础。

从消极影响来看，富裕国家又充当了一种消极环境，助长了有民族主义倾向者对外来移民和外国人、国际组织及跨国公司的排斥。一般而言，对国人的族群标准越是严苛的青年，他们对外来移民或国家的排斥就越深，这一趋势在富有的国家中被加强了，同等的民族倾向的标准会带来更为残酷的排斥。

从这两个似乎矛盾的结论中不难看到，其中有一个起着关键调节作用的核心因素——威胁。身在富裕国家的青年们为何不排斥外国人、国际组织、跨国公司呢？一种可能是，这些青年所在的富裕国家往往正是从这些对外的交流中受益的国家。它们从经济上，拥有跨国公司，掌握着别国的经济大局，在政治上又往往占据主动，能够成为影响国际组织的大国。在与外国人等的交流中，富裕国家的青年们体会到的都是利益，而非威胁。其开放接纳的程度也就随之提高了。可是当对象换成其本土的移民时，这种利益不在了，积极的心态自然也就不复存在了。

也恰恰是由于威胁的存在，国家和个人的富裕加重了某些民族倾向严重群体的极端化排斥思想。民族倾向的认同标准对外来事物具有一种天然的排斥性，他们惧怕别族或者别国人抢占自己的资源、比自己的地位更高等。当国家富裕，人均收入高时，外来移民或者外国人相对而言获得了比较多的资源和金钱，与本族人地位间的差距也相对较小，而这些所谓的威胁都更加刺激了这些富有的原住民的神经。

因此，富裕的青年们才有了这貌似矛盾的表现。不过，尽管主观上，他们头脑中的国家利益和外来的威胁还是在潜移默化中起着关键作用，但在客观上，富裕国家青年的整体表现还是倾向于积极的对外接纳。亦即，这群深受全球化影响的富裕青年们还是更能敞开心胸，接受外来的事物，接纳全球化的趋势的。

### 三 理性认同者的胸怀——发展速度的催化

GDP 的增长速率在一定程度上反映了一个国家的发展大趋势。

尽管整体上，GDP 发展速度不同的国家的青年并没有表现出对外接纳度的不同。但是却有效地遏制了一部分青年（公民标准高者）的排斥敌对态度。与持有族群标准者相比，持有公民标准者并没有太多的民族和血统的保守偏爱，并没有那么突出的狭隘民族保护的观念，但毕竟重视标准者还是比不重视标准者表现出更突出的排外情绪。不过，在发展速度快的国家里，这种排斥被弱化了。

在发展速度快的国家，青年即使持有同样的国家界限标准，也会表现出更积极的对外来者的接纳，无论是对移民还是对外国人。换句话说，持有同等程度理性爱国之心的青年，当他的祖国处在一个发展速度快、经济形势蒸蒸日上的时刻时，他们有着对外来事物更真诚开放的接纳度。在理性的爱国者看来，绝对的发展，共同的进步是最重要的，外来的移民或者外国人给祖国带来了发展的机遇，于是，他们用更加开放和积极的心态对待外来人，以便进一步促进国家的发展。

发展速度成为了理性爱国青年积极开放心态的正向催化剂。这也预示着，发展速度快的国家的理性青年似乎更能够保持开放宽容的心态，接纳来自全球的各种积极力量，为构建一个宽松的接纳环境努力创造条件。

# 第三章 美国公民国家认同：结构、现状及其后果

## ——来自 ISSP 2003 的证据

本研究利用国际社会调查项目数据（ISSP 2003），对美国公民的国家认同及其对接纳的影响进行定量分析。验证性因素分析发现，美国公民国家认同标准有两个子成分——族群标准（或传统标准）与公民标准，国家自豪感有两个子成分——国家政治自豪感与国家文化自豪感；接纳性有两个子成分——对外国及国际组织的接受与对外来移民的接受。美国公民对公民标准和族群标准的重视程度，对国家政治领域及文化领域的自豪感均非常显著地高于世界平均水平。多元回归分析表明，族群标准越高的美国公民，对外国和外来移民接纳度越低；国家政治自豪感越强的美国公民对外来移民的接纳度越低；在美国公民中，并不存在随年龄增长对外接纳度越低的趋势；且美国无国籍公民尽管力图忽视国家标准，但仍然以美国为自豪。

## 第一节 研究意义与研究方法

国家认同是指一个人确认自己属于哪一个国家以及这个国家究竟是怎样一个国家的心理活动（江宜桦，1998）。若要厘清公民的心理归属地，就必须透析公民心中国与国之间的界限；若要判断公民对国家的皈依程度，就需要了解公民对国家的构成，如政治、文化、族群等要素的评价和情感。因此，我们对国家认同的测量从国家认同标准和国家自豪感两个方面进行。

作为当今世界综合实力最强的国家，美国公民是否会拥有最强的自豪感和最严格的认同标准？美国公民中不同群体的国家认同是否存在差异？与其他国家相比，不同特征公民群体的差异程度是否具有特异性？国家认

同度对美国对外接纳等会产生怎样的影响？同时，研究者认为，由于美国超级大国的性质，其国家认同的很多规律与其他国家不同，据此提出"美国特殊论"（Evans & Kelley，2003），本研究也旨在考察该理论是否恰当。

本文利用国际社会调查项目（International Social Survey Programme）在2003年对国家认同开展的第二次调查的数据（以下简称 ISSP 2003）。该调查共包括 35 个国家和地区，笔者选取其中的美国部分（共 1217 份）进行分析。

## 第二节　美国公民国家认同结构

### 1. 国家认同标准结构

根据已有研究（Shulman，2002；Jones & Smith，2001；Herjm，1998）对认同标准的分析，可知国家认同标准是一个包含了两个子成分的结构。祖先、出生地、生活地、宗教、生活习惯 5 个项目为族群标准；尊重体制、会讲英语、自我感觉、国籍 4 个项目聚在一起为公民标准。本研究以此理论为依据，以美国的数据进行验证分析，结果如图 3 - 1 所示，验证模型拟合指标如表 3 - 1 所示。$RMSEA$ 低于 0.1 表示好的拟合；$CFI$ 在 0 到 1 之间，大于 0.9（越大越好），所拟合的模型是一个好模型。当样本量较大时，$X^2/df$ 的值参考价值有限，$GFI$ 也应大于或等于 0.90，同样的 $TLI$ 也应当在 0 到 1 之间，越接近 1 表示模型拟合度越好。据此可知，该结构可信。

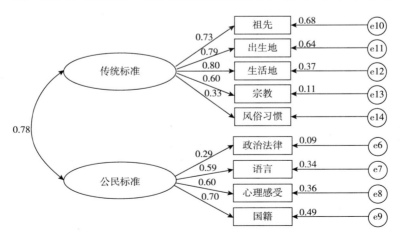

图 3 - 1　美国公民国家认同标准两因素模型的验证性因素分析

表 3 - 1　美国公民国家认同标准两因素模型的拟合指标

| $X^2$ | $df$ | $P$ | $GFI$ | $TLI$ | $RMSEA$ | $CFI$ |
|-------|------|-----|-------|-------|---------|-------|
| 235.167 | 26 | 0.00 | 0.958 | 0.907 | 0.081 | 0.933 |

### 2. 国家自豪感结构

根据已有研究（Herjm，1998）对自豪感的分析，可知国家自豪感也是一个包含了两个子成分的结构。民主、政治、经济、社会安全、公平对待 5 个项目为政治自豪感；体育、科学技术、文化艺术、历史为文化自豪感。本研究以此理论为依据，以美国的数据进行验证分析，结果如图 3 - 2 所示，验证模型拟合指标如表 3 - 2 所示。根据上文所述标准，该结构可信。

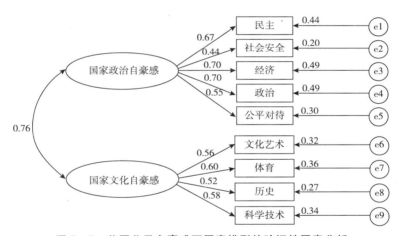

图 3 - 2　美国公民自豪感两因素模型的验证性因素分析

表 3 - 2　美国公民国家自豪感两因素模型的拟合指标

| $X^2$ | $df$ | $P$ | $GFI$ | $TLI$ | $RMSEA$ | $CFI$ |
|-------|------|-----|-------|-------|---------|-------|
| 239.300 | 26 | 0.00 | 0.958 | 0.880 | 0.082 | 0.913 |

## 第三节　美国公民国家认同现状分析

根据上文结构，笔者分别计算认同标准及自豪感的各两个子维度分数，方法是以该维度所包含所有项目的算术平均数为该子维度的分数（例如，公民标准子维度的分数等于国籍、语言、心理感觉、政治制度四项目分数的算术平均数）。需要指出，由于 ISSP 2003 的数据均为分数越低，表示越赞同，与常识相反。因此，我们进行逆转调整，即，原始数据库，从"非常重要"到"非常不重要"依次得分为 1 ~4，我们将其调整为 4 ~1，即调整后分数越高越赞同。

### 1. 美国与其他国家的比较

由表 3 – 3 可知，相对于世界平均水平而言，美国公民表现出了对标准的更高重视，并对美国的政治和经济方面感到自豪，其中自豪程度排名第一位，对公民标准的重视程度也排名第一位。按照 Evans 和 Kelley（2003）的说法，自豪感是与实际的雄厚实力密切相关的，尤其是经济方面的自豪，自豪水平基本可以预测实际水平。但是，Evans 和 Kelley（2003）还建议，由于各民族对自身历史、文化的崇拜，且文化本身并不具有太客观的优劣评判。

各国公民均对自身文化有着较高的自豪感。但即便如此，美国公民的自豪程度还是第一位的，突显出美国公民对美国文化抱有绝对的信心。在国家认同的各项中，唯一一项没有处于第一位的就是族群标准。族群标准多是以血统论出身的，在美国民众的心中，血统远不及公民民主标准更重要。该结果从侧面印证了作为一个传统的移民国家，其民众更多的是借助政治的统一融合为一体的。

表 3 – 3　美国与世界平均水平的比较

| 类别 | 美　国 | | | | 世界平均 | | | |
|---|---|---|---|---|---|---|---|---|
| | 认同标准 | | 自豪感 | | 认同标准 | | 自豪感 | |
| | 族群 | 公民 | 政治 | 文化 | 族群 | 公民 | 政治 | 文化 |
| M | 2.85 | 3.71 | 2.96 | 3.41 | 2.74 | 3.42 | 2.45 | 3.08 |
| SD | 0.74 | 0.39 | 0.53 | 0.46 | 0.72 | 0.53 | 0.63 | 0.52 |
| Rank | 9 | 1 | 1 | 1 | | | | |

### 2. 不同群体的国家认同

在以往研究中，受教育水平、年龄是重要的关注变量，但是由于已有研究方法的限制，并没能将二者剥离开，使得两个因素的作用相互缠绕，难以分清。因此，有必要重点考虑，由于美国是一个非常重视教育且公民整体受教育水平偏高的国家，探讨这两个因素在这样一个国家的作用也就显得很有必要了。当然，之所以选择国籍变量，是由美国作为一个超级移民大国的性质所决定的。再者，因为存在不少虽生活在美国但非美国公民的被试者，这是一个较为独特的现象，所以我们选择了国籍变量。

不同群体美国公民对国家认同的结果如表 3 - 4 所示，多元回归分析表明，在对族群标准的影响上，学历程度的 $\beta = -0.317$，$t = -11.791$，$sig = 0.000$，年龄段的 $\beta = 0.134$，$t = 4.966$，$sig = 0.000$，是否有国籍，$\beta = -0.074$，$t = -2.735$，$sig = 0.006$，即学历程度越高者，对族群标准的重视程度越低；年龄越大者，对族群标准的重视程度越高；无国籍者对两种标准的重视程度均较低。在对公民标准的影响上，年龄段的 $\beta = 0.167$，$t = 5.878$，$sig = 0.000$，是否有国籍，$\beta = -0.102$，$t = -3.613$，$sig = 0.000$；年龄越大者，对公民标准的重视程度越高；无国籍者对公民标准重视程度越低。

表 3 - 4　美国不同群体的国家认同标准描述性分析

| 类别 | | 受教育水平 | | | | 年　龄（岁） | | | | | | 国　籍 |
|---|---|---|---|---|---|---|---|---|---|---|---|---|
| | | 无 | 无 | 低 | 中 | 高 | 18～28 | 29～39 | 40～60 | 61～70 | 71～89 | 有 |
| 族群标准 | N | 9 | 126 | 712 | 369 | 230 | 257 | 498 | 134 | 96 | 1168 | 47 |
| | M | 3.15 | 3.22 | 2.96 | 2.49 | 2.74 | 2.76 | 2.83 | 3.00 | 3.20 | 2.86 | 2.52 |
| | SD | 0.64 | 0.61 | 0.69 | 0.75 | 0.74 | 0.71 | 0.76 | 0.73 | 0.62 | 0.74 | 0.67 |
| 公民标准 | N | 9 | 126 | 712 | 369 | 230 | 257 | 498 | 134 | 96 | 1168 | 47 |
| | M | 3.69 | 3.69 | 3.74 | 3.66 | 3.61 | 3.65 | 3.73 | 3.78 | 3.85 | 3.72 | 3.47 |
| | SD | 0.31 | 0.45 | 0.37 | 0.42 | 0.43 | 0.39 | 0.41 | 0.31 | 0.23 | 0.39 | 0.49 |

不同群体美国公民对国家认同的结果如表 3 - 4 所示，多元回归分析表明，在政治自豪感上，学历程度的 $\beta = 0.079$，$t = 2.761$，$sig = 0.006$，年龄段的 $\beta = 0.130$，$t = 4.564$，$sig = 0.000$，即学历程度越高和年龄越大者，政治自豪感越高。在文化自豪感上，年龄段的 $\beta = 0.111$，$t = 3.885$，$sig = 0.000$，学历程度 $\beta = 0.086$，$t = 3.035$，$sig = 0.002$，亦即学历程度越高、年龄越大者文化自豪感也越高。

通过对表 3 - 4 和表 3 - 5 的分析不难看出，受教育水平越高、年龄越大的美国公民，其对两种认同标准的重视均越高，政治和文化自豪感程度越高。正如认知技能理论所推测的那样，认知能力越高者（受教育水平），就越可能把自己归属于一个更大的群体，自然也就越不看重狭隘的国家标准了。而年龄会带来认同的增强也是 Legge Jr（1996）早已谈论的结果。在自豪感上我们同样发现了，随着年龄的增大，美国公民的两种自豪感上升的趋势。但是，在受教育水平的影响上，却表现出了与其他研究不一致的结果（Smith & Kim，2006）。在美国公民中，受教育水平越高者对国家的政治和文化表现出更强的自豪感。该结果与 Evans 和 Kelley（2003）有一致之处，他剖析了，在美国，受教育水平越高，可能对科学领域自豪感有中等的自豪感。而这也恰好证实了"美国特殊论"，因为在其他国家，受教育水平可能对自豪感大都是负的影响。我们推测，可能是在美国，那些受教育高的公民将更有机会感受到科技和政治的独特优越性的积极作用，抵消了因受更多教育而引发的归属更大群体的倾向。

表 3－5　美国不同群体的国家自豪感描述性分析

| 类　别 | | 受教育水平 | | | | 年　龄（岁） | | | | | 国　籍 | 有 |
|---|---|---|---|---|---|---|---|---|---|---|---|---|
| | | 无 | 无 | 低 | 中 | 高 | 18～28 | 29～39 | 40～60 | 61～70 | 71～89 | |
| 政治自豪 | N | 9 | 126 | 712 | 369 | 230 | 257 | 498 | 134 | 96 | 1168 | 47 |
| | M | 3.03 | 2.87 | 2.95 | 3.01 | 2.89 | 2.88 | 2.97 | 3.09 | 3.07 | 2.96 | 2.96 |
| | SD | 0.42 | 0.59 | 0.52 | 0.53 | 0.49 | 0.53 | 0.55 | 0.51 | 0.50 | 0.53 | 0.56 |
| 文化自豪 | N | 9 | 126 | 712 | 369 | 230 | 257 | 498 | 134 | 96 | 1168 | 47 |
| | M | 3.34 | 3.28 | 3.42 | 3.44 | 3.34 | 3.36 | 3.44 | 3.45 | 3.50 | 3.41 | 3.36 |
| | SD | 0.39 | 0.57 | 0.44 | 0.43 | 0.45 | 0.45 | 0.46 | 0.43 | 0.42 | 0.45 | 0.49 |

## 第四节　美国公民国家认同的后果——对接纳性的影响

### 1. 接纳性结构验证

根据已有研究（Smith & Kim，2006）的建议，接纳也是一个包含了两个子成分的结构。对外来移民的接纳 5 个项目为移民接纳，对外国影视、文化，进口物品，国际大公司，外国人买土地，国际组织，尊重感受 7 个题目为接纳外国。本研究以此理论为依据，以美国的数据进行验证分析，结果如图 3－3 所示，验证模型拟合指标如表 3－5 所示，根据上文所述标准，该结构可信。

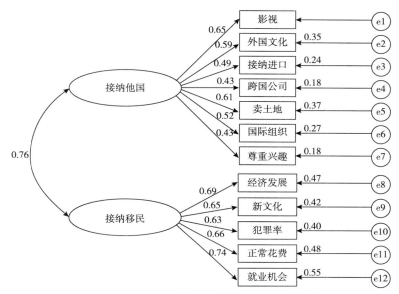

图 3 - 3　美国公民接纳性两因素模型的验证性因素分析

表 3 - 6　美国公民国家认同标准两因素模型的拟合指标

| $X^2$ | df | P | GFI | TLI | RMSEA | CFI |
|---|---|---|---|---|---|---|
| 394.253 | 53 | 0.000 | 0.947 | 0.889 | 0.073 | 0.911 |

### 2. 国家认同对接纳性的影响

国家认同标准及国家自豪感对接纳性的影响回归分析如表 3 - 7 所示。由于已有重要人口学变量可能会对接纳性造成影响，因此，此处将其作为控制变量。

（1）国家认同对对外接纳态度的影响

由表 3 - 7 可知，美国公民对族群标准的重视毫无疑问地干扰了对移民和对外国经济组织及国际组织的接纳。该结论证实了以往研究（Hjerm，1998；吴鲁平等，2010），即无论是在 2003 年的美国还是 1995 年的德国，抑或是从世界上 30 个国家的整体趋势上看，似乎均存在标准越严格的国家公民对他国人的排斥也就越多。从回归系数的大小看，无论哪个国家回归标准系数都较大，说明该负向作用的效果甚为突出。本研究再次说明了，如果在某国家的国民认同中，血统、宗教等家族族群的成分过高，将对其对外接纳政策的开放性带来不利的影响。

表 3 - 7 美国公民国家认同及重要人口变量对接纳性影响回归分析

| 类 别 | | 国家认同标准 | | 国家自豪感 | | 重要人口变量 | | | | 指标 | | |
| --- | --- | --- | --- | --- | --- | --- | --- | --- | --- | --- | --- | --- |
| | | 公民 | 族群 | 政治 | 文化 | 受教育水平 | 年龄 | 性别 | 国籍 | $R^2$ | F | Sig |
| 接纳外国 | $\beta$ | — | -0.473 | — | — | 0.174 | — | — | 0.049 | | | |
| | t | — | -18.604 | — | — | 6.704 | — | — | 2.035 | 0.305 | 177.171 | 0.000 |
| | P | — | 0.000 | — | — | 0.000 | — | — | 0.042 | | | |
| 接纳移民 | $\beta$ | — | -0.420 | 0.105 | — | 0.149 | 0.055 | — | 0.154 | | | |
| | t | — | -15.727 | 4.181 | — | 5.676 | 2.199 | — | 6.204 | 0.266 | 89.039 | 0.000 |
| | P | — | 0.000 | 0.000 | — | 0.000 | 0.028 | — | 0.000 | | | |

注：标准化回归系数 β 的含义是：国家认同标准、国家自豪感、重要人口学变量没增大 1 个单位，对等对接纳他国及国际组织、接纳移民的影响程度就增加或减少 β 个单位。

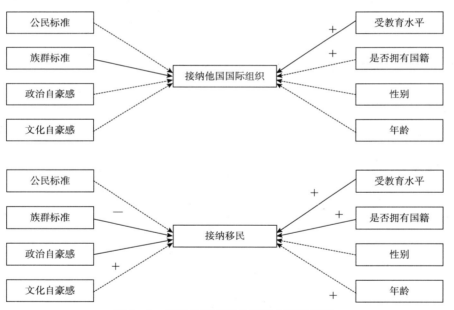

图 3 - 4 国家认同对对外接纳影响示意图

也应当看到，在美国对另一种标准——公民标准的重视，并未引发显著的对外排斥。对公民标准的重视会带来对移民合法性的宽容，比如，越重视公民标准，就越倾向于承认那些出生在本国但父母都不拥有本国国籍的孩子为本国公民（Kunovich，2009）。事实上，两种标准的差异传承由来已久，Smith（2001）认为，历史上存在国家领土和民族宗谱两类模型，前者源自西方，代表一种政治团体，包括共同的制度和权力责任以及领土。民族宗谱则是非西方模型，此模型认为，国家是一种归属，不是公民的选择。很明显，公民标准的基础是国家领土模型，自由选择和民主自主是其核心。持有该标准的公民会重视选择、自由、民主、通过努力转变身份，因而不会有太多对移民的排斥。

除上述理性标准外，对美国的骄傲自豪之感情也对接纳移民产生了一定影响。美国公民对其国家的政治越感到自豪就越少有对他族的偏见，该结论也与以往的研究（Smith & Kim，2006；Raijman，2008）有一致之处。这可能反映出自信的心态会带来包容的心态和接纳（吴鲁平等，2010）。但值得重视的是，并非所有国家都存在该趋势，例如，Heijm（1998）研究对比了德国、澳大利亚、英国和瑞典。结果表明，政治自豪感对接纳的积极作用只在澳大利亚和瑞典存在，德国和英国并不存在该积极影响。我们推测，这可能与德国、英国接纳过低（德国和英国接纳性排在第26位和第24位）有关系（澳大利亚和瑞典的接纳性较高，分别居第2位和第7位）。也许是过低的接纳导致了地板效应使得自豪感的积极影响未能得到展现。

值得关注的还有，美国公民的文化自豪感对这个结论并无影响。这一点与世界整体趋势不同（吴鲁平等，2010），无论是接纳性水平高的澳大利亚还是接纳性水平低的瑞典（Heijm，1998），这些国家的表现均是对文化越骄傲，就越反对外来移民。我们认为，可能有两点原因：第一，美国的浓重移民色彩使其文化自豪感并不带有对某个民族文化的狭隘保护的意识，因此，即使感到自豪，也不会因此产生对移民的排斥。第二，美国人的文化自豪感水平整体较高，差异不大，因此，即使对移民的接纳存在不良影响，也没有表现出来。亦即出现了天花板效应。

（2）年龄与对外接纳态度的关系

由表3-7不难看出，年龄对接纳移民有正的影响力，即年龄越高者相对具有更高的接纳程度，年龄对接纳外国并无显著影响。该结论与以往研究有矛盾之处。Legge Jr（1996）、Quillian（1995）研究认为，年龄会对接纳性造成负面的影响，即年岁越大者，对外的偏见就会更深。

究竟为何会存在这个矛盾，我们认为，这可能与国别差异有关。对于国别差异的理解，可以从两个方面进行。

一方面，研究者认为，尽管一些个体特征对接纳态度的影响是共性的，但这种影响的程度和方向却可能受到国家层面特征的调节，例如，国家的"群体威胁"的量（Davidov，2009），决定国家是否面临高威胁的指标中最重要的有两个：国内移民的量，经济发展状况。移民量越大、经济发展越受阻即为高威胁国家。威胁的存在会对个体特征与接纳性的关系带来微妙的影响——使得原本的作用力度减小，甚至发生反转，此即"群体威胁弱化论"（Davidov，2009）。亦即，在世界整体上，存在年龄越大，接纳性越低（吴鲁平等，2010），但威胁的存在会使得年龄较高组（原本倾向选择不接纳的群体）的接纳性提高，而年龄较低组（原本倾向选择接纳的群体）的接纳性降低。本研究的对象群体——美国公民所面对的恰好是一个移民大国的状况，相对于世界其他国家而言具备更高的威胁性，因此，在对外国接纳上，年龄与接纳性间关系被弱化为零，而在对移民接纳中发生反转，变成正向影响。事实上，本研究也在一定程度上支持了"群体威胁弱化论"。

另一方面，作为一个移民大国，年岁较大者为第一代移民的可能性较大，与第二代移民相比，他们对于自己移民的身份的认同可能会更大一些。对数据的分析也能很清晰地看到这一点，71~89岁的老人对移民和外国的接纳度显著地高于其他年龄段。此外，美国在近几十年间，在经济和综合实力上处于领先地位，这与他们本土无战争以及对外来优秀人才的吸纳、文化的接纳有直接的关系。公民所感受到的均是外来人才、文化、组织所带来的利益。因此对移民和外来国家的接纳态度自然也就变得积极起来。

### 3. 国籍与对外接纳态度的关系

在有无国籍者的对外接纳上，美国的结论也与世界整体趋势不同。在全世界范围内，有、无"国籍"在对接纳性的影响上并无显著差异。在美国，无国籍者表现出对外来移民的显著的接纳，也表现出对外国人、外国公司、外国组织等的显著的接纳。我们认为，美国移民大国的属性决定了这个结果。无国籍者也许正是从外国移民到美国的，他们自然会表现出对移民的积极接纳和对外国人等的更多的宽容。

# 第五节　小结

通过对美国的国家认同的两个方面与各两个子结构的分析，不难看到，作为当今世界的超级大国，美国的国家认同确实具有与众不同的特色：他们的公民具有最严格的公民认同标准，最强的国家自豪感自信心，这反映出美国公民对现代世界政治、民主制度的认可，同时也表明了美国人内心所具有的明确的国家界限观念和对国家的情感皈依。此外，其所表现出的一些认同的影响因素和结果变量也有很多独特之处：

**1. 对外接纳"走向何方"？**

与其他国家随着年龄增长，对外接纳度降低的趋势不同。美国公民对外来移民的接纳却表现出随着年龄增大对外接纳程度增高的趋势。而且，值得指出的是，这种由年龄带来的积极作用是在控制了国家认同和其他干扰变量的基础上得到的。

事实上，该结论在一定程度上提示我们，美国的接纳性排位靠前极有可能是年龄超过60岁的老人作出的贡献。这是否表明，随着时间的推移，待青年一代美国公民逐渐成为美国主宰时，美国整体上的接纳就会下滑呢？这是一个值得注意的问题。当然，美国青年一代尽管没有表现出如老一代一般高的接纳度，但其接纳程度还是要远远高于其他30国的平均水平的。

**2. 自信文化的独特魅力**

无论对政治领域还是文化领域，美国公民的国家自豪感均名列世界第一位。应当说两种自信的产生还是有一些细微差异的。

对政治领域，包括政治制度、经济发展、公平等的自信心更多源自实地工作的结果。而对文化、历史等领域的自信则更多具有不可比性，且有"敝帚自珍"的嫌疑，所以，在文化的自豪感上，各国间的差异没有那么明显，而且有不少国家几乎要达到非常自豪水平。恰恰是由于文化自豪感的自说自话及较易侵入等性质，使得对文化的自信极易演化成对移民的排斥。即使开放如澳大利亚，中立如瑞典都没有逃出这个规律。

唯有美国文化，其本国公民虽拥有绝对的自信，却没有产生对外的排斥。这也许是美国文化本身就是一个多民族综合文化，也许拥有多民族的优点的文化足够优秀，也许多民族的影响历史足够悠久。总之，美国公民对本国文化、科技、历史等的自信并没有抑制其开放的属性。

### 3. 无国籍的认知回避与情感依附

尽管本研究中所涉及的无国籍者仅 96 人，但也可以看出，无国籍者倾向于无国界标准，无论是传统的还是公民的，同时，又非常积极地接纳外来的移民和外国人。这两点很容易理解，还没有取得国籍的移民们自然希望国家界限模糊，希望与有国籍的美国人一样享有做公民的权利。

值得注意的是，尽管无国籍，但是生活在美国的这些国人仍然对美国的政治和文化抱有极大的自豪感，其程度丝毫不比有国籍的美国公民差。这也在一定程度上表明，这部分无国籍者尽管在认知上表现出了更多的不认同，但是在情感上却已经与美国一般公民一样依附于国家。这些美国公民所表现出的也恰恰可能代表了很多移民国家的特点。如果美国政府能够妥善调动积极的情感，必然能够提升无国籍者对国家的认同程度。

很显然，对美国的认识不仅能够帮助我们细化"美国特殊论"，也能够给我国的国家认同相关工作带来一定的启示。当然，我们也不能忽视美国公民的国家认同中的一些与其他国家相似的规律，以便于为我国的政治教育及青年的政治社会化发展做出贡献。

# 第四章 日本公民国家认同：结构、现状及其后果

## ——来自 ISSP 2003 的证据

本研究利用国际社会调查项目数据（ISSP 2003），对日本公民的国家认同及其对接纳的影响进行定量分析。通过探索性和验证性因素分析，我们得到了适合日本公民国家认同标准两个子成分——族群标准与公民标准，国家自豪感的两个子成分——政治自豪感与文化自豪感，接纳性的两个子成分——对外国及国际组织的接纳与对外来移民的接纳。研究结果表明，与西方国家相比，日本公民将语言和国籍看成与出生地、生活地、祖先等族群标准具有相似的价值；同时，日本人对公民标准的重视程度低于世界平均水平，对日本的政治经济领域的满意程度也显著低于世界平均水平。此外，日本国内仍然存在学历高而认同低的趋势，而其背后可能隐藏着日本人对美国的认同与向往。

## 第一节 研究意义与研究方法

国家认同是指一个人确认自己属于哪一个国家以及主观认定这个国家究竟是怎样一个国家的心理活动（江宜桦，1998）。若要澄清公民的心理归属地，就必须搞清楚公民心中国与国之间的界限；同时，若要判断公民对国家的皈依程度，就需要了解国家所激起公民情感反应的程度。因此，我们对国家认同的测量从国家认同标准和国家自豪感两个方面进行。

恰恰是由于国家认同对于一个国家的凝聚力所拥有的巨大的作用，许多研究者将目光投向了国家认同的相关领域，也得到了许多有价值的结论。然而，我们不难发现，目前该领域的研究多集中在西方的一些发达国

家，对于东方国家和地区的关注度较低。而事实上，早有研究提示过，东方和西方在国家认同的很多方面都是不同的。

在本章中，我们选择了日本进行研究，因为日本既是当今世界上的经济强国，又是一个充满了东方文化气息的国家。我们既希望了解其国家认同的基本状况，也有理由期待在西方国家发现的一些国家认同的结论部分在日本成立，但或许还有部分不成立，而这些不同则可能正代表东方国家及非移民国家的特征。

本章利用国际社会调查项目（International Social Survey Programme）在2003年对国家认同开展的第二次调查的数据（以下简称 ISSP 2003）。该调查共包括 35 个国家和地区，我们选取其中的日本部分（共 1054 份）进行分析。

## 第二节　日本公民国家认同结构

### 一　国家认同标准结构

根据已有研究（Shulman，2002；Jones & Smith，2001；Hjerm，1998）对认同标准的分析，可知国家认同标准是一个包含了两个子成分的结构。祖先、出生地、生活地、宗教等为传统（族群）标准，尊重体制、会讲英语、自我感觉、国籍等聚在一起为公民标准。因此，我们首先以此模型为理论依据，以该数据库中的日本公民数据进行验证分析，结果如图 4－1 所示。

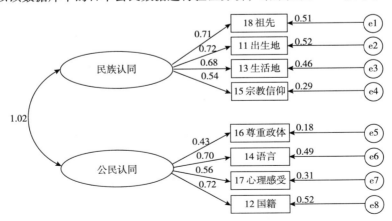

图 4－1　日本公民国家认同标准两因素模型的验证性因素分析

由图 4 - 1 不难看出，模型的拟合并不成功，两个子成分之间的标准化相关系数超过 1，因此该模型并不能成立。这也就在一定程度证明了 Smith（1991）关于东方和西方并不一致的可能性。因此，我们利用随机选择的 30% 的日本公民的数据进行探索性因素分析（见如表 4 - 1 所示）。再利用剩余的 70% 的数据对该结构进行验证性因素分析，结果如图 4 - 2 所示。一般 RMSEA 低于 0.1 表示好的拟合；CFI 在 0 到 1 之间，大于 0.9（越大越好），所拟合的模型是一个好模型。当样本量较大时，$X^2/df$ 的值参考价值有限，GFI 也应大于等于 0.90，同样的 TLI 也应当在 0 ~ 1 之间，越接近 1 表示模型拟合度越好。据此可知，该结构可信。

表 4 - 1 日本公民国家认同标准的两个测量子维度探索性因素分析

| 题 号 | 族群标准 | 公民标准 |
| --- | --- | --- |
| V12 国 籍 | 0.779 | 0.239 |
| V18 祖 先 | 0.767 | 0.224 |
| V11 出生地 | 0.724 | 0.250 |
| V14 语 言 | 0.686 | 0.336 |
| V17 心理感受 | 0.683 | 0.057 |
| V13 生活地 | 0.683 | 0.286 |
| V16 尊重政体 | 0.156 | 0.846 |
| V15 宗教信仰 | 0.301 | 0.748 |

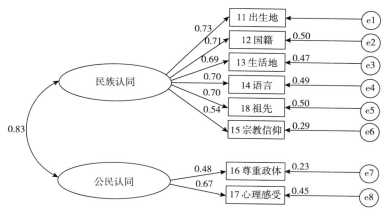

图 4 - 2 日本公民国家认同标准两因素模型的验证性因素分析

表 4 - 2 日本公民国家认同标准两因素模型的拟合指标

| $X^2$ | df | P | GFI | TLI | RMSEA | CFI |
|---|---|---|---|---|---|---|
| 124.39 | 19 | 0 | 0.960 | 0.918 | 0.086 | 0.945 |

## 二 国家自豪感结构

根据已有研究（Herjm，1998）对自豪感的分析，可知国家自豪感也是一个包含了两个子成分的结构。民主、政治、经济、社会安全、公平对待等项目隶属于政治自豪感维度，体育、科学技术、文化艺术、历史等项目属于文化自豪感维度。本研究以此理论为依据，以日本的数据进行验证分析，结果如图 4 - 3 所示，验证模型拟合指标如表 4 - 3 所示。根据上文所述标准，该结构可信。

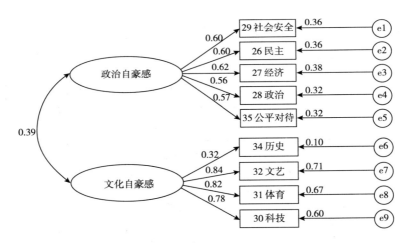

图 4 - 3 日本公民国家自豪感两因素模型的验证性因素分析

表 4 - 3 日本公民国家自豪感两因素模型的拟合指标

| $X^2$ | df | P | GFI | TLI | RMSEA | CFI |
|---|---|---|---|---|---|---|
| 162.393 | 26 | 0 | 0.968 | 0.927 | 0.071 | 0.948 |

## 第三节 日本公民国家认同现状分析

根据上文结构，我们分别计算认同标准及自豪感的各两个子维度分数，方法是以该维度所包含所有项目的算术平均数为该子维度的分数（例如，公民标准子维度的分数等于心理感觉、政治制度两项目分数的算术平均数）。需要指出，由于 ISSP 2003 的数据均为分数越低，表示越赞同，与常识相反。因此，我们进行逆转调整，即，原始数据库，从"非常重要"到"非常不重要"依次得分为 1 ~ 4，我们将其调整为 4 ~ 1，即调整后分数越高越赞同。

### 一 日本与其他国家的比较

由表 4 – 4 可知，无论是在认同标准的重视程度上还是对国家的自豪感上，日本公民既表现出整体排名靠后的规律，又存在着一些交叉矛盾的特点：他们对文化领域的自豪感排在第 7 位，而对政治领域的自豪感却排在第 16 位。他们对族群标准的重视程度排在第 13 位，但在对公民标准的重视度上仅排在第 24 位上。

先看国家认同标准方面。日本公民的认同标准很明显是一种重族群标准、传统标准，忽视公民标准的趋势。在日本民众的心中，祖先、传统等远比公民、民主的标准更重要。该结果从侧面印证了 Shulman（2002）的结论，我们也可以推测，这可能因为，作为一个有相对久远历史的东方国家，其公民可能更多地保留了一些民族传统的标记，这与一些西方的移民大国借助政治上的共同看法凝聚在一起的模式是不同的。

根据 Evans 和 Kelley（2003）的说法，自豪感是与某个国家的实力息息相关的，实力强的国家的公民往往有更高程度的自豪感，尤其是在经济领域，其自豪感水平基本可以预测其国家在该领域的实际发展水平。然而，在日本的结论却与此预测存在矛盾之处。尽管日本国内的经济实力处在世界的领先地位，然而其国民的自豪感程度却仅排在第 16 位。我们认为，这可能与日本在政治领域中的表现有关系，也许是因为日本在政治领域经常有着争议和争端等不利行为，使其国民对政治方面的自信大打折扣，也许是"政治领域拖了经济领域的后退"，拉低了政治自豪感的整体水平。

表4-4　日本与世界平均水平的比较

| 类　别 | 日　本 | | | | 世界平均 | | | |
|---|---|---|---|---|---|---|---|---|
| | 认同标准 | | 自豪感 | | 认同标准 | | 自豪感 | |
| | 族群 | 公民 | 政治 | 文化 | 族群 | 公民 | 政治 | 文化 |
| N | 1054 | 1054 | 1054 | 1054 | 31760 | 31760 | 31760 | 31760 |
| M | 2.98 | 3.12 | 2.46 | 3.20 | 2.74 | 3.42 | 2.45 | 3.08 |
| SD | 0.66 | 0.65 | 0.51 | 0.51 | 0.72 | 0.53 | 0.63 | 0.52 |
| 序列 | 13 | 24 | 16 | 7 | | | | |

此外，Evans 等（2003）也曾建议，由于对文化等领域的评判缺少客观标准，因此，各国公民对自身文化领域的自豪程度均会高于对政治领域的自豪感。日本公民在自豪感领域上的表现也与这一预期相符合，同时，日本相对靠前的文化自豪感序列也让我们看到了，尽管各国均会对自身的文化有点保护主义的自豪感，但是日本的这种偏爱程度还是要高于许多有着辉煌历史和灿烂文化的古国，这也就更确证了日本公民对其民族的文化、科技力量、体育成绩等的强烈认可度。

## 二　不同群体日本公民的国家认同

在以往研究中，受教育水平、年龄是重要的关注变量，但是由于已有研究方法的限制，并没能将二者剥离开，使得两个因素的作用相互缠绕，不能分清楚，因此，将两个变量同时引入回归方程，可以将两个变量的效果进行有效剥离，有利于澄清各自的作用。且日本是一个非常重视教育、公民整体受教育水平偏高的国家，探讨这两个因素在这样一个国家的作用也就显得很必要了。因此，我们选择了受教育程度，年龄这两个变量。由于以往的许多研究（例如，Coenders & Scheepers，2003）也曾经提示过性别可能带来的差异，我们也分析了性别的作用。描述性统计的结果如表4-5、表4-6所示。

表 4 - 5  日本不同群体的国家认同标准描述性分析

| 类别 | | 族群标准 | | | 公民标准 | | |
|---|---|---|---|---|---|---|---|
| | | N | M | SD | N | M | SD |
| 受教育水平 | 小 学 | 282 | 3.23 | 0.60 | 282 | 3.21 | 0.63 |
| | 高 中 | 495 | 2.96 | 0.64 | 495 | 3.13 | 0.65 |
| | 在校大学生 | 129 | 2.84 | 0.64 | 129 | 3.00 | 0.68 |
| | 大学毕业 | 148 | 2.69 | 0.65 | 148 | 3.04 | 0.67 |
| 年 龄 （岁） | 14~28 | 153 | 2.71 | 0.61 | 153 | 2.88 | 0.68 |
| | 28~50 | 340 | 2.73 | 0.65 | 340 | 2.96 | 0.67 |
| | 50~65 | 298 | 3.05 | 0.59 | 298 | 3.23 | 0.60 |
| | 65~98 | 263 | 3.38 | 0.53 | 263 | 3.36 | 0.56 |
| 性 别 | 男 | 512 | 2.97 | 0.65 | 512 | 3.15 | 0.69 |
| | 女 | 542 | 2.99 | 0.66 | 542 | 3.10 | 0.62 |

不同群体日本公民的认同状况如表 4 - 5、表 4 - 6 所示，多元回归分析表明，在对族群标准的影响上，学历的标准化回归系数 $\beta = -0.172$，$t = -5.892$，sig = 0.000，年龄段的标准化回归系数 $\beta = 0.343$，$t = 11.762$，sig = 0.000，即学历程度越低，年龄越大者，对族群标准的重视程度越高。在对公民标准的影响上同样存在，年龄越大者，对公民标准的认同度也越高（$\beta = 0.273$，$t = 9.214$，sig = 0.000）。

表 4 - 6  日本不同群体的国家自豪感描述性分析

| 类别 | | 政治自豪感 | | | 文化自豪感 | | |
|---|---|---|---|---|---|---|---|
| | | N | M | SD | N | M | SD |
| 受教育水平 | 小 学 | 282 | 2.54 | 0.50 | 282 | 3.29 | 0.52 |
| | 高 中 | 495 | 2.45 | 0.52 | 495 | 3.21 | 0.52 |
| | 在校大学生 | 129 | 2.38 | 0.43 | 129 | 3.18 | 0.47 |
| | 大学毕业 | 148 | 2.37 | 0.51 | 148 | 3.05 | 0.50 |
| 年 龄 （岁） | 14~28 | 153 | 2.35 | 0.50 | 153 | 3.26 | 0.50 |
| | 28~50 | 340 | 2.36 | 0.49 | 340 | 3.10 | 0.52 |
| | 50~65 | 298 | 2.52 | 0.51 | 298 | 3.24 | 0.50 |
| | 65~98 | 263 | 2.57 | 0.50 | 263 | 3.27 | 0.51 |
| 性 别 | 男 | 512 | 2.46 | 0.53 | 512 | 3.16 | 0.53 |
| | 女 | 542 | 2.45 | 0.48 | 542 | 3.25 | 0.49 |

在政治自豪感上，学历程度的 $\beta = -0.068$，$t = -2.162$，$sig = 0.031$，年龄段的 $\beta = 0.158$，$t = 4.992$，$sig = 0.000$，学历程度越低，年龄越大者，自豪感程度越高。在文化自豪感上也同样存在学历越高者，自豪程度越低（$\beta = -0.129$，$t = -4.224$，$sig = 0.010$）。

通过对表 4 - 5、表 4 - 6 的分析不难看出，在日本公民中学历越低、年龄越大者，其对标准的重视度越高，自豪感越强，该结论是与西方国家中的结论一致的（Evans et al.，2003；Jones & Smith，2001）。我们认为，受教育水平对认同的负向预测力的原因可能在于，认知能力越强者就越可能把自己归属于一个更大的群体，就如认知技能理论（Jones et al.，2001）所推测的那样，高学历者往往拥有更强的认知能力，他们既然将自己看做归属于一个更大群体，也就相应地更不看重国家间的界限，也就可能同时出现对标准重视程度低的现象。同时，也有研究者坚持，受教育水平对自豪感的负预测力也可能与高智商公民的模糊的界限观有关，不过，受教育水平越高者越可能接触更大的世界，越可能见到比自己的国家更优秀的国家，这也可能为其对自己国家产生更低的自豪感埋下伏笔。

究竟这两种理由中哪一种更能合理解释学历高者"轻视国家"的举动呢？我们认为，可以从本书结论与美国结论（Evans et al.，2003）的对比中窥见一斑。美国，作为世界上的超级大国，在其国内，就不存在学历越高者对本国的自豪感程度越低的现象，其结果是恰恰相反的，即学历越高者对本国的自豪感程度也越高，并不能验证认知技能理论的结论。研究者对此类现象感到困惑，并因此提出了"美国特殊论（Evans et al.，2003）。我们推测，很有可能的是，无论是对本国的认同还是本国的自豪感的建立均需要一个参照的标准，其他国家，当然包括日本，均不自觉地依据了美国这个更高的标准。学历高者更有可能完整地接触和了解到美国的状况，也就因此产生对比，认为祖国与美国相比，距离还很大，问题也很多。因而，出现学历越高、见识越广者反而越"不认同"国家的一种状态。然而，由于美国所拥有的超级大国的地位，美国人对自己的国家拥有的自豪感和自信心就相对比较高了。因为，美国的学历高者尽管有更多的机会接触世界，但在比较之下，其他国家的实力与美国还有很大的差距，因此，出现越有机会比较，就越可能产生优越感，获得对美国的满意自豪的情感，产生对国家的更高的归属感也就显得不奇怪了。

此外，年龄对认同标准的重视度及自豪感的正预测力还是与世界25国的趋势相一致的。我们相信，Scheepers，Gijsberts 和 Coenders（2004）所作出的总结，即越是社会地位上的不利阶层就越可能出现更高的对国家的认同。年龄越大的人，尤其是70岁以上失去了劳动力的人，也许会处在社会的不利地位，也因此可能更多地出现对国家的皈依。不过，我们也不能忽视另一个理由，作为一个20世纪卷入战争程度最深的国家之一，日本的年长者要比其他国家的同龄人拥有更多的战争记忆，而战争等威胁性的历史记忆是容易带来国家认同以及仇外程度提高的重要变量（Kunovich，2009）。

## 第四节　日本公民国家认同的后果——对接纳性的影响

### 一　接纳性结构验证

根据已有研究（吴鲁平等，2010）的建议，接纳也是一个包含了两个子成分的结构。对外来移民的接纳5个项目为移民接纳；对外国影视、文化、进口物品、国际大公司、外国人买土地、国际组织、尊重感受7个题目为接纳外国。本研究以此理论为依据，以日本的数据进行验证分析，结果如图4-4所示，验证模型拟合指标如表4-7所示，根据上文所述标准，该结构可信。

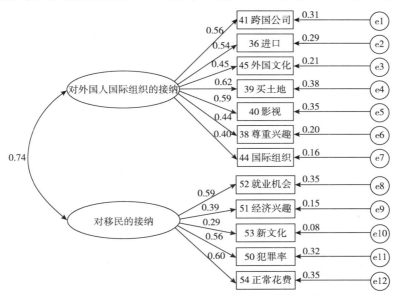

图4-4　日本公民接纳性两因素模型的验证性因素分析

表 4 - 7　日本公民国家认同标准两因素模型的拟合指标

| X² | df | P | GFI | TLI | RMSEA | CFI |
|---|---|---|---|---|---|---|
| 305.416 | 53 | 0 | 0.951 | 0.846 | 0.067 | 0.876 |

## 二　国家认同对接纳性的影响

国家认同标准、国家自豪感及其各两个子成分对接纳性的影响回归分析如表 4 - 8 所示，其中，由于已有重要人口学变量可能会对接纳性造成影响，因此，此处将其作为控制变量。由表 4 - 8 可知，日本公民对族群标准的重视毫无疑问地干扰了对移民和对外国经济组织及国际组织的接纳。尽管日本国家的认同标准中的族群标准既包括了一般国家的公民也接受的族群标准，还包括了在一般国家中被看做是公民标准的语言和国籍，但是，还是证实了以往研究（Hjerm，1998；吴鲁平等，2010）的结论。因此，本研究说明，在日本，除了对祖先、出生地、生活地、宗教信仰的认同可能会带来对移民和外国人的强烈排斥外，对语言和国籍等的认同也会带来对外的强烈排斥。在西方国家中，若更多地坚持以语言和国籍作为标准判断谁是"自己人"，则是相对积极的公民标准的象征。此处的差异也许是东西方文化差异的一个缩影。

表 4 - 8　日本公民国家认同及重要人口变量对接纳性影响回归分析

| 类　别 | | 国家认同标准 | | 国家自豪感 | | 重要人口变量 | | | 指　标 | | |
|---|---|---|---|---|---|---|---|---|---|---|---|
| | | 族群 | 公民 | 政治 | 文化 | 教育 | 年龄 | 性别 | Ad R² | F | Sig |
| 接纳移民 | β | - 0.303 | — | 0.066 | — | 0.102 | - 0.215 | - 0.061 | 0.214 | 58.501 | 0 |
| | t | - 9.639 | — | 2.269 | — | 3.494 | - 7.061 | - 2.234 | | | |
| | P | 0 | — | 0.023 | — | 0 | 0 | 0.026 | | | |
| 接纳外国 | β | - 0.308 | — | | — | 0.164 | - 0.109 | - 0.075 | 0.203 | 68.019 | 0 |
| | t | - 10.144 | — | | — | 5.608 | - 3.574 | - 2.720 | | | |
| | P | 0 | — | | — | 0 | 0 | 0.007 | | | |

注：标准化回归系数 β 的含义是：国家认同标准、国家自豪感、重要人口学变量，每增大 1 个单位，对接纳他国及国际组织、接纳移民的影响程度就增加或减少 β 个单位。

也应当看到，日本公民对另一种标准——公民标准的看重却未引发显著的对外排斥。该结论证实了以往研究中关于公民标准对宽容、接纳的正

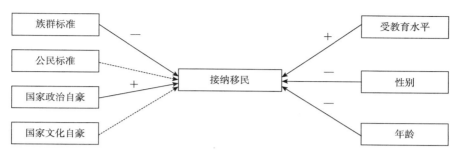

**图 4 - 5 日本公民国家认同及重要人口变量对移民接纳的影响**

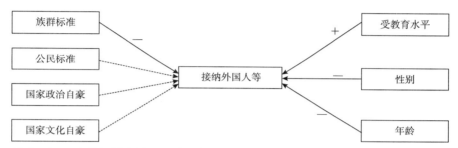

**图 4 - 6 日本公民国家认同及重要人口变量对外国人、外国公司及国际组织的影响**

向预测力的结论（Kunovich，2009）。另有研究（Smith，2001）认为，国家领土和民族宗谱两类模型是由来已久的，其中，前者源自西方，代表一种政治团体的利益，他们关心的是共同的制度、权力责任以及领土等，自由选择和民主自主是这种制度的核心。民族宗谱则是非西方模型，其源自非西方的世界，他们重视的是民族的利益，关心血统、出生地、生活地等利益是否为他人所侵占。很显然，重视国家领土模型者一定会重视公民标准，他们关心的是自由民主和通过努力使自身身份发生变化。因此，对其的重视不应当对移民和外国人的接纳度产生影响。需要注意是，在本研究中，我们证实了日本人的公民标准中只包含了"尊重政体和制度""心理感觉"这两个部分，也许这也是公民标准这一概念的核心意义。

除认同标准外，对日本的骄傲自豪之情也对接纳移民产生了一定影响。日本公民对其国家的政治越感到自豪对他族的偏见就会越少，该结论也与以往的研究（Smith & Kim，2006；Raijman，2008）有一致之处。这可能反映出自信的心态会带来包容和接纳（吴鲁平等，2010）。此外，日本公民对本国文化领域的满意度并没有对接纳度带来太大的影响，这与美国的结论是一致的，这可能也是因为，同美国一样，日本国家文化自豪感水平整体也较高，可能导致天花板效应。

通过对日本的国家认同两个方面及其各两个子结构的分析，不难看到，日本，作为一个有着特殊历史的东方国家，同时也是当今世界上的经济大国，其国家认同确实具有与其他国家不同的特色。

第一，日本的"东方"标准？

在日本的认同体系中，一些西方移民大国常用的无民族传统意义的标准被他们看做是具有民族传统意义，而且得到了相对更多的重视。同时，对更加强调自由民族意义的公民标准的重视度却严重不足，日本在25个国家中几乎处在最不重视的国家行列。

这是否就是所谓的"东方"与"西方"国家的差异呢？对于日本而言，其概念体系中的"语言""国籍"与"血统""生活地"等具有同样的意义。对于美国人而言，一个族群标准强的人，不会将"讲英语"纳入其标准体系，因为凡是移民到其国内的人们基本都是会讲英语的。然而，对于日本人来说，他们国内没有那么大量的移民威胁，所以，日语、国籍也就成了日本民族的同义词。

此外，日本公民对公民标准的过低重视也让人们不禁联想，日本这个国家是否仍然有着民族主义的倾向性。尽管我们不能简单地做出这样的推论，但是，也应当以此为契机，对包括日本在内的东方国家或者非欧洲国家的认同状况进行多方位了解，以获取更全面的评价。

第二，自信心改变的"真相"。

日本公民的自豪感处在一个比较矛盾的状态，对文化自豪感排名位居世界前列，但对政治和经济的自豪感却相对较低，在25个国家中居于后位。这说明在日本公民的心中，其文化远比政治方面表现得更为优秀。

一般而言，对国家的自豪感会随着受教育程度的加深而逐渐减弱。我们相信，这是因为受教育水平越高的人越有可能接触到更优秀的国家，而这种对比恰恰是自信心改变的更直接的原因。这可能就是自信改变的真相，这一规律在除美国之外的其他国家也都存在着。同时，美国却由于其在世界的领先地位，不仅没有陷入"学历越高者越不欣赏祖国"的怪圈，相反却激发了更多高学历者对美国的欣赏。因此，我们可以做出一个推论，即包括日本公民在内的所有公民的自豪感、自信心实际上都是建立在与别国的对比之上的。对于日本,那个隐藏在背后的比较基准点可能就是美国。也许这才是各国公民建立自信心自豪感的"真相"。

附 录

1. **国家认同标准8个题目。**

下面的这些因素哪些对于成为一个真正的日本人是重要的?

| 项 目 | 非常<br>重要 | 相当<br>重要 | 不是<br>很重要 | 一点都<br>不重要 | 并不能<br>选择 |
|---|---|---|---|---|---|
| V11 出生在日本 | | | | | |
| V12 有日本的国籍 | | | | | |
| V13 一生的大部分时间都生活在日本 | | | | | |
| V14 会讲日语 | | | | | |
| V15 我相信宗教 | | | | | |
| V16 尊重日本的政治体制和法律 | | | | | |
| V17 自觉自己是个日本人 | | | | | |
| V18 祖先是日本人（是日本血缘） | | | | | |

2. **国家自豪感9个题目。**

下文中的哪些部分是自己会感到比较骄傲、自豪的?

| 项 目 | 非常<br>自豪 | 有点<br>自豪 | 并不是<br>很自豪 | 一点都<br>不自豪 | 并不能<br>做选择 |
|---|---|---|---|---|---|
| V26 民主 | | | | | |
| V27 政治影响 | | | | | |
| V28 经济进步 | | | | | |
| V29 社会安全系统 | | | | | |
| V30 科学和技术 | | | | | |
| V31 体育 | | | | | |
| V32 文艺 | | | | | |
| V33 历史 | | | | | |

### 3. 对外国人、国际组织及外来移民的接纳12个题目。

下面的一些陈述你同意的有哪些？

| 项　目 | 非常同意 | 同意 | 无所谓同意不同意 | 不同意 | 非常不同意 | 并不能做选择 |
|---|---|---|---|---|---|---|
| V36　日本应当限制进口，保护国家经济 | | | | | | |
| V38　日本应该按照自己的兴趣行事，即使会与他国产生冲突也在所不惜 | | | | | | |
| V39　外国人不应该能买日本的土地 | | | | | | |
| V40　日本的电视应该播放日本的电影和电视节目 | | | | | | |

下面的一些陈述你认为同意的有哪些？

| 项　目 | 非常同意 | 同意 | 无所谓同意不同意 | 不同意 | 非常不同意 | 并不能做选择 |
|---|---|---|---|---|---|---|
| V41　大的国际公司正在越来越强烈地威胁着日本的商业 | | | | | | |
| V44　国际组织正在从国家政府中拿走太多的权利 | | | | | | |
| V45　不断暴露在外国电影，音乐，书籍中正在不断地危害我们的国家和本土文化 | | | | | | |

有很多关于"移民者"的观点，你是否同意下面的观点？

| 项　目 | 非常同意 | 同意 | 无所谓同意不同意 | 不同意 | 非常不同意 | 并不能做选择 |
|---|---|---|---|---|---|---|
| V50　外来移民者增加了犯罪率 | | | | | | |
| V51　外来移民者对日本经济是有好处的 | | | | | | |
| V52　外来移民者抢了日本本土人的工作 | | | | | | |
| V53　外来移民者通过带来新的观点和文化提高日本社会的发展水平 | | | | | | |
| V54　政府花费了太多的钱帮助外来移民者 | | | | | | |

# 第五章　城市中学生国家意识与
# 全球意识关系

## ——对北京、郑州两个城市的调查分析

本章的主要目的是研究青少年国家意识与全球意识的关系。考虑到全球化的影响程度，本章主要以城市中学生为研究对象，提出了两个研究假设。第一，城市中学生的国家意识与全球意识能够并存，二者成正相关。也就是说，越是趋于理性的国家意识，越是具有包容性的全球意识。第二，全球化程度越高的城市，中学生的国家意识与全球意识的相关程度越高。为了比较全面详细地体现国家意识和全球意识之间的相关程度，我们对两者所包含的主要变量进行了交叉分析，共得出9组关系。而这9组关系显示，我国的城市中学生已经形成了一种新型的国家意识，即理性、积极的国家意识与开放的全球意识在较高层次上的整合。它在一定程度上反映了我国青少年政治心理发展的时代性特点。

## 第一节　问题的提出

爱国主义是一个永恒的话题。它是一种把关心和维护祖国利益、推动祖国进步作为最高职责的思想观点和行动准则。爱国主义思想意识的核心是对国家、民族的政治认同和情感皈依（房宁、王炳权、马利军，2002）。爱国主义并不是一种静态的思想感情和意识倾向，而是随着社会变迁过程不断发生变化的社会意识。它在不同时期，不同的政治、经济、文化和社会状况下，呈现出具有连续性的继承与持续性的变迁双重特征。而关于变迁，即爱国主义在新的背景下呈现出新的问题、新的内容和新的时代特征。正因为此，如何在继承连续性的基础上把握"爱国主义"的这种变迁，特别是有关

青少年和青年的爱国主义教育方面，一直是学者们颇为关注的问题。

20 世纪 80 年代以来，我国的改革开放引起了深刻的社会变革，变革最为明显的一点是：原来对世界封闭的中国开始向世界开放，而同时期在世界上已广为发展的全球化浪潮不可避免地影响着中国的方方面面，其结果就使得"国家特性、国民身份危机成了一个全球的现象"（亨廷顿，2005）。在这种背景下，如何应对全球化的冲击、强化国家意识与民族认同成为每一个强势、弱势国家共同的话题（袁久红、陈培永，2006）。那么，在 20 世纪 80 年代以后成长起来的中国青年们，在没有经历改革开放的阵痛，却接受了改革开放带来的结果的情况下，其价值观念应该会发生深刻的变化。他们是怎样理解爱国主义的？他们的国家意识会呈现出怎样的特点？或者，像许多研究全球化的学者所说，全球化对国家主权提出了挑战，导致了国家认同的危机，而这些挑战和危机真的会减弱或消解青少年的国家意识，或是形成一种更加开放、更加理性的新型爱国意识吗？这些正是本项研究得以形成的基本背景，而用经验的研究结果给出答案，则是本项研究的主要目标。

## 第二节　理论背景与假设

关于全球化背景下的国家意识研究，主要有三种理论话语。

第一种理论话语是新自由主义。新自由主义是强势国家基于国家利益和国家力量的迥然差异，以己为中心推行的一种"全球化话语"，表现为全球主义（世界主义）思想的兴起。全球主义倡导全球意识、世界公民意识，它要求摆脱国家中心论的束缚，代之以人类中心论、世界整体论。新自由主义一方面秉承并发扬自由主义"普世"的传统价值理念，另一方面又采取双重标准，即其他民族国家强化国家意识、民族认同已归于陈旧落伍，本国则为例外（袁久红、陈培永，2006）。

第二种理论话语是国家主义和民族主义。国家主义是与国家主权天然联系在一起的，它是针对两个参照系而言的。其一，以个人为参照系，可称为国内政治意义上的国家主义。指的是在主权国家内个人与国家的关系要以国家为中轴，它推崇国家理性，认为国家有独自的利益，为了追求和维护国家的利益，国家（或国家的代表）可以采取任何手段、形式。其二，以全球为参照系，可称为国际政治意义上的国家主义，强调的是在国际社会中主权国家与人类共同体的关系要以国家为中心。民族主义也是弱势国家捍卫国家主权和文化独特性的应对之策，用以抵制全球化客观发展进程和新自由主义话语体系的侵犯。民族主义从产生伊始就承担了谋求本民族国家独立、解放的重任，要求人民忠诚于本民族国家，要求民族自决、民族自治、民族统一是民族主义的核心学说。

第三种理论话语是公民爱国主义，即在全球化背景下提倡理性、和平、开放的爱国主义（袁久红、陈培永，2006）。这一理论话语主要源于两个启示：第一，哈贝马斯的宪法爱国主义。哈贝马斯认为，当今世界民族国家和超民族共同体的集体认同是社会建构的产物，而塑造集体认同的关键在于政治文化（王展鹏，2005）。政治文化是一种"以公共的善为取向的公民不可用法律来强制的动机和意图的和谐背景的支持"，是一种公民在对政治活动的参与过程中形成的文化（童士骏，2004）。宪法爱国主义的终极目标并非抛开各国人民现有的历史、文化联系建立一个世界政府或者按照所谓自由民主的模式任意创建新的国家，而是通过形成一种具有形式普遍性的政治文化以实现自由、民主、人权的价值。它希望通过跨越原先公民认同的基础——民族，形成一个开放的包容体系（陆幸福，2006）。第二，从国际关系的视角，很多学者提倡全球主义关照下的国家主义。其主要观点是，以宏观的历史眼光审视人类社会的发展，真正认清全球化与全球主义的大趋势；自觉认同主权的相对性，探究全球化时代主权的要旨和新的表现形态；按照民主化的原则改造国际组织，强化国际机制；在相当长的时期里，民族国家仍然是人类社会生活的支点，任何急于全面超越国家主义的观点与行为都是违背现实的；尊重发展中国家维护国家主权的特殊情感，正视国际秩序不公正的事实，在消除全球贫困与不平等，促进人类整体发展上下工夫（蔡拓，2000）。

基于以上的理论认识，一些学者认为，在全球化的推进中，应对新自由主义的全球普世话语，理性的、开放的、和平的爱国主义要把握几个维度：其一，解构"普世"话语，抵制全球霸权，超越民族主义。超越民族主义就是要实现民族主义的转向，即促使其从无实际内容的空壳走向有血有肉的有丰富理论支撑的丰满体系，从国家间的"宏观"视野向以解决本国实际问题的"微观"转化，从感性向理性、从排外向开放合作转化。其二，重构国家认同，强化国家意识，倡导理性爱国。国家认同在全球化的条件下，就要力图做到使民族的成员身份与民族国家的公民身份得以统一，使各民族融于国家之中，实现本国各民族的和谐相处。强化国家意识则要求公民在保证国家认同的基础上，以国家的根本利益为立足点，坚决捍卫国家的领土和主权完整，维护国家统一、民族团结，维护国家荣誉、名誉、安全等，即每个公民都应时刻拥有"对国家的认同感，对国家主权和安全的责任感，对国家繁荣和发展的使命感"（周中之，2005）。最后，从民族国家认同走向真正的全球认同，构建和谐世界。认同是有层次之分的，认同民族国家，强化国家意识，不等于否定全球认同、全球意识，民族国家认同与真正的全球认同绝对不是有我无你的关系，它们能够实现有机的统一（袁久红、陈培永，2006）。

基于上述相关理论的梳理，本研究将以"国家意识"和"全球意识"这两个核心概念为理论框架，对处于全球化背景下的城市中学生的社会政治心理变迁进行分析和讨论。一方面，全球化进程会对民族国家根深蒂固的制度、传统、文化、价值产生强烈冲击，进而影响青少年的民族国家认同和国家意识，使他们中的很多人产生一种无所适从的感觉。另一方面，全球化进程使得更多先进的价值、文化和制度具有超越民族国家的普遍性，并日益获得青少年的认可和接受，从而有可能产生一种新的认同和意识，即全球认同和全球意识。基于这两个方面的考虑，本章将重点分析国家意识与全球意识是否能同时并存的问题。基本的理论假设是：第一，城市中学生的国家意识与全球意识能够并存，二者成正相关。也就是说，越是趋于理性的国家意识，越是具有包容性的全球意识。第二，全球化程度高的城市，爱国意识与全球意识的相关程度高。

## 第三节　资料和度量

### 一　资料收集方法

本章用于检验理论假设的资料，来自2007年5月我们对北京和郑州两个城市中学生进行的"中学生社会心理状况调查问卷"。共调查了8所中学，发放1400份问卷，收回有效问卷1082份。其中，在北京共发放700份问卷，回收有效问卷516份，占47.7%。在郑州共发放700份问卷，实际回收有效问卷566份，占52.3%。就总体男女比例来看，男、女生有效问卷分别占45.4%和

52.3%。需要说明的是，我们在高中发放问卷时遇到了一些困难，[①] 调查初中学生所占的比例偏高，占69.0%，高中学生占了30.9%。

二 核心概念测量

本文研究的核心概念有两个：国家意识和全球意识（见图5-1）。

1. **国家意识**

国家意识作为一种政治心理和文化心理，既包含认知层面上个体对国家与个人相互间权利义务关系的认识和理解，又包括情感层面上的个人对国家、民族拥有的爱憎荣辱的情感，还包括行为倾向上个人为维护国家利益，对国家政治、经济、文化发展等做出贡献的意愿。我们将其操作化为民族国家认知、爱国情感和爱国行为倾向三个维度进行测量。

2. **全球意识**

全球意识有三个基本立足点。其一，承认人类有共同利益；其二，承认文化有共同性；其三，和而不同，多元并存。为了便于分析中学生国家意识与全球意识的具体联系，我们同样把全球意识操作化为认知、情感和行为倾向三个变量。全球认知包括个体对全球化的总体认识和对世界政治、世界经济、多元文化、全球生态环境的了解程度。情感方面的测量则有些难度。一方面，全球意识是伴随全球化出现的时代性意识，在情感的生成方面不会像爱国情感那么清晰和牢固，另一方面全球意识的主要内容之一便是世界公民意识，因此，本研究把作为世界公民的自豪感作为主要测量指标。行为倾向也将采用情境性测量和间接测量的方法来展开研究（见图5-1）。

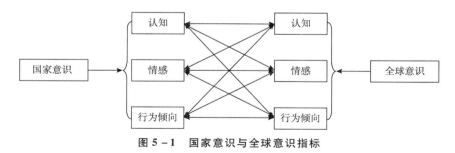

**图5-1 国家意识与全球意识指标**

---

三 资料分析方法

本研究的数据分析采用的是 SPSS 软件。数据统计主要分两个步骤，第一步，首先分析所选城市的中学生国家意识和全球意识的总体程度。通过对比，我们发现，北京和郑州的中学生在国家意识和全球意识这两个方面的表现只在个别指标上有所区别，而在总体上并没有明显的差别。第二步，重点分析城市中学生的国家意识和全球意识的关系。

# 第四节　调查结果与分析

一 总体分析

首先，我们的调查资料显示（见表 5 - 1），北京和郑州两个城市的中学生在民族国家认知、爱国情感和爱国行为倾向方面的表现没有非常明显的差别。一方面，中学生的爱国意识更趋理性化，尤其是在回答爱国情感的相关问题中，很多中学生都选择了"其他项"，这些文字表达在统计分析中无法得到显示，但是其中很多观点更能体现出当代青少年的理性情感和真知灼见。关于这方面的分析，我们将在下一部分中提及。另一方面，我们注意到，两个城市中学生的爱国意识存在一些消极的因素。以爱国认知为例，在测量民族特性时，我们问及"您心目中的中国人是怎样的"。选择"缺乏公德心"的北京中学生占 24.2%，郑州中学生占 28.3%，选择"自私"的北京中学生占 20.2%，郑州中学生占 22.3%。不可否认，一个国家的人民所表现出来的特性并非都是积极的、正面的。目前的中国，正处在社会转型时期，不可避免地要受到经济全球化浪潮的影响。全球化是一把双刃剑，它带给中国的既有精华，也有糟粕。中国人民的物质水平提高的同时，精神层面的发展却相对趋于滞后，这也正是我国现在提倡精神文明建设的重要原因。城市中学生的选择，一方面反映出他们的不满和困惑，另一方面也说明他们的确看到了我国公民素质不足的方面。而对青少年来说，如何有效地引导他们正确看待这一问题，避免不良风气的影响，也是目前青少年道德教育的重要一环。

表 5 - 1　国家意识

单位：%

| 城　　市 | 程　　度 | 认　知 | 情　感 | 行为倾向 |
|---|---|---|---|---|
| 北　京 | 高 | 22.4 | 26.4 | 40.2 |
|  | 中 | 49.1 | 30.6 | 30.6 |
|  | 低 | 28.5 | 43.0 | 29.2 |
| 郑　州 | 高 | 21.7 | 27.2 | 44.5 |
|  | 中 | 52.4 | 27.2 | 29.6 |
|  | 低 | 25.9 | 45.5 | 25.8 |

其次，关于全球化程度的衡量，本研究主要以每个城市的实际利用外资额和接待海外旅游人数这两个指标为依据，通过相关数据比较，得出北京的全球化程度较高，郑州的全球化程度较低。因而，我们推断，两个城市中学生在全球意识方面会有明显差别。

分析结果却说明，两个城市中学生全球意识的表现也趋于一致（见表5-2），只是在全球认知方面略有差别。我们认为，其原因在于所选的两个样本框都是中心城市，而且出于便于量化的考虑，我们衡量全球化的指标相对来说有些单一。事实上，最能显现全球化程度的指标是信息的流动性和开放性，而这一指标比较难以量化，因此，本研究所反映的全球化对城市的影响程度是有限的。

如果我们的这一分析成立，就可以推断出，信息的传播对中学生全球意识的影响是巨大的。我们在调查问卷中也涉及了相关的问题，包括"你浏览过国外网站吗？""你的家人有出国经历吗？他们会经常向你讲述有关国外的事情吗？"其中北京中学生浏览过国外网站的占 50.2%，家人有出国经历的占45.2%，会经常向他们讲述有关国外事情的占 18.4%。郑州中学生浏览过国外网站的占48.2%，家人有出国经历的占42.0%，会经常向他们讲述有关国外事情的占12.7%。[①] 全球化时代网络的迅猛发展，使信息传播的广度、速度和深度都在不断提高。中学生充满好奇心的心理特点决定了他们对网络的钟爱，这样，他们就在获取信息方面占据优势，从而也就奠定了全球认知方面的基础。另一方面，通过亲人讲述出国经历也能在一定程度上开阔他们的视野。

---

① 本道题在问卷调查中属于漏斗题，很多学生没有看明白这道题，也就没有回答，因而，这道题在统计中缺失值较高，有效百分比也就相对较小。

表5-2 全球意识

单位:%

| 城 市 | 程 度 | 认 知 | 情 感 | 行为倾向 |
|---|---|---|---|---|
| | 高 | 17.7 | 18.1 | 74.9 |
| 北 京 | 中 | 51.6 | 55.3 | |
| | 低 | 30.7 | 26.5 | 25.1 |
| | 高 | 10.6 | 21.9 | 71.3 |
| 郑 州 | 中 | 54.9 | 51.9 | |
| | 低 | 34.5 | 26.2 | 28.7 |

通过上述分析,我们得出北京和郑州两个城市中学生的国家意识和全球意识的程度并无明显差别。因而在统计分析时,本研究撇开了城市的分类,从总体上说明中学生国家意识和全球意识的关系。

表5-3显示了中学生国家意识与全球意识的相互关系,代表相关程度的伽玛系数(Gamma value)的大小在0与1之间,越是接近1,表示这两个变量之间的关系越强。代表总体显著水平的Approx. Sig<0.05,就说明相互关系显著。因此,我们可以看出中学生的国家意识与全球意识的关系具有较强的关联性(伽玛系数为0.545,显著水平为0.000)。

表5-3 中学生国家意识与全球意识的关系

| 类 别 | Value | Asymp. Std. Error(a) | Approx. T(b) | Approx. Sig. |
|---|---|---|---|---|
| Gamma | 0.545 | 0.055 | 8.584 | 0.000 |
| N of Valid Cases | 513 | | | |

二 中学生国家意识与全球意识各主要变量的交叉分析

为了比较全面详细地体现国家意识和全球意识之间的相关程度,我们对两者包含的主要变量进行了交叉分析,共有九组关系。

**1. 国家意识(认知)与全球意识各变量的关系分析**

(1)国家意识(认知)与全球意识(认知)的关系分析

通过分析发现,城市中学生的国家认知与全球认知的伽玛相关系数为0.392.这说明两者是成正相关的(见表5-5),中学生爱国认知程度越高，全球认知的程度也越高（见表5-4）。也就是说，中学生对国家政治、经济、文化等各方面有比较深入了解的同时，也会关注全世界政治、经济及文化的发展乃至全球化引发的各种全球问题。一方面，他们对国内情况的认知程度较高，另一方面他们也越来越渴望对中国以外的国家，对整个世界的发展有更多的认识。以对世界经济的了解为例，经济全球化最显著的标志之一是跨国公司的蓬勃发展，因此我们就考察了中学生对跨国公司在中国发展的看法，有45.1%的学生认为"有利于中国经济的发展"，更值得注意的是，有52.5%的学生不仅看到了跨国公司在中国经济发展中发挥的积极作用，而且，也很审慎地认为"跨国公司的过度发展会导致其控制中国经济"的结果。只有一小部分学生完全持否定态度。中学生有这种比较客观的判断，应该说是建立在对中国经济和全球经济有一定了解的基础之上。再如我们也考察了中学生对国家政治和世界政治的看法。有80.2%的学生认为我国的"政治制度优越"。为了了解中学生对世界政治的认知特点，我们以美国的"9·11"事件和俄罗斯的人质事件做对比，观察他们在对不同国家发生恐怖主义事件的认识态度上是否具有一定的倾向性。赞成这两种事件都"是全人类的悲剧，各国应该共同努力抵制国际恐怖主义"的占所调查中学生比例的75.9%。也就是说，无论以国内还是国外的事件为背景，他们的政治认识和政治态度基本上是一致和积极的。

表5-4 国家意识（认知）与全球意识（认知）的关系

单位：人，%

| 类　别 | | 民族国家意识_认知 | | | 总　计 |
|---|---|---|---|---|---|
| | | 低 | 中 | 高 | |
| 全球意识_认知 | 低 | 126<br>53.6 | 126<br>27.5 | 41<br>20.0 | 293<br>32.6 |
| | 中 | 91<br>38.7 | 265<br>57.9 | 124<br>60.5 | 480<br>53.5 |
| | 高 | 18<br>7.7 | 67<br>14.6 | 40<br>19.5 | 125<br>13.9 |
| 总　计 | | 235<br>100.0 | 458<br>100.0 | 205<br>100.0 | 898<br>100.0 |

表 5 – 5　国家意识（认知）与全球意识（认知）的关系

| 类别 | Value | Asymp. Std. Error（a） | Approx. T（b） | Approx. Sig. |
| --- | --- | --- | --- | --- |
| Gamma | 0.392 | 0.087 | 4.263 | 0.000 |
| N of Valid Cases | 186 | | | |

（2）国家意识（认知）与全球意识（情感）的关系分析

从分析的数据来看，中学生国家意识（认知）与全球意识（情感）也呈正相关（伽玛系数：0.141，显著水平：0.005）（见表5－7），但是相关程度不算高（见表5－6）。本章第一部分的实证分析告诉我们，中学生全球认知程度越高，对于全球的认同情感也越高。但是，由于地域的关系，国家的概念是根深蒂固的。青少年对国家的认知应该先于他对全球的认知，因而就会影响其对全球各方面情况的了解。个体对国家哪些方面的情况感兴趣，处于好奇的心态，相应地也会想知道不同国家或全球在该方面的总体发展情况。而有关全球意识的情感方面又是建立在全球认知的基础上。因此，国家意识（认知）与全球意识（情感）的关系是通过全球认知间接作用获得的，相关程度相对小一些。

表 5 – 6　国家意识（认知）与全球意识（情感）的关系

单位：人，%

| 类　　别 | | 民族国家意识_认知 | | | 总　　计 |
| --- | --- | --- | --- | --- | --- |
| | | 低 | 中 | 高 | |
| 全球意识_情感 | 低 | 77<br>32.6 | 112<br>23.6 | 52<br>24.4 | 241<br>26.1 |
| | 中 | 122<br>51.7 | 267<br>56.2 | 106<br>49.8 | 495<br>53.6 |
| | 高 | 37<br>15.7 | 96<br>20.2 | 55<br>25.8 | 188<br>20.3 |
| 总　　计 | | 236<br>100.0 | 475<br>100.0 | 213<br>100.0 | 924<br>100.0 |

表 5 – 7　国家意识（认知）与全球意识（情感）的关系

| 类　别 | Value | Asymp. Std. Error（a） | Approx. T（b） | Approx. Sig. |
| --- | --- | --- | --- | --- |
| Gamma | 0.141 | 0.049 | 2.838 | 0.005 |
| N of Valid Cases | 924 | | | |

（3）国家意识（认知）与全球意识（行为倾向）的关系分析

从本章第一节给出的数据可以看出，相对于认知和情感这两个指标，中学生的爱国行为倾向和全球行为倾向表现出更高的程度。由此可以看出，中学生不仅维护国家利益，而且关注全球利益。从行为倾向上看，他们有很强的责任意识。从分析数据来看，民族国家认知与全球行为倾向的联系也非常紧密（伽玛系数：0.271，显著水平：0.000）（见表5－9）。民族国家认知的程度越高，全球行为倾向的程度也越高。我们认为，民族国家认知程度的高低在很大程度上决定着个体是否具有理性的情感和行为倾向。中学生正是基于对国家利益的比较正确和理性的认识和对全球问题的了解，才会在责任意识方面兼顾到全球利益。因为在世界一体化、全球化的今天，解决全球问题是每个国家都应承担的责任。在提及全球环境这一问题时，有83.8%的中学生都选择了"保护全球环境人人有责，中国这样的大国应该负起相应的责任"。也许可持续发展在他们那里是懵懂的概念，但是在他们的心目中，祖国是伟大的，日益强大的中国应当在国际舞台中扮演更重要的角色。

表5－8　国家意识（认知）与全球意识（行为倾向）的关系

单位：人,%

| 类　别 | | 民族国家意识_认知 | | | 总　计 |
| --- | --- | --- | --- | --- | --- |
| | | 低 | 中 | 高 | |
| 全球意识_认知 | 低 | 101 | 113 | 45 | 259 |
| | | 38.5 | 23.2 | 21.1 | 26.9 |
| | 高 | 161 | 374 | 168 | 703 |
| | | 61.5 | 76.8 | 78.9 | 73.1 |
| 总　计 | | 262 | 487 | 213 | 962 |
| | | 100.0 | 100.0 | 100.0 | 100.0 |

表5－9　国家意识（认知）与全球意识（行为倾向）的关系

| 类　别 | Value | Asymp. Std. Error（a） | Approx. T（b） | Approx. Sig. |
| --- | --- | --- | --- | --- |
| Gamma | 0.271 | 0.060 | 4.391 | 0.000 |
| N of Valid Cases | 962 | | | |

**2. 国家意识（情感）与全球意识各变量的关系分析**

（1）国家意识（情感）与全球意识（认知）的关系分析

通过爱国情感与全球认知的相关数据分析，我们发现，两者的关系也是呈正相关的（伽玛系数：0.141，显著水平：0.005）（见表5－11）。爱国情感的流露是通过自豪感、归属感和民族自尊心等多方面表现出来。我们在对自豪感和归属感这两个指标的测量上发现城市中学生的爱国情感在逻辑上是相当矛盾的。这一逻辑矛盾表现为，既"羡慕和向往西方国家的优越环境"，同时又赞成"中国是世界上最伟大的国家"。我们认为，这主要是源于学生对国外情况的了解，而这又得益于全球化因素的影响。当今中国，信息的开放和流动程度一直处于上升趋势，要了解中国以外的情况非常便捷。在这一点上，最值得强调的两种技术形式是电视和因特网。电视实现了图像传播的大众化，使本民族的成员能够跨越"想象"的边界，直接了解自己同胞以及其他族群的形象和生活；因特网则增加了个人获得的信息量并实现了信息的即时性。这样，通过多渠道的了解，"发达国家制度的完善"、"良好的人文环境"、"更大的发展空间"等都符合中学生直观上渴望美好事物的心理。而另一方面，通过对比，他们又更加渴望祖国的强大，希望更多人学习汉语、更多的人了解中国文化的博大精深。同时，本研究的数据分析显示，中学生的爱国情感没有表现出弱化趋势，总体水平仍比较高，而且理性程度有所提高。这一点是在测量中学生的民族自尊心时，通过问卷中的定性资料得出的。当问及"听到国外人批评中国人的反应如何时"，一部分学生提出了很有建设性的意见，如在回答其他选项中他们认为"会气愤，但也会分清对与错""正确的虚心接受，不正确的，与其辩论，维护祖国的尊严和荣誉""每个人的想法不同，与其讨论，了解我国的不足之处"。

表 5 - 10  国家意识（情感）与全球意识（认知）的关系

单位：人，%

| 类 别 | | 民族国家意识_情感 | | | 总 计 |
| --- | --- | --- | --- | --- | --- |
| | | 低 | 中 | 高 | |
| 全球意识_认知 | 低 | 141<br>45.6 | 64<br>31.8 | 28<br>14.7 | 233<br>33.2 |
| | 中 | 146<br>47.2 | 104<br>51.7 | 120<br>62.8 | 370<br>52.8 |
| | 高 | 2<br>27.1 | 33<br>16.4 | 43<br>22.5 | 98<br>14.0 |
| 总 计 | | 309<br>100.0 | 201<br>100.0 | 191<br>100.0 | 701<br>100.0 |

表 5 – 11　　国家意识（情感）与全球意识（认知）的关系

| 类　　别 | Value | Asymp. Std. Error（a） | Approx. T（b） | Approx. Sig. |
|---|---|---|---|---|
| Gamma | 0.141 | 0.049 | 2.838 | 0.005 |
| N of Valid Cases | 924 | | | |

（2）国家意识（情感）与全球意识（情感）的关系分析

如前所述，中学生爱国情感仍然比较强烈。当提及"我非常热爱我的祖国"时，有78.4%的学生选择了"非常赞成"。与爱国情感有所不同的是，全球意识表现在情感方面还是相当模糊的。相对于国家实体来说，全球或世界是一个很宽泛的概念，对于中学生来说并不好把握。我们只能从作为一名世界公民的自豪感方面来测量，赞成和比较赞成的学生占70.0%，这个结果已经相当乐观。这也从一个侧面说明，城市中学生已具备了基本的人类整体意识。

分析显示，中学生的爱国情感和全球意识在情感方面也是紧密联系的（伽玛系数：0.303，显著水平：0.000）（见表5 – 13）。从全球认知的分析中我们已经知道，学生们在全球层面上的知识获取已经有了一定的积累，因而才会有对国家事务和世界事务比较客观的判断。这种判断使他们在一定程度上克服了爱国情感的盲目性，同时对全球化发展的正面成果的认可也使他们产生一种更加博爱的情感。所以，具有爱国情感并不表示排外，也并不能表示不喜爱其他国家，不具有世界公民的情怀。

表 5 – 12　　国家意识（情感）与全球意识（情感）的关系

单位：人,%

| 类　　别 | | 民族国家意识_情感 | | | 总　　计 |
|---|---|---|---|---|---|
| | | 低 | 中 | 高 | |
| 全球意识_情感 | 低 | 93<br>32.4 | 54<br>25.8 | 35<br>17.4 | 182<br>26.1 |
| | 中 | 158<br>55.1 | 114<br>54.5 | 97<br>48.3 | 369<br>52.9 |
| | 高 | 36<br>12.5 | 41<br>19.6 | 69<br>34.3 | 146<br>20.9 |
| 总　　计 | | 287<br>100.0 | 209<br>100.0 | 201<br>100.0 | 697<br>100.0 |

表 5 – 13　国家意识（情感）与全球意识（情感）的关系

| 类　别 | Value | Asymp. Std. Error（a） | Approx. T（b） | Approx. Sig. |
|---|---|---|---|---|
| Gamma | 0. 303 | 0. 050 | 5. 820 | 0. 000 |
| N of Valid Cases | 697 | | | |

（3）国家意识（情感）与全球意识（行为倾向）的关系分析

这一组变量的相关程度相对来说较高（伽玛系数：0. 416，显著水平：0. 000）（见表 5 – 15）。应该说，中学生爱国情感程度越强烈，就会越看重国家主权和国家利益的重要性。但从两者的关系来看，维护国家利益的民族自尊心，与关注全人类利益的行为倾向并不冲突，二者是相互促进的。

表 5 – 14　国家意识（情感）与全球意识（行为倾向）的关系

单位：人，%

| 类　别 | | 民族国家意识_情感 | | | 总　计 |
|---|---|---|---|---|---|
| | | 低 | 中 | 高 | |
| 全球意识_行为 | 低 | 127<br>37. 7 | 40<br>18. 3 | 33<br>16. 1 | 200<br>26. 3 |
| | 高 | 210<br>62. 3 | 179<br>81. 7 | 172<br>83. 9 | 561<br>73. 7 |
| 总　计 | | 337<br>100. 0 | 219<br>100. 0 | 205<br>100. 0 | 761<br>100. 0 |

表 5 – 15　国家意识（情感）与全球意识（行为倾向）的关系

| 类　别 | Value | Asymp. Std. Error（a） | Approx. T（b） | Approx. Sig. |
|---|---|---|---|---|
| Gamma | 0. 416 | 0. 063 | 6. 248 | 0. 000 |
| N of Valid Cases | 761 | | | |

### 3. 国家意识（行为倾向）与全球意识各变量的关系分析

（1）国家意识（行为倾向）与全球意识（认知）的关系分析

通过数据分析可以看出，中学生的爱国行为倾向与全球认知也是相互联系的（伽玛系数：0. 351，显著水平：0. 000）（见表 5 – 17）。这一点也可以通过问卷中的定性资料予以解释。全球认知包括对世界政治、世界经济和多元文化的了解。在对世界政治的认识方面，也包括对自己国家与其他各国关系的了解和判断。而在中国，中日关系可谓典型。当我们问及中学生"对抵制日货的看法"时，许多同学都从两国关系的长远发展来考虑，各抒己见。认为"中国应与各国建立友好关系""现在的经济是全球性的，随着跨国公司和国际合作的增加，一个产品已经不能单纯地打上某国的标志，抵制日货在很多方面得不偿失""国与国应平等对待"、"要相互交流"等。我们认为，这一部分中学生正是基于对两国关系的了解，才会有比较冷静的判断。而反映到爱国行为倾向当中，就不会那么偏激。从这个意义上说，在全球认知方面加强对青少年的培养，可以避免或者弱化他们的狭隘和极端民族意识。

表 5 – 16　国家意识（行为倾向）与全球意识（认知）的关系

单位：人，%

| 类　别 | | 民族国家意识_行为倾向 | | | 总　计 |
| --- | --- | --- | --- | --- | --- |
| | | 低 | 中 | 高 | |
| 全球意识_认知 | 低 | 98<br>48.0 | 89<br>38.2 | 61<br>18.5 | 248<br>32.4 |
| | 中 | 87<br>42.6 | 114<br>48.9 | 214<br>65.0 | 415<br>54.2 |
| | 高 | 19<br>9.3 | 30<br>12.9 | 54<br>16.4 | 103<br>13.4 |
| 总　计 | | 204<br>100.0 | 233<br>100.0 | 329<br>100.0 | 766<br>100.0 |

表 5 – 17　国家意识（行为倾向）与全球意识（认知）的关系

| 类　别 | Value | Asymp. Std. Error（a） | Approx. T（b） | Approx. Sig. |
| --- | --- | --- | --- | --- |
| Gamma | .351 | .048 | 7.130 | .000 |
| N of Valid Cases | 766 | | | |

（2）国家意识（行为倾向）与全球意识（情感）的关系分析

中学生的国家意识（行为倾向）与全球意识（情感）的正相关程度不高（伽玛系数：0.221，显著水平：0.000）（见表 5 – 19）。中学生全球意识表现在情感方面，除了具有初步的世界公民意识外，还表现在他们认同的多元上。他们对"我既爱自己的祖国，又喜欢其他的国家"持赞成和比较赞成态度的占 69.0%。而这种情感并没有消解中学生的爱国意识。

表 5 - 18　国家意识（行为倾向）与全球意识（情感）的关系

单位：人，%

| 类　别 | | 民族国家意识_行为倾向 | | | 总　计 |
|---|---|---|---|---|---|
| | | 低 | 中 | 高 | |
| 全球意识_情感 | 低 | 68 | 61 | 66 | 195 |
| | | 36.6 | 25.4 | 19.2 | 25.3 |
| | 中 | 88 | 137 | 195 | 420 |
| | | 47.3 | 57.1 | 56.7 | 54.5 |
| | 高 | 30 | 42 | 83 | 155 |
| | | 16.1 | 17.5 | 24.1 | 20.1 |
| 总　计 | | 186 | 240 | 344 | 770 |
| | | 100.0 | 100.0 | 100.0 | 100.0 |

表 5 - 19　国家意识（行为倾向）与全球意识（情感）的关系

| 类　别 | Value | Asymp. Std. Error（a） | Approx. T（b） | Approx. Sig. |
|---|---|---|---|---|
| Gamma | 0.221 | 0.052 | 4.216 | 0.000 |
| N of Valid Cases | 770 | | | |

（3）国家意识（行为倾向）与全球意识（行为倾向）的关系分析

国家意识（行为倾向）与全球意识（行为倾向）的程度以及它们之间的关系在数据分析中得出的结果是最为特殊的。

国家意识（行为倾向）的程度相对于全球意识（行为倾向）的程度要低（见表 5 - 22、表 5 - 23）。而它们之间的正相关程度在 9 组关系中却是最高的。关于这一点，我们认为可以从个人利益、国家利益和全球利益三者之间的关系来解释。说个人利益也不是很确切，对于现在的中学生来说，他们比较看重个人价值的实现，同时也肯定国家利益的重要性。可以说，他们表现得更务实，不会冲动地说"我愿意为国家献出自己的一切"，而是说"有限的贡献，但仍为国家着想""根据自己的情况做出选择""尽力做些事"，等等。所以在爱国行为倾向方面他们的选择和回答比较多样化。

在国家利益和全球利益的权衡上，中学生表现得比较理性化，在两者利益没有明显冲突的情况下，他们更倾向于后者，有 83.4% 的人认为"地球只有一个，全人类的可持续发展才是最好的选择"。

通过调查我们发现，城市中学生已经具备了基本的全球政治参与意愿。在这方面，我们给出一个假设，"联合国秘书长的选举在网上进行公开投票"，愿意参与的学生占 73.6%，参加的原因选项中占比例最高的是"想投出正义的一票"。中学生这种积极的政治参与意愿说明，他们对类似于联合国的超国家组织有了一定的认同。因而中学生的认同是向多元的趋势发展，但是民族国家的认同仍占据最重要的地位。

还有一点需要说明的是，虽然中学生的爱国行为倾向的程度相对较低，但是在特定的领域却表现得相当活跃，即与体育活动相关的方面。在问及"你认为自己能为北京成功举办奥运会做些什么"时，选择相关正面选项（如"从自身做起，维护首都形象""想成为奥运志愿者"）的占 82.3%。这也体现了中学生在体育领域的民族国家认同更加强烈，也许是由于这个领域的竞争是公开的，而且得到了升国旗、奏国歌等象征符号的支持。因此，中学生的民族国家认同和爱国行为倾向在不同领域的表达程度会有所不同。

表 5 - 20 中学生国家意识（行为倾向）的程度

单位：人，%

| 类　别 | | 人　数 | 百分比 | 有效百分比 | 累加百分比 |
|---|---|---|---|---|---|
| Valid | 低 | 244 | 22.5 | 27.5 | 27.5 |
| | 中 | 267 | 24.7 | 30.1 | 57.6 |
| | 高 | 376 | 34.7 | 42.4 | 100.0 |
| | Total | 887 | 81.9 | 100.0 | |
| Missing | System | 196 | 18.1 | | |
| Total | | 1083 | 100.0 | | |

表 5 - 21 中学生全球意识（行为倾向）的程度

单位：人，%

| 类　别 | | 人　数 | 百分比 | 有效百分比 | 累加百分比 |
|---|---|---|---|---|---|
| Valid | 低 | 263 | 24.3 | 26.9 | 26.9 |
| | 高 | 713 | 65.8 | 73.1 | 100.0 |
| | Total | 976 | 90.1 | 100.0 | |
| Missing | System | 107 | 9.9 | | |
| Total | | 1083 | 100 | | |

表 5 – 22　国家意识（行为倾向）与全球意识（行为倾向）的关系

单位：人，%

| 类　别 | | 民族国家意识_行为倾向 | | | 总　计 |
| --- | --- | --- | --- | --- | --- |
| | | 低 | 中 | 高 | |
| 全球意识_行为 | 低 | 121<br>53.3 | 66<br>27.0 | 29<br>8.6 | 216<br>26.7 |
| | 高 | 10<br>46.7 | 178<br>73.0 | 310<br>91.4 | 594<br>73.3 |
| 总　计 | | 227<br>100.0 | 244<br>100.0 | 339<br>100.0 | 810<br>100.0 |

表 5 – 23　国家意识（行为倾向）与全球意识（行为倾向）的关系

| 类　别 | Value | Asymp. Std. Error（a） | Approx. T（b） | Approx. Sig. |
| --- | --- | --- | --- | --- |
| Gamma | 0.678 | 0.039 | 12.415 | 0.000 |
| N of Valid Cases | 810 | | | |

# 第五节　结论和讨论

本章主要是把国家意识和全球意识分别量化为认知、情感和行为倾向三个维度来分析它们之间是否相关以及相关程度如何。

首先，本章的第一个理论假设得到了验证。在全球化的影响下，城市中学生的国家意识和全球意识是呈正相关的，国家意识与全球意识是互相促进、相辅相成的。具有理性、向上的国家意识，也会具有开放、包容的全球意识。从整体上说，在全球化多元文化、多元政治价值观的影响下，城市中学生的认知整合能力普遍有所提高，他们并不是一味地接受，而是有批判地思考，有目的地接受，从而形成了比较积极健康的政治心理。当然，其中也不乏偏激的、狭隘的思想意识，这就需要通过各方面的努力来进行正确的引导。

关于第二个假设，本章的分析结果却有所不同。通过比较，发现北京中学生和郑州中学生的国家意识程度和全球意识程度只是在部分指标上有所差别（全球认知），而总体程度则趋于一致。我们认为，原因在于本文所选的两个样本框都是中心城市，而且衡量全球化的指标过于单一。事实上，最能显现全球化程度的指标是信息的流动性和开放性，而考虑到这一指标难以量化，我们就选择了有具体数据的外商投资额，但这一指标所反映的全球化程度是有限的。鉴于这种实际情况，我们对整个学生样本的全球意识和国家意识关系作了相关分析，并得出了第一个假设。

其次，问卷调查的结果表明，有一部分青少年的国家意识程度偏低，还有一部分青少年的国家意识缺乏理性。同时，传统的国家意识正在遭受全球化的强烈冲击，我们应当根据新的形势和要求，及时调整对公民进行政治教育的方式，改善政治社会化途径，培养和强化适应新时代要求的国家意识。培养与全球化要求相适应的政治认同，与青少年心理特点相适应的国家意识，尤其要注意以下几点：一是，充分吸收普遍的人类价值，将其融入传统的政治价值之中，成为我国政治文化的有机组成部分。二是，提倡开放、理性的爱国主义。这种爱国主义当然也是建立在国家利益的基础之上，但是，国家利益与公民的个体利益以及人类的普遍利益并不是绝对对立的，从根本上说，它们应当是可以并存的，是统一的。所以，热爱国家并不必然排斥追求正当的个人利益和超国家的人类利益，可以引导青少年在这三者之间寻求一种平衡。三是，要引导青少年把国家认同的重点，首先放在民族国家的政治价值、法律体制、传统文化和根本利益上来。

再次，本研究的结果与以往的一些研究结果既有相同之处，也有相异之处。房宁认为，在理性层次上，由于受到"全球化"或"世界主义"的话语和理念的影响，低年龄青年的爱国情感在逻辑上是相当矛盾的，而且有减弱的趋势。这一点在我们对爱国情感的测量上得到了部分验证。情感的矛盾是存在的，但笔者基于对问卷的定量和定性分析，认为中学生的爱国情感并没有减弱的趋势。俞可平认为，全球性认同目前还没有一个有效的实体，但在一些领域存在着发展的积极趋势。本研究发现，城市中学生的全球性认同正在朝着这个方向发展，除了最重要的民族国家认同，他们对于联合国等超国家主体的认同也是积极的。

另外，本次研究只涉及国家意识和全球意识两个核心概念的关系分析，而没有把可能影响中学生国家意识和全球意识的影响因素放进来。实际上，我们在阅读相关文献时，已总结出三个主要的影响因素：社会化因素、批判思维因素（critical thinking）和个人全球联系因素（personal global connection）。研究的问卷中也有所体现，但是由于把所有的变量和因素都考虑进来进行统计分析有一定的难度，我们只能把重点放在核心变量的关系上。我们认为，这三种主要的影响因素是非常值得研究的，尤其是批判思维因素和个人全球联系因素对两个主要变量的影响程度如何是一个有待于今后做进一步观察和研究的问题。已有分析表明前者与国家意识的相关程度很高，而后者与国家意识的关系，还没有得出一个比较信服的结论。

归纳上述结论，本研究认为，我国的城市中学生已经形成了一种新型的国家意识，即理性、积极的国家意识与开放的全球意识在较高层次上的整合。这种新型的意识既是对传统爱国主义的扬弃，也是对全球主义批判性的吸收。

# 第六章 青少年国家态度与全球态度的关系

## ——来自北京和郑州青少年研究的证据

本研究利用 2007 年在北京和郑州两座城市针对 1082 名青少年所做的一项随机抽样调查数据，对国家态度和全球态度的结构及其关系进行了定量分析。根据探索性、验证性因素分析的结果，我们验证了国家态度的三个子成分——一般自豪感、国家优越感和国家责任感，全球态度的三个子成分——接纳外来文化、无冲突时态度和有冲突时态度。方差分析结果表明，家庭社会经济地位（SES）并不会影响青少年的国家态度，但对全球态度有显著影响，SES 越高，青少年的全球态度越积极。结构方程模型分析的结果表明，国家态度对全球态度的关系是复杂的：一般自豪感和国家责任感对全球的态度有一定的积极影响力，越自豪者越在乎全球和人类生存利益，在遇到非实质性冲突时也越能够表现出豁达和大度的风范，国家责任感强者也能更多地关心人类的共同利益；而带有非批判性特色的国家优越感会对全球态度产生消极的影响，优越感越强，就越可能不同情"人类"，即使在遇到非实质性的冲突时也会表现出较狭隘倾向。

作为目前国际社会最大的合法群体，国家对于每个成员的重要性是不言而喻的。成员对于其法定的归属国的认同、投入、爱，对于一个国家的内部凝聚力、和平和稳定的意义早就为很多研究者所关注。事实上，对国家的认知、情感和态度、行为的一致性对于每个个体的自我统一性的建构和幸福感的保持等也有着至关重要的作用。很难想象，如果强迫一个在心理上并不认可国家做法的人对国家投入情感甚至为共同的事业奋斗，那将不仅仅会带来消极的应对和低劣的凝聚，而且将会造成可能的反抗和抵触情绪。尤其是在青少年时期，他们尚处在世界观和价值观的形成阶段，如果在不能深入了解情况的前提下进行教育，势必会带来价值观发展的严重障碍。

此外，随着国际化、全球化的来临，"地球村""全球一体化"、"共同体"等概念越来越深入人心，国际间的交流与合作也日益紧密。这种紧密的关系已经通过人们行动的各个角度渗透到他们的生活中。人既是国家公民也是世界一员的说法也渐渐深入人心。那么，受影响最大的城市地区是否也会在这些思潮的影响下改变自己爱国或爱世界的观念呢？是否能够如以往的人们一样保持对祖国的深厚感情而排斥别国或者别国人？还是如全球化所带来的世界一体化的趋势一样，因为爱国而更加爱别国或者别国人呢？

本文利用的是 2007 年在北京和郑州两座城市针对 1082 名青少年所做的一项大型调查的数据。本章拟探讨以下三个问题：（1）我国青少年究竟有何种国家态度？（2）家长的一系列的特征是否会影响青少年的国家态度？（3）国家态度对全球态度是否会有影响？为了解决这三个问题，还要先明确界定国家态度及全球态度的内涵及其结构。

在结构安排上，本章首先要辨析目前存在的关于国家态度及其相近概念，以及对概念的测量。然后，根据已有的模型理论确定国家态度的完整测验及其结构。并利用统计方法确定影响国家态度的可能的家庭因素。接着，探讨国家态度与全球态度之间的关系。最后，在上述研究的基础上，对结果进行相应的综合分析，讨论其对于爱国主义教育、全球意识教育等相关政策制定及全球化发展的意义和启发。

## 第一节　文献回顾与研究设计

### 一　国家态度内涵：爱国主义 & 国家主义

国家态度（national attitude）是由 Fairbrother（2003）提出的。用于指代一种能够包括爱国主义和国家主义在内的所有与国家有关的认同、感情依附以及责任行为（Fairbrother，2003）。也可以说，国家态度是一个包含了爱国主义、国家主义在内指代所有与国家相关感情和态度行为的综合概念。其中包含了两个重要的构成成分——爱国主义成分、国家主义成分。

### 1. 爱国主义成分

很多研究者都给出了爱国主义的定义。列宁曾深刻地指出，"爱国主义（patriotism）就是千百年来巩固起来的对自己祖国的一种最深厚的感情"（后改译为，是由于千百年来各自的祖国彼此隔绝而形成的一种极为深厚的感情）（钱可威，2007）。也即，将爱国主义看成一种最深厚的感情。这不难看出，在他的意识中，爱国主义这种情感的强烈程度远远超过了其他的所有情感。中外学者对爱国主义的界定也都无一例外地提到了情感依附（emotional attachment）（Raijman，2008）。

但也有观点指出，爱国主义并不仅仅包含对国家的情感，还有其他成分。例如，房宁等指出，爱国主义思想意识的核心是对国家、民族的政治认同和情感皈依（房宁、王炳权、马利军，2002）。也即，爱国主义概念所包含的似乎并不只有情感依附这一部分，还有对于国家、民族、政治等认知层面的成分。有的研究者还进一步将爱国主义定义为，将关心和维护祖国利益、推动祖国进步作为最高职责的思想观点和行动准则（房宁、王炳权、马利军，2002），即将其看成因对国家的爱而生成的行动准则。爱国似乎是一个包含了情感、认识及其衍生的行动准则的综合体。正如Nathanson教授所总结的：爱国主义必须具备四个条件，（1）对自己国家特殊的爱。（2）对作为某一国家的个人身份证明的认同感。（3）对国家福祉的特别关注。（4）为促进国家的利益愿意作出牺牲（Nathanson，S. Patriotism，Morality，Peace，1993）。爱国主义的内涵包括爱、认同以及由此产生的关注和责任感，可能还包括行为实践本身（陈锡敏，2006）。

尽管我们澄清了爱国主义可能包含的内容，但事实上，爱国主义的研究总是会混淆着很多术语、定义以及很多结果性质的变量，比如，国家主义、国家忠诚、对国家象征物的爱，各种具体的对国家优越性的信赖等（Huddy & Khatib，2006）。这些变量通常并不在一个维度上。为了澄清这些混淆，我们有必要对国家主义进行定义并对爱国主义和国家主义的差异予以澄清。

### 2. 国家主义成分

研究者（Coenders，Scheepers，1999）曾经证明，国家主义（nationalism）可以区分为两个维度——沙文主义（chauvinism）和爱国主义（patriotism）。沙文主义是指，认为自己的民族和国家是独一无二的、更优越的

（Coenders，Scheepers，1999）。这样的一种眼光朝下的对比，是和一种对自己国家和人民的盲目的、非批判性的感情联系在一起的。而爱国主义的意思是，对本国国民和国家的爱和自豪（the love for and pride in one's people and country），是一种基于批判性理解的情感（Coenders，Scheepers，2003）。但也有研究并不把国家主义当成爱国主义的上位概念，相反将国家主义看成是爱国主义的一种子类型。例如，Adorno 等（1950）将优越性感觉和对一个国家的盲目情感联系合并起来，将其命名为"虚假爱国主义"（pseudo - patriotism），认为这是一种"盲目的个人同某个国家文化价值的联系，非批判性地与优势组保持观点的一致，并拒绝其他国家或民族，将他们当成组外人"的爱国，是与"真正的爱国主义"相对立的（Schatz，R.，Staub，E.，Lavine，1999）。也即，将爱国主义分为两个部分：一种是真正的爱国主义，一种是虚假的爱国主义。

由上述对两个概念的分析中不难看出，两个概念你中有我，我中有你。为了澄清概念，研究者（Schatz，Lavine，1999）避开上位与否的争论，列举了国家主义、盲目爱国主义（blind patriotism）、建设性爱国主义（constructive patriotism）三分法。其中，国家主义是指，一种国家优越性的感觉以及对国家占绝对统治地位的支持。盲目爱国主义是指，一种坚持的、死板的对国家的感情联系。表现为并不会去质疑所有积极的评价，绝对忠诚的拥护，不能容忍批评。建设性爱国主义，也是一种对国家的感情联系，表现为会给国家提出能够带来积极改变的支持、质疑、批评（Staub，1997）。后来的研究者认为，国家主义总是带有比较色彩的，而无论盲目还是建设的爱国主义是不需要比较的（Coenders，2003）。我们认为区分二者的关键特征是是否有比较。带有内隐的比较特色的表述均为国家主义，而没有比较特色的一般性的爱国主义即为一般爱国主义，而带有具体内容评价式的爱国主义则是建设性的爱国主义。由上述分析中不难看出，爱国主义成分可能涉及认同、情感、责任感行为准则或者由此形成的整个的行为实践。我们界定的爱国主义包括一般自豪感和责任感部分，并不涉及不同国家之间比较的部分。国家主义成分则是那些涉及国家之间比较的部分。国家态度是国家主义和爱国主义成分的整合。

## 二 全球态度及其与国家态度关系研究

### 1. 全球态度

全球态度，指的是对地球上的其他国家、国家的人民以及文化所拥有的态度。在一定程度上是指一种具有全球眼光的意识，即全球意识。所谓全球意识，又称世界意识或者国际意识，它是以全球的视野观察、认识、理解世界，以辩证唯物主义和历史唯物主义的观点去分析人类的过去、现状和未来，并在此基础上形成关于人类共同命运、本国在世界中的地位和作用以及个人对人类、民族、国家的权利和义务的意识。从静态来讲，全球意识是一种认识活动。从动态来讲，全球意识又是一种思维方式、思维过程（熊东萍、苏华，2005）。亦即，能否以人类为利益思考的起点，关注重点放在人类的共同命运上。具体的可以包括：人类整体，人类生存，人类国际和平以及人类共同发展这四个领域（张健，2004）。我们认为，从这个角度讨论的对全球的态度更多的是一种以内容为基础的考虑，可能涉及一些关系到人类生存相关问题，比如，文化的融合、战争与和平等问题。还会涉及与人的进一步发展相关的问题，环境的保护和在灾难面前的互助等。全球意识是在全球化的背景下发展起来的，带有强烈的后现代的成分，是一种能够自觉超越狭隘阶级、民族、国家界限的意识。它是后现代思潮的产物。后现代全球意识强调，面对当今的严峻形势，应该从全人类和全球的角度出发考虑问题，在充分尊重差异的同时，努力形成人类共同的认识、价值和实践（王治河，1998）。

在对上述研究整合的基础上，我们将从三个维度界定全球态度——对文化的接纳、无冲突时态度，以及对人类的同情、在高冲突时态度。其中对文化的接纳要测量的核心内容是是否接纳西方的饮食或宗教文化（例如，饮食和节日）。无冲突时对人类的同情则将重点放在是否接纳"人类是公平的，也是无罪"这一观点。同情并愿意帮助非本国的受苦之人。在高利益冲突时态度的抉择则更多的是在面对国家与其他国家的冲突时会做出选祖国还是他国的决定。无论三个维度中的哪一种其核心要素均是是否有对全球的接纳。

### 2. 国家态度与全球态度的关系研究

接纳是同仇外（Xenophobia）以及反其他国家（antiforeign）相反的概

念，更大程度的排斥就意味着更少的接纳。这是同一个事物的两面。目前对于接纳的研究很多是从仇外、排外的角度探讨的。

究竟是何种因素导致了仇恨以及反他国的态度和情感的形成？有的研究者认为，经济地位是导致反他国态度形成的关键原因。例如，Castles 和 Kosack（1985）的研究认为，无论是对他国人的偏见、歧视均源自于社会和经济兴趣，并认为只有社会和经济条件的改善才能去除偏见、对立、歧视等（Stephen，Kosack，1985）。Legge Jr（1996）认为，存在仇外、对立和反国家特质的人群之间都存在着政治或者经济的竞争关系。"权利"的得失将直接影响人们对竞争对象的仇恨的强弱。而与上述"权利论"相反的是"抽象认同论"（symbolic theory）。他们认为，人群间对立仇恨并非源自权利竞争，而是个体头脑中对于国家、民族等的抽象的理解，亦即国家认同。国家认同的程度越高，对他国的仇恨或反他国的力度就会越高，相应的对他国的接纳程度自然也越低。有研究者进行了对比分析后认为，两种说法都有一定的道理，但与实际的经济地位相比，国家认同对反他国的影响更大，其影响力基本达到了前者的数倍（Legge Jr，1996）。

实证研究表明，在认同标准上，持有公民认同标准者，标准越高，仇外越低，相反，持有民族认同标准者，标准越高，仇外越高。在自豪情感上，则有政治自豪感越高，仇外越低，文化自豪感越高，仇外越高的趋势（Hjerm，1998）。最近的一项研究也验证了上述两类自豪情感和仇外的关系，同时，又进一步证实了这种关系不仅在移民仇恨上存在，在对他国或者国际组织的影响上也同样存在（吴鲁平、刘涵慧、王静，2010）。

事实上，不仅是不同类型国家的认同以及在认同基础上产生的自豪感对全球态度有不同影响，爱国主义和国家主义也会成为影响全球态度的重要原因。已有的研究也探讨过爱国情感及国家主义（大国沙文主义）对外国、国际社会及移民的接纳等的影响。例如，Blank 和 Schmidt（2003）对东德和西德的国家态度及其对他国或者少数民族的接纳的影响的研究表明，无论在东德还是西德均有国家主义导致更少的对他国他族的容忍，而爱国主义则带来更多的容忍（Blank，T. Schmidt，2003）。Raijman 等（2008）进一步分析，国家主义较强者总是更倾向于感受来自移民的威胁，从而影响其对合法公民资格的看法（Raijman，R. Davidov，E. Schmidt，P. Hochman，2008）。不难看出，这些对于全球态度的研究重点都在对移民的态度上。尽管这些研究并非使用同一批数据，对国家主义、爱国主义以及排斥的操作定义也并不完全一致，但都在一定程度上看到了爱国主义和国家主义（大国沙文主义）在对外国人或者外族人态度影响上的差异。

由上述研究的分析，我们可以发现已有的关于国家态度和对全球态度之间的关系研究还存在一些问题。（1）接纳他国和仇恨他国的研究包含的内容较复杂，具体关系模糊。接纳既包含了对外国文化等的接纳，也包括了对国际组织等的接纳，或者包括对他国对本国经济渗透的接纳等，维度众多，有必要予以澄清。（2）具体自豪感的研究较丰富，但一般自豪感研究却经常为研究者所回避。我们认为，这可能是因为其本身所具有的概括性和非批判性倾向，也许会给全球态度带来负面影响，因此研究者更倾向于回避该成分的作用。我们将其提出，并检验其是否会对全球态度有负面影响。（3）爱国主义实质上是一种责任。但责任的成分却总是被忽视，事实上，责任感是国家态度中的一个重要成分，是在认同并信奉国家规范的基础上产生了较高的规范学习水平，它对于全球态度的预测作用是不难预期的。因此，我们也打算将此成分考虑在内。因此，本研究拟通过探索和验证性因素分析的办法，获得关于国家态度和对全球态度的结构，并通过结构方程模型探索拥有高的国家意识可能会对全球态度的哪些维度带来正面或负向的影响。

相对以往研究，本研究尝试做四点改进：（1）结构化全球态度。以标准的探索和验证分析划分出全球态度的结构。（2）将对非移民的态度引入全球态度的分析中，以弥补以往研究重视移民分析不重非移民的其他国家分析的缺点。（3）完善国家态度的维度。将责任感维度纳入国家态度中。（4）建立国家态度的各个子维度同全球态度各个子维度之间的对应关系的结构方程模型，在一个整体范畴内发现二者之间的具体因果关系。

本研究确定的调查对象是城市中学生，研究的主要内容是国家态度和全球态度的关系。为了凸显全球化的影响，我们选取了北京和郑州2个中心城市，根据全球化程度的四个指标——国际旅游人数、外商直接投资、上网人数、信息流动性与开放性（美国《外交政策》评论《如何衡量全球化》），在中学生中开展了问卷调查。

## 第二节　青少年国家态度结构及其影响因素分析

### 一　国家态度测验项目及结构分析

根据上文对国家态度、相关概念定义和维度的分析，以及设计问卷时对问卷维度的理论假设，我们确立了 13 个题目测量国家态度。选取 30% 的数据进行探索性因素分析后发现了国家态度可以分为 3 个部分——一般自豪感、国家优越感和国家责任感（见表 6-1）。其中，将"当我听到中国的国歌在奥运会上奏响时，我感到非常高兴""作为一名中国人我感到非常自豪""我热爱我的祖国""中国自改革开放以来取得了巨大成就，我感到非常自豪"4 个项目聚在一起。该维度代表了一种较为理性的对国家的情分（Fairbrother，2003）。由于其题目所涉及的更多的是理性的、凝聚着情感的"一般自豪感"，因此，我们将其定义为"一般自豪感"。而"如果国家遇到困难和危险时，你会怎么做？""如果国家遭到外来入侵，你是否愿意参军？""路过某处正在升国旗、奏国歌，你会怎么做？""学校每周举行升国旗仪式时，你有什么样的感觉或想法？""作为一名中国人，为了祖国可以献出我自己的生命""我愿为实现中华民族的伟大复兴作出自己的贡献""我愿意为实现祖国的理想而努力奋斗"7 个项目聚在一起。其中"国旗"相关的两个项目"遇到困难或入侵"相关的两个题目无论在理论分析还是实际数据运算的结果均表明相关过高，影响模型的稳定性，因此我们求两个题目的平均数作为一个项目。根据 Fairbrother（2003）的分析将其定义为国家责任感（Fairbrother，2003）。而"中华文明博大精深无与伦比""我对中国人的印象很好""中国是世界上最伟大的国家"、"与世界上的其他民族相比，中华民族是一个非常团结的民族"4 个项目属于同一个因子。这些带有国家间对比性质的题目代表了一种国家主义成分（Fairbrother，2003），由于其核心要义为带有对比色彩的国家优越感，因此我们将其定义为"国家优越感"。其中，"中华文明博大精深，无与伦比"项在一般自豪感上的负荷也较大，但在理论上，我们认为该题目更多属于国家优越感维度。

我们以此结构为基础，进行验证性因素分析。得到如图 6 - 1 所示的模型载荷图（见表 6 - 3）。

表 6 - 3 中所列出的是模型拟合的各项指标。一般 RMSEA 低于 0.1 表示好的拟合，低于 0.05 属于非常好的拟合，我们的 RMSEA 等于 0.061，比较好；CFI 在 0 到 1 之间，大于 0.9（越大越好），所拟合的模型是一个好模型。$X^2/df$ 的值在 2~5 之间时，属可以接受模型，我们的模型值为 3.743，应为可以接受的模型，GFI 也应大于或等于 0.90，同样的 TLI 也应当在 0~1 之间，越接近 1 表示模型拟合度越好（侯杰泰、温忠琳、成子娟，2004），本研究的这两个指标也在理想范围内，证明这个结构是合理的。

## 二 国家态度影响因素分析

由于本研究所选择的研究对象均是中学生群体，我们重点考察家庭环境对他们的态度的影响。对不同性别、父母受教育水平、父母职业以及是否有过出国和浏览外网经历者的国家态度进行分析，如表 6 - 3 所示，结果表明，国家态度得分平均分为 5（换算为标准分数后转换为平均数为 5 的标准分数），处于较高水平（相对于最高分 6.38 分而言），具有较高的国家态度分数。也就是说，城市青少年可以对国家具有很积极的态度。

**表 6 - 1　国家态度测量的探索性因素分析结果**

| 题　号 | 题　目 | 成　分 | | |
| --- | --- | --- | --- | --- |
| | | 一般自豪感 | 国家优越感 | 国家责任感 |
| 39_04 | 当我听到中国的国歌在奥运会上奏响时，我感到非常高兴 | 0.741 | | |
| 39_05 | 作为一名中国人我感到非常自豪 | 0.683 | | |
| 39_01 | 我热爱我的祖国 | 0.651 | | |
| 39_03 | 中国自改革开放以来取得了巨大成就，我感到非常自豪 | 0.649 | | |
| 39_14 | 中华文明博大精深，无与伦比 | | 0.486 | |
| 39_11 | 我对中国人的印象很好 | | 0.788 | |
| 39_13 | 中国是世界上最伟大的国家 | | 0.775 | |

续表

| 题 号 | 题 目 | 成 分 | | |
|---|---|---|---|---|
| | | 一般自豪感 | 国家优越感 | 国家责任感 |
| 39_12 | 与世界上的其他民族相比，中华民族是一个非常团结的民族 | | 0.753 | |
| 156 | 15 如果国家遇到困难和危险时，你会怎么做？<br>16 如果国家遭到外来入侵，你是否愿意参军？ | | | 0.701 |
| 123 | 12 路过某处正在升国旗、奏国歌，你会怎么做？<br>13 学校每周举行升国旗仪式时，你有什么样的感觉或想法？ | | | 0.664 |
| 39_06 | 作为一名中国人，为了祖国可以献出我自己的生命 | | | 0.652 |
| 39_08 | 我愿为实现中华民族的伟大复兴做出自己的贡献 | | | 0.607 |
| 39_07 | 我愿意为实现祖国的理想而努力奋斗 | | | 0.595 |

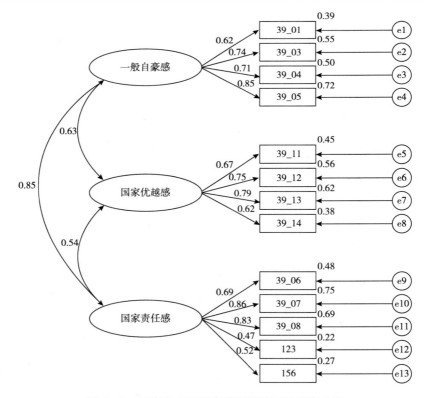

图 6-1 国家态度三因素模型的验证性因素分析

表 6 – 2 国家态度三因素模型的拟合指标

| $X^2$ | $df$ | $P$ | $X^2/df$ | $GFI$ | $TLI$ | $RMSEA$ | $CFI$ |
|---|---|---|---|---|---|---|---|
| 232.093 | 62 | 0.000 | 3.743 | 0.954 | 0.948 | 0.061 | 0.959 |

同时，不难看出，无论性别、父母受教育水平、父母职业水平，以及是否出国和浏览外网，收入水平对国家态度的影响均是不显著的。

值得注意的是，以往的研究曾经表明，教育程度越低者对国家科学技术、体育以及经济感到自豪的程度越高（Evans，M. D. R.，Kelley，2003），低水平的教育与高的"一般国家自豪感"有很强的正相关（Smith，T. W. & Kim，2006）。但本研究并没有发现不同学历程度家庭中成长的青少年的国家自豪感的差异。我们认为，一方面，可能是青少年并不会简单模仿家长的自豪感或者认同标准等，而是要经过自己的理性认识和经历的验证等。另一方面，是我国的青少年接受国家自豪感教育的途径多样，学校教育在其中也许起到了至关重要的作用。因而家庭的作用也就相对没有那么显著了。

## 第三节　青少年全球态度结构及其影响因素分析

### 一　全球态度测验项目及结构分析

根据以往研究的分析，不难看出，无论是用移民的潜在威胁（Raij-man，R. Davidov，E. Schmidt，P. Hochman，2008），还是对于合法公民的判断标准（Raijman，R. Davidov，E. Schmidt，P. Hochman，2008），抑或是对他国人或文化可能带来的影响（吴鲁平、刘涵慧、王静，2010），以及自己对一些移民相关政策的态度（Kunovich，2009）等，都是在用不同的指标描绘对移民、外国人和外国文化的拒斥度或者接受度。根据已有研究对全球态度以及相关概念定义和维度的分析，同时根据我国现阶段的实际状况，我们将重点放在对外国人和文化的接纳态度而非对移民的态度上。我们选择出 8 个题目测查全球态度，选取 30% 的数据进行探索性因素分析，分析后发现全球态度可以分为 3 个部分——接纳外来文化、无冲突时态度、高冲突时的态度（见表 6 – 4）。

表 6-3　不同群体在国家态度量表上得分比较

| 类别 | | 一般自豪感 | | | 国家优越感 | | | 国家责任感 | | | 总　体 | | |
|---|---|---|---|---|---|---|---|---|---|---|---|---|---|
| | | F | M | SD | F | M | SD | F | M | SD | F | M | SD |
| 性别 | 男 | 5.03 | 0.81 | 0.80 | 5.00 | 0.79 | 0 | 5.07 | 0.68 | 8.82** | 5.03 | 0.64 | 2.182 |
| | 女 | 4.98 | 0.82 | | 5.00 | 0.77 | | 4.94 | 0.73 | | 4.98 | 0.66 | |
| 受教育水平父亲 | 低学历 | 4.98 | 0.81 | 1.10 | 5.07 | 0.76 | 1.43 | 4.96 | 0.75 | 2.07 | 5.00 | 0.64 | 0.485 |
| | 中学历 | 4.97 | 0.84 | | 4.99 | 0.79 | | 4.97 | 0.72 | | 4.98 | 0.68 | |
| | 高学历 | 5.05 | 0.79 | | 4.97 | 0.78 | | 5.06 | 0.69 | | 5.03 | 0.64 | |
| 受教育水平母亲 | 低学历 | 4.96 | 0.84 | 1.35 | 5.00 | 0.74 | 0.01 | 4.99 | 0.72 | 2.60 | 4.98 | 0.64 | 1.011 |
| | 中学历 | 5.01 | 0.83 | | 5.00 | 0.83 | | 4.95 | 0.77 | | 4.98 | 0.70 | |
| | 高学历 | 5.06 | 0.73 | | 5.00 | 0.75 | | 5.07 | 0.63 | | 5.04 | 0.58 | |
| 职业水平父亲 | 其他 | 4.91 | 0.89 | 1.53 | 4.99 | 0.81 | 0.38 | 4.96 | 0.76 | 0.75 | 4.95 | 0.69 | 0.75 |
| | 钱主位 | 5.02 | 0.76 | | 5.04 | 0.76 | | 4.99 | 0.69 | | 5.02 | 0.61 | |
| | 知主位 | 5.02 | 0.85 | | 4.97 | 0.79 | | 5.01 | 0.71 | | 5.02 | 0.68 | |
| | 权主位 | 5.08 | 0.71 | | 5.00 | 0.79 | | 5.07 | 0.66 | | 5.05 | 0.58 | |
| 职业水平母亲 | 其他 | 5.00 | 0.83 | 0.70 | 5.01 | 0.77 | 2.36* | 4.98 | 0.75 | 0.74 | 4.99 | 0.66 | 1.268 |
| | 钱主位 | 5.07 | 0.71 | | 5.11 | 0.73 | | 5.04 | 0.67 | | 5.07 | 0.58 | |
| | 知主位 | 5.01 | 0.78 | | 4.93 | 0.79 | | 5.02 | 0.69 | | 4.99 | 0.63 | |
| | 权主位 | 5.12 | 0.80 | | 5.06 | 0.79 | | 5.10 | 0.65 | | 5.09 | 0.63 | |
| 上外网 | 有 | 5.04 | 0.79 | 2.48 | 5.00 | 0.81 | 0.01 | 5.05 | 0.69 | 5.91* | 5.03 | 0.66 | 2.272 |
| | 无 | 4.96 | 0.83 | | 5.00 | 0.76 | | 4.95 | 0.73 | | 4.97 | 0.65 | |
| 出国经历 | 有 | 5.03 | 0.84 | 1.05 | 4.96 | 0.83 | 2.33 | 5.01 | 0.73 | 0.30 | 5.00 | 0.68 | 0.003 |
| | 没有 | 4.98 | 0.80 | | 5.03 | 0.74 | | 4.99 | 0.71 | | 5.00 | 0.63 | |
| 收入水平 | 低收入 | 4.96 | 0.85 | 1.58 | 5.02 | 0.78 | 0.54 | 4.96 | 0.74 | 2.03 | 4.98 | 0.68 | 1.11 |
| | 中收入 | 5.02 | 0.79 | | 4.98 | 0.77 | | 5.02 | 0.69 | | 5.01 | 0.63 | |
| | 高收入 | 5.08 | 0.70 | | 5.04 | 0.80 | | 5.08 | 0.68 | | 5.07 | 0.57 | |
| 总　计 | | 5.00 | 0.81 | | 5.01 | 0.78 | | 5.00 | 0.72 | | 5.00 | 0.65 | |

其中，"吃麦当劳、肯德基在我的生活中是经常的事""你多长时间吃一次麦当劳或肯德基""现在在中国过圣诞节很热闹，你的感觉是""在圣诞节时，你会收到家人或同学的礼物吗？"4 个项目聚在一起。我们认为，该维度代表了一种对外来文化的接纳。因此，我们将

其定义为"接纳外来文化"。"你对'9·11'事件有什么看法？""你对俄罗斯人质事件有什么看法"2个项目聚在一起。我们认为上述题目是在无冲突时对于人类的同情，是由于人性带来的善良意愿，这与下文中有冲突时的反应刚好相反，因此我们在此处将其界定为"无冲突时态度"。而"中国签字表示愿为全球生态环境负更多的责任，你的看法""有事情对中国发展有利却会损害他国或全人类利益"2个项目属于同一个因子。我们认为这些是在高利益冲突时的人们对于他国、地球、他国人等的态度。

因此，我们以此结构为基础，进行验证性因素分析，得到如图6-2所示的模型以及模型的拟合指标（见表6-5）。

表6-4　全球态度测量的探索性因素分析结果

| 题　号 | 题　目 | 成　分 | | |
| --- | --- | --- | --- | --- |
| | | 接纳外来文化 | 无冲突时态度 | 高冲突时态度 |
| 39_33 | 吃麦当劳、肯德基在我的生活中是经常的事 | 0.738 | | |
| 27 | 你多长时间吃一次麦当劳或肯德基 | 0.737 | | |
| 24 | 现在在中国过圣诞节很热闹，你的感觉是 | 0.638 | | |
| 25 | 在圣诞节时，你会收到家人或同学的礼物吗 | 0.467 | | |
| 18 | 你对"9·11"事件有什么看法 | | 0.809 | |
| 19 | 你对俄罗斯人质事件有什么看法 | | 0.746 | |
| 23 | 中国签字表示愿为全球生态环境负更多的责任，你的看法 | | | 0.832 |
| 17 | 有事情对中国发展有利却会损害他国或全人类利益 | | | 0.673 |

表6-5　全球态度三因素模型的拟合指标

| $X^2$ | df | P | $X^2/df$ | GFI | TLI | RMSEA | CFI |
| --- | --- | --- | --- | --- | --- | --- | --- |
| 78.758 | 17 | 0.000 | 4.633 | 0.975 | 0.807 | 0.070 | 0.883 |

## 二　全球态度影响因素分析

我们仍然重点考察家庭条件对青少年的全球态度的影响。结果如表6-6所示。家长的学历越高，职业所处的等级越高，孩子就越容易有更积

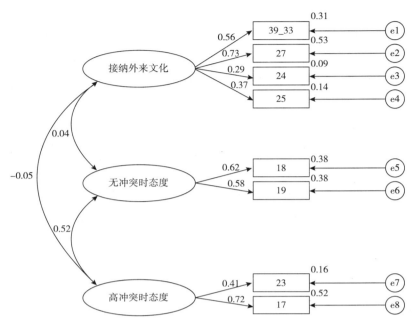

**图 6 - 2　全球态度三因素模型的验证性因素分析**

极的全球态度。家庭收入水平也存在着对全球态度的积极的影响。不难理解，这三个变量之间存在一定的正相关。高学历者往往能获得更高的收入和高水平的职位，同样，高水平的职位也会带来更高的收入，而高收入岗位一般也只会为那些高学历者所获得。此外，有登录外国网站的青少年也会有更积极的全球态度。

**表 6 - 6　不同群体全球态度量表上得分比较**

| 类　　别 | | 全球态度 | | | | | | | | | | |
|---|---|---|---|---|---|---|---|---|---|---|---|---|
| | | 接纳外来文化 | | | 无冲突时态度 | | | 高冲突时态度 | | | 总　　体 | | |
| | | F | M | SD | F | M | SD | F | M | SD | F | M | SD |
| 性　别 | 男 | 4.87 | 0.67 | 40.06** | 4.96 | 0.84 | 2.73* | 4.91 | 0.88 | 12.35* | 4.91 | 0.51 | 33.63** |
| | 女 | 5.12 | 0.62 | | 5.04 | 0.80 | | 5.08 | 0.71 | | 5.08 | 0.44 | |
| 受教育水平父亲 | 低学历 | 4.91 | 0.65 | 4.38 | 4.94 | 0.85 | 0.92 | 4.93 | 0.88 | 4.10* | 4.93 | 0.52 | 6.09** |
| | 中学历 | 5.03 | 0.66 | | 5.01 | 0.83 | | 4.96 | 0.84 | | 5.00 | 0.47 | |
| | 高学历 | 5.05 | 0.64 | | 5.03 | 0.81 | | 5.08 | 0.70 | | 5.05 | 0.45 | |

续表

| 类别 | | 接纳外来文化 | | | 无冲突时态度 | | | 高冲突时态度 | | | 总 体 | | |
|---|---|---|---|---|---|---|---|---|---|---|---|---|---|
| | | $F$ | $M$ | $SD$ | $F$ | $M$ | $SD$ | $F$ | $M$ | $SD$ | $F$ | $M$ | $SD$ |
| 受教育水平母亲 | 低学历 | 4.84 | 0.64 | | 4.99 | 0.83 | | 5.00 | 0.81 | | 4.94 | 0.48 | |
| | 中学历 | 5.04 | 0.64 | 14.12** | 4.99 | 0.83 | 0.31 | 4.97 | 0.84 | 1.35 | 5.00 | 0.50 | 5.48** |
| | 高学历 | 5.09 | 0.64 | | 5.04 | 0.82 | | 5.07 | 0.70 | | 5.06 | 0.45 | |
| 职业水平父亲 | 其他 | 4.87 | 0.65 | | 4.93 | 0.88 | | 4.87 | 0.87 | | 4.89 | 0.54 | |
| | 钱主位 | 5.01 | 0.64 | 5.48** | 4.96 | 0.85 | 1.46 | 4.98 | 0.81 | 5.01** | 4.99 | 0.47 | 7.47** |
| | 知主位 | 5.00 | 0.64 | | 5.03 | 0.80 | | 5.12 | 0.70 | | 5.05 | 0.44 | |
| | 权主位 | 5.15 | 0.67 | | 5.09 | 0.82 | | 5.06 | 0.75 | | 5.10 | 0.46 | |
| 职业水平母亲 | 其他 | 4.79 | 0.63 | | 4.97 | 0.82 | | 4.98 | 0.81 | | 4.92 | 0.50 | |
| | 钱主位 | 5.01 | 0.66 | 14.77** | 5.00 | 0.85 | 0.85 | 5.01 | 0.83 | 0.292 | 5.00 | 0.50 | 5.18** |
| | 知主位 | 5.11 | 0.61 | | 5.06 | 0.77 | | 5.04 | 0.81 | | 5.07 | 0.45 | |
| | 权主位 | 5.16 | 0.64 | | 4.94 | 0.94 | | 4.98 | 0.75 | | 5.03 | 0.52 | |
| 上外网 | 有 | 5.09 | 0.65 | 17.98** | 5.03 | 0.80 | 1.13 | 5.01 | 0.80 | 0.05 | 5.04 | 0.47 | 6.95** |
| | 无 | 4.92 | 0.65 | | 4.97 | 0.85 | | 5.00 | 0.80 | | 4.96 | 0.49 | |
| 出国经历 | 有 | 5.13 | 0.65 | 37.63** | 5.01 | 0.82 | 0.14 | 5.06 | 0.71 | 3.88 | 5.06 | 0.71 | 16.33** |
| | 没有 | 4.89 | 0.64 | | 4.99 | 0.83 | | 4.96 | 0.85 | | 4.96 | 0.85 | |
| 收入水平 | 低收入 | 4.86 | 0.63 | | 4.97 | 0.86 | | 4.94 | 0.87 | | 4.92 | 0.50 | |
| | 中收入 | 5.07 | 0.65 | 24.93** | 5.01 | 0.81 | 1.14 | 5.09 | 0.70 | 4.18* | 5.06 | 0.47 | 12.73** |
| | 高收入 | 5.24 | 0.65 | | 5.08 | 0.74 | | 4.98 | 0.80 | | 5.10 | 0.44 | |
| 总 计 | | 5.00 | 0.65 | | 5.00 | 0.70 | | 5.01 | 0.64 | | 5.00 | 0.43 | |

以往的研究表明，受教育水平较高者，对国家认同度较低（Legge Jr，1996），而低的国家认同，将直接带来对他国及国际组织以及对移民等的高接纳（吴鲁平、刘涵慧、王静，2010）。还有实证研究（Raijman，2008）提供了直接的证据（Raijman，R. Davidov，E.，Schmidt，P.，Hochman，2008），即受教育水平越低者国家主义程度越高。也即受教育水平越低者在对本国和他国的利益进行选择时，毫无悬念地站在自己的一方，不带批判地认为自己国家是正确的，是应该得到利益的。这一点在本研究中得到了证实。此外，本结果也暗示，家长的教育水平等不仅可能影响家长自己，也可能对青少年的反应造成影响。

事实上，无论是高学历、优秀的职业等都直接引向一个家庭的权利和地位。亦即我们经常谈到的"社会经济地位"一词，为何家庭社会经济地位越高的孩子全球态度越积极呢？我们认为，可能有以下两种原因：第一，家庭社会经济地位越高，越可能接触更多的外面的世界。无论是出国留学、出外旅游，还是通过网络、电视等先进手段接触世界各地，这样的机会越多，越可能促使他们进行比较。因此接受其他文化的可能性会更大，我们的结果也的确表明，有浏览外网经历者的全球态度更为积极。第二，家庭经济地位越高者往往越具有理性的、批判主义精神。按照科尔伯格的道德发展的阶段，可以认为，这部分青少年至少处在"后世俗阶段"。而这个阶段的人们可以更全面地看到"国家"界限的意义，也能透过国家的利益更多地看全世界的利益。因此，在面对一些人类共同任务时，还能够比较理性地作出判断。

这一结果也折射出，在对全球态度的教育上，学校和社会略显得单薄，青少年对究竟应当建立何种类型的全球态度并不清楚，更多地受到社会和家庭因素的影响。

# 第四节　青少年国家态度与全球态度关系分析

爱国情感、民族主义倾向或者对国家有着强烈责任感和义务感是否会削弱其作为一个世界公民应拥有的爱？是否会影响当祖国与他国冲突时的态度反应呢？国家主义和爱国主义对于全球态度的影响又是否一致呢？

研究结果表明，有歧视他国性质的国家优越感成分，会对无冲突时的态度和高冲突时的态度有负向影响。对无冲突时态度的影响系数 Beta 值为 $-0.089$，$p = 0.272$，对高冲突时态度的影响系数 Beta 值为 $-0.405$，$p = 0.000$。这跟已有研究的结论是基本一致的，尽管在已有研究中，研究者用"如果世界上的人都变成和我国人一样，那世界就美了""一般说来，我国比大多数其他国家都好"两个项目来表示国家主义（Davidov，2009），而本研究用四个表达了有内隐比较性质的国家主义项目，结果是一致的。但值得一提的是，国家优越感与接纳外来文化之间不存在负向关系，前者对后者的影响系数 Beta 值为 0.269，$p = 0.002 < 0.01$。

越认为自己民族或者国家、种族比其他国家、种族更加优秀者，拥有的对全人类的同情心、共情心反而越少。这在一定程度上验证了这个概念的歧视别国、过度自尊，甚至有些自大的倾向性。这种"虚假爱国主义"不仅导致个体盲目地将自己同某个国家的文化价值联系起来，还会拒绝其他国家或民族，将他们当成组外人。且一旦遭遇国际社会和本国利益相冲突的情境，其本身的拒斥便会表现得更加突出。优越感强代表着相信自己的国家和民族是值得他们骄傲的自豪的，是自己的归属，同时强调其他民族不如自己优秀。其根基并不是人道主义的精神，因此，在面临为全球或人类利益需要牺牲自己国家利益时，优越倾向者会觉得为了不优秀的人牺牲是不必要的，因此会更多地选择逃避责任、与别国攀比。

国家优越感之所以能产生负面影响是与三个因素分不开的：第一，唯一属于某一种群体的认同感。正如社会认同理论所提出的，这种认同足以导致对组内人的喜爱和对组外人的诋毁，这也恰恰是优越感的真谛。第二，膨胀的优越感通常会令个人对于来自外部的威胁的理解更负面（Raijman，R. Davidov，E. Schmidt，P. Hochman，2008），这种心理上理解的更大威胁将加重优越感者对待对手的谨慎。第三，当然，不同国家或者群体之间真的有一定的竞争关系也是其中很重要的一环（Raijman，R. Davidov，E. Schmidt，P. Hochman，2008）。无论是没有明显冲突的内隐竞争还是有着高冲突的外显竞争，从实质上讲毕竟还是有着竞争关系。

总的看来，国家优越感得分过高可能会导致青少年不愿担负全球责任，甚至表现出对人情善良本性的冲击。如持这种观念，那么国与国的界限将会隔开了人与人，人群与人群，只有本国的人才是值得爱的、同情的，而他国的人则不值得爱，即使在遭遇到悲惨状况时，他们也不值得同情。这在一定程度上会造成人性的缺失。

值得注意的是，大国沙文主义倾向带来的对全球的排斥中并不包括对他国文化的排斥。相反，国家优越性越强的人还会越倾向于接纳他国文化。这可能是因为，文化看起来似乎并无优劣之别，也可能是接纳文化并不会直接带来明显的对本国优越性的威胁。也有可能是因为本研究所涉及的国家文化内容范围比较单一，仅包括对于肯德基和圣诞节的接纳问题，这二者所代表的文化渗透分量有限，如果可能获得更有影响力的享乐文化、过度开放的性文化等方面可能会有不太一致的结果。而且调查的城市是文化渗透程度较高的大中型城市。过圣诞节、吃肯德基已经成为大家日常生活的一部分，除被赚取金钱外，人们并没有发现此类文化对国家的负面影响，因此对此类文化更容易接受。

"一般自豪感"对于接纳外来文化的影响偏相关系数为 $-0.188$，$p = 0.177$，对无冲突态度的影响偏相关系数是 $0.254$，$p = 0.097$，对高冲突态度影响偏相关系数为 $0.459$，$p = 0.007$。也就是说，越是对自己国家感到自豪的人就越是会在有、无利益冲突的时候倾向于更加大度，更加接受可能的挑战或暂时的、较长期的、实际的、心理上的利益的丧失。该结论与Blank（2003）的研究是一致的，尽管他们所用的项目并不完全一致。正如已有研究针对政治自豪感和抗拒之间关系的分析的那样，对某个客体或事情形成自豪感的条件有两个：一是这件事情国家的表现是很好的，二是自己认为这一点是重要的。一般自豪感越高，就说明个体对国家的表现是满意的，同时国家在个人的心中也是重要的。此时的状态会引发人出现合理归因，而不会像国家表现不好，或者自己不自豪时那样乱归因，敏感多疑，也就不会出现人性的狭隘化趋向，有幸灾乐祸等可能的失范表现了。

尽管在一般的国家认同研究中均没有涉及责任感这个维度，但是Faiebrother（2003）的研究将责任感归为国家态度中属于爱国主义子成分的一部分（Faiebrother，2003）。我们假设，国家的责任感越高，相应的对在有冲突的时候偏向选择全球利益至上而牺牲国家利益的可能性就越低。因为国家责任感中有询问是否有抗击外敌的责任感部分。结果表明，国家责任感对于无冲突态度影响的系数为 $0.169$，$p = 0.208$，对接纳外来文化的影响系数为 $-0.048$，$p = 0.699$，对高冲突态度的影响的系数为 $0.083$，$p = 0.588$。

国家责任感维度对全球态度影响不显著，但不难看出责任感对全球态度还是有一定的正影响。对国家的责任感或者使命感越强，即使高冲突下也仍然会考虑到全球的利益。这与我们的假设不太相符。一个人如果对国家负责任，并不一定意味着就要损耗掉对全球其他国家的责任。相反，对国家的责任心越强，对全球其他国家的责任心也就会越强。这一方面可能是因为，责任心是与稳定的性格特质密切相关的，是一个比较恒定的特征。对自己国家勇于负责的人同样对自己所属的其他群体也会负责任，可能是他人、家庭、全球。另一方面也可能是因为，我们在全球冲突情境中涉及的题目并没有涉及矛盾尖锐冲突到不可调和的程度，相反，却是一些可能对全球利益有利的环境问题等，或者是一般的陈述，并未涉及主权领土完整或者其他重大的经济与政治问题。此外，责任感越强的人还更倾向于有同情心，同情在灾难中蒙受痛苦的一切人类。这可能是因为责任心产生的基础就是对于某些事件更容易投入感情，感同身受。

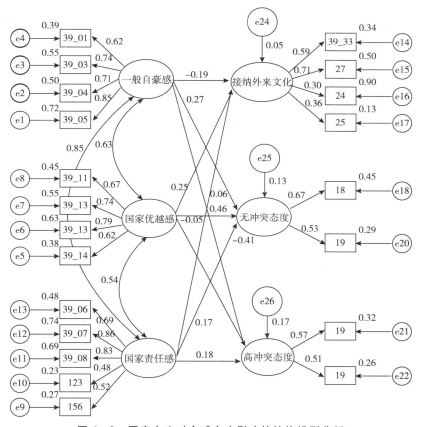

**图 6 - 3　国家态度对全球态度影响的结构模型分析**

注：接纳外来文化被解释 4.7%，高冲突时态度被解释了 17.4%，无冲突态度被解释了 12.9%。

**表 6 - 7　国家态度与全球态度关系结构方程模型拟合指标**

| $X^2$ | $df$ | $P$ | $X^2/df$ | $GFI$ | $TLI$ | $RMSEA$ | $CFI$ |
| --- | --- | --- | --- | --- | --- | --- | --- |
| 545.436 | 177 | 0.000 | 3.082 | 0.931 | 0.910 | 0.053 | 0.924 |

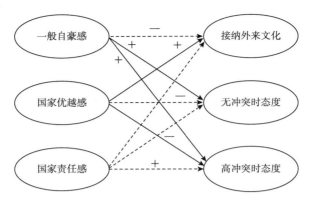

**图6－4　国家态度对全球态度的影响**

注：实线表示影响显著或边缘显著，"＋"表示影响是正向的，即国家态度取值越高，全球态度越积极；相反，"－"表示影响是负向的，即国家态度取值越高，全球态度越消极；虚线表示影响不显著或边缘显著。

从我们的研究结果可以看到，对国家负责与对全球负责二者并不是非此即彼的矛盾体。一个人若是爱国家，他也会爱世界。可以在国家需要时，挺身而出为国家负责任，也会在必要时选择用一定程度的"小我牺牲"换取大家的利益。这是与我国作为一个负责任的大国的基本行为方式是一致的。

# 第五节　结论

国家态度本就是一个包含了各种成分维度的综合体，是一个充满爱与责任、主观与客观、建设性与盲目性的联合体。爱国与爱世界之间的关系也会随内部不同成分的作用而发生变化。我们要进行正确的国家态度的教育，目的是使青少年能够形成比较理性的国家态度和意识，培养适当的感情，形成一定的行为规则。但是这些知识、感情和行为规则又不能同全球化的大趋势相矛盾，否则就可能阻碍国家现代化的进程，延缓青少年客观地认识世界的进程。因此，具体化地了解国家态度是否会对全球态度带来影响是至关重要的。同时，在道德发展的过程中，家庭一直都是重要的影响环境。即使到了青少年时期，家长的影响仍旧是不可忽视的。因此，我们也很希望通过定量化的分析，了解不同的家庭背景对青少年的国家态度产生的不同影响。

本研究以较大的样本量，用客观的探索和验证性因素分析的方法，结合相关的理论进行设计，得到了一系列经过适当整合的具体维度的数据，并以此为基础进行描述性和结构方程的分析，在一定程度上获得了因果关系的有效结论。

## 一 家庭背景的作用：影响"全球态度"不影响"国家态度"

家庭的作用包含了很多方面的因素，比如，家庭的经济地位、家庭的职业地位以及家庭经济收入水平等。这些因素被称为"社会经济地位"变量，简称 SES，其作用在很多研究者那里得到了证实。我们的结果却展现出泾渭分明的两极，即高 SES 能够更多地影响全球态度而不影响国家态度。整体上青少年对全球态度的积极程度与对国家的积极程度并无差异。这就很容易展现出一个平均数相同而离散程度不同的两种分布局面。而且，基本的趋势是，SES 水平越高，拥有的全球态度就越积极。

由此，我们推测：第一，对于国家的认识和情感。青少年已经接受教育多年，无论是来自学校的正规教育，还是各种影视剧的熏陶，现在的情形是，无论家庭背景出生如何，青少年心中都拥有较高的自豪感、责任感，其中也有一定的国家主义成分。这与以往很多担忧青少年越来越不关心国家的结论明显存在不同之处。尽管当前青少年在行为上更多地表现为追求个性、强调自主，在诸多事情上显得孤傲，不听从权威等，但这并不意味着他们放弃了对国家的爱与责任。只是不愿意盲目服从，希望有自己的独到看法而已。我们相信，当国家遇到困难之时，他们仍然是热血沸腾的有志青年，愿意为国家做出自己的贡献。第二，全球态度的投入远没有国家态度教育投入的力度大，甚至，作为教育者本身，我们对于青少年究竟应当有何种程度的全球态度也并不十分清楚。本研究中所节选的全球态度相对温和，是以一般的热爱人类、热爱地球为主要出发点的全球态度。在对待这种全球态度上，SES 越高家庭中的青少年就越有可能接触到世界文化，越可能从家长身上获得具有批判性和理性的思维方式，也就相应地更可能认可其他国家的积极成分，尊重人类善良本性，对他人报以更多的同情，对地球富有更大的责任感，对他国的文化具有更多的开放性。是否在低 SES 家庭群体中应当补充这些教育以使他们也能获得上述品质是值得探讨的话题。第三，尽管青少年对全球的积极态度很突出，但这并不意味着对国家的积极态度会受到负面的影响。二者并没有严格的互相抵触和抑制的关系。因此，在进行全球态度的教育时也不必过分担心可能会对国家意识产生消极影响。

## 二 责任感的一贯性：负责的品质

事实上，国家的责任感和无利益冲突时人们所表现出来的态度是有一定的一致性的。国家责任感越强者越可能在无冲突时出现有偏向全球的倾向性。责任感实质上是一种使命感，越是敢于在国家危难时挺身担当的人就越会有同情人类，参与国际救援等的勇气和使命感。之所以有此结论，在于责任感所反映出的人格品质，善良、勇敢、勇于担当、敢负责任。在这种品质的召唤下，人们的善良自然就会被激发，同情弱者，无论他是本国人还是他国人。当然，如果全球态度的背景是有冲突的情境，这种责任感的一贯性就会表现得不那么明显了。因此，不难推断，当冲突升级涉及国家主权、领土完整或者其他重大的、关系到国家安全的利益冲突时，对国家的责任感就会反过来对全球态度产生负向的作用了。因此，青少年的国家责任感是清晰而理智的，是能够有区别地对待不同类型的全球事件和做出相应反应的。

## 三 "爱国家"和"爱世界"冲突的集中点：非批判性

综上所述，我们基本得到了爱国家和爱世界并行不悖的结论，甚至有时爱国家还会促进爱世界品质的提升。但是，我们也不得不注意到，在国家态度中还有一个成分，对于爱世界的几个成分起到的是负向的预测作用，这就是国家优越感维度。在以往的研究中，人们都或多或少关注到这个维度中包含了大国沙文主义（民族主义、种族主义）的成分。有的还将其称为无批判性的爱国主义，以便于同目前比较流行的批判性的爱国主义相区别。完全认为自己的国家强于其他国家，自己的民族比其他的民族更优越，本族比其他人种更优越的思想，会对很多涉外事件产生消极的作用，不仅会导致这部分人将人分为三六九等，还会在遇到本是平常无奇的事情时，因不必要的心理歧视而产生意外的冲突，从而伤害到整个大局。因此，看到有人提出意见就认为是不够爱国是不合理的。理性的爱国者更不会忽视大局观，陷入人性缺失的泥潭中，拥有高品质的国家和全球态度是理性爱国者共同的特点。所以，提倡有理性的、有批判色彩的青少年爱国意识教育也就显得格外重要。

附　录

**1. 国家态度的题目**

12：路过某处正在升国旗、奏国歌，你会怎么做？（限选一项）

（1）□停下站立行注视礼　（2）□绕行　（3）□继续往前走

13：学校每周举行升国旗仪式时，你有什么样的感觉或想法？（限选一项）

（1）□有自豪感　　　　　（2）□有庄严感　（3）□想别的事

（4）□每个星期都搞这种仪式太麻烦　（5）□无所谓

15：如果国家遇到困难和危险时，你会怎么做？（限选一项）

（1）□如需要，献出自己的一切　（2）□看看别人的表现再定

（3）□与自己无关，只求自保　　（4）□其他（请注明）_____

16：如果国家遭到外来入侵，你是否愿意参军？（限选一项）

（1）□主动报名，自愿参军　　　（2）□不主动报名，如征召就参军

（3）□逃避参军

| 39：你是否赞成下列说法？（每行限选一项，请在"□"中打"√"） | ①非常赞成 | ②比较赞成 | ③一般 | ④不太赞成 | ⑤非常反对 |
|---|---|---|---|---|---|
| （01）我热爱我的祖国 | □ | □ | □ | □ | □ |
| （03）中国自改革开放以来取得了巨大成就，我感到非常自豪 | □ | □ | □ | □ | □ |
| （04）当我听到中国的国歌在奥运会上奏响时，我感到非常高兴 | □ | □ | □ | □ | □ |
| （05）作为一名中国人我感到非常自豪 | □ | □ | □ | □ | □ |
| （06）作为一名中国人，为了祖国可以献出我自己的生命 | □ | □ | □ | □ | □ |
| （07）我愿意为实现祖国的理想而努力奋斗 | □ | □ | □ | □ | □ |
| （08）我愿为实现中华民族的伟大复兴做出自己的贡献 | □ | □ | □ | □ | □ |
| （11）我对中国人的印象很好 | □ | □ | □ | □ | □ |
| （12）与世界上的其他民族相比，中华民族是一个非常团结的民族 | □ | □ | □ | □ | □ |
| （13）中国是世界上最伟大的国家 | □ | □ | □ | □ | □ |
| （14）中华文明博大精深，无与伦比 | □ | □ | □ | □ | □ |

## 2. 全球态度的题目

17：如果有一件事情对中国的发展有利，但会损害他国或全人类的利益，你认为_____（限选一项）

（1）□只要对中国有利就行

（2）□损害一两个国家的利益无所谓

（3）□地球只有一个，全人类的可持续发展才是最好的选择

（4）□其他（请注明）_____

18：2001 年 9 月 11 日，美国纽约的世界贸易中心和位于华盛顿的美国国防部所在地五角大楼等重要建筑遭到飞机撞击，共造成 3200 多人死亡或失踪，直接和间接的经济损失达数千亿美元。你对这一事件有什么看法？（限选一项）

（1）□是全人类的悲剧，各国应该共同努力抵制国际恐怖主义

（2）□很悲惨，但没发生在中国，与我无关

（3）□美国罪有应得

（4）□其他（请具体写出）_____

19：2004 年 9 月 1 日，俄罗斯北奥塞梯共和国别斯兰第一中学 1000余名学生、家长和教师被劫为人质，整个人质事件共造成 335 人死亡。你对这一事件有什么看法？（限选一项）

（1）□是全人类的悲剧，各国应该共同努力抵制国际恐怖主义

（2）□很悲惨，表示同情，但没发生在中国，与我无关

（3）□俄罗斯罪有应得

（4）□其他（请具体写出）_____

23：为了人类免受气候变暖的威胁，1997 年 12 月，《联合国气候变化框架公约》第 3 次缔约方大会在日本京都召开。149 个国家和地区的代表通过了旨在限制发达国家温室气体排放量以抑制全球变暖的《京都议定书》。中国于 1998 年 5 月 29 日签署了议定书，美国也在当年的 11 月完成了签署工作。2006 年 3 月，布什政府以《京都协议书》会损害美国的经济利益为由，宣布拒绝执行该协议。中国签署了议定书，表明中国要在全球生态环境方面负更多的责任。你对中国的做法有何看法？（限选一项）

（1）□中国就不应该签这个协议，中国是发展中国家，先发展起来

再说

（2）□既然美国都没有执行协议，中国也没有必要执行

（3）□保护全球环境人人有责，中国这样的大国应该负起相应的责任

24：现在在中国过圣诞节很热闹，你的感觉_____（限选一项）

（1）□觉得挺好，有节日气氛，圣诞老人很有意思

（2）□无所谓，过不过都行

（3）□不喜欢

25：在圣诞节时，你会收到家人或同学的礼物吗？（限选一项）

（1）□会　（2）□不会

27：你多长时间吃一次麦当劳或肯德基？（限选一项）

（1）□每周几次（2）□每月几次（3）□每年几次（4）□基本不吃
（5）□从未吃过

| 39：你是否赞成下列说法？（每行限选一项，请在"□"中打"√"） | ①非常赞成 | ②比较赞成 | ③一般 | ④不太赞成 | ⑤非常反对 |
|---|---|---|---|---|---|
| （33）吃麦当劳、肯德基在我的生活中是经常的事 | □ | □ | □ | □ | □ |

# 第二部分

# 后现代化与青年价值观

# 第七章　西方发达国家青年价值结构的
# 转型及其社会经济根源

## ——英格尔哈特的"后现代化理论"

20 世纪 90 年代在美国兴起了一种以密歇根大学教授 R. 英格尔哈特为主要代表的新的研究价值观的理论范式，即"后现代化理论"范式。这一新的研究青年价值观的理论范式认为，发达国家青年的价值观已经并将继续发生根本性变化，即从现代价值观转向后现代价值观；这种后现代价值观不再强调实现经济增长的最大化、成就动机、法理权威，而是强调实现个体幸福的最大化、自由选择等；这种价值结构的转型，最主要的社会经济根源是经济发展对人类的边际回报已经递减；直接引起这种文化价值变迁的原因是西方发达国家在战后出现了前所未有的繁荣和安全。研究发达国家青年价值结构的转型及其社会经济根源，对于我们正确地预测和对待中国青年的价值变迁，以及开展与此相关的工作等，都具有极其重要的启示。

## 第一节　导言

在国内外众多的有关文化价值变迁的研究中，美国密歇根大学教授 R. 英格尔哈特（Ronald Inglehart）基于"世界价值观调查"（World Values Survey）资料和"欧洲晴雨表调查"（ELUO – Baromer Survey）资料研究撰写，并由普林斯顿大学出版社（Princeton University Press）于 1997 年出版的《现代化与后现代化》（*Modemization and Postmodernization：cultural, e-conomic and political change in the 43 societies*）一书最为引人注目。该书依据 1981 年和 1990~1993 年所做的两次大规模的"世界价值观调查"数据，以及 70～90 年代每年一度"欧洲晴雨表调查"数据，实证性地分析和阐述了经济发展与文化和政治变迁之间的内在联系及其相互作用关系（而不是单纯地强调经济发展决定政治和文化变迁，或文化变迁决定经济、政治发展）。

然而，笔者认为，该书更重要的理论价值还在于，作者在描述与分析世界价值观变迁时，完全"超越"了以往在现代化理论框架或范式下，对文化价值变迁所做的从"传统价值观"向"现代价值观"变迁这一最为常见的"单向度"的观察视角或观察维度的局限。根据 1990～1993 年对 40多个国家或地区所做"世界价值观调查"的横贯数据分析，英格尔哈特明确提出，当今世界各国的价值观变迁实际上存在"两个维度"。一个是"现代化"维度，它反映的是从"传统价值观"向"现代价值观"转变的程度；另一个是"后现代化"维度，它反映的是从"生存价值"向"幸福价值观"（或"自我表现价值"）转变的程度。此外，他还依据近 20 多年来"纵贯数据"，揭示了当今世界发达工业社会出现的从"物质主义价值观"向"后物质主义价值观"、从"现代价值观"向"后现代价值观"转变（shift）的文化变迁趋势。他认为，已经并将继续发生的这种文化价值变迁，在其方向上显著地不同于自工业革命开始以来的"现代化"，因而，人们再也不能用"现代化"这一概念来对它加以概括。相反，对于发达工业社会正在发生的这种文化价值变迁，用"后现代化"这一概念来加以概括则显得更为准确和恰当。

本研究仅就书中有关发达工业社会从"现代价值观"向"后现代价值观"变迁的理论，具体表现及其引起这一变迁的社会经济根源作些简单介绍。

## 第二节　理论分析框架

### 一　"现代化"与"后现代化"的概念、区别及其联系

英格尔哈特认为，"现代化"（Modernization）是一个社会的经济和政治实力不断增强的过程。尽管不同国家的现代化具有不同的特点，但相同点也是非常明显的。他认为，现代化最关键的是"工业化"，它是指伴随

工业化的发展而出现的一场广泛的综合性的社会变迁。它包括城市化、科学技术的广泛运用、职业的迅速分化、科层制、大众教育水平的提高、职业流动及其文化价值观的变迁等（Ronald Inglehart，1997）。

现代化最早始于西方，但在今天，世界上绝大多数发展中国家都已开始步入现代化的轨道，有的国家，如中国等，正处于快速现代化的阶段。现代化之所以具有如此广泛的吸引力，是因为它能使一个社会从贫困走向富裕。通过工业化，社会的经济水平得到提高。通过科层制，社会的政治实力得到增强。在现代化过程中，经济增长成为最重要的社会目标，成就动机成为最重要的个人目标。工具理性渗透到社会的各个层面，传统价值观通常为宗教价值，逐渐为经济、政治和社会生活领域里的"理性价值"取而代之（Ronald Inglehart，1997）。

英格尔哈特认为，社会的发展变化并不是线性的，现代化不是人类历史发展的最高阶段或最后阶段。发达工业社会的现代化在发展到一定程度之后，近20年已经开始向新的方向，即"后现代化"（Post-modernization）方向发展。这种发展与后现代主义者所描述的情况是基本相吻合的，但吻合的程度有多大，要看后现代主义究竟是什么含义。他从已有的研究文献中，将后现代主义分成三个学派（Ronald Inglehart，1997）。

第一种观点：后现代主义（Postmodernism）是对现代性（Modernity）的拒绝。即它拒绝理性、权威、科学和技术。这种观点还认为，后现代主义是对"西化"（Westernization）的拒绝。

第二种观点：后现代主义是传统的复活。现代化极大地毁损了传统，因而，它的终结为传统的复活打开了一扇大门。

第三种观点：后现代主义是一种新的价值观和生活方式。它强调对不同种族、不同文化和性行为方式多元化的宽容和在生活方式上的个人选择。

英格尔哈特倾向于认为，后现代化是一种新的价值观和生活方式。他从社会目标、个人价值观念和权威系统三个方面，具体分析了后现代化与现代化，传统社会、现代社会和后现代社会之间的主要区别（Ronald Inglehart，1997）（见表7-1）。

表 7 – 1　传统、现代和后现代社会的社会目标（Social Goals）
和个人价值观（Individual Values）

| 类　别 | 传　代 | 现　代 | 后现代 |
|---|---|---|---|
| 1. 最重要的社会目标 | 维持人的生存 | 实现经济增长的最大化 | 实现个体幸福的最大化 |
| 2. 个人价值观 | 传统的宗教价值或共同体规范 | 成就动机 | 后物质主义价值与后现代价值观 |
| 3. 权威系统 | 宗教权威 | 理性—法律权威 | 不再强调任何权威 |

第一，从社会最重要的或最核心的目标来看，现代化的最主要目标是"经济增长"。这一目标主要是通过工业化，即系统地将科学技术运用到生产之中，从而使"实物"（Tangible things）的生产达到"产出最大化"这一手段来实现。在现代化过程中，人们普遍认为，经济增长不仅是一件好事情，而且，经济增长本身就是终极目的。在现代化阶段，为了追求"经济增长的最大化"，人们付出了极大"代价"。这种代价，既包括环境方面的，也包括个人生理和心理方面的。而在后现代化阶段，社会的核心目标从"经济增长的最大化"，转到实现"个体幸福"（Individual Subjective Well – being）或"生活质量的最大化"。后现代社会，人们的经济行为越来越少地与仅满足人们的生存需求相联系，而越来越多地与满足主体的幸福相联系。生产出的产品价值高低，取决于用户认为它值多少。换句话说，产品价值的大小，取决于该产品能在多大程度上满足消费者的主观需求，并给他们带来幸福感。关于这一点，在发达国家中的精神治疗（Psychotherapy）和旅游业中体现得最充分。

第二，从个人价值观的角度看，在现代化过程中，成就动机成为重要的个人价值取向，人们追求个人经济收入的最大化。而在后现代化阶段，越来越多的人更注重"自我实现"，他们优先选择有意义的工作。后物质主义价值与后现代价值观成为主要的个人价值取向。

第三，从权威系统来看，现代化引起了传统宗教权威的衰落，取而代之的是理性化的科层权威或法理权威。政治权威替代了宗教权威，国家权威替代了社会权威。在后现代化阶段，人们不再强调任何权威，他们看重个人自主。这导致了制度化的机构在公众心目中的信任度下降。今日发达工业社会政治领导人的公众支持率，已经跌至历史上的最低时期之一。

此外，在现代化与后现代化过程中，人们在对待科学技术和理性（工具理性）的态度上也存在明显的差异。在后现代化阶段，人们不再像现代化阶段那样信任科学技术和理性，对科学技术和理性有助于解决人类问题的信念持一定程度的怀疑态度。

但是，现代化与后现代化之间存在一定的"连续性"（Continues），这就是"世俗"（Secularization）和"个性化"（Individuation），后现代化将继续朝着现代化以来出现的"世俗化"和"个性化"方向发展。尽管如此，在后现代化阶段，它们仍将表现出新的特点。就"个性化"而言，工业化以来宗教社会控制功能的弱化，为个人自主提供了广阔的空间，但这一空间为日益增长的个人对国家的义务和责任而大量地被挤压掉。在后现代化阶段，国家权威将削弱，"个人权利"优先于任何责任和义务；就世俗化及其宗教的变化而言，现代化主要表现为当时的传统宗教被新教伦理取而代之，而后现代化则主要表现为现存的传统宗教的进一步弱化，取而代之的将是人们对生活目的和生活意义的关心。人们会越来越关心自身的幸福和快乐，而不是作为手段的经济增长。"工具理性"（Instrumental rationality）将让位于"价值理性"（Value Rationality）（Ronald Inglehart，1997）。

## 二 "后现代化理论"或"代际价值变迁理论"的基本假设

英格尔哈特也将他的"后现代化理论"称为"代际价值变迁理论"（The Theory of Intergenerational Values Change），并指出，他的理论有两个最基本的假设（Ronald Inglehart，1997）。

1. 物以稀为贵假设（A Scarcity Hypothesis）。个人的价值偏好，是对社会经济环境的反映。人们往往更加看重那些在社会中相对而言比较稀缺的事物的价值。

2. 社会化假设（A Socialization Hypothesis）。社会经济发展与个人的价值偏好变动，不是完全相对应的关系，两者之间存在一定的滞后效应。这是因为，一个人的价值观的形成在很大程度上取决于他成年前所受的影响。因此，价值观的变迁不是在一夜之间完成的。

第一个假设与经济理论中"边际效用递减律"是一致的。它表明，当经济发展达到一定水平后，成长在富裕与安全社会的人，会视生存为理所当然的事情。在价值偏好上，出现从重视物质价值向更重视后物质价值、从偏重现代价值向更偏重后现代价值的转变。依据这一假设，英格莱哈特还进一步地假定：后物质主义价值观和后现代价值观首先在经济富裕与安全的发达工业社会出现。

第二个假设表明，当经济出现空前的繁荣和安全时，年轻一代的价值观与年长一代的价值观将出现差异。在富裕中长大的年轻一代，不再像他们的前辈，那些经历过二战时的饥荒，甚至一次大战大萧条时期的人们那样注重经济和人身物质安全。相反，他们更倾向于偏重非物质价值，在从现代价值向后现代价值的变迁中，青年价值观的变迁速度快于年长的一代。

# 第三节　实证分析：从"现代价值观"
# 向"后现代价值观"转变

转变的横贯数据分析与纵贯数据分析。

## 一　横贯数据分析

英格尔哈特用于证实从"现代价值观"向"后现代价值观"转变理论（他自己称之为"代际价值变迁理论"）的横贯数据来源于1990~1993年所做的"世界价值观调查"。在这次调查中，6万多名公众接受了调查，他们分布在世界的43个国家和地区，这些国家和地区的人口占世界总人口的70%，具有广泛的代表性。调查的内容也十分广泛，涉及的变量多达374个。既包括人们对宗教、科学和政治的态度，也包括人们对性、工作和生活等问题的观点和看法。

图7-1是对1990~1993年"世界价值观调查"中最主要的价值变量进行因子分析（主成分分析）的结果（Ronald Inglehart，1997）。

因子分析的单位是国家和地区，用于分析的43个变量的得分值，在多数情况下为该国被调查者态度的平均值。但这43个变量，实际上包含了问卷中的100多个题目（涉及的价值变量也超过100个）。这是因为，有许多变量是"复合变量"，即一个变量的得分值是多个原始变量得分值的相加之和，或通过一定的方法对多个变量的得分进行加减处理后计算出的综

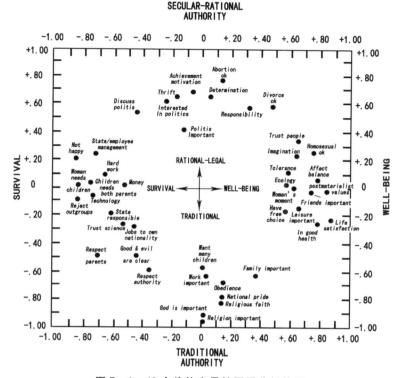

**图7—1　43个价值变量的因子分析结果**

合指数。例如，"成就动机"（Achievement motivation）涉及4个原始变量；"拒绝外群体"（Rejecr. Out-group）涉及7个原始变量；"后物质主义价值"（Postmaterialist values）涉及6个原始变量（共包括12个项目）。

因子分析结果显示，按43个变量之间的内在联系或特征，从中可以抽取两个"公共因子"。一个是"生存对幸福"（SuIvival versus well-being）因子，它反映的是"后现代化"维度。这一维度体现在"纵轴"上，能够解释跨国价值观变量总方差的30%；一个是"传统权威对世俗理性权威"（Traditional authority versus secular-rational anthority）因子，它反映的是"现代化"维度。这一维度体现在"纵轴"上，它能够解释跨国价值观变量总方差的21%。上述两个公共因子能够解释跨国价值观变量总方差的51%（Ronald Inglehart，1997）。

不同价值变量在图7—1中的位置，是根据该变量在两个因子上的

"因子负载"（Factor loadings，相当于多元回归分析中的标准回归系数）来确定的。变量在因子上的"因子负载"的绝对值越高，表明该变量与该因子的相关程度越高。

对图 7 - 1 所显示的信息作进一步分析发现，在纵轴的底部，主要分布着宗教信仰（Religious faith）、宗教重要（Religion important）、上帝重要（God is important）、民族自豪感（National Pride）、工作重要（Work important）、家庭重要（Family important），想有很多孩子（Want many children）、强调孩子顺从（Obedience）等具有强调家庭权威和宗教权威等因素的传统性价值成分。而在纵轴的顶部，主要分布着政治重要（Political important）、讨论政治（Discuss politics）、对政治感兴趣（Interested in Politics）、成就动机（Achievement motivation）、责任感（Responsibility）、离婚无可非议（Divorce OK）、堕胎无可非议（Abortion OK）、节俭（Thrift）、果断或独立自决（Det ermination）等具有强调国家权威和世俗理性权威因素的现代性价值成分。在横轴的右侧，主要分布着后物质主义（Postmaterialist）、生态保护（Ecology）、妇女运动（Women's movement）、宽容（Tolerance）、创造性或想象（Imagination）、生活满意（Life satisfaction）、情绪稳定或情感平衡（Affect balance）、身体健康（In good health）、闲暇重要（Leisure important）、朋友重要（Friend impoitant）、自由选择（Have free choice）、信任他人（Trust people）、同性恋无可非议（Homosexual OK）等具有强调重视和关心个人的自我表现价值因素的后现代价值成分。而在横轴的左侧，则分布着妇女必须生孩子（Woman need children）、孩子必须在双亲家庭长大（Child needs both parents）、信赖科学（Trust science）、重视金钱（Money）、强调国家责任（State responsible）、努力工作（Hard work）、拒绝外群体（Reject outgroups）等强调生存因素（Survival）的价值成分。尊重权威（Respect authority）、尊敬父母（Respect parents）、是非曲直界限分明（Good & evil are clear）等成分，在现代化和后现代化两个维度上的负载均呈负值。这表明，无论是"现代化"还是"后现代化"，都在一定程度上导致了"权威意识"的衰落。同样，"是非曲直界限分明"这一价值观念在"现代化"维度和"后现代化"维度上也具有很高的"负载"，但它们的负载值也都为负值。

这表明，"现代化"和"后现代化"都滋生了"道德相对主义"

（moral relativism）。在传统社会，道德规范是绝对真理，但在后现代社会，绝对标准被消解，取而代之的是道德上的相对主义。

图7-2是英格尔哈特根据"世界价值观调查"（1990～1993年）中的43个国家和区在"现代化"与"后现代化"两个维度上的得分均值绘制的一张"文化地图"（Ronald Inglehart，1997）。从这张"文化地图"中，不仅可以形象、具体地看出世界上的一些主要国家在"现代化"与"后现代化"两个维度上所处的位置，还可直观地看出"现代化"与"后现代化"同经济发展之间的关系。我们的观察视线从"左下角"向"右上角"移动的过程，实际上就是从"穷国"（南亚和非洲国家）向"富国"（欧洲、北美，尤其是北欧国家）、从"传统社会"向"现代社会"和"后现代社会"移动的过程。它表明，"后现代化"现象主要发生在经济比较富裕和人身物质安全性较高的发达工业社会。

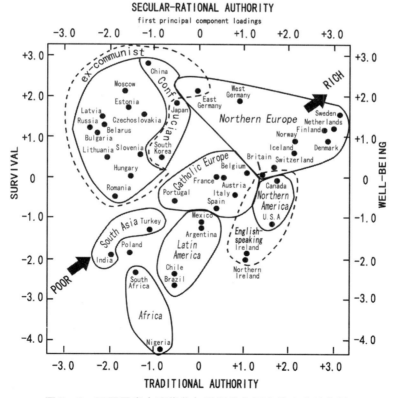

图7-2　不同国家在现代化与后现代化两个维度上的位置

二 纵贯数据分析

英格尔哈特还用两次"世界价值观调查"的动态数据，分析了发达国家青年从"物质主义价值观"向"后物质主义价值观"；从"现代价值观"向"后现代价值观"的转变（Ronald Inglehart, 1997）（见表7-2）。

表7-2 1981～1990年世界21个国家从"物质主义价值观"向"后物质主义价值观"转变的情况（"后物质主义者"的比例减去"物质主义者"的比例）

| 国 家 | 1981 | 1990 | 净增长 | 国 家 | 1980 | 1990 | 净增长 |
|--------|------|------|--------|--------|------|------|--------|
| 芬 兰 | 21 | 23 | +2 | 爱尔兰 | -20 | -4 | +16 |
| 荷 兰 | -2 | 26 | +28 | 阿根廷 | -20 | -6 | +14 |
| 加拿大 | -2 | 14 | +20 | 挪 威 | -21 | -19 | +2 |
| 冰 岛 | -10 | -14 | -4 | 美 国 | -24 | 6 | +30 |
| 瑞 典 | -10 | 9 | +19 | 日 本 | -32 | -19 | +13 |
| 联邦德国 | -11 | 14 | +25 | 韩 国 | -34 | -34 | 0 |
| 英 国 | -13 | 0 | +13 | 意大利 | -39 | 7 | +46 |
| 法 国 | 14 | 4 | +18 | 西班牙 | -41 | -6 | +35 |
| 比利时 | -16 | 2 | +18 | 北爱尔兰 | -45 | -7 | +38 |
| 南 非 | -16 | -33 | -17 | 匈牙利 | -50 | -41 | +9 |
| 墨西哥 | -19 | -14 | +5 | | | | |

从表7-2可以看出，在21个国家中，有18个国家的价值变迁是按理论所预测的方向在发展。在这些国家，"后物质主义者"所占比例与"物质主义者"所占比例之差，1981～1990年期间呈明显的上升趋势。一些国家的净增长甚至超过了40%。

在这场从"物质主义价值观"转向"后物质主义价值"文化变迁中，青年走在了前列。1970年欧共体对英国、法国、联邦德国、意大利、比利时、荷兰等6个国家的调查结果显示，65岁以上的老年人中，"物质主义者"的比例将近50%，而"后物质主义者"的比例还不到50%。但在15～24岁的青年中（战后出生的一代），"后物质主义者"的比例将近25%，明显地高于"物质主义者"的比例（两者比例之和不到100%，因为在两者之间还有一种"混合型"的人）（Ronald Inglehart, 1997）。

从 1981 年和 1990 年两次"世界价值观调查"数据来看，上述 20 多个国家的价值观还在其他方面发生了向"后现代价值观"的转向。具体情况如下：

### 1. 权威价值取向弱化

1981～1990 年，公众认为如果将来的社会变成一个更尊重权威的社会是件好事的比例，在 21 个国家中，有 17 个国家的这一比例出现了下降（Ronald Inglehart，1997：274）。

### 2. 对堕胎、离婚、同性恋和婚外性行为的宽容度增强

1981～1990 年，在 20 个国家中，有 19 个国家的公众对堕胎持更宽容的态度，有 19 个国家的公众对离婚持更宽容态度，有 17 个国家的公众对同性恋持更宽容的态度（Ronald Inglehart，1997）。

### 3. 对安乐死、自杀和对警察使用暴力的现象持更宽容的态度

1981～1990 年，20 个国家中，有 18 个国家的公众对安乐死持更宽容的态度，20 个国家中的 16 个国家的公众对自杀持更宽容的态度，19 个国家中的 17 个国家的公众对与警察发生暴力冲突持更宽容的态度（Ronald Inglehart，1997）。

### 4. 宗教观念淡化，但对精神世界的关心增强

1981～1990 年，19 个国家中的 14 个国家的公众去教堂的频率有所下降，20 个国家中的 14 个国家的公众认为（信仰）上帝在生活中很重要的比例有所下降。但公众中，经常思考生活的目的和意义的比例却有所上升，21 个国家中的 18 个国家的这一比例在 1981～1990 年呈上升趋势。这表明，虽然传统宗教和现存的宗教组织丧失了大量的追随者，但人们并未放弃精神追求。相反，还表现出上升的趋势（Ronald Inglehart，1997）。

英格尔哈特还指出，各国在上述四个方面的价值观上的实际变化情况，绝大多数与他的理论所预期的方向是一致的。在第一个方面，即对权威的态度方面，他的理论预期的实际正确率为 81%；在第二个方面，即性与婚姻观念方面，他的理论预期的实际正确率为 79%；在第三个方面，即公民规范方面，他的理论预期的实际正确率为 79%；在第四个方面，即宗教观方面，他的理论预期的实际正确率为 72%。但他的理论在预测亲子关系方面的价值变动时正确率极低，实际的变动与他的理论所预期的方向恰好相反，只有 33% 的正确率（Ronald Inglehart，1997）。

## 第四节　文化价值变迁的社会经济根源：
## 经济发展的"边际回报递减"

英格尔哈特认为，从社会层面上看，发达工业社会的文化价值变迁，主要是由于经济发展到一定的水平后，经济因素对社会和人类生活的作用下降所致。在经济匮乏的情况下，经济因素往往起决定作用。但随着经济匮乏的消失，经济因素之外的其他因素将起决定作用。

英格尔哈特首先分析了经济发展与人口平均预期寿命之间的关系。结果显示，一方面经济发展与人口平均预期寿命之间存在正相关关系；另一方面，经济贫穷的国家，人口的平均预期寿命也短，当经济发展到一定的水平之后，经济发展对人口平均预期寿命延长的边际效用会出现递减的现象（Ronald Inglehart，1997）。非洲几内亚—比绍的人均 GNP 为 180 美元，人口平均预期寿命为 39 岁；人均 GNP 高于 180 美元而低于 300 美元的国家，人口平均预期寿命为 45 岁左右；人均 GNP 为 1000～3000 美元的国家，人口平均预期寿命为 60～75 岁；人均 GNP 为 28000～33000 美元的国家，人口平均预期寿命为 79 岁，相当于几内亚—比绍的两倍。在人均 GNP 尚未达到 3000 美元时，图中的曲线上升得非常陡峭。而当其超过这个"拐点"或"临界点"时，曲线上升得十分平缓。这表明，当经济发展达到一定的"拐点"（threshold）后，经济因素不再对人口的平均预期寿命起决定作用，取而代之的将是人们的生活方式和行为方式。如是否吸烟、酗酒，是否运动，心理压力大小，环境污染是否严重，以及饮食习惯（是否大量食用胆固醇高的食品）和文化传统等。前苏联男性的平均预期寿命在 70 年代和 80 年代迅速下降，解体之后继续下降。这在很大程度上反映了文化历史因素对平均预期寿命的影响，如酗酒现象增多、心理压力增大等。直到现在，俄罗斯的人均 GNP 还高于中国，但中国的人口平均预期寿命却高于俄罗斯。原因是非常复杂的，但俄罗斯人的酗酒传统也许是影响人口平均预期寿命的一个极其重要的因素（Ronald Inglehart，1997）。

英格尔哈特指出，经济发展的"边际回报递减"模式，不仅体现在人口的平均预期寿命上，在其他的许多客观社会指标上，如人均吸食热量、识字率、人均拥有的医生数量等社会指标上，都发现了类似模式的存在。

简单地说，在工业化的早期，高度重视"经济成就"（与现代化相联系的"工具理性"）能给人类带来巨大的"回报"（rewards）。但当一个社会进入到高度工业化阶段（以1990年的美元为基准，人均GNP达到6000~7000美元），经济发展所带来的"回报"达到了"边际回报"迅速下降的"拐点"（Ronald Inglehart，1997）。

英格尔哈特还依据1990年"世界价值观调查"的有关资料进一步指出，新的调查数据显示，在有关主体的幸福感等主观社会指标上，也存在经济发展的"边际回报递减"现象。正如人们所预期的那样，主体的幸福感随着经济发展水平的提高而增强，生活在富裕和安全社会的人，如瑞典人，他们的幸福感（感到快乐和对生活感到满意）明显地高于那些在疾病和饥饿十分流行的国家生活的人，如印度人。经济发展与主体幸福在总体上存在着较强的正相关关系（相关系数为0.74）。但当经济发展达到一定的"拐点"后，经济的作用变得极不明显。爱尔兰人的幸福感高于西德人，尽管后者的人均GNP是前者的两倍；日本的人均GNP是韩国的4倍，但韩国人的幸福感与日本人的幸福感却不相上下。正是由于这方面的原因，所以，在早期对富裕社会的有关研究中，人们甚至得出了主体幸福与经济发展无关的结论（Ronald Inglehart，1997）。

英格尔哈特指出，上述所有证据都支持经济发展存在"边际效用递减"的理论（the thesis diminishing marginal utility from economic gains）。繁荣和安全，有助于（are conducive）主体幸福感的形成和发展。从"稀缺"型社会向"安全"型社会转变，导致了主体幸福感的快速增长。但当经济发展达到一定"拐点"（相当于爱尔兰1990年的发展水平）后，经济发展似乎就不再对主体幸福水平的提高产生显著作用。这也许反映了这样一个事实：在这一阶段，大多数人的温饱问题得到解决，温饱问题已不再成为他们最关心的主要问题。在他们看来，生存是理所当然的事情。于是，相当数量的"后物质主义者"应时而生（Ronald Inglehart，1997）。发达工业社会在近20多年来出现的从优先考虑"物质主义价值"转到优先考虑"后物质主义价值"；从"现代价值观"转向"后现代价值观"，正是战后出现的前所未有的繁荣和安全所导致的结果。

# 第五节 "后现代化"取向的具体表现

随着经济全球化进程的加快，国际互联网在中国的迅速发展，当代中国青年，尤其是城市青年，已经处于一个具有最大选择空间的环境中。在这样的环境中，国外青年的价值观及其行为方式或多或少地会对中国青年产生一定程度的影响。就整个世界而言，尽管越来越多的研究证实，全球文化的"趋同化"是一个不切实际的"梦想"，因为民族传统文化仍对各国自身的文化变迁起着同样重要的影响作用。但有必要指出的是，如果认为民族传统文化可以在社会经济的发展过程中保持一成不变，同样也只是一个"梦"。

从社会学的角度看，价值观属于社会文化领域的范畴，与社会的经济、政治相对应。社会学中的现代化理论认为，经济发展与政治和文化变迁之间存在着一定的内在联系，尽管不同的现代化理论大师在对三者之间的联系方式上存有不同的看法。美国学者英格莱哈特指出，相对而言，马克思更强调经济发展对政治和文化变迁的作用，而韦伯则更强调文化对经济发展的作用。英格莱哈特认为，马克思和韦伯的观点都得到了证实。

从经济发展对文化变迁的影响角度看，发达国家目前正在经历的某些（当然并不是全部）文化价值变迁，在很大程度上预示着中国青年价值变迁的未来走势。因此，深入研究当代发达国家青年的价值变迁，有助于我们正确地预测中国青年价值观的未来变动趋势，以便及时地调整有关青年思想教育工作的思路和对策。

在欧洲，现任国际青年社会学委员会秘书长 Claire Wallace 与 Sijka Kovatcheva 合著的 *Youth in Society – The Construction and Deconstruction of Youth in East and West Europe* 一书，是目前欧洲青年社会学研究领域最具影响力的著作。该书对东、西欧青年的比较研究，不仅摆脱了简单数字罗列式的比较方式，而且还采用了一种新的理论架构。这种新的理论架构，同样是后现代化的理论范式。

在东亚，日本青少年研究所所长千石保先生写了一本专著，名叫《"认真"的崩溃——新日本人论》（千石保，1999）。该书明确指出，后现代主义的范式正在装点着青年人的生活。因此，现代化的理论范式已不能解释当代日本青年中的价值现象和行为方式了。

### 1. 人生价值取向层面

关于这一层面的后现代化取向的具体表现。千石保先生在《"认真"的崩溃——新日本人论》一书中提供了大量而丰富的具体材料。概括起来，主要有：（1）追求"即时满足"，否定手段价值。日本在现代化过程中，尤其是在战后赶超美英的过程中，学习好、努力工作与国家和社会的目标一致，具有伦理价值。而当日本步入发达工业社会后，青年们开始转向否定为实现目的的手段价值。他们追求即时满足，干活时也要有满足感。青年们纷纷逃离现代社会的支柱产业——工业企业。（2）认真、拼搏、奋斗的精神崩溃。这主要表现在四个方面。第一，认真、学习成绩好的学生在日本中学生中得不到尊敬。在日本，最有威信的人是幽默的人，而在中国，则是成绩好的人、有正义感的人。第二，日本中学生不愿当学生干部，职业青年不愿当领导，认为当领导权力大，但责任也大，个人时间没有保障。他们的人生目标是幸福、舒适的家庭生活、富有趣味的生活。第三，认为"认真工作就会失去自我价值"。第四，反映努力奋斗，进取向上的电视收视率跌入低谷，杂志销量迅速下降。美国影片《洛基》、《霹雳舞》在日本受冷落。漫画杂志《大力神》取代了《巨人之星》。（3）从偶像崇拜到追星一族。当代日本青年不再崇拜战后社会的那种奋斗式的英雄"偶像"，他们只"追星"，如歌星、球星等。这反映出他们在人生道德价值观上已从绝对价值观转到了相对价值观。（4）从物质优先转向生活质量优先。伴随日本社会的经济发展，日本青年在先后得到了"三种神器"（即电视机、洗衣机、电冰箱）和"3C"（即空调、彩电、汽车）之后，开始转向重视生活质量。过去日本青年为得到"三种神器"和"3C"而"猛烈"地工作。而现在，"猛烈"一词不再流行于青年之中，取而代之的是"漂亮"，即生活潇洒。（5）忠实于自己的生活，不愿为社会作贡献。

### 2. 工作价值观层面

（1）工作价值和劳动伦理衰退。不少青年认为，工作以外的生活更有人生意义。赞成这一观点的比例，日本为56.7%，美国为69.1%，法国为74.4%。瑞典为66.4%，中国为42.3%。（2）如果有钱，想玩一辈子。这一比例，日本为四分之一，德国近四成，法国三成强，中国为十分之一。
（3）工作的目的是为自己，而不是为企业和国家。

### 3. 婚姻家庭与性观念层面

（1）性观念开放和宽容，同情同性恋的越来越多。（2）同居与不想结婚。青年中同居者比例，美国、丹麦将近 20%。与未婚父母住在一起的比例，美国 20 世纪 60 年代不到 5%，到 90 年代超过 30%；出生时母亲未婚的比例，丹麦 20 世纪 60 年代为 7% 左右，到 90 年代超过 45%，婚外生育的比例，瑞典 1991 年已超过 50%。（3）不想生孩子，"丁克家庭"增多。（4）代际关系表现为自主与依赖并存，父母权威的丧失。

### 4. 消费价值观层面

（1）物质消费从重视实用和理性价值到重视符号价值。消费需求不是因缺少什么而产生，而是因差异而产生。消费的要素不是商品的使用价值和功能，而是它的符号价值——名牌。（2）精神消费领域流行"快餐文化""拼贴文化"大行其道，专业化的文化成果少有人问津。

### 5. 人际关系层面

（1）传统意义上的朋友关系日渐消失。朋友之间有"边界"，不能涉及个人私生活。在日本中学生中，朋友之间的活动主要是一起吃饭和买东西，而谈论人生及将来、相互倾吐烦恼的较少；在美国中学生中，也主要是一起散步，谈论异性等。（2）隐私观念强化。不仅朋友之间有"边界"，夫妻之间也要设定"边界"，认为夫妻之间也要保留隐私，有自己一片独立的生存空间。

### 6. 政治态度与社会参与层面——制度性权威下降，制度内参与下降，但自主性公民参与上升

（1）对制度性权威机构的信任度降低。在美国，1966～1989 年，民众中对组织化宗教持信任态度的比例从 42% 下降到 16%；对国会持信任态度的比例从 42% 下降到 16%；对军队持信任态度的比例从 61% 下降到 32%；对最高法院持信任态度的比例从 54% 下降到 28%；对政府执行部门持信任态度的比例从 41% 下降到 17%；对大公司持信任态度的比例从 55% 下降到 16%。另一数据表明，在美国，1958～1994 年，对联邦政府持信任态度的比例从 72% 下降到 25%。（2）选举中的投票率下降。（3）对国家感到非常自豪的比例下降，多数发达国家的这一比例在 1991 年低于 50%。（4）

解决问题型社会参与上升。针对具体问题而出现的签名、请愿、游行等活动增加。

### 7. 宗教层面

（1）上帝（信仰）在自己生活中的重要程度下降。（2）信仰上帝的比例下降。（3）去教堂次数下降。（4）经常思考人生的意义和目的的比例上升。

# 第六节 几点启示

第一，中国的青年工作，既要重视满足青年的物质利益层面的需求，同时也要高度重视满足青年，尤其是城市青年和在社会分层结构处于中、上层地位青年的精神文化需求和发展需求。发达国家由于经济的高度发达，青年的物质需求能够比较容易地获得，因此他们生存和物质享受为理所当然的事情。与他们的上一辈相比，他们更强调非物质主义价值观。与发达国家相比，中国目前仍属于发展中国家。但同样重要的是，今天的这一代在改革开放中成长起来的青年，尤其是城市青年，他们从一开始就生活在物质条件相对充裕的社会，他们同样视各种物质消费为理所当然之事。无论是从青年的择业标准看，还是从他们的生活方式看，他们都表现出对以物质因素为特征的"生存因素"和以各种非物质因素为特征的"发展因素"的同等重视。这意味着，我们的青年工作，既不能单纯地依赖物质因素，也不能单纯地依赖精神因素。尤其是在未来较长的一段时期，青年工作要在满足青年的发展需求方面做文章。这是因为，对于越来越多的青年来说，帮助他们解决实际的生存方面、物质层面的具体问题固然重要，但帮助他们解决发展方面的、精神层面的具体问题更为重要。

第二，关注中国社会发展的"时空压缩"特性。尽管我们仍处在现代化进程中，但发达国家在高度现代化之后才出现的后现代价值观，却在当代中国青年中影响颇深。正如中国社会必须面对信息革命，不能在实现工业化之后再来实现信息化一样，中国的青年思想教育工作者也必须尽早地面对和正视青年中的后现代价值倾向并加以正确引导。

第三，中国青年中后现代价值观的产生，在总体上具有"早产"的特点。这种"早产"的后现代价值观，一方面将发挥它的正功能，促使我国的现代化建设在经济发展的同时，注重生态环境的保护；在建构现代科层式管理体制的同时，要注意尊重人性、个性和鼓励人的潜能和创造性的发挥等。另一方面，它又会带来一些负面的功能。如过早地重视消费、享受，而忽视生产、奋斗和创造等。例如，目前中国青年中已有高达 42.3% 的青年认为"工作以外的生活更有人生意义"。更值得注意的是，目前中国青年中已有 10% 的人赞成"如果有了钱能快乐地生活，我想玩一辈子"。因此，如何在青年中加强奋斗精神的教育，使青年人做到在奋斗的基础上来讲求享受，这是我们的青年思想教育工作在目前社会宏观大背景下面临的一大难题。

第四，无论是现代化，还是后现代化，都会导致青年的"权威"意识淡化和某些权威的失灵和失效现象。这无疑对我们的青年思想教育工作构成了巨大的挑战。这是因为，目前的青年思想教育工作，无论是在本质，还是在形式上，都是以教育者处于这一活动的权威地位为特征和前提的。一旦被教育者——青年不再将我们的教育工作者（不是指某一个人，而是指这一社会角色）视为权威，而是仅仅看做一种真正意义上的平等对话的对象时，我们的思想教育工作就将面临前所未有的危机。如何化解这种致命性的危机，这是中国的青年思想教育工作者必须尽早思考和加以解决的新问题。

最后，有一点必须明确的是，本章作者并不认为发达国家青年今天的价值观，就完全是中国青年明天的价值观。这是因为，中国青年价值观的变动，还受到中国传统文化和中国的现实社会制度的影响。然而，我们还是不得不承认，发达国家目前正在发生的某些变化，在不远的将来，也会在中国青年中发生。而事实证明，发达国家目前正在发生的某些变化，在中国青年中已经产生，我们不能不正视这一现实。

# 第八章　个体与国家特征如何影响
## 公民的主观幸福感

　　通过建构结构方程模型及多层线性模型，深入研究影响主观幸福感的个体层面和国家层面的因素。结果显示，个体层面的众多影响因素可以整合为物质资本和社会资本两个维度，二者可以正向预测个体的主观幸福感。在主观幸福感整体差异中，有超过14%的变异是由国家不同造成的。其中，国家的GDP、后现代价值观会削弱个体层面特征对主观幸福感的预测作用，GINI、清廉水平则会加强个体层面特征对主观幸福感的预测作用。本研究有助于理清个体与国家两个层面变量对SWB产生影响的机制与途径，同时为人们追求幸福生活提供了新的视角。

　　幸福是个人追求，人民福祉是国家使命。"主观幸福感"（SWB）是个体对其自身整体状况的一种主观判断与评价。"幸福从哪里来？"一直是幸福研究的核心问题。我们可以观察到在不同的国家中，相同的个体特征与SWB的相关程度不同。例如，Diener与Oishi（2000）对19个国家内部个体收入与SWB之间关系的研究发现，二者平均的相关系数为0.13。但是Biswas - Diener与Diener（2001）的研究进一步指出在贫穷的国家和地区，收入与SWB之间的相关达到0.45之高。由此可见，个体和国家两个层面的特征会结合起来影响主观幸福感。本研究采用世界价值观调查（wvs 2005~2008）中的数据，从个体层面给出影响主观幸福感的结构模型，同时分析国家特征对SWB的影响模式。

## 第一节　主观幸福感的影响因素

在众多的影响因素中，财富、物质、收入得到了研究者的广泛关注。金钱是人们生活的基础，人们花大量的时间进行生产和消费。提高经济发展水平也是绝大多数国家最为重要的政策目标。高收入可以使人们在更多方面具有优势，如更好的医疗条件，更长寿及更高的人际信任等，这些又都会进一步加强人们的幸福感。

研究者（Diener & Diener, 2002；Deiner & Suh, 1999；Deiner, 2000；Diener et al, 1993；Veenhoven, 1991；Diener, Diener & Diener, 1995）进行了大量的关于物质资本和 SWB 之间的关系研究，得出了以下结果：1. 一个国家的物质财富与其人民的 SWB 的平均水平呈很大的正相关。2. 一个国家内部，个体收入与个体 SWB 之间的相关普遍较低，但是在贫穷的国家，这个相关会增大。3. 在经济发达的社会，过去 10 年经济的增长并没有带来多少 SWB 的提高。4. 除非一个人很富有，否则，一个人的物质目标越高，其 SWB 越低。研究者从不同角度对以上结果进行了解释，Veenhoven（1991）认为，经济因素对幸福感的影响受到边际递减规律的影响，金钱的边际效应不断下降意味着，当一个人拥有越来越多的物品时，自由和真情之类的其他需求会比以前更加弥足珍贵。Easterlin（1995）提出了社会比较模型，认为一个人与其同辈人比较的相对收入决定了他的幸福感强弱。

随着 SWB 研究的深入，越来越多的研究开始关注温情、信任、社会支持对于幸福感的重要影响。Peterson 和 Seligman（2003）发现，在 24 种特征中，人际关系能更好地预测社会满意度。Cohen 和 Wills（1985）提出了人际关系影响主观幸福感的两种模型，主效应模型和缓冲器模型。前者认为，人际关系对维持一般状态下的良好情绪具有重要作用，不论个体是否处于应激状态，良好的社会支持网络会增加主观幸福感；后一种模型则认为，人际关系可以保护应激状态下的个体，它作为社会心理刺激的缓冲器因素间接地发生作用。

信任是我们在社会生活中付出的情感，表现为我们对他人的一种依赖，它源于人类的社会性。作为一种社会资本，"信任就是矫正器：它使得人们能满怀信心地表达和最终解决他们的忧虑"，从而化解人们之间的隔膜，消除人们之间的障碍，最终奠定现代人的幸福感。

价值观是指"在对客观事物或现象进行是或非、有意义或无意义、值得接纳或不值得接纳的判断时所依据的一系列最基本的准则或尺度"（中国社会科学院社会学研究所，1993）。价值观的形成很大程度上取决于社会的经济发展水平。Inglehart 认为，世界上绝大多数发展中国家都已开始步入现代化的轨道，与之相应的经济增长成为最重要的社会目标，成就动机是最重要的个人目标。当发达工业社会的现代化发展到一定程度之后，就开始向新的方向，即"后现代"（Postmodernization）方向发展，此时，人们开始更加重视个体幸福的最大化。当今，不同国家及国家内部现代化与后现代化的价值观并存（吴鲁平，2000），在不同的价值观影响下，个体的 SWB 也有所不同。

以上综述了影响 SWB 的社会指标，在以往的研究中将这些指标笼统看待，缺乏在内容领域以及层次上的区分。整体来看，这些指标大致分为两方面的内容，一是物质资本，如收入、财富等；二是社会资本，如信任、人际关系等。另外这些指标可以分成两个层次，一是个体层次，如个体收入、信任水平等；二是国家层次，如一个国家的经济发展水平，国家的后现代化程度等。以下将不同领域及不同层面变量对 SWB 的影响进行详细分析。

# 第二节　分析方法与变量设计

## 一　研究工具

在前面的讨论中，我们指出对 SWB 的影响因素来自两个层面，个人层面与国家层面。要分清这两个层面的影响作用及其复杂关系，需要有特殊结构的数据，并引入新的分析工具。为了达到分析目的，在本研究中将使用多层线性模型（Hierarchical Linear Models，HLM）对数据进行统计处理。

在社会研究中，经常涉及分层数据结构。这类数据往往是以一个层级的数据嵌套在另一层级中的形式出现。例如，在团队研究中，团队是由个体构成的，个体又是团队中的一员，这样就构成了个体—团队的二层数据。此类分层数据结构往往包含了更多信息。以本研究为例，个人层面和国家层面的特征是我们的关注点，需要同时对两个层面进行分析。传统的线性回归分析（ClassicLinear Regression）的先决条件是线性、正态、方差齐性以及独立分布。但对于分层的数据而言，方差齐性和独立分布这两点并不成立。HLM 正是为了应对此类数据而产生的，并在近年来的应用中愈发成熟，使研究者可以估计各层面上的变化，以及各层面变量之间的关系。这些特征符合我们的研究目的，因此本研究将使用 HLM 模型来分析数据。

二 数据来源及变量设计

本研究的数据分为两个层次，第一个层次是个体，第二层次是国家。具体的研究变量、数据来源，及其描述特征见表 8-1。

个体层面的变量来自最近一次的"世界价值观调查"［World Values Survey（WVS）］，这项调查主要关注世界各国的价值观，以及文化变迁对其社会和政治生活的影响，其中 SWB 是"世界价值观调查"关注的重要议题之一。我们从其中选择了主观幸福感作为整个研究的因变量，问卷中的题目设计是从非常不满意到非常满意的 10 点量表。个体层面的自变量包括 4 方面的内容：对自身收入的满意程度，要求被试者从非常不满意到非常满意的十点量表中进行选择，分数越高说明对自身收入越满意；收入的相对水平，要求被试者对自身家庭收入的社会层级进行相对评价，1 表示最低层，10 表示最高层；人际信任，要求被试者对家人、邻居、熟人、第一次见面的人进行从非常信任到非常不信任的四点评价，再将数据反向编码后求出 4 题的平均分作为人际信任的指标；组织信任的编码方式与人际信任相同，涉及的组织包括工会、法院、环保组织、企业等 15 种。

表 8 - 1  研究变量及其描述统计

| 变 量 | | 数据来源 | 样本量 | 平均值 | 标准差 | 最小值 | 最大值 |
|---|---|---|---|---|---|---|---|
| 个体层面 | 主观幸福感 | WVSV | 57299 | 6.64 | 2.31 | 1 | 10 |
| | 经济满意度 | WVSV | 57299 | 5.75 | 2.46 | 1 | 10 |
| | 收入相对水平 | WVSV | 57299 | 4.59 | 2.14 | 1 | 10 |
| | 人际信任 | WVSV | 57299 | 2.92 | 0.48 | 1 | 4 |
| | 组织信任 | WVSV | 57299 | 2.54 | 0.55 | 1 | 4 |
| 国家层面 | 人均国民生产总值 | WDI2010 | 40 | 13273.75 | 16714.62 | 220.00 | 60820.00 |
| | 基尼系数 | WDI2010 | 40 | 61.78 | 8.30 | 42.20 | 75.10 |
| | 国家清廉指数 | CPI2007 | 40 | 4.59 | 2.03 | 2.30 | 9.40 |
| | 后现代价值观 | WVSV | 40 | 3.14 | 0.64 | 2.01 | 4.92 |

本研究涉及的国家如表 8 - 2 所示，在国家层面上涉及 4 个自变量，其中人均国民生产总值（以美元为单位），反映一个国家的总体经济水平；基尼系数，反映收入分配公平程度，经过反向处理，数字越大说明收入越公平，这两个指标来自由 World Bank 发布的 World Development Indicators 2010（WDI2010）；国家清廉指数来自 Transparency International 发布的 Corruption Perceptions Index 2007（CPI2007），数值越大说明越清廉；后现代价值观由 WVS 中的数据计算而成，在 WVS 中测量后现代价值观的题目如下：

如果您不得不在下列选项中做出选择，您认为哪一个最重要？哪一个第二重要？

1. 维持国内的秩序

2. 使人们在重要的政府决策上有更多的发言权

3. 控制物价上涨

4. 保障言论自由

最重要_____；第二重要_____

研究者认为选择"1. 维持国内的秩序"与"3. 控制物价上涨"反映的是现代价值观，选择"2. 使人们在重要的政府决策上有更多的发言权"与"4. 保障言论自由"反映的是后现代价值观。我们对题目的评分标准规定如下：如果"最重要"和"第二重要"都选择 1 或 3，则得分为 0；如果都选择 2 或 4，则为 3 分；如果"最重要"选择 1 或 3，"第二重要"选择 2 或 4，则为 1 分；如果"最重要"选择 2 或 4，"第二重要"选择 1 或 3，则为 2 分。在 WVS 中类似的题目共 3 道，我们以国家为单位算得 3 道题目的平均分作为国家层次的后现代价值观的指标，分数越高，说明一个国家的后现代价值观倾向越强。

表 8 - 2　研究中涉及的国家

| 阿根廷 | 智　力 | 德　国 | 日　本 | 摩尔多瓦 | 卢旺达 | 西班牙 | 土耳其 |
|---|---|---|---|---|---|---|---|
| 澳大利亚 | 中　国 | 加　纳 | 约　旦 | 摩洛哥 | 南　非 | 瑞　典 | 乌克兰 |
| 巴　西 | 埃　及 | 印　度 | 马来西亚 | 秘　鲁 | 韩　国 | 瑞　士 | 美　国 |
| 保加利亚 | 埃塞俄比亚 | 印度尼西亚 | 马　里 | 波　兰 | 塞尔维亚 | 泰　国 | 越　南 |
| 布基纳法索 | 芬　兰 | 意大利 | 墨西哥 | 罗马尼亚 | 斯洛文尼亚 | 特立尼达和多巴哥 | 赞比亚 |

### 三　数据的初步整理

在用 HLM 进行数据分析时，软件要求用唯一相同的 ID 号将第一层和第二层数据联系起来，本研究将国家设计成 ID 号，建立两层数据的联系。

## 第三节　数据分析与研究发现

本研究将分三部分对数据进行分析整理：首先，描述对比各个国家 SWB 的情况；其次，深入分析个体特征对 SWB 的影响，通过一般回归分析确定影响 SWB 的重要变量，再将第一层次的自变量进行降维处理，之后通过结构方程模型对比不同发展水平国家个体变量对 SWB 影响的差异，使影响因素及路径更清晰地呈现在读者眼前；最后，通过 HLM 分析国家特征对个体特征与 SWB 之间关系的调节作用。

### 一　各国 SWB 描述分析

首先计算 40 个国家的平均 SWB 水平（见表 8 - 3）。从表 8 - 3 中的数据可以看出，各个国家的 SWB 为 4.97 ~ 8.23。WVSV 的 SWB 调查结果与 Forbes2010 发布的幸福指数的结果类似，即欧美国家的幸福感排名靠前，而亚非国家的排名靠后。

表 8 - 3  世界各国幸福感比较

| 国　　家 | $M$ | $S$ | 排　序 | 国　　家 | $M$ | $S$ | 排　序 |
|---|---|---|---|---|---|---|---|
| 墨西哥 | 8.23 | 2.02 | 1 | 德国 | 6.92 | 1.98 | 21 |
| 瑞士 | 7.91 | 1.62 | 2 | 印度尼西亚 | 6.91 | 2.10 | 22 |
| 芬兰 | 7.84 | 1.75 | 3 | 意大利 | 6.89 | 1.74 | 23 |
| 瑞典 | 7.72 | 1.61 | 4 | 马来西亚 | 6.84 | 1.79 | 24 |
| 阿根廷 | 7.70 | 1.91 | 5 | 中国 | 6.76 | 2.37 | 25 |
| 巴西 | 7.64 | 2.11 | 6 | 韩国 | 6.39 | 1.96 | 26 |
| 土耳其 | 7.46 | 2.24 | 7 | 加纳 | 6.12 | 2.62 | 27 |
| 西班牙 | 7.31 | 1.50 | 8 | 马里 | 6.09 | 2.50 | 28 |
| 澳大利亚 | 7.30 | 1.79 | 9 | 赞比亚 | 6.06 | 2.47 | 29 |
| 美国 | 7.26 | 1.76 | 10 | 塞尔维亚 | 6.01 | 2.05 | 30 |
| 特立尼达和多巴哥 | 7.26 | 2.22 | 11 | 乌克兰 | 5.81 | 2.30 | 31 |
| 智利 | 7.24 | 2.03 | 12 | 印度 | 5.79 | 2.32 | 32 |
| 斯洛文尼亚 | 7.24 | 1.95 | 13 | 埃及 | 5.78 | 2.68 | 33 |
| 泰国 | 7.21 | 1.81 | 14 | 罗马尼亚 | 5.75 | 2.30 | 34 |
| 约旦 | 7.20 | 2.79 | 15 | 布基纳法索 | 5.57 | 2.16 | 35 |
| 南非 | 7.20 | 2.37 | 16 | 摩尔多瓦 | 5.45 | 2.26 | 36 |
| 越南 | 7.09 | 1.88 | 17 | 摩洛哥 | 5.25 | 1.80 | 37 |
| 秘鲁 | 7.02 | 2.22 | 18 | 保加利亚 | 5.22 | 2.24 | 38 |
| 波兰 | 7.02 | 2.06 | 19 | 埃塞俄比亚 | 4.99 | 2.01 | 39 |
| 日本 | 6.99 | 1.80 | 20 | 卢旺达 | 4.97 | 2.11 | 40 |

通过方差分析发现各个国家的主观幸福感水平存在显著差异，$F_{(39,57259)} = 231.12$，$p < 0.001$。其中幸福感最高的国家为墨西哥，幸福感最低的国家是卢旺达。在后面几部分的分析中我们将从个体和国家两个水平寻找 SWB 产生差异的原因。

## 二　个体水平变量对 SWB 的影响

我们在 WVS 中选取了 4 个个体水平的指标，分别是经济满意度、收入相对水平、人际信任与组织信任。通过回归分析发现，这 4 个指标对 SWB 都具有显著的预测作用（见表 8 - 4）。

表 8 - 4   个体层次变量对 SWB 的回归分析

|  | 未标准化的<br>回归系数 | 回归系数<br>标准误 | 标准化的<br>回归系数 | $t$ |
| --- | --- | --- | --- | --- |
| 经济满意度 | 0.473 | 0.004 | 0.504 | 130.647*** |
| 收入相对水平 | 0.061 | 0.004 | 0.057 | 14.750*** |
| 人际信任 | 0.112 | 0.018 | 0.023 | 6.320*** |
| 组织信任 | 0.059 | 0.016 | 0.014 | 3.802*** |

注：*** $P < 0.001$

为了进一步解释 4 个个体层面指标的内在关系，我们通过因素分析探索 4 个指标内在的结构，结果发现 4 个指标组合成两个新的因素，其特征值均大于 1，两个因素共同解释了 66.907% 的变异量。其中：经济满意度、收入相对水平为第一个因素，我们取名为物质资本；人际信任与组织信任为第二个因素，我们取名为社会资本（见表 8 - 5）。

表 8 - 5   个体层次自变量的探索性因素分析

| 因素名称 | 题　目 | 抽取的因素 | | 贡献率 | 累积贡献率 |
| --- | --- | --- | --- | --- | --- |
|  |  | 1 | 2 |  |  |
| 物质资本 | 经济满意度 | 0.820 |  | 34.690 | 34.690 |
|  | 收入相对水平 | 0.842 |  |  |  |
| 社会资本 | 人际信任 |  | 0.791 | 32.217 | 66.907 |
|  | 组织信任 |  | 0.806 |  |  |

在探索性因素的基础上，为了更清楚地看到个体水平变量对 SWB 的影响，我们运用模型对个体水平变量与 SWB 之间的关系进行拟合，在模型中经济满意度、收入相对水平、人际信任与组织信任为观测变量，物质资本与社会资本为潜变量。我们假设个体的物质资本与社会资本都会正向预测 SWB；同时我们将发达国家与发展中国家进行比较，我们假设，物质资本在发达国家中对 SWB 的预测力要小于发展中国家；社会资本在发达国家中对 SWB 的预测力要大于发展中国家。

研究结果显示，除了图 8 - 1 中社会资本对 SWB 的路径系数不显著外，图 8 - 1、图 8 - 2 中的其他因素负载以及路径系数均达到了显著水平；物质资本和社会资本两个因子对个体的 SWB 具有显著的正向预测作用，在这

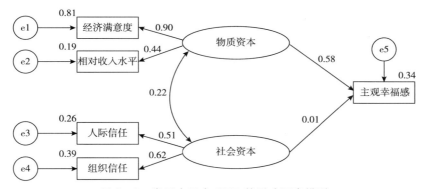

图 8 - 1 发展中国家 SWB 的影响因素模型

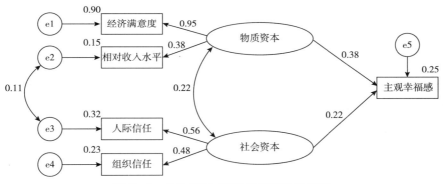

图 8 - 2 发达国家 SWB 的影响因素模型

一点上我们的假设得到了验证；物质资本在发达国家和发展中国家对 SWB 都有非常显著的预测作用；值得注意的是，发达国家社会资本对 SWB 的预测力度（0.22）要大于发展中国家（0.01），这一研究结果证实了我们的研究假设。此外，在两个模型中都发现物质资本和社会资本两个因子具有显著的正相关。

两个模型的拟合指数见表 8 -6，根据 Bentler（1980）等人的研究结果，在拟合指数大于 0.9 时，假设模型可以接受。RMSEA 的指标最好小于 0.05。表8 -6 的数据表明研究假设模型与数据拟合得较好，可以接受该假设模型。

表 8 - 6　个体水平变量对 SWB 影响的拟合指数

|  | $X^2$ | $df$ | RMSEA | CFI | IFI | GFI |
|---|---|---|---|---|---|---|
| 发展中国家 | 74.464 | 3 | 0.025 | 0.997 | 0.997 | 0.999 |
| 发达国家 | 17.046 | 2 | 0.026 | 0.998 | 0.998 | 0.999 |

通过以上分析可以看出，个体水平的众多变量可以分成两个大的因子，即物质资本和社会资本。通过发展中国家和发达国家的模型对比，我们可以初步发现国家的特征确实会影响个体特征对 SWB 的作用效果，因为任何一个个体都是作为一个国家成员而存在的。个体自身的 SWB 在多大程度上会受到一个国家经济、社会发展水平的影响呢？同时国家特征如何调节个体特征对 SWB 产生影响？以下将通过多层线性模型（HLM）对其进行分析。

## 三　HLM 分析

### 1. 国家层面变量对 SWB 的影响程度

使用 HLM 的一个优势是它可以将 SWB 的整体差异分解到不同层级里，并给出一个定量的指标来表示不同层级所导致的 SWB 差异占总差异的份额。

我们使用 HLM 的零模型（null model）来分解 SWB 的差异，具体模型如下：

第一层：$\log（SWB）= \beta_0 + r$

第二层：$\beta_0 = \gamma_{00} + \mu_0$

总模型为：$\log（SWB）= \gamma_{00} + \mu_0 + r$

其中，$\beta_0$ 为第一层截距，为随机效应，$\gamma_{00}$ 为第一层截距在第二层的固定效应，$\mu_0$ 为第二层随机效应。这个模型中不加入任何变量，因此我们可以检验总方差的分布。

表 8 - 7　SWB 的变异分解

|  | 方　差 | 自由度 | $X^2$ |
|---|---|---|---|
| 国家间 | 0.77 | 39 | 9035.26 * * * |
| 国家内 | 4.61 |  |  |

从表 8 - 7 可以看出，组内方差为 4.61，而组间则为 0.77，$X^2$ 值为 9035.26，$p$ 值小于 0.001，证明国家间的 SWB 差异十分显著。根据 HLM 给出的方差成分在两个层级的分布，我们可以算出，国家间的效应比例为 14.31%。换言之，因为国家不同造成了 SWB 的差异，而这部分差异占整体差异的 14.31%。

### 2. 国家层面变量通过个体层面变量对 SWB 产生的影响

现在，我们讨论国家特征对于 SWB 的影响机制，我们建立一个在两个层次都加入了自变量的多层线性回归模型。

第一层模型：

$Y = \beta_0 + \beta_1 \times$ 物质资本 $+ \beta_2 \times$ 社会资本 $+ r$

第二层模型：

$\beta_0 = \gamma_{00} + \mu_0$

$\beta_1 = \gamma_{10} + \gamma_{11} \times GDP + \gamma_{12} \times GINI + \gamma_{13} \times POSTVALUE + \mu_1$

$\beta_2 = \gamma_{20} + \gamma_{21} \times CLEAN + \mu_2$

表 8 – 8 的最左端列出的自变量分为两个层面，其中个体层面自变量用黑体字显示，而嵌在相应的个体层面下的国家层面的自变量用缩进格式表示。需要说明的是所有个体层面自变量下的截距项的回归系数表示的是个人特征对于 SWB 的影响效应，而其余国家层面自变量的回归系数表示的是国家特征对于个人特征影响 SWB 效应的调整方式。即当某个第二层变量的系数和第一层相应的系数符号相同时，说明该第二层变量能加强第一层上该系数所示的相关强度，加强的方向与系数符号所表示的方向一致；当两层的系数符号相反时，则说明该第二层变量会削弱第一层上该系数所示的关联强度，影响方向与第一层系数的符号所示方向相反（张雷、雷雳、郭伯良，2005）。

表 8 – 8　国家特征影响 SWB 的多层线性回归模型

| 自变量 | 回归系数 | 标准误 | t | p |
|---|---|---|---|---|
| **物质资本** | 0. 514017 | 0. 018436 | 27. 881 | < 0.001 |
| GDP | – 0. 000003 | 0. 000002 | – 1. 968 | 0.049 |
| POSTVALUE | – 0. 127556 | 0. 042437 | – 3. 006 | 0.003 |
| GINI | 0. 006343 | 0. 001663 | 3. 826 | < 0.001 |
| **社会资本** | 0. 520747 | 0. 048055 | 10. 836 | < 0.001 |
| CLEAN | 0. 053700 | 0. 018412 | 2. 917 | 0.004 |

（1）对物质资本，我们发现，个体水平的物质资本可以正向预测一个人的 SWB；一个国家的收入公平分配程度（GINI）加强物质资本对 SWB 正向预测作用，即在一个收入公平分配的国家中个体的物质资本可以更好

地正向预测一个人的 SWB 水平；但是一个国家的 GDP 水平、后现代价值观的程度会削弱物质资本对 SWB 正向预测作用，即在一个 GDP 水平低、后现代化价值观不强的国家中，物质资本对 SWB 的预测程度要高于一个 GDP 水平高、后现代化价值观强的国家。

（2）对社会资本，我们发现，个体水平的社会资本可以正向预测一个人的 SWB；一个国家的清廉程度会加强社会资本对 SWB 正向预测作用，即在一个清廉的国家中个体的社会资本可以更好地正向预测一个人的 SWB 水平。

# 第四节　讨论与小结

幸福感日益成为社会关注的热点课题，什么能使人更幸福，是幸福感研究的核心问题，本文深入阐释了影响个体幸福感的多方面原因。

## 一　个体特征对 SWB 的影响

本研究通过分析，将诸多个体特征整合，最终提取物质资本和社会资本两个因子来概括个体层面的影响因素，且二者对 SWB 有显著的正向预测作用，这验证了以往研究的结果。物质资本本身有超越物质生活的广泛效果，因为物质生活的满足促进了其他领域的满意感，增加了其他方面的特性，从而直接导致非物质领域的满足。另外，生物拥有一种与其他生物亲近的渴望，哈佛大学的研究员爱德华·威尔逊（Edword O. Wilson）称之为"亲生命假设"，亲密的社会关系是幸福的首要条件。大量的研究发现良好的社会资本对于 SWB 具有重要的作用。因此本研究得出的两个潜在因子是影响 SWB 的重要因素，两个因子的提出有着大量实证研究的支持。

在验证以往研究结果的同时，我们提出了新的发现：在当前世界的发展状态下，物质资本对 SWB 的预测作用高于社会资本。物质资本为个体生存提供基础的生存条件，如饮食、住所、健康等，而社会资本则用于满足人们更高层次的需要，根据马斯洛的需要层次理论，只有当基本需要得到满足以后个体才会发展产生出高级需要，因此物质资本在预测 SWB 中占有更重要的地位。与此同时，通过对两类国家结构方程模型的对比，我们也应该看到，随着社会经济的发展，社会资本对 SWB 的预测作用会逐步提高。对此结果我们进行如下分析，对于个体而言，生存是基础需要，因此作为生存必要条件的物质资本，其重要性始终存在，因此两类国家的模型中物质资本对 SWB 的预测系数都非常显著；而社会关系是高级需要，它在基础需要满足之后才会发展，发达国家的物质基础比发展中国家要雄厚，在发达国家中金钱的边际效应更显著，一个人拥有越来越多的物品时，自由和真情之类的其他需求会比以前更加弥足珍贵（Veenhoven，1991），所以在发达国家中社会资本对 SWB 的预测力度更大。

## 二　国家特征对个体特征与 SWB 之间关系的调节作用

以往的研究很少探讨个体、国家两个层面变量对 SWB 的影响，更少有研究应用 HLM 将两个层面的数据结合起来进行分析，本研究将实现这一突破。分析结果显示，国家特征可以解释个体 SWB 变异的 14.31%，这是一个较大的比例，表明具有相同特征的个体身处不同的国家时，他感受到的 SWB 有所不同。虽然个人特征（包括物质资本和社会资本）对于 SWB 的预测作用相当显著，但它们的这些预测作用往往都受到了国家特征的约束与调整。我们发现：收入公平分配程度会加强物质资本对 SWB 的预测作用，GDP、后现代价值观则会弱化物质资本对 SWB 的预测作用；国家的清廉程度会加强社会资本对 SWB 的预测作用。

在本研究中，收入公平分配程度用 GINI 系数表示，经过反向处理，系数越大说明收入分配越公平。Easterlin（1995）提出的社会比较模型为解释本研究的结果提供了思路，该模型认为，是一个人与其同辈人比较的相对收入决定了他的幸福感的强弱。在一个收入分配公平的社会中，个体可能会通过寻求高水平的物质资本，以此在同辈比较中获得 SWB，因此收入公平分配程度加强了物质资本对 SWB 的预测作用。

GDP 是人均国民收入，与个体收入水平不同，它代表的是一个国家经济的发展水平，研究结果显示，一个国家的 GDP 越高，则在这个国家中物质资本对 SWB 的预测力越弱。这与前面结构方程模型的结果相呼应，在结构方程模型对比中发现发达国家的物质资本对 SWB 的预测力较小。

后现代价值观与现代化价值观相比，它更强调个体对幸福的追求，因此在各个国家中，越是后现代价值观占主导地位，物质资本对 SWB 的预测作用越弱。

国家的清廉程度指国家组织机关工作对公民的透明程度，透明预示着贪污、腐败行为的减少。在一个国家中这一指标分数越高，社会资本对SWB的预测作用越强。可以设想，人们在一个透明度高的国家中，会更容易产生组织、人际之间的信任，进而感受到更多的公平，由此SWB水平也会提高。

三　小结

本文通过结构方程模型、多层线性模型等多种分析技术，对WVS中40个国家的数据进行了深入的分析，得出了以下结论：

（1）个体的物质资本、社会资本能够显著地正向预测SWB，随着社会经济的发展，物质资本对SWB的预测作用将会降低，而社会资本对SWB的预测作用将会增加。

（2）一个国家的收入公平分配程度（GINI）会加强物质资本对SWB正向预测作用；但是一个国家的GDP水平、后现代价值观会削弱物质资本对SWB正向预测作用。

（3）一个国家的清廉程度会加强社会资本对SWB正向预测作用。

以往研究发现，随着经济的高速发展，各个国家的SWB水平却没有提高多少，研究者认为产生这样结果的原因是SWB的产生来源于同辈的比较，而不是财富的绝对水平（Easterlin，1995）。因此，有研究者质疑是否有必要将经济发展作为所有国家的首要目标。通过发达国家和发展中国家的对比，我们认为，物质财富对SWB的重要影响始终存在；另外，随着社会经济的发展，物质财富对SWB的预测的相对作用有所降低，但是在当今，相对于其他变量，物质财富对SWB预测还占有主导地位；再次，有充裕的财富积累后，人们才能追求更高级的需求，经济发展有利于促进这一转化。

# 第九章　白领青年的人际关系及其对主观幸福感的影响研究

## ——对北京 IT 行业 8 名白领青年的深度访谈

本章依据对 IT 行业 8 名白领青年的深度访谈资料，采用质的资料分析软件 Nvivo7，对白领青年的人际关系及其对主观幸福感的影响做了较为深入的分析。研究发现，白领青年与领导和同事之间的工具性人际关系，从总体上看，处于负面状态。这种负面状态，极大地消解了他们的主观幸福感；而白领青年与家人和朋友的情感性人际关系，则处于良性状态。这种良性的情感性人际关系，增添了他们的主观幸福感。本章最后探寻了情感性人际关系对白领青年主观幸福观产生的正功能及其心理机制。

人际关系是影响人们主观幸福感的一个重要因素。一般说来，良好的人际关系可以增加人们的主观幸福感，而不良的人际关系则会降低人们的主观幸福感。那么，IT 行业白领青年的人际关系如何？他们的人际关系现状是否影响其主观幸福感？如果有影响，其作用机制是什么？本研究的主要目的，正是要回答上述问题。

本章所说的 IT 行业，即信息技术产业。它是信息技术产品生产或经济活动的总称。而白领青年是指年龄在 35 周岁以下，具有大专（包含大专）以上文化水平，依靠知识和技术谋生，在办公室工作，具有良好、体面的形象，从事管理、专业技术、文秘、销售等工作，获得较为稳定而又丰厚的工资（月薪 5000 元以上）的人群。本研究采用的资料来源于 2007 年 7 月至 2008 年 3 月对北京 8 名 IT 行业白领青年所做的深度访谈。在征得被访者同意之后，对整个过程进行了全程录音。8 位被访者中年龄最大的为 32 岁，最小的为 23 岁，都接受过高等教育。学历最低的为大专，最高的为硕士，其中不乏清华等名校毕业的学生。他们都拥有较高的收入，根据工作时间长短、位置高低和业绩好坏，工资从 5000 元到 15000 元不等。他们中有的从事技术研究，有的负责销售业务，有的主管网站运营，有的从事文秘事务（见表 9 - 1）。对访谈资料的分析，采用国际上最为流行的质的资料分析软件 Nvivo7。具体分析方法为类属分析。

**表 9 - 1  被访者背景资料**

| 序号 | 性别 | 年龄 | 学历 | 专业 | 籍贯 | 户口所在地 | 进京途径 | 职务 | 收入（元/月） |
|---|---|---|---|---|---|---|---|---|---|
| 1 | 男 | 28 | 本科 | 中　文 | 湖南 | 原籍 | 公司外派 | 销售主管 | 15000 |
| 2 | 男 | 30 | 硕士 | 计算机 | 江苏 | 北京 | 毕业留京 | 程序设计 | 8000 |
| 3 | 男 | 32 | 大专 | 软件工程 | 山西 | 原籍 | 跳槽来京 | 销售主管 | 13000 |
| 4 | 男 | 27 | 本科 | 计算机 | 四川 | 原籍 | 毕业来京 | 程序设计 | 11000 |
| 5 | 男 | 26 | 本科 | 法　律 | 河北 | 原籍 | 毕业留京 | 测评主管 | 9000 |
| 6 | 男 | 25 | 本科 | 新　闻 | 吉林 | 原籍 | 毕业留京 | 频道主管 | 8000 |
| 7 | 女 | 23 | 本科 | 法　律 | 浙江 | 原籍 | 毕业留京 | 文秘工作 | 5000 |
| 8 | 女 | 24 | 本科 | 法　律 | 湖南 | 原籍 | 毕业留京 | 业务主管 | 8000 |

# 第一节　白领青年与上司之间的关系

从这些白领青年的叙述中我们感觉到，在他们眼里，上司直接掌控着他们的命运，决定职位的升迁、项目的分配和工资的升涨。但令人遗憾的是，他们大多认为自己和上司之间的关系并不太好。具体表现为以下几种情况。

## 1. 与上司存在一定距离

一般吧，上司为了保证他的威严，都会和下属之间保持一定的距离，他需要你对他产生一种畏惧感。他和你讲话也讲得不多，也许这就是领导的艺术。对他们（的话），你只要把那些对他们承诺的事情，尽心尽力地去完成（的话），有什么主要的、重要的事情先向他汇报，得到他的允许之后去做，事先和他沟通好，不要做越级的事情，然后什么事情才有得商量（被访者8）。

## 2. 得不到上司的器重

上司天天说一些他自己的观点。有时候上司不采纳我的观点，而采纳了别人的意见，但是别人又没有我做得好……

就这种关系！往往我和上司的关系是认可与不认可之间，不会偏袒，不会强迫，让他弄，但是也不会好到哪去。其实一般也就是这种状态。我自己理解，老板出现这种情况，往往是老板认为，我是好与不好这种中间状态（被访者3）。

## 3. 遭到上司的打压

并不是我对女性有什么意见，就拿我们公司这种环境来说，这几个女的副总肚量特别小，她们总是考虑自己的利益，不会考虑你对公司的贡献有多大。他们为了自己的利益可能随时会向你捅刀子、下绊子，这方面就让人没有一个安全感（被访者1）。

## 4. 与上司直接冲突

像我这种人，不太善于在人际关系方面做一些动作，不善于去拍上司的马屁。在公司的几年，我还和主管的副总发生过几次冲突，主要是关于经济利益的争夺……当时高层发现我这个部门收入比较高，他们就想从中获得一些利益，但是我为了维护自己和部门的利益，当然会和他们发生一些冲突。这是不可避免的，要不然你这个部门的利润就被他无条件地分享（被访者1）。

# 第二节　白领青年与同事之间的关系

很多被访者认为，同事之间的关系并不"融洽"，而且很"虚伪"，彼此之间存在着一定的"距离"和"隔阂"，难以"相互信赖"，主要表现在以下几个方面。

### 1. 相互提防，毫无信任感

因为各部门都有自己的利益，你做得好别人就会眼红你，可能会给你打些小报告之类的。这些人吧，让你感觉没有一个是你信得过的，你必须防着人家！像广州那边，他们为了自己的利益就会在老总面前诋毁你。这让我跟广州那边的同事之间的关系不是很融洽（被访者1）。

工作越忙，交往圈子越小，因为你整天所有的精力都集中在交往圈子里面了，你就会发现人与人之间的关系慢慢地变远了，而且还学会如何去防别人。公司里的人，你不可能和他们成为很近的朋友。这是我发自内心的想法（被访者8）。

### 2. 夸夸其谈，并不交心

现在很多有社会经验、对这个行业非常了解的人，根本不喜欢那些说套话、空谈理论的人啊。你不爱听的时候，他就来烦你了。所以你对他也不会有什么好感。那些套话就跟那些不知道的新手去说，也还是能蒙住他们的。去跟这些在北京工作时间长、工作经验丰富的人去谈这些套话，人家都听过很多遍了，再听也就烦了。我和同事关系不好的原因，往往是在这个方面。其实有时候看到别人太高傲了，天天说得挺多，但是没有自己做得好，心里就很烦（被访者3）。

### 3. 惺惺作态，刺探情报

不管是以前的同事也好，还是现在的同事也好，我们之间存在着一些利益的东西，不可能和以前的同学关系那么好，那么融洽。尤其像同行业的以前同事，和你出去吃顿饭，并不是和你去叙叙旧，主要还是想窥探你公司当前的运作情况。我请以前公司的同事去吃饭，纯粹只是为了叙叙旧，但别人却认为你是去套他们公司的情况，他们也想套你的情况。这样就变成了一个商业活动了，就没有那种人情味了。在一起聊天，都是聊行业内部的一些东西，类似搞情报工作，你了解他的情报，他了解你的情报，没意思！像这种行业内的聚会，我也很少参加，我觉得太虚伪了，没有朋友之间可以相互信赖的那种友谊，感觉特别商业化（被访者1）。

为什么会如此呢？在一些被访者的叙述中，是这样加以诠释的。

（1）利益之争

如果你想在公司里面成为一个万人迷，像在学校里那样每个人都对你很好，是不可能的。这种想法是很痛苦的。因为公司里面的每个人都有自己不同的利益，不可能和每个人都搞好关系，表面上过得去就行了。同事与同事之间，有竞争也有合作，关键是你自己怎么看（被访者8）。

比如说，这个项目只能由一个人去做，你去做了他就不能去做，他去做了你就不能去做，那到底谁去做？比如说，一篇文章发表只能挂四个人的名字，如果多于四个人的话，怎么分配？（被访者2）

（2）缺乏感情基础

交往嘛，平时就因为大家都在一块做事嘛，有的时候吃饭也一块吃，都还挺好的，但都不深入。我们经常在一起，可能比较熟一些。其他的话，都是一下班就走人了，就这样。在此之前，你和他们之间也没有太多的感情基础，你过来没有多久，没有多深入。也有因为人际关系方面的事而闹得不开心的时候。因为我老是不说，肚子里憋着气，但是还是没有公开和他们闹得不开心（被访者7）。

（3）规避有拉帮结派之嫌

有很多东西你不能跟同事说，你就不容易和他们混在一起，就会和他们有一定的隔阂。不要和同事玩得太近，这不好！拉帮结派啊，这样容易在公司里面引起猜疑，没必要（被访者6）。

（4）上司左右

凡事太较真，就会很累，顺其自然吧，好就好，不好就不好，也没有永久的好和不好。但你的老板把你们俩放在一个组或一个团队的时候，不好都会变成好。当两个很好的人分属不同的老板去管的时候，再好的朋友也会吵架。所以，这个环境很特殊，看东西不要看得太重，这就是我的想法（被访者8）。

可以说，我们之间配合得很好，其他部门也许不想和你为敌，但是他的上司要与你的上司为敌，那下面两个人就很痛苦。所以和公司里面的人交往的时候，需要特意保持一定的距离（被访者8）。

# 第三节　白领青年与朋友之间的关系

不少被访者认为，值得信赖的朋友是自己以前的同学，彼此之间感情深厚真挚，能让自己感到放心、轻松和愉悦。

## 1. 共同生活过，具有感情基础

这些朋友，都是大学里的同学，特别是寝室里面的姐妹。毕竟曾经生活在一起，现在分开了，都很想在一起吃吃饭，说说话，逛逛街，我有需要的话，他们也愿意帮助我（被访者7）。

当年龄变大的时候，你就会发现，以前的感情会变得很真，以前的同学，这部分人，你就会和他交心，就会特别交心（被访者8）。

## 2. 长期接触，值得信赖

我会以同学和朋友的关系为主，这些人我是比较信得过的。毕竟接触的时间比较长吧，之前也没有什么利益的冲突，不会产生很大的矛盾（被访者1）。

## 3. 没有利益冲突，发自内心的交往

你和你同学发自内心的交往，因为你们是从小一起长大的，你和他们没有什么利益上的冲突，可以很开心地一起交往（被访者8）。

我的圈子其实是很窄的，能够成为朋友的就是同学关系。我在北京的同学比较多，大家经常在一起聚会。同事毕竟会有一些利益方面的冲突，再火热也没有同学那么火热（被访者2）。

### 4. 交往中心情放松，倍感愉悦

跟以前的同学朋友吃饭聊天，可以暂时脱离这种工作状态，可以回想一下自己以前读书、玩的时候的情景，心情会比较放松，你不必担心人家会害你，算计你，不用考虑这些，你会相对心情比较放松，比较愉快（被访者 1）。

因为心理接受度会有不同，心理接受度是分等级的，和大学同学、中学同学的心理接受度会高一些。你就会喜欢和他们在一块玩（被访者 6）。

## 第四节　白领青年与家人之间的关系

被访者表示，一般和家里保持着固定的联系，并且会经常向家人问候。

和家里的关系一直还不错。从之前到深圳到现在在北京，和家里面一直保持联系，尤其现在，公司可以报五六百块的电话费，好和家里面沟通，每个月花个四五百吧（被访者 1）。

但是，被访者一般不会从家人那里获得物质方面的支持。

我父母在我工作之后再也没有给我经济上的支持，不管是我的薪水只有 2000 的时候，还是现在，我现在薪水已经至少每月是五六千，他们一直没有给过我钱（被访者 8）。

不过，有时可以从家里得到一些非物质方面的支持。他们所指的这种支持具体包括以下两类：

### 1. 经验方面的支持

家里还是主要尊重我自己的意见，也会提供一下他们的意见和看法，毕竟他们的社会经验比我丰富一些，经常会给我一些比较好的意见和参考。比如跳槽，当时家里面就建议我不要太频繁，最好是学到一定的东西，自己有了能力、一定的职位、社会经验之后，才跳槽。比如像买房子之类的事情，家里面也给了很多参考意见，选择地点啊，价位啊，这些东西，还是给了不少的帮助（被访者1）。

## 2. 精神方面的支持

在你特别难受的时候，在公司里面你不可能很痛快地跟别人讲话，而男朋友又没有在身边。即使男朋友在身边，他也不能总是听你在抱怨，他也会抱怨，他有时会受不了你的抱怨。所以只能转而向自己的父母去倾诉。你的父母对你永远是最宽容的，他们是包容你最多的人。他们能在你飘飘然的时候，给你当头一棒；在你最低沉的时候说，你回来吧，大不了我们养你。这时候你就会感到很温暖，不会感到害怕（被访者8）。

但在访谈中我们也发现，有的被访者一般不会和家里进行交流，更不会去寻求帮助和支持。原因主要有两个方面：

一是为了不给家里人带来压力。

像我比较独立，一般不会告诉他们（父母）的。要是我受到打击告诉他们，家里也要受到打击，他们更没法去抉择。年龄大了，一个人在外面生活的时间长了，真的遇到这种问题，把这些事情告诉家里人的话，他们就会感到担心啊，我的原则一般好事都会告，坏事不会告，重大的事情绝对不会提前告诉他们，除非是这个重大事情有个好的结果啊，这还是可以的，就是那种报喜不报忧（被访者3）。

一般来说，说得比较少。毕竟父母不在身边，跟他们说的话，会让他们跟着担心。也不应该给他们太大压力（被访者4）。

二是父母处于社会底层，难以沟通，更谈不上帮助和支持。

我一个人在外面生活这么久了，很多事情都是我自己决定的。可能因为他们生活的层次比较低，很多事情没办法沟通。他们也经常说，你自己觉得好的话，你就自己决定吧，我们也不懂。看着走吧

（被访者7）。

在访谈中，我们还发现，个别被访问者还提到除上述各种关系之外的一种关系，即社会关系。这种关系，有时会给被访者重要的支持。

在社会上认识的一些哥哥姐姐，叔叔阿姨，有一些社会资源的话，你会和他们主动地交往。因为他们的社会经历和社会资源是你所需要的，但是你又不能表现出太多的目的性。你会发自内心地和他们交往，这是你所需要的（被访者8）。

# 第五节　结论与讨论

通过对北京IT行业8名白领青年的深度访谈，我们发现：

## 1. 白领青年的工具性人际关系消解了他们的主观幸福感

白领青年与上司和同事的关系，显然属于工具性人际关系。访谈结果表明，被访者大多将这种关系看作是一种以经济利益为核心的人际关系，其常态表现是处于一种疏离状态。用他们自己的话来说就是，"保持一定的距离""威严感""好与不好的中间状态""信不过""不融洽""提防着""表面上过得去""没有人情味""商业化""慢慢地变远了""隔阂""没有到深入的程度""没意思"等。这种关系在关键时刻，往往表现为对立与冲突。例如，"吵架""诋毁""打些小报告""捅刀子""下绊子""冲突""争夺"等。

## 2. 白领青年的情感性人际关系增添了他们的主观幸福感

白领青年与朋友和家人的关系，显然属于情感性人际关系。访谈结果表明，被访的白领青年与朋友和家人的关系，基本上是一种良性的、正向的关系。具体表现为信任、关心和支持。他们常提到的一些"本土概念"是"特别交心""感情很真""比较信得过""火热""喜欢一块玩""提供意见和看法""给意见和参考""愿意帮助""给了不少的帮助""包容得最多"等。这种关系给他们带来的是一种幸福的体验。进一步分析发现，白领青年的情感性人际关系之所以能起到增添他们主观幸福感的作用，其作用机制如下：

第一，情感性人际关系比工具性人际关系更融洽和亲密。

第二，情感性人际关系比工具性人际关系更能给人带来快乐。

第三，情感性人际关系比工具性人际关系更能给他们以支持。

# 第十章　影响 IT 行业白领青年主观
# 幸福感的工作因素

## ——对北京 IT 行业 8 名白领青年的深度访谈分析

本章依据对 IT 行业 8 名白领青年的深度访谈资料，采用质的资料分析软件 Nvivo7，对工作领域内影响 IT 行业白领青年主观幸福感的主要因素做了类属分析。研究发现，工作压力太大、工作环境不佳、工作前景不明、工作心态不好等，是消解 IT 行业白领青年主观幸福感的四大最主要的负面工作因素。

C. 莱特·米尔斯认为，工作可能仅仅是一种生计来源，或是一个人内心生活中最重要的组成部分；它可以被体验为一种赎罪，或体验为极其丰富的自我表达；它可以体验为一种沉重的负担，或是人类共同本性的发展。就人类或工作的任何既定线路而言，无论是对其的热爱还是仇恨都不是与生俱来的（C. 莱特·米尔斯，2006）。在主观幸福感研究领域，研究者一般认为，工作与主观幸福感之间存在着显著关联。具体表现为：工作是一个人获得财富和收入的基本途径，对于每一个工作年龄的人来说，没有工作的生活是不完整的生活；有无工作不仅改变个人的社会地位，也改变其家庭地位；有无职业关系到人们的社会交往。

然而，现有研究很少具体而深入地探寻 IT 行业白领青年在工作领域内的主观幸福感以及影响其主观幸福感的工作因素。本研究的主要目的是，利用 2007 年对 8 名 IT 行业白领青年所做的深度访谈资料，对影响 IT 行业白领青年主观幸福感的负面性工作因素做些具有探索意义的研究。①

根据被访者的叙述，工作对他们来说非常重要，是一件非常有意义的

---

① 有关本次调查的方法及其被访者的背景资料参见本书第九章《白领青年的人际关系及其对主观幸福感的影响研究》。

事。它的重要性或意义主要表现在三个方面，即"经济自立"（花自己的钱想怎么花就怎么花）、"行动自由"和"精神满足"（找到尊严）。上述三个方面，无疑对他们的主观幸福感起着积极的建构作用。但值得注意的是，他们在谈及工作时，提及更多的是一些影响他们主观幸福感的负面因素。正是如下这些负面因素，极大地消解了他们的主观幸福感。

# 第一节　工作压力太大

工作压力是由于工作要求超过了自身的应对能力，个体被迫偏离正常的或希望的工作方式时体验并表现出的不舒适的感觉。几乎所有的被访者都吐露，自己平时承受着相当大的工作压力，而且压力的来源相当复杂，不可一概而论。通过对访谈资料的具体分析，本研究发现，"工作压力"可以分为两类：一类是"事务型压力"；一类是"精神型压力"。

所谓"事务型压力"，是指手头有做不完的活，不得不通过加班来解决。这类压力主要来自以下几个方面。

## 1. 出现紧急情况

最紧张的时候就要加班到十点钟、十一点钟，一大早就得去，就这样一做就是一两个星期、两三个星期，甚至更长的时间。这些都有过的。这个是与工作性质相关的。有时候遇到紧急情况，你就得加班，这是没有办法的（被访者2）。

## 2. 应对激烈的竞争

现在像我们公司里面，同时有很多 team 在做这个东西，看谁先做完，如果你做的这个东西被别人抢先一步做出来，你做的这些东西就等于是白做了。这个时候就会比较郁闷（被访者2）。

## 3. 企业特征

作为日本来说，它是一个热爱加班的民族。他们为什么热爱加班？其实他们有很多现实的考虑，加班的话至少可以在企业里显得很敬业。日本是一个很讲求敬业的民族，所以他们加班会很多。工作还是蛮忙的，经常会加班，一周加三四次就是挺好的（被访者4）。

## 4. 工作过程不可控制

到了项目的后期脑力劳动本身的进度是不好控制的，越往项目后期活就越慢。因为你前期不知道怎么做，松松垮垮的。后期只有加班去把它完成（被访者4）。

## 5. 服务更新速度快

就上个月，连续二十几天没有休息，有的时候需要赶版本吧。像网络游戏，你卖出去了，一个月就要更新一个游戏版本。比如，20号要更新版本，广告都已经打出去了。那么多钱都已经投进去了，你必须把它赶出来。这个我们到时候就要赶（被访者5）。

所谓"精神型压力"，是指个人所承受的压力不是来自具体任务，而是对各方面问题的思考和担忧。这类压力具体表现为：

第一，担心遭到淘汰。

有的被访者认为，在IT行业，知识更新迅速，新人不断涌现，"物竞天择，适者生存"的法则让从业者感到压力重重。

IT业的更替速度太快，它不像别的行业，你做律师、做医生，你干得越久，累积的经验越多，你的收入也越多，名气越大，也就越不会被新人所替代。但是IT业却相反，如果你干得越久，而且转换不过来的话，你就会被新人所替代。因为新人从大学里面出来，能够学到最新的知识，他身体很好能加很多班，能够更好地满足要求（被访者4）。

同时，有的外资企业对员工的外语水平要求较高，没有较高的外语水平难以在公司获得发展机会。

像在我们公司，会不会日语，日语熟不熟练是个很重要的标准，关系到以后的晋升和提薪。如果你不是不断地学的话，你就会被新人所超越。在这种压力之下，你就得不停地学习（被访者4）。

第二，独自承担全部责任。

我现在做到一个高层管理人员，但是我觉得自己比较空虚，我每天工作没有太多（具体）事情去做，但是收入指标的压力是我一个人来扛的……很多事情我交给下面的人去做，但是我要担心，交给下面去做的这个事情下面能不能做好，他做不好的话，我必须督促他去做好。这可能会浪费你更多的精力（被访者1）。

第三，看不到工作效果。

我们压力很大，每天上班的时候，因为工作进展不是特别大，但是每天想的事情特别多，你不知道该做什么（被访者3）。

第四，市场环境恶化。

如果你的行业在一定的价值链中处于竞争力有限、往两边缩的行业，你就会感到压力。非常大的压力，这是这个行业力量对比给你带来的压力（被访者8）。

第五，与他人工作理念不合。
一种情况是，与老板理念不合。

当你无法改变的时候，当很多东西，你能明白怎么去做，但是由于高层的决定和战略上的错误，你无从改变这种困境，但是又让你去扛责任的时候，这时候你的压力会很大。这是工作不爽的事情（被访者8）。

另外一种情况是，与其他部门同事理念不合。

在我们合作的一年里，我们的经营理念是不一样的，常常会有很多冲突。在这个冲突之中，我作为一个项目的负责人，夹在公司和合作伙伴之间，两方面都会给我施加压力，公司希望我做这个项目把收入拉起来，而合作伙伴则希望我不要把收入的东西考虑得太多，而是帮他们实现他们的目标，在媒体竞争中取得更重要的发言权，让他们的平台在他们那个部委中取得更好的发展空间，他们考虑的是这个东西。经营理念出现的问题，我夹在里面，感觉到特别大的压力（被访者1）。

第六，办公室政治。

> 还有一个原因就是办公室里面的政治，高层之间的斗争会牵扯到你。你也许不是能力的原因，可能是因为派系，领导从派系来考虑，你的老板要你这么做，而另外的老板不允许你这么做。两个老板围绕你发生一些争执，你就在这种风口浪尖上面，这种感觉是非常不好受的。刚刚走进社会不愿意卷进这些斗争里面去，但是在任何公司里，这种办公室政治都存在，这种事情让人头疼（被访者8）。

对访谈资料做进一步的分析，我们发现，不同个体所处的位置和工种不同，他们所感受到的事务性压力和精神性压力的程度也不同。

第一，位置越低，事务性压力越大，精神性压力越小。相反，位置越高，事务性压力越小而精神性压力越大。其中一位被访者较为具体地说明了这种情况。

> 如果你在最底层的话，你的压力来自你手头的工作，你有永远也做不完的工作，手上的事情永远都做不完，你一做完的话，马上就会来新的任务。这些任务压下来，你一个人就是累死了也忙不完。如果你的层级稍微高一点的话，你就会稍微好一些，这样的话你的压力就来自市面上的竞争。任何一个产品也好，任何一项服务也好，你面对的人实在是太多了。你每天有很多竞争对手，公司并不是要求你具体去做什么事情，他们要的是业绩，他们要看到你的业绩，完成的任务。你要和市面上很多同样的人去杀，价格上的拼杀，服务上的拼杀，甚至还有一些很肮脏的交易手段也要去想（被访者8）。

第二，技术人员的压力主要是事务性压力，而管理人员的压力主要是精神性压力。技术人员往往只需完成所分配的任务，而完成这些任务一般都在其能力范围之内。对于技术人员来说，事务性压力，表现为任务量大、时间紧、事情琐碎等方面，一般可以通过加班来应对。

> 公司会对每一个产品的质量进行控制，管理是非常严的。你做每一个

产品、每一个环节都有固定的程序要走，这样才能基本上保证这个软件产品的质量。像搞技术外包的企业，每个技术环节都比较简单（被访者4）。

现在一个单位，分工很明晰，比如，从事技术这一块就划分为业务、各个项目，谁负责哪块，都划分得很清楚，这头是谁的，那头是谁的，到了单位的每一个员工都会了解这一点（被访者3）。

第三，高层员工所肩负的精神性压力比低层员工所承担的事务性压力更难以应对，更让人感到痛苦、烦恼和不幸福。两位被访者分别从横向（位置高低）和纵向（前后两个不同时期）两个维度进行了比较：

一是横向比较。

你越往上面去，你的协调的压力就越大，思想压力越大。我感觉压力在于业绩压力和协调压力，事情是可以安排别的人去做，但是你要保证你所指定的方向是正确的，而且做完之后你的目标还要实现，还包含处理一些人事关系（被访者8）。

二是纵向比较。

我一方面要照顾好我的下属，另一方面还要看如何应付我的上司，完成本部门的收入。已经不像以前那样单纯地做好某个业务、某一条产品线就可以了。我现在负责的是整个公司的一个部门，我如何把这个部门做好，应付各方面的压力（被访者1）。

# 第二节　文化环境不佳

企业内部环境一般分为物质环境和文化环境。物质环境指的是资源拥有情况和利用情况；而文化环境指的是组织及其成员的行为方式，以及这些方式所反映的组织成员共同的信仰、价值观念及行为准则。访谈发现，IT行业白领青年一般较为重视企业的文化环境，但他们总体上却感觉企业内的文化环境不佳，对企业的规章制度、管理风格和工作氛围等提出了许多批评。

### 1. 公司制度及管理结构的不合理

一是公司的规章制度和公司机构的设置都存在诸多不尽合理之处，机构庞大臃肿，运行效率低下，影响员工的工作心态。

> 公司太大了，流程方面是很严谨、很烦琐、很复杂的，必须一环套一环。你这边做一个东西，那边给你反馈信息，就有一个时差的问题。等着反馈，一天一天就这样过去了，特别麻烦。所以感觉特别庞大、特别臃肿、特别复杂（被访者2）。

> 有时候单位就像个官僚机构，要你去做很多很多的事情，你不知道哪些事情有用，哪些事情是没用的，有些事情做了半天都看不到效果，主要是为了应付流程而已（被访者4）。

二是虽然公司为激励员工制定了奖励制度，但是由于门槛过高，让人难以企及。因此，对于员工来说，激励制度形同虚设，没有太多实际效果。

> 公司都会把奖金设在一个非常非常高的位子，就像是水中月一样，你看得见，你捞不到，但是你好不容易捞到一次，因为这个目标是变动的，比如说这一次公司给我定的目标是600万，下一个月可能就是1000万（被访者8）。

三是公司管理结构扁平化，短时间内很难在职位上有所升迁。因此对他们来说，职位的升迁是一件可望而不可及的事情。

> 因为我们上面都是老板，我们的职务和职位也没有再高一点了，中间没有一级一级的。如果你做得好的话，就会让你独立负责一个部分，但是你的职位还是这个。你也不可能五六年就做到老板的位子。自己也没有太多的往上冲的感觉，只能把自己的事情做好，只能有一点自己的想法，只能把自己的东西做得有特色一点（被访者7）。

### 2. 高层的管理风格难以认同

有些公司高层领导为了个人利益，在管理上存在一些难以让人接受的做法，影响了被访者的工作热情。

一是高层不关心员工。

我现在手下有些人的工资相对来说比较低，就 3000 多块钱。我想争取给他们加薪。但是公司说，现在行业不太景气，公司的利润不太高，就拒绝了我给他们加薪的请求。你让员工造成这样一种错觉，就是无论他做得好还是不好，都不会有太多的奖励，这样员工的积极性就没有了，这样下去，我这个部门就不太好管理了。如果没有下面这些人的支持，他们不能帮我把这个事情做好，不能把收入做上来，我坐在这个位子上也觉得没有意思（被访者 1）。

二是高层目光短浅。

你做得再多也没有什么用，因为现在公司的这种模式，公司和老板都只看中眼前的一点利益，没有一个长远的目标，就想短期内赚点钱，然后就不干了……我们这个行业在这几年的高速发展中已经造成了很浮躁的心理，很多公司的老总就想短期捞笔钱，不会有一个很长远的打算和计划。说要几年之内把我们的公司在这个行业中做成一个什么样子的，没有这样的想法，就想短期赚钱（被访者 1）。

三是高层言而无信。

老板跟我说了，我把这个部门的收入做起来之后，会给我相应的提成。但是直到今天，我也没有拿到一分钱的提成。我现在也和员工一样产生了同样的情绪，不管我做得好，做得差，都没有什么，公司也不会给我太多的鼓励。所以现在人已经处于一种停滞状态，不再像以前在下面的时候，拼命地做事情，拼命地做业绩（被访者 1）。

### 3. 工作氛围不好

有些被访者认为，公司的工作氛围不是太好，影响自己工作的心情。具体表现在以下两个方面：

一是大锅饭现象。

当时做事还是比较有成就感吧，随着进一步的发展，就感觉整个公司的氛围不是很好。公司有很多是吃干饭、吃闲饭的，就是说每天不做事情就在那里混。然后呢，他们的薪水还是那么拿。我们这个部门做得再高，但不是按这个部门的业绩来算，而是按整个公司来算的，公司还有好多其他部门。就是说，你取得的利益和收入被均摊到各个部门去了。他们那些吃大锅饭的做得再不好也不用怕，因为公司不会把这些部门裁掉，所以做到后面也就有点心灰意冷了。你就是做得再好，公司也不会给你格外的奖励，你做出的成绩有一大半要分给别人。后面就觉得，既然大家都是吃大锅饭，我也就没有必要这样拼命地去做了，我该做什么就做什么，我也不管了（被访者1）。

二是员工彼此之间相互提防。

公司毕竟是一个给老板打工的地方，之所以给你这么多钱，是因为你有能力，要么你有资源。所以公司里面有一种这样的文化氛围，每个人都会保守着自己的那份领地，有资源的话，你不会让别人踏入你的领地。所以说，我的同事做什么事情，我可能都不知道。个人有能力的话，也不会把自己能力提升的核心秘密告诉别人。这是目前公司的氛围，但是我不喜欢这种氛围（被访者8）。

# 第三节　个人发展前景不明

访谈资料表明，被访者主要通过"内外两条路径"来展望个人发展前景。一是通过"内部路径"，展望自己在公司内部的发展前景；二是通过"外部路径"，展望自己在公司之外的发展前景。

## 1. 内部路径

从"内部路径"看，被访者往往担忧自己在公司中的发展可能会遇到以下不利境况：

一是得不到上司的认可与赏识。

虽然刚进公司的时候，我觉得老总对我还不错，但是由于长时间没有在他旁边，所以你做的东西没有看在他眼里，比不上别人在他旁边说的那些东西了。这方面让我感到比较失望。我做了很多事情，但是并没有得到老总的认可，这就是一个比较悲哀的地方（被访者1）。

二是升职无望。

在这个环境里，整个行业又不是太景气，绝大多数人的想法和我差不多，现在升职加薪都已经不太可能了，已经失去了刚进公司的那种动力了，看不到自己有什么前途，原地踏步就可以了（被访者1）。

三是担心自己成为权力斗争的牺牲品。

上司之间也有很多利益冲突，作为他们的下属很有可能成为权力斗争的牺牲品。说不定哪一天我就不在这个位子上了，别人就替换了我。也有可能是，我的同事抓住了我的什么把柄，这种情况说不好的（被访者1）。

## 2. 外部路径

从"外部路径"看，被访者认为，离开公司，另谋发展，并非一件容易之事，存在诸多困难与阻碍。具体来说，跳槽、转行和创业并不是当前的迫切要求和最佳选择。

一是创业非常艰难，往往缺乏一些必需的重要条件。比如，好的项目、充足的资本、丰沛的客户源等。

自己创业是由许多因素促成的，像IT业创业的话，你就要有比较好的技术。大部分的IT业的创业者都是从美国海归过来的博士，有自己很好的想法、很好的项目，有了这些项目，能够很好地和市场结合，吸引风险投资，吸引大众的投资，慢慢干起来的。对我来说，就一个公司的小职员，干到这种程度是很难的。虽然自己有很好的想法，但是这个想法也不是在这个行业最前沿的，所以创业的机会就很少。你能做的，大部分人也能做，你怎么创业？（被访者4）

这需要你有比较固定的客户来源。像我们这个年纪，没有什么家庭背景的话，目前是很难找到的。需要一段时间的积累（被访者6）。

现在人脉和资源都还没有达到。想要自己创业，首先自己要有资本，要有好的项目。你要有好的平台，要有好的资源。你要和各方面的人都比较熟。这些都至少是 30 年后的事情了，现在想也没有用（被访者 8）。

二是转行也不是一件轻而易举的事情，可以说是困难重重，前途未卜。

转行对于我们这种人来说，那就比较难了。你本身就是学计算机的，你要转到别的地方去的话，首先缺少那个行业的背景。除非你想当公务员啊，进入那些技术准入门槛比较低的行业（被访者 4）。

不排除这种可能性，而且现在没有这方面明确的计划。但是我会再花较多的时间，把司法考试给过了。因为毕竟自己是学法律的，而且自己也曾经非常喜欢。说以后一定要往法律方向去走，一定有个什么目标，现在还没有想过（被访者 8）。

我之所以没有转行，一转行，前面几年的工作就白做了。另外，你转行不可能拿到现在的薪水（被访者 1）。

三是跳槽虽然是一件司空见惯、习以为常的事，但是一般不会轻易为之。

真的跳槽的话，我还没有找到合适的地方，毕竟还没有积累太多的工作经验。真的去别的地方，别的地方也不一定会要你啊。你必须学到一技之长之后，才能说真的跳槽。短时间还是不会跳的（被访者 7）。

一般来说，你在软件行业里面有两条路可以走，一个是走管理这条路，另外一个就是走技术这条路。但是我还没有想好选择哪一条路。如果你频繁地在企业之间跳槽的话，轮到选择你的时间会被推后。在一个公司工作久了之后，你会发现越来越接近你所要选择的道路，那时候你就会看出一些东西来，自己是做项目管理者还是技术总监（被访者 4）。

通过对访谈资料的进一步分析，我们发现，他们在个人发展前景方面的忧虑和不满，主要来自以下三个方面：

一是与他人相比感到烦心和担忧。

> 有时候上司不采纳我的观点。上司往往采纳了别人的意见，但是别人又没有我做得好（被访者3）。

二是与国有企业相比感到担忧和不满。

> 毕竟我在私有制企业上班，工作的稳定性和延续性肯定比那些国有企事业单位差一些，也会担心哪天公司垮了，自己的薪水没有了，但是每个月的房贷还是有的，这对自己还是有一定的压力（被访者1）。

三是与民营小企业相比难以发挥个人能力。

> 你做的都是一些琐碎的工作，你想再有什么发展，还远不如去一个小公司能够独当一面，还不如这样的好（被访者2）。

# 第四节　工作心态不佳

工作心态是个人工作时的心理状态，反映了个人对工作及其过程的主观感受和情感评价，体现出个人对工作的热爱程度。访谈发现，经历一段工作时期，IT 行业白领青年的工作心态发生了一定的变化，并且呈下降趋势，主要表现在以下几个方面。

### 1. 缺乏充实感

> 我觉得我以前工作特别充实，虽然我现在做到一个高层管理人员，但是我觉得自己比较空虚，收入指标的压力是我一个人来扛的，但是一些具体的事情又不需要我去做（被访者1）。

### 2. 没有激情

> 读书时候有那个憧憬吧！感觉工作时候是怎么样。现在工作

了吧，现实并不是以前想象的那个样子，现在手上具体的工作是烦琐的。以前认为工作是应该充满激情的，而现在工作却体现不出来……以前总是想着工作了，要做一些比较大的事情。工作了之后，你才发现原来你的工作就是这么一小块。也不会像以前那样，你想干什么就干什么……不足的事情是我们平时每天都有许多烦琐的事情，处理完了之后，就发现自己没有时间去做自己想做的事情（被访者2）。

### 3. 处于停滞状态

现在人已经处于一种停滞状态，不再像以前在下面的时候，拼命地做事情，拼命地做业绩，那样我做出来的话，能够得到加薪，甚至有机会（被访者1）。

这份工作我已经找不到什么成就感了，就是无聊。是因为我一旦觉得无聊了，我就不想干了（被访者6）。

### 4. 得不到回报

刚工作的时候，你会有付出就一定会有回报的想法。当你工作一段时间之后，就会发现，你的付出和你的回报没有任何关系，至少关系不大。你只需要做出与得到回报相符的努力就可以了。得不到与付出相符的回报，你就看好自己的饭碗，就行了。当你给老板挣10万块钱的时候，你的工资是3千块钱。后来你发现自己一个月能给他挣30万元了，而你的工资只涨到4千多块钱，但是你的付出增加了两倍甚至是三倍的时间和精力。这就是不值得的。你的付出和回报是不成比例的。我就会想，我每个月还是给他挣10万元好了，但是我可以省下一半时间和精力（被访者6）。

### 5. 未被认可

虽然刚进公司的时候，我觉得老总对我还不错，但是由于长时间没有在他旁边，所以你做得东西没有看在他眼里，比不上别人在他旁边说的那些东西了。这方面让我感到比较失望。我做了很多事情，但是并没有得到老总的认可，这就是一个比较悲哀的地方（被访者 1）。

访谈还表明，在一定程度上，横向的比较强化了被访者的消极心理，影响了当事人的工作心态。例如，被访者 1 认为，公司存在有人"吃干饭、吃闲饭"的现象，因而自己"做到后面也就有点心灰意冷了。"

# 第十一章　城市中学生消费主义倾向
## 及其影响因素研究

——对北京、郑州 1156 名中学生的调查分析

本研究依据 2007 年对北京、郑州两城市 1156 名中学生的问卷调查资料，对中学生消费主义倾向的现状及其影响因素做了量化研究。描述性统计分析显示，城市中学生具有中低程度的消费主义倾向，且消费主义观念倾向比行为倾向明显。方差分析结果显示，居住地不同的中学生消费主义倾向没有明显区别，家庭处于中高阶层的中学生消费主义倾向明显。多元回归分析结果显示，对总体消费主义倾向影响显著的是"初、高中""学校消费教育""父亲职业""压岁钱""零花钱""参照群体"和"媒体接触"，其中"参照群体"和"媒体接触"是最显著影响因素。本章还推出了想象中的幸福感等论断。

## 第一节　研究背景

### 一　消费主义的概念

关于消费主义的起源，一般有两种说法：一是英国起源说，这和麦肯德里克的消费社会起源时间说法一致，这个观点指出，18 世纪的英国不但率先开始了人类历史划时代的工业革命，也持续进行了一场与之密切相关而且同样意义深远的消费革命（成伯清，1998）。二是美国起源说，这种观点提出，现代意义上的消费主义起源于 19 世纪末的美国（艾伦·杜宁，1997）或者是 20 世纪 20～30 年代的美国（潘小松，2004），"第二次工业革命"使资本主义高速发展，而且美国文化传统束缚较少，在拥有了高度

发达的信息手段后，这种追求便促成了消费主义的盛行。凡勃伦在《有闲阶级论》一书中提出，新兴富豪的"炫耀性消费"体现了当时的消费特点（凡勃伦，1981），在后来的研究中"炫耀性"基本被学者们纳入了消费主义的范畴。

大部分西方社会学者认为，消费社会是在 20 世纪 50 年代以后才出现的，并且都倾向于用这个概念来解释晚期资本主义社会的特征（郑红娥，2006）。

70 年代以后，一些有识之士及国际社会开始对其进行反思，然而消费主义非但没有终结，且大有向中等发达国家和发展中国家扩散的趋势（王蒲生，1998）。

关于消费主义产生的原因，主要有经济决定论和文化霸权论两种观点。作为全球化的内容之一，消费主义在发展中国家的兴起更强调文化的先导性，往往与文化帝国主义联系起来（Tomlinson，1991）。

在消费主义概念的界定方面，至今没有一个被理论界普遍接受的确定性定义。在已有的论述中消费主义（Consumerism）一词主要是从文化意义提出和论述的，通常有两种意义，一是强调消费者权利的消费者主权运动，有时也译为"消费者主权主义"（Tomlinson，1991），包括一系列关注消费者权利保护法律、商品的质量、价钱信息、具有欺骗性商业手段和产品安全的行动。在所搜到的英文文章中有很多医疗消费主义的文章，多强调在医疗中加大消费者的参与力度和保护其知情权等。二是缺乏批判意识地沉迷于消费（刘俊彦，2006），这个层面上的意义是我国学术界讨论的主要内容，也是本章将要研究的内容。

消费主义在理论上属于后现代主义和后工业主义的范畴，其理论概念有两个主要来源：发展社会学和文化社会学。发展社会学层面的论述是从 Sklair（1991）在 20 世纪 20 年代提出的全球社会文化体系理论开始的。他认为消费主义作为一种文化意识形态，是属于全球化体系的中心，强调生命的意义在于我们所拥有的东西，保持存在就必须继续消费（Sklair，1991）。文化社会学主要是从后现代性理论（post-modernity）来探讨消费主义（Bauman，1998），重点强调消费的象征符号功能，日益增长的商品和服务从社会和文化的意义上将人们进行了区分（Steven Miles，1998）。

已有的研究对消费主义的界定可归纳为以下三种角度。

（1）消费主义是一种意识形态

消费主义是迄今为止最强有力的意识形态，没有任何一个地方能逃脱我们的良好生活愿望的魔法（比尔麦克基本，2000）。可以说消费主义的文化—意识形态，是资本主义在生活领域提供给大众消费的世俗化的意识形态。Sklair 认为，这种文化—意识形态主要以跨国公司为载体，指出了当代意识形态的作用方式的非政治性和经济强制性（Partrick Mullins，2004）。我国有学者称之为一种国家发展主义视野下的消费主义发展观（郑红娥，2005）。

（2）消费主义是一种生活方式

凯尔纳区别了"消费"和"消费主义"，前者是"以提升生命的方式享用商品"，后者是"一种献身拥有和使用消费品的生活方式"（Kellner，1989），拥有、使用数量和种类不断增长的物品和服务成了人们的主要文化志趣和可以看到的最确切的通往个人幸福、社会地位和国家成功的道路（郑红娥，2006）。

我国有学者区分了奢侈和消费主义。认为二者关键的区别在于，奢侈只是少数人的生活方式，而消费主义落到可见的层面，就是大众高消费，是指一般大众在当代对极大丰富的物品的消费（陈莉，2001；刘晓君，1998）。

（3）与环境保护主义相对立的价值观

消费主义被环境保护主义者 Inglehart 称为"物质主义"（Abramson and Inlehart，1995），过度关注物质的消费，忽视了环境的可持续发展，也忽视了真正的生活质量。

二 消费主义的度量

已有的消费主义研究，理论研究相对较多，实证研究较少。

国外学者的理论研究主要集中在哲学、心理学、社会学、传播学、人类文化学等学科，对消费主义的论述一般也比较抽象；国内的研究主要集中在社会学、伦理学、教育学、传播学、人类文化学，对消费主义的论述比较宽泛，多是对国外理论的解读和对高消费现象的描述。由于在理论上对概念的界定不清楚，包含范围不一致，因此在实证研究中对消费主义的测量也缺乏清晰的标准。从人群特征方面而言，国内外学者多关注中产阶级、女性和大学生的消费行为。千石保先生对日本青少年的研究发现，日本的中学生是时尚消费的领军人物（［日］千石保，1999），而我国对中学生消费主义的实证研究几乎没有。

在所搜集的消费主义实证研究中，一类是对消费主义分维度的测量，维度界定基本相差不多，包括品牌倾向、广告效应、符号意义、炫耀性、自我实现；另一类是对消费主义测量指标的简单罗列，有从宽泛的现代性和后现代性选择指标（彭慧蓉、钟涨宝，2004），也有主要从人格特质层面来选择指标，如冲动性购买采用了情商量表来测量（Chien – Huang Lin and Shin – Chieh Chuang，2005）；有对某一地区的单独研究，也有对两地或两国的比较研究。

已有的实证研究中，有些消费主义操作维度和指标有待商榷：

陈昕、方亚琴和姚建平把消费主义界定为"高档、名牌倾向""广告和媒体的影响""产地和购物地点偏好"和"符号象征意义"等。笔者认为，以上维度或指标并不能准确说明消费主义"过度"和"不合理"的消费特征，我们认为只有单纯追求品牌——比如"品牌狂"，而不是从商品的功能性，比如质量好、耐用等角度出发才是消费主义；在产地和购物场所的偏好方面也应当区分选择产地、场所的原因与程度；而"广告和媒体影响"似乎应该是消费主义的影响因素，而非消费主义的特征。

陈昕用具体的高档消费品来测量，但是随着时代的发展，所列出的能表现消费主义特征的高档消费品可能已被称为必需品，所以存在把消费主义倾向和对合理生活的追求混同起来的嫌疑，而姚建平用"认同分期付款"、郑红娥用"花今天的钱圆明天的梦"来测量信贷层面的消费主义显然也存在这个问题。

基于上述背景，我们立足于问卷调查，利用数据材料做支撑，主要研究以下四个问题：第一，如何界定和测量消费主义？第二，中学生是否具有消费主义倾向？第三，影响消费主义倾向的主要因素有哪些？第四，消费主义是否真的能够带来个人幸福感？

# 第二节　研究设计

## 一　抽样设计

鉴于客观情况的限制,[①] 本研究主要采用概率抽样[②]和非概率抽样[③]两种抽样方法。北京市的抽样采用的是分层、多阶段概率规模与成比例抽样,即 PPS 抽样。郑州市的抽样主要采用判断抽样[④]和多阶段抽样。[⑤]

### 1. 北京市抽样方案

采用分层、多阶段概率规模与成比例抽样方法（PPS 抽样）。

（1）分层抽样。将北京 740 所中学分为两层：初中为第一层（598 所学校）；高中为第二层（310 所学校）。每层各选 350 名学生,共抽取 700 名学生。

（2）多阶段抽样。抽样共分四个阶段。第一阶段,从北京 16 个区、2 个县中抽取两个区；第二阶段,从被抽中的每个区里随机抽取两个学校；第三阶段,从被抽中的每个学校里随机抽取两个班；第四阶段,从被抽中的每个班里随机抽取 44 名学生。

### 2. 郑州市抽样方案

首先也是将郑州的 448 所中学分为两层：初中为第一层（343 所学校）；高

---

① 北京市的各相关数据,均来自中华人民共和国国家统计局中国统计年鉴（2005）（ht-tp：//www. stats. gov. cn/tjsj/ndsj/2005/indexch. htm）、《北京市统计年鉴》《北京市区域统计年鉴》以及北京各区的统计年鉴。笔者在查询郑州各区相关数据时,却遇到困难。郑州城镇居民人均消费性支出可以从郑州年鉴和郑州统计信息网（http：//www. zzstjj. gov. cn/tjfx/csdc/200502/3454. html）中获得,但是笔者没有找到有关郑州各区的年鉴,因而具体到各区的人均消费性支出数据不容易获取,在河南省、郑州市的官方统计网站和各区的网站都没有查到比较全面和准确的数据。

② 概率抽样是依据概率论的基本原理,按照随机原则进行的抽样。

③ 非概率抽样主要是依据研究者的主观意愿、判断或是否方便等因素来抽取对象。

④ 判断抽样（judgmental samping）是指研究者根据研究的目标和主观的分析来选择和确定研究对象的方法。这种抽样首先要确定抽样标准。

⑤ 多段抽样（multistage sampling）又称多级抽样或分段抽样,它是按抽样元素的隶属关系或层次关系,把抽样过程分为几个阶段进行。

中为第二层（105）所学校。每层各选 350 名学生，共抽取 700 名学生。

郑州的分阶段抽样方案中，初中和高中的第一阶段抽样，即抽区，采取的是判断抽样的方法。我们主要是根据经济发达情况和学校（包括大学和中学）在郑州各区（共 8 个区）的主要分布情况来选取抽样单位。经比较，最后决定在金水区和二七区进行抽样调查。首先，金水区是郑州市的中心城区，同时也是全省面积最大、人口最多、经济最发达的城区，集政治、经济、文化、金融、信息中心于一身。辖区汇集了中央部委和省、市所属大中专院校、科研机构 128 家，市区中学 35 所，小学 75 所，是国家科技进步先进区和国家基础教育课程改革试验区，二七区相对于金水区来说在商业和教育、文化事业和科技的发展（二七区共辖有初中 8 所，普通高中 2 所）均有一定的差距。

从抽样的第二阶段起，郑州的抽样方案与北京的抽样方案基本相同。

两城市共发放调查问卷 1400 份，回收有效问卷 1156 份。

## 二　核心概念操作化

本章将已有研究提到的消费主义的特征和表现归纳概括为五大类："符号消费论""消费目的论""过度占有论""即时满足论"和"环境保护论"。因为环境保护论视角比较宽泛，包括了国家层面的消费主义，所以作为个体层面消费主义倾向的研究并未将其列入研究范围。

本研究认为消费主义是一种文化价值观念和生活方式，总的特征是"过度"和"浪费"，是一种脱离理性的消费观念和行为，主要表现在对人生目的过度看重消费，过度追求符号消费，对物品过度占有，以获得身份认同和构建差异，并可能形成过度追求即时满足消费的倾向，为此甚至经常远远超出实际经济能力、偿还能力或压抑基本需要的满足。

在界定和测量指标的选取方面，本章从"过度"的总特征出发，在测量时避免用具体的消费物品和具体的花费，多用情景题目来测量消费主义的"过度"。

基于以上分析，本研究的概念操作化及其影响因素的选取如下：

（1）人生目的过度看重消费。消费成了人们"之所以成为自我"的标志，一个人的人生的价值和意义就在于其消费能力，主要从观念倾向层面测量。

（2）过度符号消费，即唯品牌消费，尤其表现为"唯国外品牌消费"，分别从观念倾向和行为倾向层面测量。

（3）对物的过度占有。拥有、使用数量和种类不断增长的物品和服务是看得到的最确切的通往幸福的道路；为购买非必需或者真正需要的东西而过度透支，分别从观念倾向和行为倾向层面测量。

（4）过度追求即时满足的消费。无计划、情绪化、即时性、不计后果的消费行为倾向，消费中过度看重即时享受，主要从行为倾向层面测量。

### 三 研究假设

#### 1. 理论假设

第一，中学生在观念和行为上都具有一定的消费主义倾向。

第二，消费性支出较高的发达地区中学生消费主义倾向更为明显。

第三，家庭收入比较高、处于中高阶层的城市中学生消费主义倾向更为明显。

第四，消费主义对个体的幸福感有负面影响。

#### 2. 研究框架

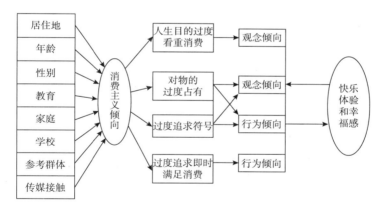

## 第三节 调查结果及分析

### 1. 城市中学生具有一定的消费主义倾向，总体表现处于中等偏下程度

表11-1反映的是各个维度的消费主义倾向状况，相对而言，"对物的过度占有"和"即时满足消费"中高值区域的比例比较大，尤其是"对物的过度占有"层面。

这跟这个年龄段的青少年的生活环境、身心特点和消费特点有关。这一年龄段的青少年在自主消费的时候具有单次消费金额少、购买频率高的特点，加上中学生的心境带有即兴性的特点，另外单价较高的商品，如衣物、自行车、随身听等，一般需家长出面完成购买过程，但中学生的意愿是主导性的，而且不是自己出钱，这可能导致中学生在消费时不会考虑太多，"不当家不知柴米贵"，因此他们消费起来反而较为"大方"，具有明显的"对物的过度占有"和"过度追求即时满足"的消费主义倾向。

表 11 – 1　中学生消费主义基本情况

单位：%

| 维　度 | 高 | 中 | 低 |
|---|---|---|---|
| 人生目的过度看重消费 | 2. 3 | 27. 2 | 70. 1 |
| 对物的过度占有 | 17. 9 | 29. 2 | 53. 9 |
| 过度符号消费 | 2. 9 | 17. 8 | 79. 3 |
| 过度追求即时满足消费 | 4. 5 | 26. 2 | 69. 2 |
| 总体消费主义倾向 | 3. 5 | 29. 9 | 66. 6 |

**2. 个体的年龄和个体可支配的经济资源对中学生消费主义倾向影响显著，性别因素在部分维度上显著相关**

初中生和高中生的消费主义倾向区别显著，除了"即时满足消费"维度之外，其余四个维度的显著性概率均为 0. 000 < 0. 05。在消费主义倾向的四个维度和总体消费主义倾向上的均值，高中生在所有的维度上都高于初中生。

性别因素对总的消费主义倾向没有显著影响，在分维度测量中，与"对物的过度占有"和"即时满足消费"显著相关，两个维度的显著性概率小于 0. 05，分别为 0. 000 和 0. 020。

在"对物的过度占有"和"即时满足消费"两个维度，男生的消费主义倾向均值是 16. 06 和 17. 00，女生是 14. 14 和 16. 04；在"人生目的过度看重消费"和"过度符号消费"两个维度，基本没有什么差别。

男生"对物的过度占有"和"即时满足消费"倾向更明显，这可能跟中学男生和女生的身心特点和表达特点的区别有关。这个年龄段男生的成就需要、对学习环境的需要、发展体力的需要、物质享受的需要比女生强烈，物质享受包括想有钱，能吃得好，穿着时尚有档次等（郭成、陈红，2005）。

在分析学生个体可支配的经济资源因素前，笔者先用"平均值"把样本分成"压岁钱或零花钱多"和"压岁钱或零花钱少"两个组。

方差分析结果显示，各个维度的显著性概率均小于 0.05。

均值分析结果显示，压岁钱或零花钱多的组均值都相对较高。这说明可支配收入越多，城市中学生消费主义倾向越明显。

**3. 父母的职业、家庭每月总收入对中学生消费主义倾向具有显著影响**

在分析前，先把父母的职业按照职业阶层区分为三组。[①]

方差统计结果显示，除了"人生目的过度看重消费"之外其他四个维度的显著性概率都小于 0.05，这说明，父母职业对城市中学生消费主义倾向显著相关。

均值统计结果显示，在消费主义倾向的四个维度和总消费主义倾向上，父母职业为农民或渔民的学生消费主义倾向的均值，低于父母职业为工人、个体工商户、专业技术人员、办事人员和商业服务业员工的学生，更低于父母职业为私营企业主、企业高层管理人员和国家与社会管理者的学生。

在消费主义倾向的四个维度和总消费主义倾向上的显著概率均为 0.000 < 0.05，家庭每月总收入与城市中学生消费主义倾向显著相关。

在消费主义倾向的四个维度和总消费主义倾向上，城市中学生消费主义倾向的均值，按照每月家庭总收入从低向高的顺序，都是逐渐增加的。这说明家庭总收入越高，城市中学生消费主义倾向越明显。

结合父母的职业和家庭每月收入可以看出，处于不同社会阶层家庭的中学生消费主义倾向不同，阶层越高，消费主义倾向越明显。

美国学者梅尔文·科恩在长达 10 年的大规模研究中，证实了不同社会阶层家庭与孩子的成长存在明显的对应关系。他发现社会阶层较低的家长重视子女的服从、整洁和诚实，而社会阶层较高的家长则强调孩子的好奇

---

① 一组为失业无业、农民渔民；一组比较宽泛，为工人、个体工商户、专业技术人员、办事人员和商业服务业员工；另外一组为私营企业主、企业高层管理人员和国家与社会管理者。

心、自我控制、思考和幸福。家长们倾向于用他们自己从所处的社会阶层中获得的经验来影响其子女。S. 鲍尔斯和 H. 金蒂斯的"美国：经济生活与教育改革"项目的研究结果，也显示了不同社会阶层的家庭，对青少年"自我概念、个人志趣、自我显示的风格、父母阶层的烙印，以及言谈、衣着、消费取向和人际行为的方式"的影响（杨雄，2003）。

**4. 学校类型和学校消费教育对中学生消费主义倾向具有显著影响**

在分析前，我们把学校类型分为实验学校和非实验学校两种。

在消费主义倾向的四个维度和总消费主义倾向上的显著概率均小于0.05，这说明学校类型与城市中学生消费主义倾向显著相关。

在消费主义倾向的四个维度和总消费主义倾向上的均值，实验学校都比非实验学校高。

一般认为实验学校师资、设备等教育资源有优势，不同层面的对外活动比较多，学生除了学习，接触面比较多，在其他方面也相对比较活跃。加上生源的家庭背景相对好得多，可能在消费这一层面更显著。但是本研究涉及的学校数目较少，影响了效度，可能存在一些误差。

在分析前，我们先根据"平均值"，分成学校消费教育与规定少、学校消费教育与规定多两个组。

除了"对物的过度占有"这个维度的显著度概率为 0.190 > 0.05，与学校教育相关度不大，其他四个维度均与学校教育显著相关。

统计结果显示，相对学校消费教育与规定少的城市中学生，学校消费教育与规定多的中学生消费主义倾向的均值在消费主义倾向的四个维度和总体消费主义倾向上都明显较低。

本研究的调查结果体现了学校在城市中学生消费教育方面的积极意义。现在学校对学生的消费教育意识比以前有所增强，本研究的调查显示现在的学校包括小学和中学的消费教育主题活动还是很少的，主要是"在政治课上讲一点""有的学校开家长会时讲过一些"，但是更多的是一些看似和消费有关的硬性规定如"不许携带手机等通信工具进入校园""不许在校外购买饮料和零食""不许穿奇装异服""不许抽烟喝酒""不许化妆戴首饰"等，这样的规定确实从某种程度上约束了中学生的不良消费行为，但对中学生的高消费行为不妨"疏堵兼顾"。在明令禁止他们的某些行为的时候，不妨开展消费、理财方面的专题讲座和讨论，广泛倡导健康、文明、勤俭节约的消费理念，提倡适度科学的消费，并积极培养学生对社会和他人的爱心，增强他们真善美的意识。

**5. 参照群体对中学生消费主义倾向具有显著的影响**

根据"平均值"将样本分成受参照群体影响少、受参照群体影响多两个组。

方差分析结果显示，在消费主义倾向的四个维度和总体消费主义倾向维度上，参照群体和显著度概率均为 0.000 < 0.05，说明参照群体与城市中学生消费主义显著相关。

均值分析的结果显示，相对受参照群体影响小的一组，受参照群体影响大的一组中，消费主义倾向的均值在各个维度上都明显较高，差异为 3.3 ~ 5.9，总体消费主义倾向的差异均值达到了 19（78.0142 ~ 59.8469）。

参照群体是影响人们消费观念和行为倾向的一个重要影响因素，有人认为几乎所有的消费行为都是在参照群体的作用背景下发生的。"同辈群体"是城市中学生的主要参照群体，我们认为，中学生的身心发展阶段以及他们的班级性、群居性（住校生）和来源的广泛性，都使他们更容易受到同辈群体的影响。

一般来讲，同辈群体能激发消费者的需求，影响商品品牌的选择。接触性同辈群体的影响相对比较大，即我们平时说的"攀比性消费"比较严重。

在问卷中对于"我消费时，经常会想我要是能像家里条件特别好的同学那样消费就好了"的选答，"符合"的占 17.9%，"一般"的占 23.6%，"不符合"的占 57.3%。"我们学校有人家里资产上亿，消费方面与我们好像在两个世界，不认识也不太了解"（访谈三）。

另外，在其他选项的填写中，大多数城市中学生喜欢经常上网打游戏、聊天，这样就形成了一个"网络参照群体"，由于网络的无地域性和匿名性，这些"网络参照群体"来源更广泛，基于爱好、兴趣一致也更容易交流，因此容易影响双方的消费需求和消费倾向。

**6. 媒体接触对中学生消费主义倾向具有最为显著的影响**

根据"平均值"把样本分成媒体接触少和媒体接触多两个组。

方差分析的结果显示，在消费主义倾向的四个维度和总体消费主义倾向上，显著度概率均为 0.000 < 0.05，说明媒体接触与城市中学生消费主

义显著相关。

均值分析的结果显示，相对媒体接触少的一组，媒体接触多的一组，消费主义倾向的均值在各个维度上都明显较高，差异在 4.3~6.8，总体消费主义倾向的均值差异达到了 22.3（80.0656~57.7296）。

"媒体接触"是消费主义研究提到最多的影响因素，传媒社会的形成，传媒与商业的结合被看做消费主义蔓延的前提。而且在以往的研究中，很多研究者都把它当做消费主义的一个本质特征和测量维度，可见其重要性及显著性。

**7. 北京和郑州两城市的中学生消费主义倾向区别不明显**

北京和郑州两个城市中学生的消费主义倾向没有明显区别。

方差分析显示，四个子维度加上总体的显著概率分别为 0.447、0.132、0.995、0.768 和 0.799，均大于 0.05，同时组间差异远小于组内差异，

北京和郑州中学生消费主义倾向的均值差异除了在"对物的过度占有"层面是 0.60，其他四个维度都在 0.01~0.3 之间，几乎没有差别。

这可能是因为选取的都是中心城市，而且跟选择指标比较单一有关。现代城市信息流动性大，虽然消费性支出的水平不一样，但是城市的中学生大都可以通过电视、互联网等媒体了解到大致相同的信息，了解到各种价值观念和生活方式，所以差别不是很明显。这与"媒体接触"是最显著影响因素的判断是一致的。

**8. 影响城市中学生消费主义倾向的主要因素分析**

在方差分析中，我们探讨了与城市中学生消费主义显著相关的影响因素，但是并没有去除其他影响因素的隐含影响。为了探讨城市中学生消费主义倾向的真正显著影响因素，我们利用多元回归分析的方法，在探讨某一个变量的作用时把其他变量控制起来。

我们探讨的变量包括居住地、性别、初高中、学校类型、父亲职业、母亲职业、父亲文化程度、母亲文化程度、家庭每月总收入、压岁钱、零花钱、家庭消费教育、学校消费教育、同辈群体和媒体接触，建立了 5 个回归模型。

（1）"人生目的过度看重消费"维度的回归分析模型中的自变量解释了"人生目的过度看重消费"的 26.1% 的变化。整个回归模型的方差检验

值 F 为 20.086，显著水平为 0.000。可以看出，"初高中""学校消费教育""同辈群体"和"媒体接触"的显著性概率分别为 0.003、0.001、0.000 和 0.000，均小于 0.05，对"人生目的过度注重消费"的倾向影响显著。

由于 B 值和 Bata 值是负值，"学校消费教育"与"人生目的过度注重消费"呈负相关，"学校消费教育"越多越有效，"人生目的过度看重消费"的倾向就会越不明显。

而由于 B 值和 Bata 值是正值，"初高中""参照群体"和"媒体接触"这几项与其呈正相关，高中生比初中生的倾向明显，受"同辈群体"和"媒体接触"影响越大，"人生目的过度看重消费"的倾向越明显。这说明，年龄的增长、学校消费教育的多少、参照群体和媒体接触对一个人的人生目的或者说人生观、价值观显著相关。

（2）"对物的过度占有"维度的回归分析模型中的自变量解释了"对物的过度占有"的 37.3% 的变化。整个回归模型的方差检验值 F 为 39.933，显著水平为 0.000。可以看出，"初高中""性别""压岁钱""零花钱""父亲职业""参照群体""媒体接触"的显著性概率分别为 0.000、0.000、0.003、0.000、0.046、0.000、0.000，均小于 0.05，对"对物的过度占有"倾向影响显著。

由于 B 值和 Bata 值是负值，"性别"与"对物的过度占有"呈负相关，男生比女生的倾向明显。

由于 B 值和 Bata 值是正值，"初高中""压岁钱""零花钱""父亲职业""参照群体""媒体接触"与其呈正相关，高中生比初中生消费主义倾向明显，受"参照群体"和"媒体接触"影响越大，"父亲职业"阶层越高，"压岁钱""零花钱"越多，"对物的过度占有"的倾向越明显。

（3）"过度符号消费"维度的回归分析模型中的自变量解释了"过度符号消费"的 32.7% 的变化。整个回归模型的方差检验值 F 为 27.633，显著水平为 0.000。"初高中""压岁钱""零花钱""母亲职业""参照群体""媒体接触"的显著性概率分别为 0.001、0.016、0.012、0.019、0.000、0.000，均小于 0.05，对"过度符号消费"的倾向影响显著。

由于 B 值和 Bata 值是正值，"初高中""压岁钱""零花钱""母亲职业""参照群体""媒体接触"与"对物的过度占有"倾向呈正相关。也就是说高中生比初中生"过度符号消费"倾向明显，"压岁钱""零花钱"越多，受"同辈群体"和"媒体接触"影响越大，"母亲职业"阶层越高，"过度符号消费"的倾向越明显。

（4）"过度追求即时满足的消费"维度的回归分析模型中的自变量解释了"即时满足消费"的34.5%的变化。整个回归模型的方差检验值F为30.008，显著水平为0.000。"父亲职业""参照群体""媒体接触"的显著性概率分别为0.005、0.010、0.000和0.000，均小于0.05，对"过度符号消费"的倾向影响显著。

由于B值和Bata值是正值，"父亲职业""同辈群体"和"媒体接触"与"即时满足消费"倾向呈正相关。也就是说受"同辈群体"和"媒体接触"影响越大，"父亲职业"阶层越高，"即时满足消费"倾向越明显。

（5）"总体消费主义"的回归分析模型中的自变量解释了"即时满足消费"的45.9%的变化。整个回归模型的方差检验值F为48.333，显著水平为0.000。"初高中""学校消费教育""父亲职业""压岁钱""零花钱""参照群体"和"媒体接触"的显著性概率分别为0.000、0.003、0.025、0.044、0.000、0.000和0.000，均小于0.05，对"总体消费主义"的倾向影响显著。"参照群体"和"媒体接触"为最显著影响因素。

由于B值和Bata值是负值，"学校消费教育"与"总体消费主义"倾向呈负相关，"学校消费教育"越少越无效，"总体消费主义"倾向就越明显。

由于B值和Bata值是正值，"初高中""父亲职业""压岁钱""零花钱""参照群体"和"媒体接触"与"总消费主义"倾向正相关。高中生比初中生"总体消费主义"倾向明显，受"同辈群体"和"媒体接触"影响越大，"父亲职业"阶层越高，"压岁钱""零花钱"越多，"总体消费主义"倾向越明显。

### 9. 中学生消费主义倾向与快乐体验和幸福感关系分析

为了分析中学生消费主义倾向与快乐体验和幸福感之间的关系，我们将五级量表测试题按方向相同的原则将得分相加，分值越高越快乐。并取 a（2.5×各个维度的指标数目）和 b（3.5×各个维度的指标数目）为两个分组点，即累加的得分平均值 <a 为低，平均值 >b 为高，在 a、b 之间为中等程度，通过频数分析可以看出，城市中学生消费主义倾向带来的快乐在高、中、低三组的比例分布（见表 11 - 2）。

**表 11 - 2 消费主义是否带来快乐**

| 后　果 | 高 | 中 | 低 | a | b | 均　值 |
|---|---|---|---|---|---|---|
| 快　乐 | 34.6% | 46.9% | 16.9% | 10 | 14 | 13.23 |

由表 11 - 2 可知，认为消费主义倾向带来快乐的占 34.6%，不快乐的占 16.9%，处于中间值的占 46.9%，这说明中学生更倾向于认为消费主义倾向能带来快乐。

我们认为，这是一种想象中的快乐，首先这跟消费主义倾向在中学生群体中的表现并不是很显著是一致的，另外与中学生消费理想化有关。在访谈中消费主义倾向不明显的被访者基本认为应该带来快乐，也有人表示可能不会长久，而消费主义倾向明显的被访者则表达了不同类型的压抑和烦恼，一种是总有消费欲望但经济方面不允许的压抑心情，另一种是总想控制自己却无法抵制购物的欲望的烦恼。

另外，中学生的"幸福感"总体情况："非常幸福"的占 26.6%，"幸福"的占 64.2%，"不幸福"的占 6.8%，这说明中学生的个体幸福体验值还是很高的。一方面，现代的中学生生活主要依赖家庭，而现代中国家庭"一切为了孩子"的理念还是占主导地位，对于孩子物质欲求、精神成长，父母都会比较关心，尽量满足，所以中学生即使有消费主义倾向，承受压力的应该是家庭；另一方面，关于幸福与否的回答，一般情况下大家都要强调自己幸福的一面，而习惯于隐藏自己不幸福的信息。总的来说，中学生的幸福感与快乐不快乐的程度是一致的。

# 第四节　结论与讨论

本研究利用问卷调查的资料，对城市中学生消费主义倾向的状况进行了初步描述，对北京和郑州的中学生消费主义倾向以及处于不同阶层与家庭的中学生的消费主义倾向现状进行了比较，并对影响城市中学生消费主义倾向的主要因素进行了探讨。

　　首先，从总体描述性分析结果显示，城市中学生具有中低程度的消费主义倾向，比之行为层面，观念层面的消费主义倾向更为明显。本研究的调查结果基本验证了我们的第一个假设，即城市中学生在观念和行为上都具有一定程度的消费主义倾向。

　　其次，从理论上说，经济的发展是消费主义产生的源泉，而它的传播又具有文化意识形态的意味，消费主义在向发展中国家扩散的时候，最先接触到消费主义文化和生活方式的往往是其发达地区和优势阶层，然后再向其他大众阶层蔓延。这也是我们的第二个和第三个假设的来源。但是，调查显示北京和郑州的中学生消费主义倾向没有显著差别，我们的第二个假设没有得到验证，这可能是城市中学生消费主义倾向的真实体现，也可能跟我们选择的城市均为中心城市，信息流动性相差不大有关。本研究的第三个假设基本得到验证，调查结果显示，处于不同阶层与家庭的城市中学生，其消费主义倾向也不同，家庭收入比较高、处于中高阶层的城市中学生消费主义倾向更为明显。

　　再次，本研究的调查显示，与城市中学生总体消费主义倾向显著相关的影响因素是"消费地区""初高中""学校教育""同辈群体""媒体接触""父亲职业"和"每月家庭收入"，其中，"同辈群体"和"媒体接触"是最显著的影响因素。

　　另外，关于个体层面消费主义倾向的后果研究，直接测量了消费主义是否带来快乐和是否消除快乐的问题，并把个体幸福感加入研究框架。问卷调查和访谈结果显示，多数中学生认为消费主义应该带来快乐。我们认为，这一方面跟城市中学生消费主义倾向不明显有关，另一方面与中学生消费独立性相对较低、消费实践相对较少、消费理想化的特点有关，我们称之为想象中的快乐体验和幸福感。

　　最后，本研究的调查结果与已有经验研究的结论有相同也有相异之处。本调查显示城市中学生消费主义的观念倾向比行为倾向更为明显，与彭慧蓉、钟涨宝的"观念上的消费主义和行为上的理性主义"的结论一致；在显著影响因素上，与其他调查的"年龄""阶层""参照群体"和"媒体接触"也基本一致；本研究调查显示，城市中学生消费主义倾向的总体表现处于中等偏低程度，这与大多数调查认为"我国青少年及其他人群消费主义倾向显著"的结论不同。另外，在性别区分上，本文的结果显示，中学生中男生的消费主义倾向比较明显，与方亚琴"女性消费主义倾向更为显著"的结论相反，这与概念界定和研究对象的不同有关，已有的经验研究对消费主义的界定比较宽泛模糊，而我们是按照"去宽泛式"的重新定义测量的，本研究的调查对象城市中学生也具有不同于其他人群的特点。

本研究把消费主义倾向的测量限定在个体层面，并试图区别于已有研究中比较宽泛的界定，但是由于能力、精力和时间的限制，可能会存在一些问题有待于进一步深入研究。

# 第十二章　城市中学生中的消费主义：
## 度量指标及其影响因素

—— 对北京、郑州两城市 1156 名中学生的调查分析

本研究依据对北京、郑州两城市 1156 名中学生所做的问卷调查资料，采用因素分析、结构方程等多种统计分析方法，对中学生消费主义的内涵、特点及其影响因素进行了量化研究。探索性因素分析和验证性因素分析的结果表明：消费主义的内涵包括心理认知（对消费的过度认同）和行为倾向（即时满足消费和过度符号化消费）两个层次，共三个维度。T 检验的结果发现：男女生，初高中，普通中学与实验中学的中学生在消费主义方面表现出不同的特点。结构方程分析发现：零花钱、媒体对中学生消费主义有直接的正向预测作用；家庭消费方式、家庭社会经济地位、学校教育制度对中学生消费主义有直接的负向预测作用；家庭社会经济地位除了直接影响中学生消费主义外，还通过媒体对中学生消费主义产生间接影响；最后，在各个影响因素中，媒体是影响中学生消费主义的关键因素。

我国对中学生消费主义的研究很少，同时已有的研究大都是对中学生消费主义现状的简单描述，缺少对两方面重要内容的探讨，一是没有对中学生这个独特群体的消费主义内涵进行深入分析研究，缺少在此基础上的有效测量和对中学生消费主义特点的分析；二是缺少对中学生消费主义影响因素的系统分析。因此，我国中学生消费主义应该用什么指标来衡量，我国中学生的消费主义表现出怎样的特点，影响我国中学生消费主义的主要因素有哪些等问题，便成了我们进行本研究的目的。

# 第一节　研究背景

## 一　消费主义的界定

消费主义（consumerism）在理论上属于后现代主义和后工业主义的范畴，其理论概念有两个主要来源：发展社会学和文化社会学。发展社会学层面的论述是从 Sklair（1991）在 20 世纪 20 年代提出的全球社会文化体系理论开始的。他认为，消费主义作为一种文化意识形态，是属于全球化体系的中心，强调生命的意义在于我们所拥有的东西，保持存在就必须继续消费。文化社会学主要是从后现代性理论（postmodernity）来探讨消费主义（Mullins，Jeong & Western，2004），重点强调消费的象征符号功能，日益增长的商品和服务从社会和文化的意义上将人们进行了区分（Miles，199）。

在消费主义的概念界定方面，至今还没有形成一个被理论界普遍接受的权威定义，以往学者主要通过以下两种不同角度来界定消费主义。

一是将消费主义界定为一种意识形态。认为消费主义是迄今为止最强有力的意识形态，没有任何一个地方能逃脱我们的良好生活愿望的魔法（比尔麦克基本，2000）。可以说消费主义的文化—意识形态是资本主义在生活领域提供给大众消费的世俗化的意识形态。

二是将消费主义界定为一种生活方式。凯尔纳区别了"消费"和"消费主义"，他认为前者是"以提升生命的方式享用商品"，而后者是"一种献身拥有和使用消费品的生活方式"（Kellner，1989），即消费主义者沉溺于商品的购买、使用和消费，并在其中寻求他们的人生意义，占有的商品和服务越多越好。另外，有学者区分了奢侈和消费主义。认为二者关键的区别在于，奢侈只是少数人的生活方式；而消费主义落到可见的层面，就是大众高消费，是指一般大众在当代对极大丰富的物品的消费（陈莉，2001）。

纵观以往学者对消费主义的界定，本研究认为，可取之处在于他们指出了理解消费主义的心理和行为的双重尺度：将消费主义界定为一种意识形态的观点，更多强调个体对消费的心理认同，从心理认知层面描述消费主义；将消费主义界定为一种生活方式的观点更多强调个体对商品占有的行为过程，从行为层面描述消费主义。

以往文献对消费主义概念的界定也存在一些问题：首先，以往学者将消费主义的心理与行为割裂开来，导致相关的研究在度量指标上没有这两个层次的区分；其次，在消费主义行为这个层面上，个体也会表现出不同的行为特点，如个体注重过度符号化消费，关注品牌带来的身份认同，又如个体注重即时满足的消费特点，这些都反映了消费主义的不同内涵，而在以往的概念界定以及研究中都难以得到体现。总之，消费主义是一个内涵相当丰富的概念，是一个多元的抽象体，而以往研究总是力图用一个单一的测量维度来表示消费主义的水平，影响了概念测量的准确性和可信度。

二　消费主义的度量

对于消费主义的研究，理论研究相对较多，实证研究较少，而且，由于在理论上对概念的界定含糊不清，包含范围不一致，致使在实证研究中对消费主义的测量也缺乏清晰和富有层次感的标准。如郑红娥（2006）对西方消费观即消费主义的调查中使用了十个指标：（1）人生的成功在于地位和时尚。（2）穿不同档次的衣服表明他不同的身份和地位。（3）国外品牌比国内好。（4）有时我会选择名牌商品，哪怕贵一点儿也没关系。（5）花明天的钱圆今天的梦。（6）别人有高档消费品，而我没有的话，就会被人瞧不起。（7）能挣会花才是现代人的生活方式。（8）人活着就应该充分地享受生活。（9）人应该讲面子，在人际交往中要舍得花钱。（10）人应该讲究时尚。又如，Mullins 等人（2004）对消费主义在澳大利亚、韩国的比较研究中，对消费主义的测量采用了以下五个指标：（1）我喜欢尝试市面上的新产品。（2）我喜欢每两三年更新升级家里的主要用具（如电视、音响、电脑）。（3）我经常购买不是自己真正需要的东西。（4）我沉溺于购物。（5）我购物是为了享乐。再如，Chien 和 Hung（2005）两位研究者对台湾青少年冲动性购买的调查，从以下 9 个指标来测量"冲动性购买"：（1）我经常在买一些东西时控制不住自己。（2）我经常想都没想就把东西买下来了。（3）我常常是先把东西买下来后，才去想它到底有什么用。（4）"just do it"是我购物方式的真实写照。（5）"看第一眼就买了"比较能说明我买东西的风格。（6）有时候我买东西当时会不计后果。（7）我经常根据购物时的心情来决定是否购买某件物品。（8）我有时买东西纯属心血来潮。（9）大多数情况下，我买东西都是经过仔细计划的。

通过以上三个经典的研究，可以看出，以往研究中对消费主义的测量为以后的研究提供了有益思考，同时也存在一些问题：第一，以往研究中的测量缺乏慎重的理论分析，测量的内容与理论上消费主义的概念结构结合不紧密，使用多少指标和使用什么指标都具有较大的随意性。第二，以往很多研究对消费主义涵盖哪些层面，以及各个层面之间的关系，缺乏有意识架构和梳理，导致将不同层次的问题混为一谈。第三，以往研究通常是自上而下地研究消费主义，即通过消费主义的理论定义编制测量消费主义的题目，进而研究各个群体的消费主义现状，这样的研究缺乏考虑消费主义理论在欲研究群体上的适宜性，缺少自下而上地对理论的修正和在修正理论基础上的再测量过程，即通过真实的数据结果修正消费主义定义，使其更加适合独特群体的需要，进而在这个理论基础上再形成更有效的测量问卷对消费主义展开研究。

陈昕（2003）对消费主义倾向的测量在一定程度上克服了以上研究中的不足，他从"消费观念与行为""高档耐用消费品购置情况""国外产品了解情况"三个方面系统设计问题并对消费主义进行测量和研究，但其中还存在一定的问题：首先，测量的三个方面并不能很好地体现由他本人提出的消费的三个特点"消费的高档、名牌倾向""消费的广告效应""消费的符号象征意义"。其次，在"高档耐用消费品购置情况"，"国外产品了解情况"两个方面的问题设计上，研究者将"购置情况""了解情况"（你了解麦当劳这个牌子吗？）这两个实际情况的调查与个体对产品的认知、对产品的情感（你喜欢麦当劳吗？）掺杂在一起，这就导致了在概念建构上的混乱。最后，研究者对于测量各维度的设计也缺乏信度和效度上的客观检验。

### 三 消费主义的影响因素

关于消费主义影响因素的研究，以往研究大都关注了性别、年龄、文化程度、家庭收入、教育水平等人口学变量对消费主义的影响。这些变量的特点，一方面在于它们都指向个体本身的特点，在变量的设计上都是对群体进行分类，如男性和女性，因此通过这些影响因素获得的研究结果只能描述不同群体在消费主义表现上的差异。另一方面，这些变量缺乏可控性，研究者很难控制性别或是受教育水平等来使个体的消费主义向有益的方向发展，因此也难以通过干预这些变量来使个体形成消费观。

四 中学生消费现状及相关研究

传统儒家文化影响下的中国家庭观念历来强调长者的权威，孩子在家庭权力结构中一直是弱势群体的代表。而 20 世纪 70 年代末期开始推行的计划生育国策从根本上改变了原有的家庭结构，子女在家庭中的地位也因此得以迅速提升。在具有"4：2：1"模式的独生子女家庭中，父母溺爱，加上隔代关怀，孩子消费成为家庭消费的最重要内容。孩子是小件个人商品的决策者，家庭大宗消费的影响者（张军、邓理峰、沈旻，2005）。"零点"调查一项关于消费新趋向的研究结果表明，不同年龄段的孩子对家庭的消费决策均具备一定的影响力，其中 13 ~ 18 岁，即中学阶段的孩子对家庭消费决策的影响力最高，高达 44%。

随着我国城市人民收入水平的日益提高，城市中学生的日常消费额度也不断提高，并日益引起家庭、社会乃至学术界的重视（卢嘉瑞、吕志敏，2005）。在千石保先生（1999）对日本青少年的研究发现，日本的中学生是时尚消费的领军人物。中学生是一个纯粹的消费者，而非生产者，消费必将在青少年的社会化中发挥不可缺少的重要作用。中学生正处于各种价值观形成的关键时期，树立什么样的消费观念，具有什么样的消费行为，往往反映着人生的追求，反映着人生态度。消费对他们而言，其意义远远超越了消费本身，中学生在观念和行为上是否认同消费主义是值得研究的。而我国对中学生消费主义的实证研究几乎是一个空白。

2006 年 3 月 4 日，胡锦涛总书记在看望出席全国政协十届四次会议委员时提出了树立社会主义荣辱观，即"八荣八耻"的重要论述，其中就包括"切实践行以艰苦奋斗为荣，以骄奢淫逸为耻"。温家宝总理在 2005 年政府工作报告中也提出，"要大力提倡节约能源资源的生产方式和消费方式，在全社会形成节约意识和风气，加快建设节约型社会"。中央十六号文件《中共中央关于进一步加强和改进未成年人思想道德建设的若干意见》中明确指出，"一些腐朽的生活方式和扭曲的成人价值观如拜金主义、享乐主义对未成年人的影响不可低估"。因此，研究中学生的消费主义，并在此基础上有针对性地进行价值观教育是十分必要的。

那么，由此就产生了三个紧密相关的问题：如何界定和测量消费主义？中学生表现出怎样的消费主义特点？影响中学生消费主义倾向的主要因素有哪些？解决这三个基本问题是进行中学生消费教育的基础。本研究重点解决以上三个重大问题，并为未来的研究提供消费主义的测量工具。

## 第二节 本研究的设计及研究框架

本研究针对以往研究中存在的不足进行了以下几点改进。

第一，在消费主义的界定上，本研究在以往理论的基础上，将消费主义界定为心理和行为两个层面，在心理认知上表现为对消费的认同；在行为上则有多方面的表现，如符号化消费、即时消费和对商品的过度占有。消费主义这两个层面之间相互影响，具体表现为心理上的认同决定了个体表现消费主义的行为倾向，而消费主义行为又进一步强化对消费的心理认同。

第二，在消费主义的度量方面，本研究做出两方面改进：一是在问卷设计方面，本研究紧扣理论，设计消费主义心理、行为两方面的问题；二是在测量过程上，本研究在进行初测基础上，依据实际数据结果对理论结构进行修正，找出适合中学生的消费主义理论，以此对修改问卷进行再测，更好地描述中学生消费主义的特点。

第三，在对中学生的研究方面，本研究依据中学生的所在城市、性别、初高中、所在中学类型这几个重要的个体属性特征将中学生分成不同的群体，对中学生的消费主义现状及其影响因素展开细致的分析，以期在把握中学生消费主义整体度量架构的基础上，对不同群体的消费主义特点有更确切的了解。

第四，消费主义影响因素的选择。由于研究的对象是中学生，对其消费主义价值观的正确引导和干预是本课题的长远目标，因此本研究依据美国心理学家布朗芬布伦纳（Bronfenbrenner，1979，1998）提出的社会生态系统理论（theory of social ecosystems）进行了影响因素变量的选取。该理论认为发展中的个体处于一系列的环境系统之中，与个体相互作用进而影响个体的发展。中学生消费主义价值观的形成和发展与家庭、学校、社会三方面的关系密切，因此，本研究选取以上三方面的相关变量作为影响因素对中学生消费主义进行深入探讨。这一方面克服了以往研究变量仅指向被试主体特点，难以控制干预的问题，另一方面对于今后构建学校、家庭、社会"三位一体"的消费价值观的教育体系具有指导意义。

第五，在对数据进行处理方面，以往研究大都通过方差分析（One - Way ANOVA）、多元回归分析等统计方法抽取研究的有益信息，由于统计方式的限制，以往研究难以勾勒出消费主义概念及其影响因素的全景，因此本研究将运用 SPSS 18.0、Amos 18.0 对数据进行高级统计分析。重点运用因素分析、结构方程分析这些高级统计方法，以期呈现出消费主义概念内涵之间的关系，以及各个影响因素与消费主义各维度之间的关系。

本研究分为三个部分：研究一，通过初测、再测，探明适合中学生的消费主义的概念及测量维度；研究二，运用研究一形成的问卷施测，研究中学生消费主义的特点；研究三，引入影响因素变量，从家庭、学校、社会三个层面揭示中学生消费主义的成因。

# 第三节　中学生消费主义的度量

研究一的目的在于界定适合中学生的消费主义概念，并在此基础上明确中学生消费主义的度量维度。研究首先结合以往有关消费主义的理论与研究提出消费主义的定义，进而编制消费主义的问卷，对中学生进行施测，在施测后对数据进行因素分析和结构方程检验，最终确定中学生消费主义的内涵和度量维度。

## 一　消费主义的初步界定

本研究从消费主义者的表现入手对消费主义进行界定，通过对以往文献的分析，我们认为消费主义表现在个体的心理和行为两个层面，消费主义这两个层面之间相互影响，一方面心理上的认同决定了个体表现消费主义的行为倾向，另一方面消费主义行为又进一步强化对消费的认同。

在心理认知上表现为对消费的认同，具体来说，就是消费主义倾向强的个体更多将消费作为人生的目的，作为生活的享受，甚至一切快乐、意义的来源。

在行为上则有三方面的表现：首先，符号化消费，指具有消费主义倾向的个体注重商品的符号价值,追求品牌消费。所谓消费的符号价值是指通过消费显现经济地位、政治地位、文化地位等阶级或阶层差别以及表达风格、品味、流行、现代等象征意义的满足。

其次是即时消费,是指过度追求即时满足的消费,与"有计划地购买"(planned purchase)相对,是个体可能无计划、即时的和不可压制的消费,不考虑一切可能的信息和可代替的选择,追求的是第一时间的感官刺激,如果不能在第一时间内得到满足,他们就感觉生活失去了意义。强调商品的非物质意义对消费的决定性影响,例如快乐、有趣(fun and fantasy)、形象与想象(image and imagination,dreams)、欲望(desires)(Dagevos,2005),表现为消费的"孩童化"趋向(王宁,2005)。

最后是对商品的过度占有,指的是对非必需品的过度占有,导致消费支出远高于自己的经济水平以及信贷能力,造成基本的生存和发展需要没有保障或者持续的心理矛盾冲突,超过本人支付能力的浪费性消费。

## 二 消费主义问卷的编制与分析

依据本研究提出的消费主义定义进行问卷编制,采用李克特5点量表,分别表示非常赞成、比较赞成、一般、不太赞成、很不赞成。中学生按照自身对题目的认可程度,从非常赞成到很不赞成的5个等级中进行选择。题目的内容涉及本研究对消费主义定义的4个方面,共29道选题,即29个观测变量,如反映消费主义心理认知的题目"一个人的价值高低、人生成败的最重要的标志,就是其消费的能力";即时消费的题目"我经常想都没想就把东西买下来了,之后才去想它到底有什么用";符号化消费的题目"父母下岗,依旧要求买 Nike 运动鞋"。

### 1. 被试选取

样本来自北京和郑州两个城市,为了保证样本的代表性,本研究采用多阶段概率规模与成比例抽样方法(pps 抽样)进行样本选取。调查时间为 2007 年 3~4 月。

北京被试的样本选取过程:抽样共分四个阶段。第一阶段,从北京 16 个区、2 个县中抽取两个区;第二阶段,从被抽中的每个区里随机抽取两个学校;第三阶段,从被抽中的每个学校里随机抽取两个班;第四阶段,从被抽中的每个班里随机抽取 44 名学生。

郑州被试的样本选取过程：第一阶段抽样，即抽区，采取的是判断抽样的方法。根据经济发达情况和学校（包括大学和中学）在郑州各区（共8个区）的主要分布情况来选取抽样单位。经比较后决定，在金水区和二七区进行抽样调查。金水区是郑州市的中心城区，同时也是全省面积最大，人口最多，经济最发达的城区，集政治、经济、文化、金融、信息中心于一身。辖区汇集了中央部委和省、市所属大中专院校、科研机构128家，市区中学35所，小学75所，是国家科技进步先进区和国家基础教育课程改革试验区。二七区相对于金水区来说，在商业和教育、文化事业的发展和科技的发展（二七区共辖有初中8所，普通高中2所）均有一定的差距。从抽样的第二阶段起，郑州的抽样方案与北京的抽样方案基本相同。

两城市共发放调查问卷1400份，回收有效问卷1156份。回收率为82.6%。样本的基本情况见表12-1。

表 12-1　样本的基本情况

单位:%

| 变量名称 | 类　　别 | 百分比 |
|---|---|---|
| 居住地 | 北　京 | 50.1 |
| | 郑　州 | 49.9 |
| 性　别 | 男 | 50.6 |
| | 女 | 49.4 |
| 初高中 | 高　中 | 31.0 |
| | 初　中 | 69.0 |
| 学校类型 | 实　验 | 38.7 |
| | 非实验 | 61.0 |

## 2. 问卷初步分析

首先从1156个样本总体中随机抽取200人的样本进行初步分析，包括问卷的项目分析、因素分析和信度分析。

对29道题目进行项目分析，即选取问卷总分前27%的被试与后27%的被试，对这两部分被试在各个题目上的得分进行T检验，考察每个项目的区分度。研究结果显示，在29个项目上的T检验结果都达到显著水平，项目的区分度良好。

表 12 - 2　中学生消费主义问卷项目分析、因素分析、信度分析

| 因素名称 | 题　目 | 项目分析 | 抽取的因素 | | | 贡献率 | 累积贡献率 | 信　度 |
|---|---|---|---|---|---|---|---|---|
| | | T | 1 | 2 | 3 | | | |
| 即时满足 | A1 我常常不由自主地买一些东西 | - 26.707 *** | 0.82 | | | 21.53 | 21.53 | 0.87 |
| | A2 我有时买东西纯属心血来潮 | - 24.892 *** | 0.82 | | | | | |
| | A3 我经常想都没想就把东西买下来了 | - 25.336 *** | 0.77 | | | | | |
| | A4 有时候我买东西当时会不计后果 | - 26.133 *** | 0.75 | | | | | |
| | A5 我经常根据购物时的心情来决定是否购买某件物品 | - 21.315 *** | 0.7 | | | | | |
| 消费至上观 | B1 人如果没有足够的钱尽兴消费，生活也就没什么意思 | - 20.58 *** | | 0.76 | | 17.83 | 39.35 | 0.79 |
| | B2 人的价值高低、成败的最重要的标志，就是其消费 | - 16.402 *** | | 0.7 | | | | |
| | B3 能挣会花，不必在乎其他 | - 19.183 *** | | 0.69 | | | | |
| | B4 不玩不乐，一生白过 | - 17.876 *** | | 0.67 | | | | |
| | B5 人生的成功首先在于时尚和地位 | - 21.292 *** | | 0.62 | | | | |
| 过度符号化 | C1 父母下岗，依旧要求买 Nike 运动鞋 | - 12.483 *** | | | 0.67 | 15.71 | 55.06 | 0.68 |
| | C2 追求购买洋装 | - 10.845 *** | | | 0.66 | | | |
| | C3 赞成父母购买过度宣传的楼盘 | - 13.346 *** | | | 0.63 | | | |
| | C4 父母以著名品牌的名字给他们的孩子取名 | - 10.246 *** | | | 0.62 | | | |
| | C5 知道洋装来自垃圾场仍然愿意购买 | - 13.194 *** | | | 0.58 | | | |

注：＊＊＊表示 T 检验的结果在 0.001 的水平上显著，下同。

因素分析的结果显示，29 个观测变量中的 15 个项目组合分成 3 个新的因素，其特征值均大于 1，另外统计结果也显示，3 个因素共同解释了 55.06% 的变异量。我们给这是个新的因素分别起名为消费至上观，即时消费，以及过度符号化消费。消费至上观，反映了消费主义个体的心理认知，即时消费和过度符号化消费反映了消费主义个体的行为倾向。研究采用克朗巴哈（Cronbach）α 系数对量表的内在信度进行分析，问卷的总信度达到 0.87，3 个新因素的测量信度均大于 0.6，说明问卷具有较高的信度（见表 12 - 1）。

通过对问卷的初步分析可以发现，研究数据所支持的中学生消费主义的内涵与本研究基于以往研究和理论提出的定义基本相同，但也存在差异。相同之处在于消费主义都表现在心理和行为两个方面，不同之处在于中学生的消费主义行为表现出即时消费和符号化消费的特点，没有表现出过度占有的特点。为了进一步验证通过因素分析得出的中学生消费主义概念是否确切，研究进一步进行结构效度的验证。

### 3. 问卷的结构效度分析

依据模型中各潜变量的构成在 Amos 18.0 中建立结构方程模型，求解结果的核心是模型统计参数，主要有 5 个：$\chi^2$（卡方）、df（自由度）、CFI（比较拟合指数）、GFI（拟合优度指数）和 RMSER（估计误差均方根）（见表 12 - 3）。

表 12 - 3　消费问卷拟合指数

| $X^2$ | df | $X^2/df$ | RMSEA | CFI | IFI | GFI |
|---|---|---|---|---|---|---|
| 339.974 | 87 | 3.908 | 0.050 | 0.96 | 0.96 | 0.96 |

根据 Bentler（1980）等人的研究，在拟合指数大于 0.9 时，假设模型可以接受。因此 Amos18.0 运行结果（$\chi^2 = 339.97$，df = 87，$\chi^2/df = 3.91$，GFI = 0.96，IFI = 0.96，CFI = 0.96，RMSEA = 0.05），表明研究假设模型与数据拟合得较好，可以接受该假设模型。较高的 GFI、AGFI、CFI、RMSEA 以及 Cronbach's alpha 系数说明较好地测量了模型中的潜变量。模型中各潜变量的相关矩阵。其中，即时满足消费与消费至上观、过度符号化之间的相关系数分别为 0.58 和 0.49，消费至上观与过度符号化之间的相关系数为 0.64（见表 12 - 4）。

表 12 - 4　题目及关键参数

| 潜变量 | 观测变量 | 回归系数 | 标准误差 | 临界比（t 值） | 显著性 |
|---|---|---|---|---|---|
| 即时满足 | A1 | 1 | | | |
| | A2 | 0.97 | 0.035 | 27.596 | *** |
| | A3 | 0.902 | 0.033 | 27.715 | *** |
| | A4 | 0.903 | 0.034 | 26.951 | *** |
| | A5 | 0.786 | 0.036 | 21.813 | *** |
| 消费至上观 | B1 | 1 | | | |
| | B2 | 0.861 | 0.044 | 19.53 | *** |
| | B3 | 0.951 | 0.049 | 19.479 | *** |
| | B4 | 0.928 | 0.052 | 17.727 | *** |
| | B5 | 0.89 | 0.044 | 20.172 | *** |
| 过度符号化消费 | C1 | 1 | | | |
| | C2 | 1.029 | 0.069 | 14.821 | *** |
| | C3 | 1.142 | 0.085 | 13.382 | *** |
| | C4 | 0.88 | 0.075 | 11.796 | *** |
| | C5 | 0.957 | 0.079 | 12.173 | *** |

通过对中学生消费主义的因素分析以及结构分析，基本证实了我们的度量框架，中学生的消费主义表现在对消费的心理认知和消费的行为倾向两个方面，在心理层面表现为过度看中消费，将消费对自身发展的意义夸大。在行为方面表现为即时满足，期望立刻得到想要的商品，同时也表现出符号化消费的特点，即中学生也具有品牌意识，并将品牌看作自己身份的体现。

另外，我们也修正了中学生的消费主义概念。起初通过分析文献我们认为中学生在消费主义行为方面还应表现出过度占有的特点，即进行超出自己支出能力的消费行为，但通过实证数据的分析，我们并没有发现中学生稳定地表现出这一行为特点。由此可见，通过以往理论及研究提出的消费主义定义并不能完全适用于中学生这一独特的群体，因此通过实证数据修正以往理论定义，提出适合中学生的消费主义概念是十分必要的。

## 第四节　中学生消费主义的特点

以往研究缺乏有结构的消费主义概念的指导，因此在描述某个群体消费主义特点时较为杂乱，笔者运用本研究证实的消费主义概念，从三个维度对中学生的消费主义特点进行描述（见表12-5）。

表12-5　不同类型中学生消费主义的特点比较

| | | N | M | SD | t |
|---|---|---|---|---|---|
| 即时满足消费 | 郑州 | 573 | 12.04 | 4.87 | 0.01 |
| | 北京 | 583 | 12.01 | 5.31 | |
| | 男 | 546 | 11.59 | 5.20 | 5.15* |
| | 女 | 536 | 12.29 | 5.01 | |
| | 初中 | 800 | 11.71 | 5.15 | 9.80** |
| | 高中 | 356 | 12.72 | 4.91 | |
| | 普通中学 | 707 | 11.65 | 5.03 | 9.68** |
| | 实验中学 | 449 | 12.61 | 5.15 | |
| 消费至上观 | 郑州 | 573 | 11.81 | 4.28 | 2.06 |
| | 北京 | 583 | 12.18 | 4.40 | |
| | 男 | 546 | 12.19 | 4.59 | 3.09 |
| | 女 | 536 | 11.73 | 4.14 | |
| | 初中 | 800 | 11.61 | 4.25 | 21.06*** |
| | 高中 | 356 | 12.87 | 4.42 | |
| | 普通中学 | 707 | 11.57 | 4.27 | 17.60*** |
| | 实验中学 | 449 | 12.66 | 4.36 | |
| 过度符号化消费 | 郑州 | 573 | 11.37 | 2.92 | 0.40 |
| | 北京 | 583 | 11.25 | 3.41 | |
| | 男 | 546 | 11.53 | 3.63 | 4.36* |
| | 女 | 536 | 11.12 | 2.78 | |
| | 初中 | 800 | 10.98 | 3.10 | 29.40*** |
| | 高中 | 356 | 12.07 | 3.22 | |
| | 普通中学 | 707 | 11.10 | 3.14 | 8.45** |
| | 实验中学 | 449 | 11.66 | 3.20 | |

对两个城市中学生的消费主义倾向的对比研究，考虑到北京作为全国政治、经济和文化的中心，对外开放的程度和教育水平也都在全国城市中位居前列，而郑州作为内陆省份城市，经济文化和开放程度相对较弱。但本研究发现，北京和郑州中学生在消费主义三个维度上的差异均不显著，即地域等经济因素并不会带来中学生消费主义心理及行为上的差异。

性别在一个社会中代表了社会分化的基本形式，是最为普遍而又根深蒂固的个人属性。在性别的区分中，生物性的性别只是一种生理差异，社会性的性别表现为社会性别角色规范和行为模式的社会差异，是一种性别社会规范和属性内化（即社会化）的性别。已有研究发现不同性别的个体的消费内容存在差异（刘录护，2009）。青春期，即中学生阶段是性别社会化的重要时期，Edward（1990）认为青春期的性别社会化是个人性别社会化的顶峰状态。通过分析发现，在中学阶段，男女的消费主义已经表现出不同。男生的即时消费得分小于女生，但消费至上以及过度符号化消费的得分高于女生，这说明男生更能容忍商品的延时满足，但是他们更看重消费，同时更重视品牌的符号价值。

初中阶段通常是十一二岁至十四五岁，是个体发展的少年期；高中阶段通常是十四五岁至十七八岁，是个体发展的青年初期。这两个阶段合称为"青春期"，是个体从童年向成熟的过渡阶段，在这个阶段个体经历着生理的巨变，同时在心理上也在经受着困惑、矛盾和挑战，是人生的转折时期。在这个时期个体的消费心理与行为会发展怎样的变化，本研究对比了初中和高中两个群体，结果发现：初中生在三个维度上的得分均小于高中学生，即随着个体的发展，中学生的消费主义心理和行为都朝着放大和加剧的方向发展。

普通中学与实验中学在德育、学校管理水平、学校的区域影响力、师资队伍建设、校园文化建设等方面都存在较大差异。为此，我们比较了普通中学和实验中学学生在消费主义倾向上的差异，研究发现实验中学学生在三个维度上的得分均显著高于普通中学学生。说明实验中学并未对中学生消费心理和行为提供更好的教育和引导。

通过数据分析发现不同群体的中学生在消费主义各个维度上存在不同程度的差异，下面将借助结构方程模型，架构不同群体的消费主义各维度与不同影响因素之间的关系。

# 第五节　中学生消费主义的影响因素

本研究的任务之一是探讨中学生消费主义倾向的主要影响因素，根据已有的研究和中学生的特点，本研究依据社会生态系统理论从与家庭、学校、社会三方面选取影响因素变量。另外中学生自己可支配的收入也是本研究关注的一个影响因素。

## 一　主要变量、计分方式及统计分析

家庭方面包括两个潜在变量：一是家庭的社会经济水平，由父母职业、父母的受教育水平以及家庭月收入三个观测变量反映。在问卷中，将父母的职业从无工作至国家管理者分为 9 个水平，从 1 至 9 评分，并将父母得分相加作为职业分数；将父母的受教育水平从小学以下至研究生分为 6 个水平，从 1 至 6 评分，并将父母得分相加作为教育水平分数；家庭每月总收入从 1000 元以下至 10000 元以上，分为 10 等级，从 1 至 10 进行评分。二是家庭消费模式，主要考察父母的榜样作用，父母的消费行为从入不敷出至很节俭，依此分为 3 个水平，从 1 至 3 评分。

学校方面有一个潜变量，即学校教育制度，体现在教育、制度两个方面，分别考查当前的学校中是否有关于消费的教育引导和制度约束。学校教育的题干为"你上中学所在的学校有关于消费的活动内容吗?"选项提供（1）组织过有关科学消费的讲座；（2）组织过有关科学消费、勤俭节约的主题班会；（3）德育课或社会课上会讲；（4）政治课上讲一点。学校制度的题干为"你上中学所在的学校有下列规定吗?"，选项为（1）不许留很花哨的发型；（2）不许化妆；（3）不许在校外购买饮料和零食；（4）不许戴首饰；（5）不许携带手机等通信工具进入校园。以上两题均为多选，选中 n 项，记 n 分。

社会因素方面主要引入了媒体潜变量，包括中学生接触的媒体类型、媒体对消费行为的影响两方面。媒体类型是要求中学生选中自己喜欢的媒体类型，选项中提供 6 个，选中 n 个，记 n 分。媒体对消费行为的影响为 5 点量表，题干如"我经常受时尚资讯影响，买实际用不上的物品"。

这部分研究采用 Amos 18.0 对数据进行处理，以期通过结构方程架构整体

的变量之间的关系。在结果呈现方面，为了更加明晰，以下的数据分析均呈现
结构方程图，且只出现潜变量，同时只保留具有显著作用的路径和变量。

## 二 影响因素分析

### 1. 北京与郑州

北京的中学生：

零花钱可以正向预测过度符号化的行为倾向。北京中学生持有的零花
钱越多，越倾向于表现出过度符号化的行为。

家庭消费模式负向预测过度符号化。我们对家庭消费模式的评分是将
父母的消费行为从入不敷出——很节俭，分为 3 个水平，从 1 至 3 评分，
此时家庭消费模式负向预测过度符号化是指父母的节俭程度越高，则孩子
的过度符号化倾向越低；父母如是入不敷出，那么孩子将更可能产生过度
符号化的消费主义行为倾向。

家庭社会经济地位可以直接负向预测过度符号化，同时可以通过媒体正向
预测消费主义三个维度。一方面，北京中学生所在家庭的社会经济地位越高，
过度符号化倾向反而越低；但另一方面，北京中学生家庭经济地位越高，接触的
媒体也就越多，而接触的媒体多了，北京中学生会更有可能产生消费主义倾向。

媒体可以正向预测消费主义三个维度的心理和行为倾向。北京中学生
接触的媒体越多，则他们对消费的认同度越高，即时消费和过度符号消费
的行为表现得越明显。

学校的教育和制度不能预测消费主义。

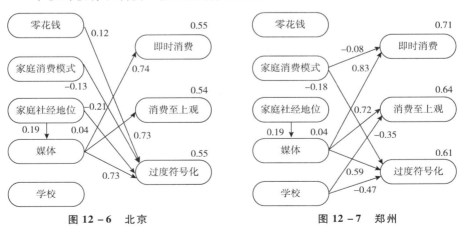

图 12－6　北京　　　　　　　　　　图 12－7　郑州

郑州的中学生（见图 12 - 7）：

零花钱不能预测消费主义。

家庭消费模式负向预测即时消费和过度符号化的消费行为倾向。父母越节俭，则孩子的过度符号化倾向越低，父母如是入不敷出，那么孩子将更可能产生过度符号化的消费主义行为倾向。

家庭社会经济地位通过媒体正向预测消费主义三个维度。郑州中学生家庭经济地位越高，接触的媒体也就越多，而接触的媒体多了，更有可能产生消费主义倾向。

媒体可以正向预测消费主义三个维度的心理和行为倾向。郑州中学生接触的媒体越多，则他们对消费的认同度越高，即时消费和过度符号消费的行为表现得越明显。

学校的教育和制度可以负向预测消费至上观和过度符号化的行为倾向。学校提供的关于消费的教育及制度越多，则学生消费至上的观点越弱，且过度符号化的消费行为越少。

通过对比可以发现各影响因素在北京和郑州两个城市中学生中的作用模式是不同的。学校教育制度和零花钱分别预测北京或郑州学生的消费主义；家庭消费模式可以预测郑州中学的两种消费行为倾向，只能预测北京中学的符号化消费；家庭社会经济地位以直接和间接方式预测北京中学生，仅以间接的方式预测郑州中学生；媒体则以相同的方式预测两组群体的中学生的消费主义。

## 2. 男生与女生

男生（见图 12 - 8）：

零花钱可以正向预测过度符号化的行为倾向。男生持有的零花钱越多，越倾向于表现出过度符号化的行为。

家庭消费模式负向预测消费至上观和过度符号化。父母越节俭，则孩子的消费至上的观念越弱，过度符号化倾向越低；父母如是入不敷出，那么孩子将更可能产生消费至上的信念，同时表现出过度符号化的消费主义行为倾向。

家庭社会经济地位不仅可以直接地负向预测过度符号化，同时可以通过媒体正向预测消费主义三个维度。一方面，男生所在家庭的社会经济地位越高，过度符号化倾向反而越低；但另一方面，家庭经济地位越高，男生接触的媒体也就越多，而接触的媒体多了，男生会更有可能产生消费主义倾向。

媒体可以正向预测消费主义三个维度的心理和行为倾向。男生接触的媒体越多，则他们对消费的认同度越高，即时消费和过度符号消费的行为表现得越明显。

学校的教育和制度不能预测消费主义。

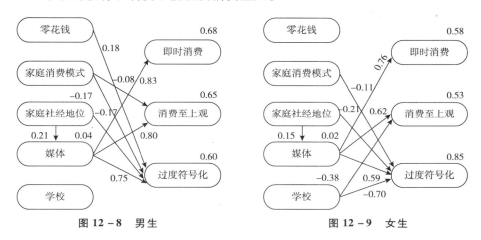

图 12-8 男生          图 12-9 女生

女生（见图 12-9）：

零花钱不能预测消费主义。

家庭消费模式负向预测过度符号化的消费行为倾向。父母越节俭，则孩子的消费至上的观念越少，过度符号化倾向越低；父母如是入不敷出，那么孩子将更可能产生消费至上的信念，同时表现出过度符号化的消费主义行为倾向。

家庭社会经济地位不仅可以直接地负向预测过度符号化，同时可以通过媒体正向预测消费主义三个维度。一方面，女生所在家庭的社会经济地位越高，过度符号化倾向反而越低；但另一方面，家庭经济地位越高，女生接触的媒体也就越多，而接触的媒体多了，女生会更有可能产生消费主义倾向。

媒体可以正向预测消费主义三个维度的心理和行为倾向。女生接触的媒体越多，则他们对消费的认同度越高，即时消费和过度符号消费的行为表现得越明显。

学校的教育和制度可以负向预测消费至上观和过度符号化的行为倾

向。学校提供的关于消费的教育以及制度越多，学生消费至上的观点越弱，且过度符号化的消费行为越少。

影响因素在男生和女生的作用模式亦不相同。学校教育制度和零花钱分别预测男生或女生的消费主义；家庭消费模式可以预测男生的两种消费行为倾向，只能预测女生的符号化消费；家庭社会经济地位和媒体则以相同的方式预测两组群体的中学生的消费主义。

### 3. 初中与高中

初中生（见图 12 – 10）：

零花钱负向预测消费主义。初中生持有的零花钱越多，越倾向于表现出过度符号化的行为。

家庭消费模式负向预测过度符号化的消费行为倾向。父母越节俭，则过度符号化倾向越低；父母如是入不敷出，那么孩子将更可能表现出过度符号化的消费主义行为倾向。

家庭社会经济地位不仅可以直接地负向预测过度符号化，同时可以通过媒体正向预测消费主义三个维度。一方面，初中生所在家庭的社会经济地位越高，过度符号化倾向反而越低；但另一方面，家庭经济地位越高，初中生接触的媒体也就越多，而接触的媒体多了，初中生会更有可能产生消费主义倾向。

媒体可以正向预测消费主义三个维度的心理和行为倾向。初中生接触的媒体越多，则他们对消费的认同度越高，即时消费和过度符号消费的行为表现得越明显。

学校的教育和制度可以负向预测消费至上观和过度符号化的行为倾向。学校提供的关于消费的教育以及制度越多，学生消费至上的观点越弱，且过度符号化的消费行为越少。

高中生（见图 12 – 11）：

零花钱和学校教育制度不能预测消费主义。

家庭消费模式负向预测过度符号化的消费行为倾向。父母越节俭，则过度符号化倾向越低；父母如是入不敷出，那么孩子将更可能表现出过度符号化的消费主义行为倾向。

家庭社会经济地位可以直接地负向预测过度符号化。高中生所在家庭的社会经济地位越高，过度符号化倾向反而越低。

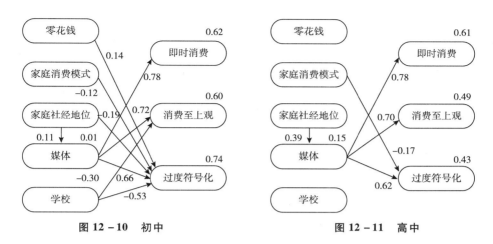

图 12-10 初中          图 12-11 高中

媒体可以正向预测消费主义三个维度的心理和行为倾向。高中生接触的媒体越多，则他们对消费的认同度越高，即时消费和过度符号消费的行为表现得越明显。

对于初中生五类影响因素均有预测作用，而对于高中生仅有家庭消费模式、家庭社会经济地位以及媒体有效作用。

**4. 普通中学与实验中学**

普通中学学生（见图 12-12）：

零花钱负向预测消费主义。普通中学学生持有的零花钱越多，越倾向于表现出过度符号化的行为。

家庭消费模式负向预测过度符号化的消费行为倾向。父母越节俭，则过度符号化倾向越低；父母如是入不敷出，那么孩子将更可能表现出过度符号化的消费主义行为倾向。

家庭社会经济地位可以直接地负向预测过度符号化。普通中学学生所在家庭的社会经济地位越高，过度符号化倾向反而越低。

媒体可以正向预测消费主义三个维度的心理和行为倾向。普通中学学生接触的媒体越多，则他们对消费的认同度越高，即时消费和过度符号消费的行为表现得越明显。

学校的教育和制度可以负向预测消费至上观和过度符号化的行为倾向。学校提供的关于消费的教育以及制度越多，则学生消费至上的观点越弱，且过度符号化的消费行为越少。

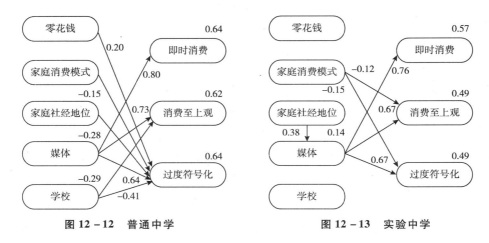

图 12-12 普通中学　　　　　　图 12-13 实验中学

实验中学学生（见图 12-13）：

零花钱和学校教育制度不能预测消费主义。

家庭消费模式负向预测普通中学生的过度符号化的消费行为倾向。父母越节俭，则过度符号化倾向越低；父母如是入不敷出，那么孩子将更可能表现出过度符号化的消费主义行为倾向。

家庭社会经济地位不仅可以直接地负向预测普通中学生的过度符号化，同时可以通过媒体正向预测实验中学学生的消费主义三个维度。一方面，普通中学学生所在家庭的社会经济地位越高，过度符号化倾向反而越低；但另一方面，家庭经济地位越高，实验中学学生接触的媒体也就越多，而接触的媒体多了，实验中学学生会更有可能产生消费主义倾向。

媒体可以正向预测消费主义三个维度的心理和行为倾向。实验中学学生接触的媒体越多，则他们对消费的认同度越高，即时消费和过度符号消费的行为表现得越明显。

与初中和高中的影响模式相似，对于普通中学的学生五类影响因素均有预测作用，而对于实验中学的学生仅有家庭消费模式、家庭社会经济地位以及媒体产生有效作用。

以上对不同城市、不同性别、初高中、普通实验中学学生的消费主义影响模式进行了分析和对比。通过对各个群体中学生消费主义影响因素的分析可以看出在影响模式上的一些共同特点：零花钱对学生的过度符号化消费有正向预测作用，零花钱越多过度符号化倾向越严重；家庭消费方式对不同群体的消费主义倾向有负向的预测作用，父母的节俭度越高，越能培养出消费倾向低的孩子；社会经济地位可以直接地负向预测过度符号化或间接地通过媒体正向预测中学生消费主义的三个维度，家庭的社会经济地位越高，越可能培养出过度符号化倾向低的孩子；媒体可以显著且稳定地预测所有群体的消费倾向的所有方面；学校教育制度对于消费主义的观念和行为具有负向预测作用。同时可以看到家庭消费模式、社会经济地位以及媒体是预测中学生消费主义的稳定因素，出现在所有群体之中，零花钱和学校教育制度的预测作用则时有时无。在五类影响因素中媒体是最为稳定且影响范围最广的因素，它不仅可以预测所有群体的消费主义，同时可以预测消费主义所有维度。

# 第六节　讨论

## 一　中学生的消费主义

本研究从心理和行为表现两个层面探讨中学生消费主义的内涵及其测量维度，经过探索性因素分析和验证性因素分析发现：我国中学生消费主义的内涵包括消费心理认知（对消费的过度认同）和行为倾向（即时满足消费和过度符号化消费）两个层次，共三个维度。

以往理论及研究常以单一的视角考察消费主义，或重视心理认知层面，或重视行为倾向层面，通过本研究的数据分析可以看到，消费主义不仅是心理层面和行为倾向层面的有机结合，同时在不同的行为倾向之间也存在关联。在数据上表现为三个维度之间存在显著的正相关。其中，心理认知是消费行为倾向产生的根源，行为又成为强化消费心理认同的利器。

我国研究者陈昕（2003）认为消费具有三个主要特征，即消费的高档、名牌倾向；消费的广告效应；消费的符号象征意义。本研究的结果并不完全支持这样的消费主义界定。一方面，"消费的广告效应"实际属于媒体的一个方面，属于中学生消费主义产生的影响因素，它能够在一定程度上预测消费主义的产生，而其本身并不是个体的消费主义特征，广告是外在的，它既不能说明个体是否将广告内化，更不能说明个体将广告转化成了自己的消费行为。另一方面，"消费的高档、品牌倾向""消费的符号象征意义"这两个特征实质都隶属于本研究中的"过度符号化"这一维度。可以看出，相对于以往研究，本研究对中学生消费主义内涵的界定更加准确。

与以往研究提到的消费主义不同的是，我国中学生的消费主义没有表现出过度占有这一维度。以往研究认为，消费主义崇尚物质的过度占有与消耗。消费主义者特别重视物质消费，往往通过过度的物质占有和消耗来满足其颓废精神的需求，用物质消费的多少来衡量自身的价值所在，而不考虑发挥物质的使用价值（黄庐进，2010）。我国中学生的消费主义没有这一维度是由多方面原因造成的，第一，以往研究的被试群体大都是独立的成人，他们有自己的收入来源，且可自由支配，而本研究的被试中学生还处在家庭中，其可支配的收入大都由父母提供，消费行为也会受到父母的监督，因此没有表现出对物质的过度占有这一行为特点。第二，大多数学生在校学习都有明确的目的和充实的生活，并不需要通过过度的物质占有来填充精神生活的空虚。第三，我国的理财教育历来强调"量入为出"，这一教育理念可能也深刻地影响了中学生的消费习惯，使我国中学生不会超出自己的支付能力进行消费。

二 中学生消费主义教育的建议

艰苦朴素、勤俭节约是我国传统美德中消费价值观的主要特征，中学生是我国经济社会中一个特殊的消费群体，他们处在家庭中，不久将要进入社会或进入大学独立活动。因此，对中学生的消费观念和消费行为进行教育和塑造不仅对当前而且对未来经济社会的发展都有着很大的影响。它不仅仅是个人的事，更是一件事关家庭、社会、当前和未来的社会行为。本研究从家庭、学校、社会三个方面进行消费主义影响因素的探讨，下面就这三方面提出几点建议。

在家庭方面，家庭教育在孩子成长过程中起着至关重要的作用，因为家长是孩子的第一任教师，孩子世界观、人生观的形成是从小开始的。依据班杜拉的社会学习理论，家长的榜样示范作用是最有效的教育手段。所以，家长需要注意树立科学消费观和金钱观，并约束自己的行为，为孩子提供正确的示范作用。另外，家庭的社会经济地位也会影响家庭成员的媒体需求，进而影响消费心理和行为。这也需要家长加强自身学习和修养，培养正确的审美需求，培养自身面对媒体时的辨别力，在为孩子过滤媒体信息的同时，不断培养孩子对媒体负面宣传的免疫力。

学校是成长中的个体亲身接触并产生体验的，与之有着直接而紧密联系的环境（Bronfenbrenner，1979）。作为个体成长和发展的重要环境，学校在中学生消费观念形成的过程中发挥着重要和独特的作用。通过课内外消费观教育、适当的制度约束以及形式多样的消费主题活动营造良好校园消费环境、是树立学生正确消费观的有效手段。重视校园文化的影响，使中学生在耳濡目染中潜移默化地接受熏陶和感化，更好地促进个体健康发展。因此，在校园文化建设中设计有关健康消费理念的活动专题，如开展节水节电活动、成立各种节俭组织、募捐社团。同时，充分利用校内传媒工具，在校园形成良好的消费舆论导向，促使学生形成正确的消费观。

在社会层面，本研究重点关注了媒体对中学生消费的影响，研究发现媒体可以正向预测消费主义三个维度的心理和行为倾向，说明中学生接触媒体越多其消费至上的观念越强，越容易产生符号化消费及即时满足的消费行为，同时与其他影响因素相比媒体对每种类型的中学生群体都有稳定的影响作用，可见媒体对消费主义的滋生和蔓延起到了推波助澜的作用。中学生正处于由儿童变为成年人的特殊时期，这个阶段的青年开始思考"我是谁？"这样的问题，并体验着角色同一与角色混乱的冲突。因此，他们会十分关注自己在他人心目中的形象并不断寻求自己在社会中的位置。这样一来，他们自然会把媒体作为流行趋势的代表。同时由于自身认知发展等方面的限制，面对媒介所提供的信息无暇也无力进行充分思考和辨别。因此，一方面媒体应该为中学生树立正确的学习榜样，满足中学生统一性的需要；另一方面，提高中学生对媒体的认识，明辨媒体，尤其是广告的信息性、娱乐性及其使用的劝说技巧（张红霞、李佳嘉、郭贤达，2008），是避免媒体对中学生消费观产生不良影响的重要途径。

中学生消费观的塑造离不开学校、家庭和社会的共同协作，摒弃了其中任何一方，都将是失败的教育。

三 本研究的创新、不足与未来研究展望

本研究的结论补充了消费主义研究的基础理论，丰富了消费主义的概念内涵，为进一步开展实证研究奠定了基础。本研究的创新体现在的理论架构、研究方法两个方面。

在理论结构方面，本研究一方面从心理和行为两个方面架构我国中学生消费主义的内涵，另一方面，依据布朗芬布伦纳的生态环境理论在家庭、学校、社会三个系统探究消费主义的影响因素。

在研究方法方面，首先，本研究选择了问卷法，通过初步分析和进一步分析进行了中学生消费主义的实证研究，为得到可靠的中学生消费主义的内涵和测量维度奠定了基础。其次，本研究选取不同群体的中学生进行对比，深入揭示了不同类型中学生的消费主义现状。再次，本研究采用了结构方程统计方法，在架构中学生消费主义概念体系以及影响因素体系中起到了直观整体化的作用，避免了以往研究只见树木不见森林的弱点。

本研究旨在对中国背景下中学生的消费主义内涵、现状和影响因素进行研究，但是，由于种种原因的限制，本研究还存在以下不足，期待在未来的研究中进行弥补和开拓。

首先，本研究共选取了1156名被试作为研究样本，并在城市、性别、初高中、中学类型几个变量上进行了平衡处理，但是研究并没有包括来自农村的中学生，因此本研究的相关结果是否能够说明农村中学生的消费主义内涵、现状和影响因素还不能确定。在未来的研究中，选取农村中学生展开调研，可以更全面说明中学生的消费主义。

其次，本研究运用问卷法进行大样本研究，得到了中学生消费主义的实证数据，克服了以往研究简单描述的缺点，如能在未来的研究中在大样本问卷法的基础上，进行小样本的精巧实验研究，则可以更直接有效地揭示中学生消费主义特点。

最后，本研究对中学生消费主义的影响因素进行了调查，在未来的研究中选取关键影响因素，对其进行变量设计，进行干预研究，深入考察这些因素对消费主义影响的有效性和影响程度，将能为中学生消费主义的教育提供更可靠的意见和建议。

# 第十三章　中学生冲动性购买倾向

## ——对北京、郑州1156名中学生的调查分析

本研究依据2007年对北京、郑州两城市1156名中学生所做的问卷调查资料，利用描述性分析、独立样本T检验、单因素方差分析和虚拟变量多元回归分析等多种统计分析方法，对中学生冲动性购买倾向的现状及其影响因素做了量化研究。研究发现：中学生冲动性购买倾向处于中等偏低水平；中学生的个人因素、家庭背景、学校因素和媒体因素等，对于中学生的冲动性购买倾向，均具有显著性影响。

## 第一节　研究背景

消费主义的特征之一是过度追求即时满足消费。因而，消费主义倾向明显的人，他们在消费或购物时，冲动性购买（Impulsive Buying）现象较为突出。所谓"冲动性购买"，是指"无计划地购买"（an unplanned purchase）。它的特点是：购买行为的决策是迅速做出的，购买行为是即时的（immediat）和缺乏深思熟虑（less deliberate）的。

中学生在冲动性购买倾向方面的现状如何？影响中学生冲动性购买倾向的因素有哪些？为了回答上述问题，2007年3月，我们设计了一份相关方面的调查问卷，以期能对这些问题做些探索性的回答。调查内容包括两个方面：一方面测量中学生冲动性购买倾向的水平；另一方面测量影响冲动性购买倾向的各种因素。

本研究的基本假设是：中学生的冲动性购买倾向受到多种因素的影响。这些因素主要包括四个方面：（1）个人因素。如性别、年龄及个人实际所拥有的经济资源等。（2）家庭背景。如父母的职业、父母的日常消费

方式、父母教育子女的方式等。（3）学校因素。如学校是否有消费观方面的教育、是否有抑制消费主义流行的相关方面的制度等。（4）媒体因素。如网上或电视上的时装周发布会、奢侈品展、时尚产品杂志或报纸、电视购物频道、淘宝网和卓越网以及学生喜欢的时尚产品网站等。

# 第二节　研究方法

## 1. 抽样方法

对北京市中学生采用分层、多阶段概率规模与成比例抽样方法（PPS抽样），具体抽样情况如下。

（1）分层抽样

将北京740所中学分为两层：初中为第一层（598所学校）；高中为第二层（310所学校）。每层各选350名学生，共抽取700名学生。

（2）多阶段抽样

北京的初中和高中的抽样分四个阶段。第一阶段，从北京16个区、2个县中抽取两个区；第二阶段，从被抽中的每个区里随机抽取两个学校；第三阶段，从被抽中的每个学校里随机抽取两个班；第四阶段，从被抽中的每个班里随机抽取44名学生。

对郑州市中学生抽样方法如下：首先将郑州的448所中学分为两层：初中为第一层（343所学校）；高中为第二层（105所学校）。每层各选350名学生，共抽取700名学生。

郑州的分阶段抽样方案中，初中和高中的第一阶段抽样，即抽区，采取的是判断抽样的方法。根据经济发达情况和学校（包括大学和中学）在郑州各区（共8个区）的主要分布情况来选取抽样单位，经比较后决定，在金水区和二七区进行抽样调查。金水区是郑州市的中心城区，也是全省面积最大，人口最多，经济最发达的城区，集政治、经济、文化、金融、信息中心于一身。辖区汇集了中央部委和省市所属大中专院校、科研机构128家，市区中学35所，小学75所，是国家科技进步先进区和国家基础教育课程改革实验区；二七区相对于金水区来说，商业、教育、文化事业和科技的发展较为滞后（二七区共辖有初中8所，普通高中学校均有一定的差距）。

从抽样的第二阶段起，郑州的抽样方案与北京的抽样方案基本相同。

两城市共发放调查问卷 1400 份，回收有效问卷 1156 份。

### 2. 核心变量的测量

本研究的核心变量是"冲动性购买倾向"。对于冲动性购买倾向这一概念，利用李克特量表（5 度量表）将其具体操作化为 7 个指标：（1）我经常在买东西的时候很喜欢，但买完之后对该物品又没兴趣了；（2）有时候我买东西会不计后果；（3）我经常不由自主地买一些东西；（4）我经常想都没想就把东西买下来了，之后才去考虑它到底有什么用；（5）"just do it"是我购物方式的真实写照；（6）我有时买东西纯属心血来潮；（7）我经常根据购物时的心情来决定是否购买某件物品。

对上述量表所做的信度分析（Reliability Analysig）结果表明，该量表的克郎巴赫 Alpha 信度系数（Cronbach – s Alpha）为 0.888，说明量表具有很高的信度。

利用主成分方法进行探索性因子分析结果表明，7 个指标可以较好地聚为一个因子，因子贡献率为 60.15%，且各指标的因子负载量均高于 0.663，说明量表具有很高的可信度。

### 3. 统计分析方法

运用 SPSS16.0 对数据进行分析，在资料分析中，运用的统计分析方法主要为独立样本 T 检验、单因素方差分析（One – Way ANOVA）和虚拟变量多元回归分析等。

# 第三节　调查结果分析

### 1. 学生的冲动性购买倾向总体处于中等偏低水平

表 13 – 1 反映的是中学生在冲动性购买倾向各指标上的得分情况。从表 13 – 1 中可以看出：中学生在冲动性购买倾向量表上得分趋于中度水平（均值超过 2.5000）的指标有 3 项，即指标 1、指标 3 和指标 7。其余 4 项指标的得分均值趋于中度偏低水平。量表得分的均值为 2.3944（7 项得分之和除以 7）。

对量表得分做进一步的分析发现，有近1/3的学生在量表上的得分达到或超过中度水平（3分）；有6.50%的学生在量表上的得分达到或超过较高水平（4分）；还有1.4%的学生在该量表上的得分达到了高水平（5分）（见表13-1）。

表13-1　中学生在冲动性购买倾向量表各指标上的得分

| 指　标 | 完全不符合1分 | 不太符合2分 | 一般3分 | 比较符合4分 | 非常符合5分 | 均　值 |
|---|---|---|---|---|---|---|
| 1. 我经常在买东西的时候很喜欢，但买完之后对该物品又没有兴趣了 | 22.9 | 22.9 | 29.2 | 17.4 | 7.5 | 2.6355 |
| 2. 有时候我买东西会不计后果 | 36.3 | 22.9 | 22.3 | 11.3 | 7.3 | 2.3033 |
| 3. 我经常不由自主在买一些东西 | 30.1 | 22.7 | 23.0 | 15.0 | 9.3 | 2.5076 |
| 4. 我经常想都没想就把东西买下来了，之后才去考虑它到底有什么用 | 41.0 | 23.9 | 20.2 | 9.3 | 5.6 | 2.1462 |
| 5. "just do it" 是我购物方式的真实写照 | 37.4 | 23.3 | 26.0 | 8.1 | 5.2 | 2.2033 |
| 6. 我有时买东西纯属心血来潮 | 30.7 | 21.8 | 23.6 | 15.7 | 8.2 | 2.24891 |
| 7. 我经常根据购物时心情来决定是否购买某件物品 | 27.3 | 21.0 | 27.7 | 14.7 | 9.3 | 2.5778 |

**2. 个体的性别、年龄及所拥有的经济资源对冲动性购买倾向具有显著影响**

男生与女生在冲动性购买倾向方面存在显著性差异（$t = -2.301$，$p < 0.05$）。男生（$M = 2.3094$）明显低于女生（$M = 2.4500$）。不同年龄阶段中学生的冲动性购买倾向水平存在显著性差异（$t = -3.934$，$p < 0.001$），初中生（2.3224）明显低于高中生（2.5605）。

学生所拥有的可支配经济资源，对他们的冲动性购买倾向具有重要影响。具体表现为：

第一，家长给的零花钱越多，学生冲动性购买倾向越高（$t = -5.422$，$p < 0.001$）。每月零花钱在300元以下的学生，冲动性购买倾向得分均值为2.3244，显著低于每月零花钱在301元以上的学生（$M = 2.7364$）。

第二，学生的压岁钱越多，冲动性购买倾向越高（$F = 6.566$，$p < 0.001$）。事后多重比较（LSD tesi）发现，压岁钱在500元以下学生的冲

动性购买倾向（M = 2.2241），明显低于压岁钱为 501~1000 元（M = 2.3971）、1001~2000 元（M = 2.4396）、2001 元以上（2.5903）的学生。

### 3. 父母亲的职业、家庭消费方式和家庭教育方式对冲动性购买倾向具有显著影响

分析结果显示，父亲职业对中学生的冲动性购买倾向具有显著影响（F = 3.109，df = 9，p < 0.001）。父亲职业为专业技术人员的学生，冲动性购买倾向得分（M = 2.1917）最低，明显低于父亲职业为企业高层管理人员的学生（M = 2.533）和父亲职业为国家与社会管理者的学生（M = 2.6312），更低于父亲职业为私营企业主的学生（M = 2.7612）。

母亲职业对中学生的冲动性购买倾向同样具有显著影响（F = 2.296，df = 9，p < 0.05）。母亲职业为农民或渔民的学生，冲动性购买倾向得分（M = 2.1054）最低，明显低于母亲职业为企业高层管理人员的学生（M = 2.6214）和商业服务业人员的学生（M = 2.452），更低于母亲职业为私营企业主的学生（M = 2.8509）。

T 检验结果显示，家庭消费方式对中学生冲动性购买倾向具有显著影响（t = 7.655，p < 0.001）。如果将父母平时消费属于入不敷出型的学生分为一组，将父母平时消费属于量入而出或非常节俭型的学生分为另一组，前者在冲动性购买倾向量表上的得分均值（M = 3.4864）明显高于后者（M = 2.3511）。

家庭教育方式对中学生冲动性购买倾向具有显著影响（F = 27.062，df = 3，p < 0.001）。父母对孩子进行正面教育，如经常教导花钱要有计划，或要买必要的东西，学生的冲动性购买倾向明显低于父母不做任何教育，只要是孩子喜欢的东西任其随便买的学生。三者在冲动性购买倾向量表上的得分均值分别为 2.3107、2.6108 和 3.2619。

### 4. 学校消费观教育及相关规定对冲动性购买倾向具有显著影响

从总体上看，中学时期学校是否通过各种形式开展消费观教育，对中学生的冲动性购买倾向具有显著影响。选中"学校基本没有开展消费观教育"的学生，在冲动性购买倾向量表上的得分均值为 2.5119，明显高于没有选中此项学生的得分均值（2.3649）。但小学阶段是否开展相关方面的教育，对于中学生冲动性购买倾向的影响不显著（见表 13-2）。

从学校制度来看，小学时有无相关限制性制度，对于进入中学时代的中学生而言，仍然具有较大的影响。具体表现为：

第一，上小学时，学校有"不许化妆"这一规定的学生，他们在冲动性购买倾向量表上的得分均值（2.3551），明显低于那些在小学时期学校没有这项规定的中学生的这一得分均值（2.5843）。

表 13－2　学校在开展消费教育方面的情况及统计检验结果

| 是否开展相关方面的教育 | 小学 | | | 中学 | | |
|---|---|---|---|---|---|---|
| | 选项 | 均值 | T 检验 | 选项 | 均值 | T 检验 |
| 组织过有关科学消费的讲座 | 未选中<br>选　中 | 2.3597<br>2.6773 | T = -3.3.4<br>DF = 1079 | P 值<br>0.001 | 未选中<br>选　中 | 2.3784<br>2.5398 | T = 1.554<br>DF = 1079 | P 值<br>0.121 |
| 组织过有关科学消费、勤俭节约的主题班会 | 未选中<br>选　中 | 2.3825<br>2.4242 | T = -0.607<br>DF = 1079 | P 值<br>0.544 | 未选中<br>选　中 | 2.3784<br>2.5207 | T = 0.855<br>DF = 1079 | P 值<br>0.064 |
| 德育课或社会课上会讲 | 未选中<br>选　中 | 2.4136<br>2.3345 | T = -1.188<br>DF = 1079 | P 值<br>0.235 | 未选中<br>选　中 | 2.3875<br>2.4160 | T = 0.370<br>DF = 1079 | P 值<br>0.712 |
| 政治课上讲一点 | 未选中<br>选　中 | 2.3649<br>2.5119 | T = -1.957<br>DF = 1079 | P 值<br>0.051 | 未选中<br>选　中 | 2.4501<br>2.3342 | T = 1.971<br>DF = 1079 | P 值<br>0.049 |
| 基本没有 | 未选中<br>选　中 | 2.3649<br>2.5119 | T = -1.957<br>DF = 1079 | P 值<br>0.051 | 未选中<br>选　中 | 2.4504<br>2.3342 | T = 1.971<br>DF = 1079 | P 值<br>0.049 |

第二，小学时期学校有"不许戴首饰"这一规定的中学生，他们在冲动性购买倾向量表上的得分均值（2.3329），明显低于那些在小学时期学校没有这项规定的中学生的这一得分均值（2.5860）。

第三，小学时期学校有"不许携带手机等通信工具入校园"规定的中学生，他们在冲动性购买倾向量表上的得分均值（2.3405），也明显低于那些在小学时期学校没有这项规定的中学生的这一得分均值（2.5714）。

中学时期的相关制度，对于中学生的冲动性购买倾向有无显著影响呢？答案是肯定的。

表13-3 学校相关规定及其他对抑制学生冲动性购买倾向效果的显著性检验

| 学校有无下列规定 | 小 学 | | | 中 学 | | |
|---|---|---|---|---|---|---|
| | 选 项 | 均 值 | T 检验 | 选 项 | 均 值 | T 检验 |
| 不许留很花哨的发型 | 未选中<br>选 中 | 2.5018<br>2.3737 | T=1.547<br>DF=1079 | P值<br>0.121 | 未选中<br>选 中 | 2.7116<br>2.3576 | T=3.613<br>DF=1079 | P值<br>0.000 |
| 不许化妆 | 未选中<br>选 中 | 2.5843<br>2.3551 | T=2.892<br>DF=1079 | P值<br>0.004 | 未选中<br>选 中 | 2.7197<br>2.3471 | T=7.176<br>DF=1079 | P值<br>0.000 |
| 不许在校外购买饮料和零食 | 未选中<br>选 中 | 2.4297<br>2.3378 | T=1.532<br>DF=1079 | P值<br>0.126 | 未选中<br>选 中 | 2.4736<br>2.2972 | T=2.996<br>DF=1079 | P值<br>0.003 |
| 不许戴首饰 | 未选中<br>选 中 | 2.5860<br>2.3329 | T=3.672<br>DF=1079 | P值<br>0.000 | 未选中<br>选 中 | 2.7370<br>2.3447 | T=4.401<br>DF=1079 | P值<br>0.000 |
| 不许携带手机等通信工具进入校园 | 未选中<br>选 中 | 2.5714<br>2.3405 | T=3.295<br>DF=1079 | P值<br>0.001 | 未选中<br>选 中 | 2.6731<br>2.3478 | T=3.834<br>DF=1079 | P值<br>0.000 |
| 基本没有 | 未选中<br>选 中 | 2.3981<br>2.2074 | T=1.082<br>DF=1079 | P值<br>0.280 | 未选中<br>选 中 | 2.3981<br>2.2074 | T=1.082<br>DF=1079 | P值<br>0.280 |

从表13-3我们可以看出，中学时期学校制度对于中学生冲动性购买倾向的影响，超过小学时期学校制度对他们的影响。本研究中所列举的5项具体学校制度，对于抑制中学生的冲动性购买倾向，均具有显著性作用。

**5. 媒介因素对中学生冲动性购买倾向具有显著影响**

T检验结果显示，本次研究中所列举的所有媒介因素对中学生的冲动性购买都有显著性影响（见表13-4）。

表13-4 影响中学生冲动性购买倾向的媒介因素及其统计检验结果

| 媒体接触 | 选 项 | 均 值 | T 检验 | |
|---|---|---|---|---|
| 看网上或电视上的时装周发布会 | 未选中<br>选 中 | 2.2497<br>2.7499 | T=-7.917<br>DF=1080 | P值<br>0.000 |
| 看奢侈品展 | 未选中<br>选 中 | 2.3467<br>2.9392 | T=-5.545<br>DF=1080 | P值<br>0.000 |
| 看时尚产品杂志或报纸 | 未选中<br>选 中 | 2.2612<br>2.5869 | T=-5.506<br>DF=1080 | P值<br>0.000 |

| 媒体接触 | 选 项 | 均 值 | T 检验 | |
|---|---|---|---|---|
| 看电视购物频道 | 未选中<br>选 中 | 2.3268<br>2.6997 | T = -4.928<br>DF = 1080 | P 值<br>0.000 |
| 上淘宝网、卓越网等逛逛 | 未选中<br>选 中 | 2.3385<br>2.6725 | T = -4.2653.295<br>DF = 1080 | P 值<br>0.0010 |
| 上自己喜欢的时尚产品的网站<br>看看 | 未选中<br>选 中 | 2.2765<br>2.6103 | T = -5.488<br>DF = 1080 | P 值<br>0.000 |

表 13 - 5　影响中学生冲动性购买倾向媒体因素的回归分析

| Model | 非标准化系数 | | 标准化系数 | T 值 | 显著性 Sig. |
|---|---|---|---|---|---|
| | B 值 | 标准误 | Beta | | |
| （Constant） | 2.045 | 0.043 | | 47.525 | 0.000 |
| W15_ 01 看网上或电视<br>上的时装周发布会 | 0.376 | 0.063 | 0.176 | 5.929 | 0.000 |
| W15_ 02 看奢侈品展 | 0.388 | 0.105 | 0.109 | 3.704 | 0.000 |
| W15_ 03 看时尚产品杂志<br>或报纸 | 0.182 | 0.059 | 0.092 | 3.090 | 0.002 |
| W15_ 04 看电视购物频道 | 0.199 | 0.075 | 0.079 | 2.663 | 0.008 |
| W15_ 01 上淘宝网、卓越<br>网逛逛 | 0.198 | 0.077 | 0.076 | 2.580 | 0.010 |
| W15_ 01 上自己喜欢的时<br>尚产品网站看看 | 0.187 | 0.061 | 0.093 | 3.080 | 0.002 |

多变量回归分析发现，在控制了其他自变量影响的情况下，6 个自变量对冲动性购买倾向仍然具有显著影响。从标准化回归系数 Beta 值来看，影响最大的媒体变量为是否"看网上或电视上的时装发布会"（Beta 值为 0.176），接下来的自变量按其对因变量的影响大小依次为：是否"看奢侈品展"（Beta 值为 0.109）、是否"上自己喜欢的时尚产品的网站看看"（Beta 值为 0.093）是否"看时尚产品杂志或报纸"（Beta 值为 0.092）、是否"看电视购物频道"（Beta 值为 0.079）、是否"上淘宝网、卓越网逛逛"（Beta 值为 0.076）。

# 第十四章  大学生的后现代人生价值观
## 及其影响因素

本章研究的主题是大学生人生价值观，将大学生人生价值观划分为人生目标、生活态度、人生价值判断和人格特质取向四个维度。选取大学生为研究对象，采用深度访谈法收集资料，运用后现代化理论视角探讨当今大学生人生价值观，并深入发掘其影响因素。研究发现，当代大学生人生价值观具有一定的后现代性特征，同时兼有传统性特征和现代性特征，这三种价值观在大学生人生价值观结构中关系较为复杂。后现代人生价值观主要体现在生活态度、人生目标、人生价值判断和人格特质取向方面。值得注意的是，这几种价值观念既有紧密联系之处，又有后现代价值观对现代价值观的超越。家庭因素、学校因素、同伴因素、个人经历是影响大学生人生价值观的几大因素，但是其中的影响过程值得仔细研究，特别是同伴影响的过程别具一格。

当今我国已发生了大规模的社会变迁，大学生有了新的生活方式和思维方式并对其人生价值观产生了不可避免的影响，因此探索新形势下大学生人生价值观现状，有着十分重要的现实意义。与此同时，在全球化的背景下，国外学者对全球范围内价值变迁的研究也值得我们关注。其中，以英格莱哈特为代表的新的价值观研究范式——"后现代化理论"范式也进入了我们的研究视野。这种理论范式认为，发达国家的青年价值观已经发生根本性变化，这种变化是现代价值观向后现代价值观的转变。日本学者千石保对日本青年人生观的研究也证实日本青年有类似的人生价值观转变。国内也零星出现了对后现代化理论的研究，但尚未运用于人生价值观方面的研究。对比国外的青年价值结构转型，我国青年，特别是青年大学生中是否发生了类似的人生价值观转变？我们认为有必要运用后现代化理论范式，深入了解我国大学生人生价值观现状及其影响因素。

# 第一节　研究基本情况

国外研究者从 20 世纪 20 年代就已经开始利用量表对人生价值观进行相关研究，在国内，我国学者对人生价值观问题的关注主要集中在 1980 年之后，从学科分布来说，哲学、心理学、美学、心理学、社会学、教育学等很多学科都对人生价值观进行理论研究，其中研究成果较为丰硕的是心理学和社会学，本文综述部分主要介绍的也是这两门学科视角下的研究成果。从研究主题来说，在已有文献中，研究的内容主要集中在人生价值观的定义、表现、成因、发展历程、影响等方面；从人群特征方面而言，文献更多集中在青少年尤其是大学生的人生价值观的分析。

本研究选择后现代化人生价值观作为研究主题并以大学生为研究对象，具有重要的理论意义和现实意义。

从理论角度来说，首先，开展大学生人生价值观研究有利于丰富大学生价值观研究的内容体系，提高大学生人生价值观研究的科学性。其次，本章也是将后现代理论具体运用到人生价值观研究方面的一次尝试。

从现实角度来说，本研究希望通过后现代理论视角分析大学生人生价值观的新特征，并对各种特征产生的原因进行剖析，在此基础上对相关的思想政治教育提出相应的对策，希望能对我们提高教育实效性提供有益参考。

# 第二节　文献回顾

## 一　人生价值观的相关研究

### 1. 人生价值观的概念界定

（1）人生价值观概念。第一，人生价值观是一种基本观念（黄希庭，1999）。第二，人生价值观是一种判断标准（苏颂兴，1998）。第三，人生价值观是一种价值意识体系（赵金亮、焦安勤，2009）。

（2）人生价值观的结构。第一，内容取向：从具体内容角度来构建人生价值观的结构。第二，维度取向：对人生价值观的具体内容高度概括和抽象（徐华春、郑涌、黄希庭，2008）。第三，系统取向：将人生价值观分为不同层面，把人生价值观视为由各个层面组成的不可分割的整体系统（苏颂兴，1998；吴红艳，2008）。

### 2. 人生价值观特征

已有对人生价值观特征的研究，主要以实证研究方法为主，从多个角度进行详细而系统的研究与论证。其中具有代表性的有：①宋蕾、李晓、李汝成（2009）对"80后"青少年人生价值观的研究。②杨雄（1996）对澳门青少年的人生价值观的调查研究。③苏颂兴（1998）对我国青年人生价值观相关研究数据的综合分析。

此外，以我国大学生作为对象的人生价值观的研究颇多。根据已有文献，大学生的人生价值观可以归纳为以下几个特征：第一，个人价值取向（徐华春、郑涌、黄希庭，2008）。第二，平等价值取向（胡斌武，2002）。第三，价值目标短期化（黄艾华、郝琴，2003）。第四，价值选择多元化（吴洪艳，2008）。第五，世俗功利化取向（陆云山，1992）。第六，价值评价模糊化（胡斌武，2002）。第七，幸福取向（吴洪艳，2008）。第八，兼有中国传统人生价值观（张进辅、张昭苑，2001）。

### 3. 影响人生价值观的因素

关于人生价值观的影响因素，学者分别从各自的角度进行研究，综合起来人生价值观主要受以下几个方面的影响。

（1）经济基础。陈橾、吴华（1998）指出，经济领域的转型和变革，使人们在计划经济体制下生存发展的传统价值观念受到巨大冲击和考验，包括价值主体的转移；价值观念的变革；价值实现的不同步性；价值取向多元化。

（2）文化基础。其一，社会性别（连福鑫、贺荟中，2002）。其二，传统文化（张进辅，2001）。其三，宗教文化（宋蕾，2009）。其四，西方社会思潮（郑德生，1982）。其五，网络文化的影响（王蓉晖，2005）。

（3）社会基础。有学者认为中国社会处于转型期，社会矛盾错综复杂地交织在一起，而这种矛盾的复杂性必然影响当代大学生的价值观构成（周建伟，2006）。

（4）教育基础。其一，学科的差异（许燕，1999）。其二，学校教育

（沈士彬，2007）及思想政治教育（杨松，1996）。

（5）家庭基础。其一，早期家庭教育经验（连福鑫、贺荟中，2002）。其二，家庭风气、家教方式、父母的品行、长辈的生活态度（周建伟，2006）。其三，家庭收入（杨雄，1999）。

## 二 后现代理论与后现代价值观

### 1. 后现代化理论

美国学者 R. 英格尔哈特（Ronald Inglehart）的价值变迁研究在众多学者的理论中最引人注目。英格莱哈特认为，当今世界各国的价值观变迁实际上存在"两个维度"。一个是"现代化"维度，它反映的是从"传统价值观"向"现代价值观"转变的程度；另一个是"后现代化"维度，它反映的是从"生存价值"向"幸福价值"（或"自我表现价值"）转变的程度。后现代化是一种新的价值观和生活方式。他从核心社会目标（Core societal project）、个人价值观念（Individual value）和权威系统（Authority system）三个方面论述了后现代化社会目标和个人价值观变化（转引自吴鲁平，2002）。第一，后现代社会的核心目标是个人幸福最大化（Maximize subjective individual well - being）。第二，后现代的个人价值观越来越追求幸福价值，后物质主义（Postmaterialist and postmodern values）和后现代价值观是主要的个人价值取向。第三，在后现代化阶段，人们不再强调法律和宗教权威（De - emphasis of both legal and religious authority），人们不再强调任何权威。此外，后现代化继续沿着现代化的两个趋势发展。（1）世俗化（Secularization）。（2）个性化（Ronald Inglehart，1997）。

### 2. 后现代价值观研究

（1）"认真的崩溃"——日本青年的后现代人生价值观研究。千石保认为，后现代主义范式正在装点着青年人的生活，现代化的理论范式已经不能解释当代日本青年中存在的价值现象和行为方式。从人生目标来说，如今的日本青年，没有明确的目标，在某种程度上日本的这一状况可以看作是从现代社会向后现代社会转变的标志。作为现代社会范式的勤奋力行已然崩溃，这种崩溃就是"认真"的崩溃。变化的实质就是普遍主义乃至绝对主义的崩溃以及向相对主义的转变，并且这种相对主义已经蔓延到社会的各个角落（千石保，1999）。

（2）"时空压缩"——对中国青年社会意识的研究。这种理论是指从时空角度看，中国青年的价值结构也具有"时空压缩"的特点，就是说，传统、现代、后现代三种不同的价值观已经压缩到同一时空的青年价值结构之中，即形成了传统价值、现代价值与后现代价值的三重结构。青年的价值观在向所谓的"现代价值观"和"后现代价值观"转化，但传统儒家文化中的一些成分却仍然不同程度地存在于青年的价值结构中（吴鲁平，2003）。

（3）对后现代大学校园亚文化的研究——当代大学生价值观新动向。张帆、沈旭（2006）通过问卷分析的全景式的描绘，表明大学校园亚文化生态系统具有如下特征：个体系统呈现出以人际关系断裂和享受孤独为主要特征的个体化倾向；以追求物质利益和自我幸福实现为鲜明特质的自我化趋势；微观系统展示出以寝室亲密关系的变质与粉碎为表象的情感交流缺失的现象，其背后是社会疏离增强和社会信任下降的后现代特征；中观系统表现出以社会参与度的降低为标志的社会责任感的萎缩和社会游离感的强大；宏观系统凸显出集体主义神话破碎后的信仰危机和后现代冲击下传统道德的塌陷（张帆、沈旭，2006）。

（4）具有后现代意义的消费主义研究。黄英等总结了北京和郑州两个城市中学生的消费主义倾向：一是过度符号消费，把过度追求品牌的符号价值认定为消费主义，测量结果表明中学生中存在过度符号消费的现象还是比较严重的。二是人生目标中过度看重消费，研究表明大多数中学生把工作和享受、物质与精神看做是并重的。三是对物的过度占有。四是即时满足消费或冲动型消费（黄英，2007）。

# 第三节  研究设计

## 一 人生价值观的概念界定

借鉴已有概念，本研究的人生价值观是指人们根据自身的评价标准，对人生目标、意义、生活方式、人格特质以及个人与社会的关系、人与人之间关系等所持的基本看法或总的观点，并以评价方式表现出来的价值意识体系。

## 二 研究方法的实施

### 1. 受访者

本研究以大学生作为访谈对象，接受访谈的均为大学本科及研究生在校生，共计 10 名（见下表）。

表 14 – 1

| | 序 号 | 年 级 | 专 业 | 所在学校 | 籍 贯 | 性 别 |
|---|---|---|---|---|---|---|
| 个案一 | 1 | 研究生二年级 | 思想政治教育 | 中国青年政治学院 | 河南 | 女 |
| 个案二 | 2 | 研究生一年级 | 思想政治教育 | 中国青年政治学院 | 辽宁 | 女 |
| 个案三 | 3 | 本科一年级 | 行政管理 | 北京电子科技学院 | 新疆 | 男 |
| 个案四 | 4 | 本科二年级 | 建筑材料 | 重庆大学 | 新疆 | 男 |
| 群组一 | 5 | 本科二年级 | 动力工程 | 上海电力学院 | 福建 | 男 |
| | 6 | 本科三年级 | 环境工程 | 上海电力学院 | 山东 | 女 |
| | 7 | 本科二年级 | 环境工程 | 上海电力学院 | 山东 | 女 |
| 群组二 | 8 | 本科二年级 | 化学工程与工艺 | 上海电力学院 | 山东 | 女 |
| | 9 | 本科三年级 | 化学工程与工艺 | 上海电力学院 | 上海 | 男 |
| | 10 | 本科三年级 | 热能与动力工程 | 上海电力学院 | 河南 | 男 |

10 位受访者中，有 8 位是我们通过亲友的引荐而相识的，还有 2 位是我们的研究生同学。这 10 位被访者年级分布从本科一年级至研究生二年级不等，专业包括文科及理、工科，性别人数基本平均，籍贯分布在七个省、区、直辖市，有的来自大城市，有的来自中小城镇或乡村。其中 6 名来自上海电力学院的学生是暑期偶然结识，将其分为两组进行群组访谈。

### 2. 访谈提纲

本研究属半开放式访谈，访谈的主要内容包含两个方面：第一，人生价值观的特征，包含人生目标、生活态度、人生价值判断、人格特质取向、对休闲的看法及人际关系等。第二，人生价值观的特征受到哪些因素的影响。

# 第四节 研究结果与分析

## 一 大学生人生价值观特征分析

### 1. 人生目标

人生目标是人们所追求的对人生具有重要意义的目标,与人生意义和人生追求紧密相关。根据对受访者人生目标的分析,受访者人生目标具有如下特征。

(1) 人生目标模糊。人生目标模糊,具体表现在人生目标短期化、人生目标状态化和人生目标理想化三个方面。即没有明确提出人生具体目标,认为人生无最终目标,而是具体目标的集合,贯穿着一种状态,而且人生目标可能只是一种理想,不会付诸现实。

第一,人生目标短期化,即没有维系时间较长的人生目标。

> 我觉得什么事情都不是一定的,你想着一定要怎么样,其实都不一定。其实我不怎么想未来,只要把现在的生活过好就行了。我感觉未来,计划赶不上变化(受访者四)。

> 我具体的目标可能会有很多,大多是短期的,而且随着生活的变化,这些目标也可能会有所变化,而且它们对自己的指导作用也不一样(受访者三)。

第二,人生目标状态化。人生目标成为贯彻一生的理念,平淡生活和感情追求都成为一种人生目标。

> 如果一个人达到一个目标的话,那他就会有另一种目标,但是如果是一种状态的话,它就可以是延续的。平平淡淡的生活最好,我可能觉得这样的状态就是最好的,这样的状态就是我最想要的或者我的生活之中最舒服的一种状态(受访者三)。

> 我觉得感情丰富的人是最富有的。不管各种各样的感情,都是一种财富,等到老了回想起来,肯定觉得这一生很充实,不管是以任何

一种方式，都觉得要朝着这个方面努力（受访者六）。

第三，人生目标理想化。

我的人生目标比较理想化，可是也还是很美好的呀，虽然不太可能实现，还是依靠它，觉得这个世界很美好，就会好好活下去，因为有可能世界末日会到来（受访者六）。

（2）人生意义多重。根据被访者的叙述，人生意义具有多重性，是开心，是轻松与使命的结合，是自由与奋斗的结合。使命体现着传统精神，奋斗是现代精神的表现，而人生意义的多重，正是价值观交织作用的结果。

第一，开心是人生的意义所在。

人活着就是开心嘛，不管你做什么，只要开心的话，还是挺有意义的，要不然你活着干嘛。天天活的很有意义，但是很痛苦，那也没什么意思（受访者一）。

第二，人生意义是轻松地负担使命。

有意义的事情，就是我们生活中适合的事情，就是我们应该去做的事情，社会本身的发展规律赋予我们一些必要的使命，这种使命其实根本不需要像责任一样那么沉重，谈到它的时候总觉得自己身上压着的担子不轻。其实它应该是轻松的，它应该是在我们轻松的生活当中一点一滴贯彻进去的（受访者三）。

第三，人生意义是自由地奋斗。

我以后要自由地奋斗，我既不想受人约束，想自由一点，但是又不能不奋斗，那样太颓废了，生活也没有保障。像现在这样就挺好，肯定特有意义（受访者二）。

（3）人生追求冲突。人生追求中体现了一定的价值冲突，这种冲突是成功与丰富多彩的冲突，是奋斗与平淡的冲突，发展与幸福的冲突。

如果说成功、奋斗与发展是现代特征的典型表现，而当其与后现代特征（丰富多彩、平淡、幸福）相冲突时，现代价值观则为后现代价值观所湮没。

第一，成功与快乐的冲突，归于快乐。

> 我们追求成功，但我们的生活也很丰富多彩，如果这两者不能兼得的话，我希望追求丰富多彩。原来的时候总是对成功特别向往，总觉得一个人应该成功，应该卓越，慢慢地也会觉得很多成功的人并不快乐。还是要那种看淡了物欲看淡了名利之后的那种境界（受访者三）。

第二，奋斗与平淡的冲突，归于平淡。

> 我觉得人应该奋斗，应该积极向上。因为生活在世界上不是我们一个人，有父母，以后还会有家庭和孩子。但是我希望以后能自己种菜种水果，感受收获，自己做饭，不去追求事业，待在家里，做个园丁，做饭，平淡而安定（受访者五）。

第三，发展与幸福的冲突，归于幸福。

> 小城市与上海的区别，就是一个注重生活，就是幸福；另外一个就是注重发展。如果说在上海这种大城市，是一个磨炼自己的机会，让自己一步一步实现收入和社会地位的提高，这绝对对自身成长是有帮助的，但是幸福感会反而降低。所以小城市更舒服，更幸福，更令人向往（受访者九）。

### 2. 生活态度

（1）生活态度的核心理念："生活是自己的"。

> 我们即使再相亲，我们也不能共享似锦前程，就算我们再相爱，我们也不能共担苦闷人生。生活是自己的，大学也是自己的，以后的人生终究还是自己的。无论别人说的再怎么多，或者在别人眼里反射出了怎样的自己，生活终究是要靠自己，以自己为主体的这么一种结

构去经历生活，去亲身地做一些事情，所以决定一切的往往都是自己。自己的生活到底成为什么样子，大多数时候还是由自己来决定（受访者三）。

（2）生活情怀。访谈表明，受访者所喜欢的生活情怀，主要表现在以下几个方面。

第一，自由。

> 我唯一喜欢大学的就是自由，非常自由，想干啥干啥（受访者四）。

> 我喜欢自由，不喜欢别人让我做一些我不想做的事情，比如我早上不想起床啊，晚上睡很晚，我在家就睡很晚，早上也起很晚，我妈不管我，我爸有时候就看不过去要叫我起床，我就受不了（受访者三）。

第二，单纯。

> 我还是比较喜欢高中以前的时候，目标很单一，生活很纯粹，很单纯，什么都不想的时候，很快乐（受访者十）。

第三，丰富多彩。

> 我也不希望在大学之中完全是考虑自己的就业或者完全是为了充实自己的知识而不懈奋斗或者是像高中一样过得非常的紧凑，我还是希望把大学生活过的丰富多彩一些。我们总不能忘记最初的梦想，同时又不能让生活过的单调（受访者三）。

第四，淡定。这种淡定与快乐息息相关，同时也蕴含着受访者对幸福的理解。

> 我最渴望拥有的情怀应该就是淡定的情怀。淡定一些，对于自己的所得，虽然高兴，但是也能看到自己平凡，或者看到以后将出现的不足。心灵的平静比什么都重要，让淡定的情怀和淡定的心绪能够一直伴随自己，这样的话是一种淡淡的快乐，也觉得这样的生活会比较有意义。尽管它可能在别人眼里看起来比较平凡，也没有什么值得别

人夸耀的地方，但是这种感觉对于人生来说还是比较重要的，这种感觉我觉得可以称作一种幸福（受访者三）。

（3）生活方式。"宅"的生活。"宅"可以说已经成为一种生活方式，不拘泥于形式和内容，就是一个人在屋里做一些想做的事情，以围绕网络为主。访谈表明，"宅"的生活方式主要有以下几种。

第一，网购。

> 我喜欢在网上买东西，我不太喜欢去逛街，网上买东西选择比较方便，能在网上买的我就在网上买。我网购的次数多，我是淘宝黄钻买家。我基本上每次上淘宝都要花几百块钱买东西，每周都有。我曾经有一阵网购，基本每天都有我的快递，几个服务台的人基本都认识我，送快递的也认识了（受访者一）。

第二，网络游戏。

> 我上网一般就是在玩，你控制不住我要玩，如果我要玩这个游戏，那么我一定是职业级的，朝九晚五，每天规定时间一群人一起去玩。当时游戏有一次中间换代理，几个月不能玩，那段日子那叫熬啊，那段时间正好又是刚考到大学，整天就是"哎呀怎么还没好"，那种心情就是想见老朋友，想见到游戏工会里的老朋友（受访者九）。

> 我就玩QQ英雄杀，跟三国杀那种差不多，一是这个游戏本身也好玩，再就是说，遇到的人很好玩，什么人都有，也有素质很差的，说脏话什么的。有一次有个人把我惹得很生气，他特别贱，就是每次都让我很不爽，还骂我，我就直接申请了一个QQ蓝钻，追着他踢，不让他玩，踢了他半个小时，他实在受不了了（受访者一）。

第三，网络即时通信软件。

> 我跟三个朋友玩得很好，我们虽然每天在一起，天天见面，还建了一个QQ群，让别人看着都觉得可笑，坐在一个寝室里，还聊着QQ。我们在里面什么都说，也不想让别人看到，也不会加别的人进来，只有我们自己（受访者一）。

第四，动漫及动漫文化。

"蜡笔小新"我看，"老夫子"我也看，以前还有"龙珠"什么的，也看过一些，我喜欢看欢乐一些的比如"阿衰"。就是一个小男孩特别恶心的那种，好吃懒做，不成熟，非常懒，跟蜡笔小新比较像，各种恶搞，但是没有小新那么黄色，其实小新也不是那么黄色，小新是小娃娃嘛（受访者四）。

"萌"这个词是日本来的，就是代表对童年的小孩的纯真和比较可爱的东西的向往。日本动漫我也看一些，"柯南"还有"龙珠"都看，这个"龙珠"很有意思，我小的时候也看过，但是我现在看"龙珠"，又看出来跟小时候不一样的感觉，我觉得我小时候压根没有看懂，那种感觉既熟悉又陌生（受访者一）。

第五，互联网短信息。微博已成为一个新的互联网信息交流平台，其传播信息最大的特点在于简短、直观与快速，当然也避免不了信息的混杂。

微博我用得也很多，我也会写一些，但是我发现现在用微博不管是什么事情，都很难让我长时间关注。比如前几天，第一天赖昌星回来了，大家很关注，但是第二天温州动车事故，大家就把他忘了，微博就是这样。微博就是个搅屎棍，里面什么垃圾都有，什么东西都沤在里面，什么东西在里面时间久了就成了化粪池（受访者一）。

第六，图像一定程度上取代文字。比起文字来说，图像更具有直观性，访谈表明，从一定程度上来说，图像取代了文字和书籍。

我最头疼文字了，像以前让我读什么《红楼梦》，我读了几页就看不下去了，我基本不看文字性的东西，也不看书，我喜欢看有画面的东西（受访者四）。

我看到一部电视剧，我一般就不会看小说，但是我看完小说，就一定会去看电视剧。如果相对来说把文字和图像放在一起，我更喜欢看图像。我之前有给自己说，一个月至少看一本书，但是后来我发现我几乎没看过书（受访者八）。

第七，随性生活。访谈表明，"宅"的另一种表现就是生活随性，没有约束，着装和行动的随意性。

> 我喜欢在宿舍穿宽松的运动服背心那种，面料也有弹性，整体不搭也无所谓，不喜欢化妆也可以不穿内衣，把头发随便挽一挽，反正也没人看我，就是什么也不做躺在床上听歌也挺好的，我睡上铺，上去就不想下来（受访者二）。

### 3. 人生价值判断

人生价值判断包括区分人生道路的是非判断，怎样判断人生有无价值、价值大小。是什么样的标准使得大学生对人生产生值得与否的价值感。后现代化的人生价值判断的显著特征就是人生道路无绝对对错之分，有相对主义的倾向；将类似"幸福""快乐"作为人生价值的判断标准；其判断方式也较为感性和直接。

其一，是非观。快乐是一种判断是非的标准。

> 我们现在就是处于犯错误的年龄，而且一个人是很容易犯错误的，是很容易失败的，所以不必把失败看得太重，也不必太过于在意失败。不必强求一定要在经历事情之前就知道它是对的还是错的。或者一定要判断出来它是对的才要去做。就像我们英语老师说过的一句名言，快乐的时光是快乐的记忆，痛苦的时光是良好的一刻。所以良好的一刻可能比我们表面的快乐更实在一些，而且也能给我们带来某些快乐，就看你是怎么看待这个问题了（受访者三）。

其二，人生价值判断方式。判断方式的无意识。

> 我只是根据已有的经验，或者说已有的认识水平，看待我们生活中的这些事情和选择，甚至有的事情是无意识的，自然而然地就做出了自己的选择。有时候非要去判断不可的话反而准确度不如感觉的高（受访者三）。

其三，人生价值判断的相对性。

绝对的对与绝对的错往往是在人的精神领域里面才拥有，在具体做一些事情的时候可能不会有绝对的对与错。因为具体的事情是单个的，它起不了决定的作用。所以它就会引来一些你现在的"失"在以后变成"得"，现在的"得"也可能注定"失"去一些什么东西。这是在事物之中，但是在思想领域就不一样了。在思想领域一定存在绝对的对和绝对的错（受访者三）。

### 4. 人格特质取向

人格特质取向回答了认同什么样人格特质和想要成为具有怎样特质的人两个问题。

其一，宽容。宽容表现在对差异的接纳和认同。

上大学，需要我去接受别人。慢慢地你会觉得，差异的普遍性是很正常的，而相似的耦合性是很不常见的。生活之中并不是说要找一个性格上的知音，性格上的知音我觉得不足取，我觉得还是慢慢去接受一些不同性格不同思想包括反映出来的不同品质。接受别人不同的思想，去感受别人的生活，会发现生活并不像自己原来所想象的那样（受访者三）。

我觉得同性婚姻就是应该合法化，我一看到同性婚姻问题就激动，你说我一个异性恋激动什么呢？社会的文明有时是和宽容同步。允许别人与自己不同，并不是一件易事。我觉得我的容忍度比较宽，很多事情都是别人的自由，我也不会去在意，他喜欢什么是他的选择，我尊重他的选择，即使自己不选，我也不觉得他的选择有什么错（受访者一）。

其二，感性。访谈表明，大学生人格特质取向中夹杂着理性与感性的因子，却并不冲突，相辅相成，感性却成为最终的追求取向。

理性的最高境界应该是最恰当地放入感情的内质。就是选择你最恰当的投放感情的时机，这才是真正理性的观点，理性的概念。理性跟感性并不矛盾，关键看你是什么时候把你的理性的作用发挥出来，生活中感性的多一点还是理性的多一点，我觉得都应该多一点。只是关键看你怎么选择了。什么时候去适当地发挥理性的作用。如果非要选择不可的话，我觉得感性要好（受访者三）。

我觉得感情丰富的人是最富有的。各种各样的感情，都是一种财富，等到老了回想起来，肯定觉得这一生很充实。我想成为跟艺术有关的人，艺术就是为了精神，我想要格外追求一下精神，让感情更丰富一点，人生更丰富一点，精神更丰富一点（受访者六）。

其三，恬静。

其实我很喜欢的性格是恬静。我喜欢恬静一点的性格。因为那种性格给自己一种安定感。安定感不光可以得到别人的认可，也就是说在你的生活之中会感觉得到，就是一种很合适的感觉（受访者三）。

其四，开朗。这种开朗并不是所有受访者对自我的评价，但是每一个受访者在谈到人格特质时，都不约而同地说起与开朗有关的问题，但是有些所谓的开朗并不是纯粹的开朗，而是一种"貌似开朗"。

在大家眼里我是很外向的，但是我在家里和在外面是完全不同的一个人，在学校我好像比较放得开，特别能说，乱七八糟地扯。但是当我在一堆人中，觉得这个环境不太需要我，自己没有存在感的时候，我就会在一边乖乖待着，那个时候我又有点讨厌开朗（受访者十）。

我觉得我的性格是比较人来疯，自来熟的那种，比较外向，比较喜欢跟小孩子疯。但我自己平时心里也有自己的空间，有个界限你就是不能探进去，你探进去一句话我就感觉不行（受访者六）。

其五，信任。访谈表明，现在大学生的信任，不仅限于对熟人社会的信任，而且延伸到对陌生人的信任，这种陌生人可能来自于现实生活，还可能来自于网络。

上海人也有排他性，是由政策和社会发展导致的，不是由个性所致，我觉得作为一个上海本地人，外地人来了能帮他们就帮他们，他们到上海旅游，他们到市中心玩，我帮他们做好一个导游（受访者九）。

相对于我家人朋友来说，我游戏里面的人是陌生人，从来没有接触过，可是我相信他们。我们已经在一起三四个月了，我们互相分享账号，我们的号都价值上万，但是你要玩就可以给你玩，他们给我，我觉得我也可以用这个信任去给他们，因为我们已经不是一个虚拟世界了，已经转入生活了（受访者九）。

其六，猎奇心理。访谈表明，现代大学生的猎奇心理，不仅仅是常态的新奇，还可能是变态的奇怪，并且自认为所观察到的"变态情境"不会对自己的生活造成影响。

> 我就喜欢看那种以前我不了解的事情，不知道的群体，还看过BBC的纪录片，类似于创世纪的，探索人心里的奥秘、宇宙奥秘等（受访者一）。

> 我还看过挺多那种很多人不愿意看的电影，我觉得很新奇，我就专门找那种电影去看，我原来看过很多，比如说"下水道人鱼"，还有恋尸的电影，还有很恐怖的恐怖片，到处砍人，拿着电锯把人大卸八块的，我也看过好多。其实看了也就过去了，就是因为没看过，就要去看，想看看它到底是什么样子的，看完就完了，只是知道社会上还有这样一类人，还有这样的一种电影，就只是看看而已（受访者一）。

## 二 后现代人生价值观特征的影响因素分析

访谈表明，大学生的后现代人生价值观受很多因素的影响，大体来说，包括家庭影响、学校影响、同伴影响、个人生活体验等几个方面，这些影响因素对受访者人生价值观的形成起着显性或隐性的作用，本研究就从以上几个方面详细探讨后现代人生价值观的影响因素。

### 1. 家庭因素

访谈发现，家庭对受访者人生价值观的影响来源于父亲、母亲以及父母共同的作用，家庭不仅仅直接影响着后现代人生价值观的形成，其间接影响的作用也不可忽视。

（1）父母共同影响

其一是父母的教育影响。父母的教育对子女人生价值观的影响是极其重要的，并且贯穿日常生活中，潜移默化的渗透教育，是受访者思想形成的根源所在。

> 像我目前这种性格还有思想的形成，肯定有父母的影响，他们在进行教育的时候是一种潜移默化的东西，可能不会直接告诉你应该怎么做而不应该怎么做，应该怎样认识问题或不该怎样认识问题。这些潜移默化的东西，慢慢在积累的过程中，会成为一个起点，引导你往深层次的方向去思考。这也就是我提出自己的一些想法，它作为一个结果的根源（指父母的影响）就是这样（受访者三）。

其二是家庭环境的影响。

> 我的家庭环境比较宽松一点，也不太管我。我家里人也没怎么见过我学习，一直以来我有什么事情都自己决定。但是我觉得我也没有走偏，这样还好，我觉着这样的生活还是比较轻松的，我比较喜欢（受访者一）。

（2）父亲。有受访者表示，自己人生价值观最显著的影响来源于父亲的职业。

> 父亲的职业对我的影响比较深远，它改变了我人生的轨迹。我爸爸是公务员嘛，在法院工作。公务员是一个很具有特殊性的行业，我们俗称他叫仕途，也叫官场。公务员的队伍是形形色色的，公务员的工作让我感觉它是一门艺术。因为它的内容太丰富，不仅是因为要做的事情太丰富，而且是因为它通过一个窗口把人的性格展现出来了。公务员在官场上的复杂性造就了复杂的人。复杂的人中又呈现出多种多样的很丰富的各种人的状态，让你读不完的（受访者三）。

受访者认为，一些职业是通过受访者的人际交往，对其人生价值观产生影响的，其中所包含的价值观不仅仅是父亲直接传授给他的，也是通过受访者的个人观察实现的。

> 关于人际交往，为人处世，我爸爸对我产生了深远的影响，他有很多失意的时候很多疲惫的时候，在公务员队伍里面生活很难，他要

应付很多方面的东西，懂得与别人相处，关键是懂得收敛，懂得克制自己的一些情感和性格上的东西，以此来适应自我的发展，在这个过程中我爸爸有很多偏激和执拗的行为，在这过程中让我看到生活的另一面。它确实起到了一种启蒙作用，甚至可以说它给了你一个出发点，这种影响是很深远的。我觉得到现在为止，我的思想和行为，就是对这种思维方式的一种扩大和丰富（受访者三）。

其次，父亲的思想和性格对受访者的人生价值观产生了深远的影响。

我爸上进心相当强，或者说得不好一点他特别想往上爬，给人这样一种感觉。他很希望做出自己的成绩，尤其是希望别人能够认可，并且以职位升迁的形式或者比较明显的形式得以表现出来，以此来证明他自己。他这样的思想在生活里面对我的影响比较大（受访者三）。

再次，父亲对受访者人生价值观的形成还存在间接影响，访谈表明，受访者对父亲的交往群体的观察，也对其人生价值观的改变产生了一定的作用，特别是促使受访者倾向于对"幸福"和"快乐"等多样化人生价值的追求。

我爸的一个朋友给我的印象就是生活无忧，天天打牌天天打麻将的那种。他给我呈现的又是另外一种人生的状态，他和我爸是两种不同的生活方式，如果放在以前的话，我可能会更趋向于我爸一些，但是我现在发现生活方式完全不是这样子的（积极向上的精神），未必和我们所谓的幸福和我们所谓的人生价值相连。每个人都有一种价值，这种价值很难说它的价值大或价值小，而是说只要你实现了它，它都是一种别样的人生。于是我慢慢发现，快乐的人生，生活得无忧无虑，自己全身心地感受到生活的快乐，比别人感受到的快乐多，感受到的欢笑多，所以我发现他们也很让我羡慕。所以我对生活的价值的认识就有一个比较宽的范畴，生活的价值、人生的价值是什么，你可以说是耀眼的光环，是荣誉，也可以说是快乐（受访者三）。

（3）母亲。母亲对于受访者人生价值观的影响首先表现为母亲的性格与品质对其的影响，母亲与父亲鲜明的性格的相对性与互补性也是受访者家庭特征之一。母亲沉稳、勤奋，并且具有独特的品格。

> 我妈也是一个很有特点的人，可以说我爸和我妈他们在性格上面形成了一个相对性或者形成了一种互补性，我妈是一个更加趋向于沉稳，更加趋向于一个用品格去感染别人的那种人，我妈并不聪明，但是她的成绩非常好，当时的成绩非常好是来源于她的勤奋（受访者三）。

母亲的修身养性造就了受访者对利益的淡薄。

> 她（母亲）其实是一个非常注重自己品德修养的人，她会时刻去修身养性。这种思想是她对我影响最大的，就是说她要放弃自己的利益，有的时候在利益相争的过程中该不断地表现出宽容，然后去满足别人的利益（受访者三）。

母亲的谦虚造就了受访者对平凡和平等的理解。

> 再比如说她（母亲）会选择谦让，谦虚。对谦虚我自己有一个比较大的理解，谦虚是说当你确有一些过人之处的时候仍然能认识到自己的平凡，从而去尊重你与他人之间所应有的平等。真正的谦虚关键就源于一种平凡的思想，平凡的思想正是她传递给我的（受访者三）。

母亲的消费观念带动了受访者的消费观念。

> 商场服务员都认识我妈，我妈经常在那逛，她们看到我妈过去，就会很热情，就会让你试很多衣服，十件八件中可能有三四件都会很合适，或者五件，就都买走。她在我身上花钱也不太计较，她给自己买衣服或者化妆品，也买，不过不会比给我买的多。她如果觉得我买了什么挺高兴的，也会支持我买的（受访者一）。

### 2. 学校因素

学校因素对人生价值观的影响，不是直接的改变结果，而是缓慢渗透的过程，并且，学校的教育内容在受教育者接受的过程中，会发生一定的变化。

（1）学校教育是一种"连觉"的过程。教育不仅仅是课程本身，而且包括所有教育内容的影响，这些内容在学生接受的过程中，影响了学生人生价值观的转变。

> 学校的教育内容是很广泛的，更多的是一种"连觉"。像我们平时讲课的时候，老师可能自然而然举几个例子，比如讲到他偶尔看到的一些新闻等，以辅助他讲的课程。但是我们在接受的过程中可能会联想到别的东西，这种东西可能就不是他课上教给我们的，但是一样有意义。所以在这种联想和"连觉"的过程中，凭着你思维的开阔，以及你已有的经验和对人生的理解，回想到他们所讲的内容可以得到一些新的启发和新的认识（受访者三）。

（2）学校的教育规范对学生的影响，是从形式到内涵的转变。是丢弃，寻找，回归的过程。

> 我所说的"空话套话"，比如小学生行为规范，班主任跟学生说你要把这个背下来，大家根本就没往心里去，纯粹是为了形式上的考试等，所以我说它是形式主义的。我们一见到它就嗤之以鼻，反而在意识里面把它疏远了，去找别的东西，但是找了一圈以后才发现这些东西恰恰是你应该拥有的，是我们应该追求的正确途径。可以说是一种思想上的回归（受访者三）。

访谈表明，学校教育规范在学生成长过程中，本身的意义被解构，而被重新建构起属于学生自己的意义。

> 可以这样说，当它（行为规范）摆在墙上的时候，可能大家一起来看它，当我把它重新拾起来的时候，我的眼里只有我和它，是这样子的感觉。到后面的时候，它和我的人生，和我的价值真正有一种必然的联系，并且这种联系被我所洞察了以后，就像在很空旷的地方，它摆在我面前，而我看着它，它也面呈在我面前的这样一种立体感或者说很强烈的定位感，这种感觉就是我们的思想在进步的过程（受访者三）。

（3）学校教育对学生所起的作用，一部分来源于教师的个人观念。

思想道德修养这样的东西，受课本上影响不大，可能受老师影响更大。老师都是用自己的语言讲自己的想法，都是一个老师一个看法，有些老师想法比较独特，那个时候多少会受点影响，但是不稳定。可能某件事情，由于老师不同，在某些阶段学生的看法也不一样，主要是受老师影响更大（受访者七）。

### 3. 同伴因素

访谈中，同伴因素对受访者人生价值观的影响呈现了一个富有特点的过程，即弥补缺失的过程。受访者人生价值观的改变，是在与同伴比较的时候，发现"缺失"开始的。

（在家里）我树立了一个好孩子的形象，让很多同辈会羡慕我，你有这么好的成绩这么好的能力，但是我自己亲身的感觉是我缺失了很多东西，我可能得到了学习成绩，但我有缺失。在面对电脑的时候我感觉自己的电脑技术确实很薄弱，大家在下载很多软件我都不知道那是怎么回事，我都不知道，包括大家在谈到一些小说的时候啊，言情小说，老师严禁看他们偷偷看的那种，我发现这也很有意思，但是自己也不好发表意见什么的，因为没看过，就会发现自己生活里缺失了很多（受访者三）。

同伴影响过程的"缺失"发生后，就不可避免地出现下一步，即弥补。弥补既是弥补缺失的过程，也是改变人生价值观的过程，原有的价值观念与新价值观念发生碰撞，新的价值观念就在弥补缺失的过程中产生了。

缺失了很多就会自然而然地想方设法弥补，弥补的过程跟原来的思想会有一些相互违背。比如说我看言情小说了，可能会和我父母的教育要奋斗的那种思想发生碰撞，但是终究有一种力量，那种缺失感越来越强的时候我会去破除原来的思想，我会不按原来的思想去做事了。而同时我在心灵上空白的那一部分，反而在干那些所谓不能干的事情中得到了补充。就像我刚开始时的那种奋斗终生的思想，改变为多角度的理解人生的价值（受访者三）。

### 4. 个人经历

个人以往的经历和经验，会改变个人对未来人生的观点。

（1）出国经历，使个人认识了另外一种生活状态。

> 我去国外，看到那些人的生活状态，都很悠闲很轻松，比如我去奥地利的时候，人家下午四点钟就坐在路边喝啤酒了，就不工作了，然后他们的生活也能过得质量很高，不需要像中国人一样，从早到晚都在上班，然后晚上还有应酬，才能把家里过得很好。我就觉得他们的生活真的好幸福，我要是也能生活得那样就挺不错的。我还是喜欢自由的生活，自己的时间多一点，没事的时候想干嘛就干嘛，不喜欢有太多的拘束（受访者一）。

（2）个人成长经历，也会使价值观念发生剧烈变化。

> 痛苦不堪的回忆，很可能会成为一个人不可替代的幸福，就是这样子，因为我有资本，我们还年轻，我们有时间我们有明天，所以那段岁月终究只能成为一个影子或者只能成为光明下的一个影子，有光明的地方总有阴影。就像梵高分析自我一样，我也会问自己，我的思考代表了什么，这是一个成熟的过程，我比梵高要幸运得多，梵高死在这里了，而我走出来了。这一步，跨越了一个从纠结到不纠结的过程，我慢慢地回归到感性过程之中，慢慢注重感情，更加喜欢按照自己的情感和意愿去做事，而不完全说对与错（受访者三）。

# 第五节　结论与讨论

## 一　结论与主要发现

本研究以大学生人生价值观为研究主题，以后现代化理论为研究视角，以 10 名大学生关于人生价值观的个体叙述为案例。通过对访谈资料进行梳理与分析，我们得出以下几点探索性的结论。

第一，大学生人生价值观中具有一定的后现代性特征，同时兼有传统性特征和现代性特征，这三种价值观在大学生人生价值观结构中关系复杂。后现代人生价值观主要体现在生活态度、人生目标、人生价值判断和人格特质取向几个方面。

"生活是自己的"成为最核心的生活理念，生活由自己决定，而不是受控于人，现代大学生生活观念的核心趋向个体自主化。

奋斗与丰富多彩的交织、使命与轻松的搭配、成功伴随着幸福、感性与理性的配合，以上种种看似不同的人生价值观的契合，体现着传统精神、现代精神与后现代思想的紧密联系。与此同时，成功与丰富多彩之间选择丰富多彩，感性与理性之间选择理性，体现着人生价值观中后现代价值观对现代价值观的超越。

"宅"作为一种新的后现代化的生活方式，其行为与文化都有值得进一步探讨的空间。

幸福、快乐这些后现代因子，成为一种人生追求，幸福与否、快乐与否更成为了一种人生价值判断的标准。

第二，家庭因素、学校因素、同伴因素、个人经历仍然是影响大学生人生价值观的几大因素，但是其中的影响过程值得仔细研究。

家庭不仅仅通过父母对子女的人生价值观产生影响，父亲的职业以及父母的交往群体，更成为潜移默化影响子女人生价值观形成的重要因素。以往我们强调子女的交往对象是否有利于子女成长，这里我们看到父母也要注意自己的交往群体对孩子产生怎样的作用。

学校教育对学生的人生价值观的影响，不仅在于表面，更在于内涵，课堂教学对学生教授的不仅仅是知识，更是思想，是观念。学校规范在内化成为人生价值观时，经历了解构与重构的过程。此外，教师观念对学生观念的影响，也不容忽视。

同伴影响是无处不在的，影响的过程别具一格。受访者对同伴间缺失感的认识，以及弥补，直至思想观念的革新，这是一种动态过程，贯穿其成长的始终，并将不断进行下去。

有特殊个人经历的个体，观念会伴随着经历的延伸不断发生改变。

## 二 研究创新及局限

本研究的创新之处主要表现在以下两个方面。

首先，丰富了人生价值观研究。以往的人生价值观研究，仅仅提出近年来我国大学生人生价值观发生一系列变化，但实际上还是从现代化角度出发研究现状。包括也有部分研究虽然凸显出大学生有个人价值、价值目标短期化、价值选择多元化、价值评价模糊等现象出现，但没有明确运用后现代化理论视角进行研究，本文运用后现代化理论研究人生价值观，认为大学生在人生价值观方面出现后现代化特征，并予以分析说明。

其次，将后现代化价值观研究运用质的研究方法在微观角度进行研究证实。西方在全球价值观变迁研究中所采取的是实证研究，日本及我国部分学者在后现代化价值观研究中，也尚未详细涉及个体微观领域。本研究对后现代化人生价值观的各个方面的具体表现进行了探究，一定程度地进行历时性调查与分析，较为具体和细致。

由于各种因素的制约，本研究还存在以下几个方面的不足。

首先，本文的研究对象 10 名大学生中有 9 名都就读于北京和上海，两个国内经济文化最发达的城市。研究的结果不可能简单地推广到发达地区所有的在读大学生，更不能推广到全国的大学生。所以在以后的研究中，应进一步扩大研究范围，特别是对中西部等相对欠发达地区，同时要访谈足够多的样本，使研究结果更有代表性和解释力。

其次，由于本研究采用的是与被访者面对面进行的半结构性访谈，特别是群组访谈时，由于有其他被访者在场，其中一些问题可能是被访者所不愿提及或者给予我们错误的信息，尽管我们尽量打消被访者的顾虑，但是被访者是否能够"知无不言，言无不尽"，还不能完全获知，只能对已取得和掌握的信息及资料进行分析。

最后，本研究着重从后现代化理论视角出发研究人生价值观，因此研究中虽然发现大学人生价值观中亦包含现代化和传统因素，但是并没有做进一步讨论。

# 第十五章　北京青年价值观向
# "后现代"转向

## ——从"现代化"转向"后现代化"

　　笔者从 1999 年实施的中日韩三国青年社会意识调查结果中发现，北京青年价值观正从"现代化"转向"后现代化"。具体表现为："即时满足"的人生价值观；从"科技崇拜"到怀疑"科技万能"；从追求发展价值的最大化到追求快乐与幸福价值的最大化；传统消费、现代消费转向具有后现代意义的消费主义。

　　20 世纪 90 年代以来，发达国家的专家学者们在有关青年价值观变迁的理论研究方面，似乎出现了一种不谋而合的"研究范式"的"转型"现象。美、欧、日的一些著名专家、学者纷纷感到，用现代化理论的研究范式，再也无法解释当代社会的青年价值观与行为方式了。于是，不约而同地开始用"后现代化"或"脱现代化"的理论范式来解释本国青年的文化价值变迁及其行为方式的变化。

　　在美国，最有代表性的研究成果是密歇根大学教授 R. 英格尔哈特（Ronald Inglehart）基于"世界价值观调查"资料和"欧洲晴雨表调查"资料撰写，由普林斯顿大学出版社于 1997 年出版的《现代化与后现代化——43 个社会的文化、经济和政治变迁》一书。该书最大的理论特色是，作者在描述与分析世界价值观变迁的数据资料时，完全"超越"了以往在现代化理论框架或范式下，对文化价值变迁所作的从"传统价值观"向"现代价值观"变迁的观察视角或观察维度的局限。根据 1990～1993 年对 40 多个社会所作的"世界价值观调查"的横贯数据分析，英格尔哈特明确提出，当今世界各国的价值观变迁实际上存在"两个维度"。一个是"现代化"维度。它反映的是从"传统价值观"向"现代价值观"转变的程度；另一个是"后现代化"维度。它反映的是从"生存价值"向

"幸福价值"转变的程度。此外，他还依据这些"纵贯数据"，令人信服地揭示了当今世界发达工业社会出现的从"物质主义价值观"向"后物质主义价值观"、从"现代价值观"向"后现代价值观"转变（shift）的文化变迁趋势。他认为，已经并将继续发生的这种文化价值变迁，在其方向上显著地不同于自工业革命开始以来的"现代化"，因而，人们再也不能用"现代化"这一概念来对它加以概括。相反，对于发达工业社会正在发生的这种文化价值变迁，用"后现代化"这一概念来加以概括则显得更为准确和恰当。英格尔哈特将后现代化看作是一种新的价值观和生活方式，并从社会目标、个人价值观念和权威系统等三个方面，具体分析了后现代化与现代化，传统社会、现代社会和后现代社会之间的主要区别（见表15 - 1）（Ronald Inglehart，1997）。

表 15 - 1　传统、现代和后现代社会的社会目标（Social Goals）和
个人价值观（Individual Values）

| 类　别 | 传　统 | 现　代 | 后现代 |
|---|---|---|---|
| 1. 最重要的社会目标 | 维持人的生存 | 实现经济增长的最大化 | 实现个体幸福的最大化 |
| 2. 个人价值观 | 传统的宗教价值或共同体规范 | 成就动机 | 后物质主义价值与后现代价值观 |
| 3. 权威系统 | 宗教权威 | 理性—法律权威 | 不再强调任何权威 |

在欧洲，现任国际青年社会学委员会（RC34 of ISA）秘书长 Claire Wallace 与 Sijka Kovatcheva 合著的 *The Construction and Deconstruction of Youth in East and West Europe* 一书，是目前欧洲青年社会学研究领域最具影响力的著作。该书对东、西欧青年的比较研究，不仅摆脱了那种简单数字罗列式的比较方式，而且还采用了一种新的理论架构。这种新的理论架构，同样是后现代化的理论范式。这从该书的最后一章的标题，即"结论：后现代化与青年的解构"中可以非常明显地看出（Claire Wallace and Sijka Kovatcheva，1998）。

在东亚，日本青少年研究所所长千石保先生写了一本专著，名叫《"认真"的崩溃——新日本人论》。作者在该书中明确指出，后现代主义的范式正在装点着青年人的生活。因此，现代化的理论范式已不能解释当

代日本青年中的价值现象和行为方式了（千石保，1999）。

# 第一节　从物质主义开始向后物质主义转变

在 1999 年实施的中日韩三国青年社会意识问卷调查中，提出了"您认为政府目前应该重视的问题是什么？（限选 3 项）"的选题，测量的是青年的脱物质主义与物质主义价值观。题中列出了 7 个具体的答案。选择维护国内的治安和秩序、发展经济、提高本国的国际地位这三个答案的分别计 1 分，选择努力提高学术和文化水平、增加人民参与政治的机会、增进和外国的友好关系这三个答案的分别计 - 1 分，如果选择了提高国民的社会保障水平，不计分。然后将被调查者对此题的三次选择的得分相加，就构成青年的脱物质主义价值综合指数。得分在 - 3 ~ + 3 之间。分数越低代表脱物质主义越强，而分数越高则代表物质主义越强。

从统计分析的结果来看（见表 15 - 2），属于后物质主义价值观（得分为 - 1 ~ - 3）的北京青年所占比例不高，大约占一成。但值得注意的是，还有二成左右的人得了"0"分，即他们不再属于物质主义价值观青年阵营，已经开始了向后物质主义价值观的转向。

表 15 - 2　北京大学生与北京职业青年的脱物质主义价值观

单位:%

| 脱物质主义—物质主义 | 京 都 | 大 阪 | 大 邱 | 全 州 | 北京大学生 | 北京职业青年 | 河 南 | 山 东 |
|---|---|---|---|---|---|---|---|---|
| - 3 | 0.5 | 0.5 | | 0.3 | 0.1 | | 0.4 | 0.4 |
| - 2 | 12.2 | 7.6 | 5.2 | 5.0 | 0.6 | 0.9 | 1.3 | 0.4 |
| - 1 | 13.5 | 17.3 | 4.5 | 6.0 | 6.9 | 10.4 | 25.4 | 11.7 |
| 0 | 38.6 | 35.5 | 40.0 | 41.6 | 20.8 | 16.2 | 13.8 | 8.8 |
| 1 | 20.4 | 26.9 | 12.3 | 16.1 | 43.0 | 48.8 | 40.5 | 38.3 |
| 2 | 12.5 | 8.6 | 35.1 | 29.8 | 18.4 | 14.3 | 10.8 | 10.8 |
| 3 | 2.3 | 3.6 | 2.8 | 1.3 | 10.1 | 9.5 | 7.8 | 29.6 |

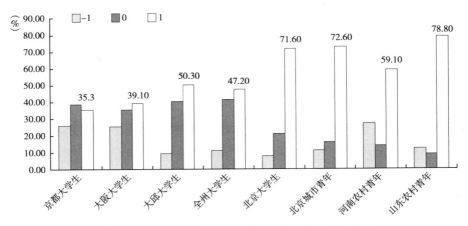

**图 15 – 1　中国、日本和韩国青年的脱物质主义价值观**

注：图中右侧的"－1"为表 1 中的 －1、－2、－3 这三项的比例之和，代表的是脱物质主义价值观；图中右侧的"1"为表 1 中的 1、2、3 这三项的比例之和，代表的是物质主义价值观。

## 第二节　"即时满足"的人生价值观

在中日韩三国青年社会意识调查中，也测量人们对生活方式的选择。当问及"人的生活方式多种多样，在下列生活方式中您最喜欢哪一种？"时，选择"自由愉快地度过自己现在的每一天"和"与亲近的人和睦温馨地过好现在的生活"这两项的比例之和，在北京大学生中占四成多，在北京职业青年中占五成多。

## 第三节　从"科技崇拜"到怀疑"科技万能"

对科学的功能持一定程度的怀疑态度，是后现代价值的一个特点（Englehart，1997）。在中日韩三国青年社会意识调查中，提出了"您认为解决环境问题的最好办法是什么？（限选 1 项）"一题，测量的是青年是否相信科学万能。从统计结果看，北京大学生和北京城市职业青年中，有 10% 左右的青年对科学万能持明显的怀疑态度。

表 15 - 3 您认为解决环境问题的最好办法是什么？（限选一项）

单位:%

| 科学万能 | 京都大学生 | 大阪大学生 | 大邱大学生 | 全州大学生 | 北京大学生 | 北京城市青年 | 河南农村青年 | 山东农村青年 |
|---|---|---|---|---|---|---|---|---|
| 怀 疑 | 25.3 | 22.4 | 16.8 | 17.0 | 10.5 | 8.1 | 10.5 | 7.3 |
| 不怀疑 | 74.7 | 77.6 | 83.2 | 83.0 | 89.5 | 91.9 | 89.5 | 92.7 |

# 第四节 从追求发展价值的最大化到追求快乐与幸福价值的最大化

现代价值观非常强调工具理性，十分注重个体的发展价值。在后现代化（或晚期现代化、反思现代化）阶段，人们开始对早期现代化阶段的古典现代性开始反思，已充分认识到古典现代性，尤其是工具理性的局限性，因此，不再以成就动机和个人发展为核心价值，而是以快乐和幸福为个体所追求的核心价值。这意味着，在从现代价值观向后现代价值观的转向中，个体将从原来追求发展价值的最大化转向追求快乐与幸福价值的最大化。

为了检验这一理论假设，本研究以志愿者的参与动机为切入点，通过探寻他们参与志愿服务的动机类型和结构，来深入分析志愿行动参与主体深层价值结构中的后现代取向。在本研究中，对这一问题的研究主要采用两种方法：一种是质的研究方法，即深度访谈法；一种是量的研究方法，即问卷调查法。通过对深度访谈资料的分析，我们发现北京青年志愿者的参与动机可分为三类，即传统性动机（以"责任感"为轴心）、现代性动机（以"发展"为轴心）和后现代性动机（以"快乐"为轴心）。以"快乐"为轴心的具体参与动机共有 11 种，除"快乐"外，还有 10 种具体动机，1. 好奇—新奇；2. 兴趣—自由；3. 休闲—玩玩；4. 开心—好玩；5. 充实—满足。

## 第五节　传统消费、现代消费转向具有
## 后现代意义的消费主义

在 2006～2007 年，我们对北京和郑州两个城市中学生的消费主义倾向作了问卷调查。我们从四个维度调查了两城市中学生在消费主义倾向方面的状况。（1）过度符号消费。我们认为，品牌消费并不一定是消费主义，只有过度追求品牌的符号价值，比如"品牌狂"等，才是消费主义。从测量结果看，中学生中存在的过度符号消费现象还是比较严重的。只有三成到四成的中学生对过度符号消费现象持明确否定态度。（2）人生目的过度看重消费。调查结果显示，一方面，大多数中学生把工作和享受、物质与精神看做是并重的，而不是将它们对立起来。67.1% 的中学生对"人生的目的既包括事业的追求，又包括舒适的生活享受"这一观点持赞成态度；另一方面，在一些测量"人生目的过度看重消费"的指标上，他们持直接肯定态度的比例都不太高，但值得注意的是，持模糊态度的比例相当高，选择"一般"的比例大约占三分之一。（3）对物的过度占有。例如通过情景题，我们测量了中学生在"对物的过度占有"方面的情况，"每当有新款品牌手机上市时，即使我的手机没有坏，我仍然会买新的"。对这一问题的回答结果是，"符合"的占 17.9%，"一般"占 16.7%，"不符合"的占 65.4%。即有近 1/3 的中学生存在对物的过度占有倾向。（4）即时满足消费或冲动性消费。在调查中，我们设计了 7 个指标用于测量中学生的即时满足消费或冲动性消费倾向。如，"我经常在买东西的时候很喜欢，但买完之后对该物品又没有兴趣了""我有时候买东西纯属心血来潮""我经常不由自主地买一些东西"，等等。从中学生对这些问题的回答来看，持明确否定态度的比例为四成到六成。换句话说，有六成或至少四成的学生在上述各类指标上表现出了不同程度的即时满足消费或冲动性消费倾向。他们在即时满足消费或冲动性消费总量表上接近中度水平。

# 第十六章 碎片化：明星婚姻形态的后现代化及其影响

　　本章主要从凤凰网、新浪网、腾讯网和搜狐网等多家娱乐媒体搜集文献资料，对明星中新出现的同性婚、隐婚、闪婚闪离、慈善婚、奉子成婚和模范婚变做了详细描述，并使用"碎片化"这一概念工具对上述6类新型明星婚姻形态做出后现代解读。文章最后还依据对653名大学生所做的最新问卷调查资料，就明星中出现的上述新型婚姻形态对大学生的影响程度做出了基本的判断。即大学生在总体上对其持消极态度，但对部分婚姻形态的肯定度或模糊度较高。

　　人们通常认为，婚姻家庭的建立具有一个普遍性模式：男女两人相识相恋，在进一步了解的基础上，经过父母的同意，正式结为夫妻，组成家庭，并生育子女。这便是当前大多数人认同的现代婚姻家庭模式。然而，不同的社会具有不同的婚姻家庭模式。在传统婚姻家庭模式（见图16－1）中，父母不仅是子女的养育者，还是子女婚姻大事的决定者。在先天的生理性别基础之上，子女遵从父母为之决定的婚约，并在所选的吉日里举行结婚仪式，结为正式夫妻，组成家庭，然后担负起生育子嗣、传宗接代的义务。而在现代婚姻家庭模式（见图16－2）中，婚姻和家庭的建立增加了爱情这一因素。传统的"父母之命、媒妁之言"和婚约条件被弱化，男女奉行自由恋爱，待双方有了足够的了解和争得双方父母的同意后，便可正式登记结婚，获得法律承认，然后举行婚礼仪式，获得亲友的认可，从而组成家庭，生育子女。

　　然而，目前明星群体中所呈现出的新型婚姻形态，却不同于先前的两类婚姻家庭模式，许多婚姻明显解构了普遍意义上的婚姻家庭生育模式，属于后现代型婚姻家庭模式（见图16－3）。从对现代婚姻家庭模式的解构和变革方面来划分新型的明星婚姻形态，可以划分为六类：同性婚、闪婚闪离、隐婚、奉子成婚、慈善婚和模范婚变。以下就以"碎片化"为概念分析工具，对明星婚姻形态的每种形态进行详细解读。

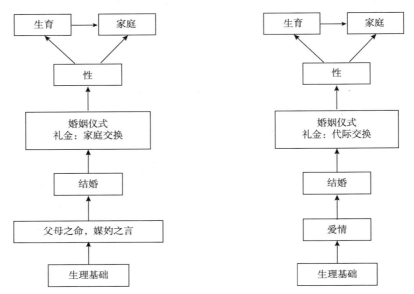

图 16 - 1 传统婚姻家庭生育模式    图 16 - 2 现代婚姻家庭生育模式

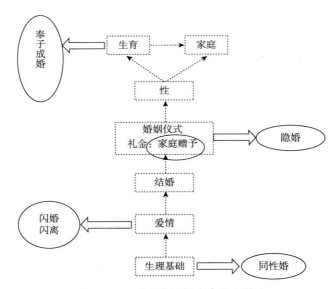

图 16 - 3 后现代婚姻家庭生育模式

## 第一节　同性婚：生理基础与婚姻分离

同性婚是指相同性别之间的结合。一些西方国家已经为同性恋正式立法，允许其结婚。我国古代就用"龙阳之癖""男风"来指代同性恋，但时至今日也没有为同性恋结婚立法。这类婚姻形态解构了传统婚姻家庭生育模式的生理基础。

我国主动承认是同性恋者的明星多来自港台地区。第一位承认是同性恋的明星是香港艺人张国荣。他在 1997 年个人演唱会上，将一首《月亮代表我的心》献给自己的妈妈和挚友唐先生，并说，"如果他喜欢我，我也喜欢他，是男是女并不重要。"[①]。在 2003 年 4 月 1 日，张国荣在香港文华酒店跳楼自杀。亲人、好友和媒体都在猜测其自杀的原因，除事业失意这一原因之外，很大可能是因为公布自己是同性恋后，承受的社会压力太大。[②] 台湾名嘴蔡康永在接受李敖专访时，无意中爆料出自己是同性恋。此后，他与男友 George 频繁出现在公共场所，并多次被记者拍到两人的亲密照片。现在，他已与男友同居生活 19 年，还称将来会到国外结婚。[③] 已公开是同性恋者的明星还有黄耀明、[④] 关景鹏、[⑤] 关菊英、[⑥] 林夕、[⑦] 林一峰[⑧]等。

越来越多的明星相继承认是同性恋者，凤凰网开展了一个关于对明星同性恋态度的调查（农夫三拳，2011）。从调查结果看，反对明星同性恋人群占总人数的 42%，而认同明星同性恋的人群占总数的 36%，也有超过

---

① 参见雅虎娱乐，http：//taobao. ent. cn. yahoo. com/newspic/ent/20541/2/。

② 参见中国时刻，http：//www. s1979. com/yule/yulebagua/201204/0130839601_ 2. shtml。

③ 参见盐田网，http：//www. yantian. com. cn/yantian - news/contents/2009 - 07/22/content_ 3925217_ 3. hml。

④ 参见杭报在线，http：//bay - hzrb. hangzhou. com. cn/system/2010/07/21/010811477. shtml。

⑤ 参见盐田网，http：//www. yantian. com. cn/yantian - news/contents/2009 - 07/22/content_ 3925217_ 3. hml。

⑥ 参见盐田网，http：//www. yantian. com. cn/yantian - news/contents/2009 - 07/22/content_ 3925217_ 3. hml。

⑦ 参见南海网，http：//www. hinews. cn/news/system/2010/11/02/011401514_ 04. shtml。

⑧ 参见南海网，http：//www. hinews. cn/news/system/2010/11/02/011401514_ 04. shtml。

20% 的网友表示，性取向的选择只是个人喜好问题，只要不影响到自己即可。

李银河从十年前开始，便坚持在每年的两会上提交"同性恋婚姻合法化"的提案，但都不了了之。她认为同性婚对中国社会"有百利而无一害"（许戈辉，2011）。因为同性结婚是社会中少数人的权利要求，给予这部分人结婚的权利不会伤害到任何人。同性恋与异性恋这两个群体的关系，相当于少数民族和汉族的关系。少数民族的存在没有危害到汉族的存在，那么允许同性恋群体结婚也不会影响社会的和谐。她还坚持"文化无好坏，制度有优劣"的观点。① 同性恋、异性恋作为两种文化，它们之间没有好坏之分。能保障所有人权利的制度才是好的，歧视少数人的、不给少数人权利的制度是劣的。选择与同性还是异性结婚是个人的权利，制度应予以保障。虽然大多数人不能接受同性恋，但"他们有权利做我们不喜欢的事"。②

根据费孝通先生在《生育制度》中的观点，社会良性分工与合作的基本要求是夫妻双方共同抚养子女。"我们与其说：因为两性的爱好，所以愿意共同抚育子女，倒不如说：因为要共同抚育子女，两性间需要有能持久的感情关联。"（费孝通，1981）两性生理上的自然差异与自然分工基于抚育子女的需要，形成了长期性的传统的男女结合，结成夫妇，组成家庭。同性婚分离了生理基础因素而结成的家庭，不具有现代意义上的家庭结构和家庭功能，也会导致婚姻家庭生育模式中的其他因素再次分离。

婚姻结构自然地要求异性之间相互补充，并以此为前提。合法的夫妻性行为才会被社会成员所接受（周安平，2004）。从传统婚姻方面讲，同性婚既不具有性别基础，也不具有合法的性行为。而且，婚姻代表着生育和抚养子女，但这是同性婚天然不具备的。由于生理基础已经分离，生育因素也会被随之解构。这会直接导致同性婚将不具备完整的家庭结构，也不能拥有全部的家庭功能。

---

① 参见搜狐网，http：//cul. sohu. com/20060831/n245090585_ 3. shtml。
② 参见网易网，http：//news. 163. com/06/0818/15/2OQNERI00001124J. html。

# 第二节　隐婚：婚姻仪式与婚姻分离

隐婚是指已经办好各项结婚手续，但对外却隐瞒自己已婚的事实，仍以单身身份出现的婚姻形态。也称为"伪单身""假性单身"。

隐婚的传统在娱乐圈由来已久。由于担心被过分关注等原因，很多明星选择了隐瞒婚姻状况。刘德华自出道开始，其恋情一直是媒体争相追逐的焦点，但他对自己的恋情严格保密，直到 2009 年才曝出与朱丽倩的婚史。关于刘德华与朱丽倩的结婚传闻，从 1986 年两人相恋便周期性地出现在八卦周刊的头条，但刘德华一直都否认恋情，对朱丽倩的身份也总是采取不否认也不肯定的模糊态度。直到 2009 年 8 月，朱丽倩的父亲去世，媒体记者拍到刘德华在墓地的照片。同年 8 月 25 日，刘德华在返港时与朱丽倩十指紧扣，被首度公开"恋情"。在之后的一个星期内，二人在美国拉斯维加斯的结婚认证信息曝光，两人被证实于 2008 年 6 月 23 日正式登记结婚。[1] 从正式结婚日期看，隐婚只有 1 年多，但从隐瞒真实事实来看，却对公众隐瞒了 23 年。属于此类婚姻形态的明星还有隐婚 7 年的吴美衍和王华麟、[2] 5 年的马琳和张宁益、[3] 4 年的郑中基和阿 Sa[4] 等明星。在隐婚的前提下，这类婚姻形态中还有"隐子"和"隐离"两类。分别以王宝强"隐子"两年[5]和闫妮"隐离"七年为代表[6]。

一些网友认为每个人都有自己的隐私，明星也不例外。而"乖乖的卡卡"认为"隐"会使婚姻不牢靠，"明星和名人们因为不得已选择了隐婚，现实生活的压力和种种感情问题使隐婚越来越泛滥，总觉得隐婚会因为少了感情的公证而更容易偏离正轨，会缺少稳固和坚实的基础。"[7] 新浪媒体将明星隐婚的原因分为三类：一是明星性格的体现，选择保密；二是隐私

---

① 参见搜狐娱乐，http：//yule. sohu. com/20090829/n266312971. shtml。
② 参见搜狐娱乐，http：//yule. sohu. com/20080327/n255944256. shtml。
③ 参见凤凰网，http：//ent. ifeng. com/idolnews/mainland/detail_ 2009_ 09/26/128357_ 0. shtml。
④ 参见腾讯娱乐，http：//lady. qq. com/a/20100329/000129. htm。
⑤ 参见胶东在线，http：//www. jiaodong. net/ent/system/2011/05/06/011254227. shtml。
⑥ 参见胶东在线，http：//www. jiaodong. net/ent/system/2011/05/06/011254227. shtml。
⑦ 参见腾讯论坛，http：//ent. qq. com/a/20120220/000458. htm。

可贵，选择保密；三是顾及粉丝情绪，婚姻状况关乎人气，选择保密。媒体还认为，现在的粉丝疯狂追星，并盲目要求自己喜欢的明星做到三不：不拍拖、不结婚、不生子。一旦有明星"触及禁令"，便遭骂声一片，人气大跌。因此建议粉丝要理性崇拜，冷静对待明星隐婚。同时也建议明星在尽可能多的情况下，对粉丝、大众坦诚相对。①

学术界支持隐婚的观点认为，在没有不良动机的前提下，隐婚不会从本质上改变家庭结构，更不会动摇婚姻制度。虽然婚姻是一种社会制度，牵连到社会许多方面，但作为一种生活方式，它确实有很大的私人属性。隐婚的存在是对人性的包容和尊重，表明社会越来越宽容。作为一种生活方式，隐婚应该得到尊重。持反对态度的观点认为，隐瞒了婚姻状况，就好比进入了一个开放的市场，当然会在接受异性倾慕方面有比较大的自由度，对自己的工作和人际关系也会有某种益处，但隐婚也会给本人带来负面感受，不能顺利地完成角色转换，使其心理发展滞后，同时带来他人的不必要关注，产生不在婚姻状态的心理暗示，在现实中减弱自己对家庭的责任感，具有发生婚姻危机的可能性（韩勇，2006）。

传统的婚姻模式认为，结婚是人生四大喜事之一，故当子女大婚之时，必在家中设喜宴、邀朋客。现代婚姻模式保留了举办婚礼仪式的传统。男女双方除了在民政局登记注册外，还要选择酒店，宴请亲朋好友，共同庆祝婚礼。即使是现在流行的"旅行结婚"，结婚双方都会将喜事告诉亲友，或待旅行结束后补办宴席。而明星隐婚这样的婚姻形态，既不举行婚礼仪式，也不向外人说明已婚事实。在整个婚姻家庭生育模式中，缺少结婚仪式这一过程，一定程度上削弱了社会对家庭功能的实现以及夫妻双方履行义务的监督力度。家庭在现代社会扮演着重要的角色，夫妻关系正是家庭关系中最重要的环节。隐瞒已婚事实就等于隐瞒夫妻关系，是一种推卸社会责任和家庭责任的表现。当事人隐瞒已婚的身份，便可不履行或者少承担作为丈夫或妻子的责任，社会对其要求也会随之减少或降低，增加了家庭的不稳定因素。

---

① 参见新浪娱乐，http://eladies.sina.com.cn/qg/2011/0506/15221067565.shtml。

## 第三节　闪婚闪离：爱情与婚姻分离

"闪婚闪离"指两人在短暂的相识后，未经过一定时间的交往和相互了解而确立婚姻关系，但由于交往时间短而又迅速离婚的婚姻形式。

2009年6月27日，演员黄奕作为"奕动慈善基金"的发起人，出席了一场红酒慈善拍卖会，在朋友的介绍下与新加坡金融精英姜凯相识。结识41天后，于8月5日举行订婚仪式。但在二人结婚的消息刚被证实之后，又有消息称黄奕和姜凯已经协议离婚，相识41天闪婚，结婚一个月闪离。① 台湾女星贾静雯从2004年12月嫁入豪门，到2005年6月孙志浩出轨，二人发生婚变。② 媒体认为是闪婚闪离的明星还有关之琳与王国旄、③ 李光洁与郝蕾、④ 袁立与赵岭⑤等。

一位名为"闪婚者"的网友坚持认为，如果找对人就可以立即结婚，这样至少会认真对待彼此的恋情，否则不讲责任，随意谈来谈去，婚姻也就不再纯粹了。⑥ 而大多数网友反对这样的婚姻形态，认为这是对婚姻不负责任的表现。名为"擦肩而过"的网友直言："这些明星就是把婚姻当儿戏，想结就结，想离就离，太过分了！"⑦ 新浪娱乐2010年7月发表一篇关于明星闪婚的新闻，"说不清楚是娱乐圈里的闪婚影响到了普罗大众，还是普罗大众对待爱情的速食态度影响了演艺圈。从80年代初周润发闪婚震惊香港娱乐圈，到今天各界对明星闪婚闪离的见怪不怪，不得不说明星们比普通人更容易经历闪婚。"⑧ 各家媒体还分析了明星闪婚闪离的原因，但不论具体的原因是什么，仅从闪婚所造成的结果上看，不同媒体得出的结论是一致的：闪婚有风险，投入需谨慎。

---

① 参见久久结婚网，http：//info. 99wed. com/view_ 49670_ 131_ 3. html。
② 参见燕赵都市网，http：//shop. yzdsb. com. cn/system/2012/01/19/011573622. shtml。
③ 参见久久结婚网，http：//info. 99wed. com/view_ 49670_ 131_ 4. html。
④ 参见西安新闻网，http：//news. xiancn. com/content/2010－09/21/content_ 2236652. htm。
⑤ 参见新浪女性，http：//eladies. sina. com. cn/qg/p/2010/1025/08371025894_ 2. shtml。
⑥ 参见腾讯论坛，http：//comment5. ent. qq. com/comment_ group. htm？site＝ent&id＝26514957。
⑦ 参见腾讯论坛，http：//comment5. ent. qq. com/comment_ group. htm？site＝ent&id＝26514957。
⑧ 参见新浪女性，http：//eladies. sina. com. cn/qg/p/2010/1025/08371025894. shtml。

　　黄火明（2007）在《青年"闪婚"现象的社会学探析》中提到，闪婚会造成不良后果，并且对社会产生负面影响。闪婚一方面会导致个体社会责任感淡漠，使个人主义和自由主义等不良思想在社会中蔓延和发展，不利于经济和社会的发展；另一方面会增加社会的离婚率，不利于下一代的健康成长。而社会学家李银河在2005年就公开表示支持闪婚，她认为闪婚这样的婚姻形态符合人性。她将闪婚出现的根源归为婚姻性质的改变。传统的婚姻是两个家庭的结合，需要相互审查，要求门当户对，建立的关系相当复杂；而现代婚姻却只是两个人的结合，婚姻变得相对简单，同时也不再要求建立终身关系。"婚姻"在过去定义为责任，而在现在则更多地被定义为感情。如果闪婚可以提高生活质量，能让闪婚的双方快乐，那么这种婚恋观就符合人性，即使快结快离亦可成为好事。李银河还强调，要从文化相对论的角度来看待闪婚，因为任何一种文化的出现都各有利弊（周艳春，2005）。

　　闪电式的婚姻不符合婚姻的基本规律。爱情是婚姻的基石，男女双方需要在结成夫妻之前进行深入了解。认识时间短、激情高、离婚快，已经成为闪婚闪离的普遍特征。闪婚闪离这样的婚姻形态，由于没有坚实的爱情基础和对对方的深入了解，很可能使夫妻双方进入一个缺乏理性的婚姻家庭。"闪婚族"的"快餐婚姻"是对爱情的一种简化与误读。婚姻是在爱情的基础上建立起来的新的情感与经济生活方式的统一体，它是人类繁衍的方式，以它为基础而形成的家庭是人类组成稳定社会肌体的形式（黄火明，2007）。夫妻双方得到的不仅是肉欲的爱，更多的是心灵上的爱。只有同时具有这两种爱，才能拥有持久的婚姻关系和稳固的家庭。然而，明星"闪婚闪离"这种婚姻形态，却缺少了婚姻形成的两个必要条件：一个是爱情，它是一段婚姻建立的感情基础；另一个是两个人之间的互相了解及双方在生活方式和心态上的相似性（黄火明，2007：17）。缺少婚姻形成的必要条件的"闪婚"，注定难以形成稳固的婚姻家庭生活，很可能会以"闪离"结束。

# 第四节　慈善婚：变革婚姻礼金分配方式

"慈善婚"是指婚礼简朴简洁，并将礼金赠予社会慈善机构的一种"吸情不吸金"的婚姻形态。

2010年12月20日，周立波与富商女胡洁在浦东香格里拉酒店举行婚礼。这是一场不同寻常的婚礼，牛皮纸做的老上海式请柬，大白兔、话梅糖、椰子糖这类怀旧式的喜糖和"四菜无汤"简洁式的菜肴。[①] 而最大的亮点是婚礼现场设置了"爱心收费站"。在"爱心征集令"板块，周立波以调侃的口吻"激励"来宾们献爱心，"星火燎原，滴水汇海，献出爱心，众人大爱成就明日精英。好事成双，心意成倍，您的慷慨既是对我们的祝福，更是为公益谋福。让我们的爱与世界分享，大爱必将与大福同行。"[②] 在"爱心收费站"捐款，可以收到上海市慈善基金会现场开具的收据，并颁发荣誉证书。翌日，周立波举行海派清口公益专项基金揭牌仪式，将收取的所有礼金全部赠予了上海慈善基金会。媒体认为，这个自称"爱说也爱做"的上海男人周立波，被评为年度"婚姻达人"实至名归。[③]

很多网友都很支持周立波捐赠礼金的做法。一位贵州网友"耄卿岁月"说，"周立波先生能把大家送的红包交给慈善事业，这是明星应该做的事，那些反对和嘲讽周立波先生的人你能做到吗?"[④] 然而，也有网友认为周立波的婚礼是一种炒作，为自己的节目和胡洁做广告。[⑤] 明星做慈善已成为娱乐圈中的一道亮丽风景线。可是，出了钱的，总会被人说是在作秀；没出钱的，就有人说明星太抠门。不排除有明星借做慈善来为自己炒作的可能，但大多数情况下，慈善就是一种个人行为。媒体希望网友们可以平常对待，不要太过极端。同时，也建议做慈善的明星们，做慈善关乎

---

① 参见凤凰网，http：//ent. ifeng. com/idolnews/mainland/detail_ 2010_ 12/10/3439180_ 0. shtml。

② 参见搜狐娱乐，http：//yule. sohu. com/20101210/n278209753. shtml。

③ 参见搜狐娱乐，http：//yule. sohu. com/20101210/n278209753. shtml。

④ 参见凤凰评论，http：//comment. ifeng. com/viewspecial. php? doc_ name = % E5% 91% A8% E7% AB% 8B% E6% B3% A2% E7% BB% 93% E5% A9% 9A&doc_ url = http% 3A% 2F% 2Fent. ifeng. com% 2Fidolnews% 2Fspecial% 2Fzhoulibowedding% 2F。

⑤ 参见腾讯论坛，http：//comment5. bb. qq. com/comment_ group. htm? site = bb&id = 27418971。

道德和诚信，若要真心想为社会做贡献，就必须接受并积极应对网友的质疑。不能仅在募捐阶段高调显示，事后也要积极处理，让公益有始有终（波波，2011）。

在中国传统社会中，家庭本位占据主导地位。在礼金的分配上，采取"家庭交换"的方式，即在举行婚礼之后，夫妻双方把各自收取的礼金交予对方父母。而在现代社会，这种分配方式改变为"代际交换"，即父母为子女举办婚礼后，将所收取的礼金交予自己的子女，而非父母所有。慈善婚这样的新型婚姻形态，其"新"就体现在礼金的新型分配方式上。这类婚姻形态的夫妻双方，在收取礼金后将全部礼金捐赠予社会福利机构、基金会或直接捐赠给受助地区或个人。这种分配方式可以总结为"家庭赠予社会"的分配方式，它的分配不是双向的"交换"，而是家庭对社会单方向的"赠予"。在我国传统社会，家庭本位占据社会主体，而这种新的婚姻形态体现了现代社会的自我本位。礼金如何分配是夫妻两个独立的个体做出的决定，它不受身为子女、丈夫或妻子的责任和义务的牵绊。将礼金赠予社会是自我本位的表现。在某种意义上，也可以说是后物质主义价值观的一种体现。[①]

# 第五节　奉子成婚：生育与婚姻分离

"奉子成婚"是指未婚先孕而不得不完婚的婚姻形态。在正式登记结婚之前，虽无夫妻之名，但已有夫妻之实。奉子成婚是婚前性行为和事实婚姻的发展与延续，奉子的"旨意"登记注册成为合法夫妻，使上述两种两性关系合法化。

演艺圈内，最先被曝光奉子成婚的是成龙。[②] 林凤娇怀孕后主动息影到美国，两人直到房祖名出生的前一天才正式登记注册。2005年11月，

---

① 有关后物质主义价值观的研究，参见 Ronald Inglehart，1997，Modernization and Postmodernization：Cultrual，Economic，and Political Change in the 43 Societies，Princeton University Press；吴鲁平：《西方发达国家青年价值结构的转型及其社会经济根源——英格尔哈特的"后现代化理论"》，《中国青年政治学院学报》2002年第21卷第2期。

② 参见秦楚王，http：//www.10yan.com/html/Ent/bgfw/2008－9/20/085831183.html。

陶晶莹与李李仁在台北举行婚礼，"陶李联姻"取得圆满结局（骆俊澎，2005）。由于陶晶莹是奉子成婚，所以婚礼的一个环节是，被邀请的每位亲友到场之后，要投票猜测陶将生男孩还是女孩，并将选票放在对应的投票箱中。2008 年始，奉子成婚在大陆开始"风靡"。大陆影星王志文 4 月1 日与陈怡嘉结婚。婚礼前，陈怡嘉曾否认是奉子成婚，但四个月后，王志文给好友发送喜报称"中国再添一金：爱妻于今日 13：21 产犬子，重3130 克，母子平安。"[1] 同为奉子成婚的明星还有徐熙娣（小 S）与许雅钧、[2] 马景涛与吴佳妮、[3] 董洁与潘粤明（邱雪，2008）、佟大为与关悦、[4]沙溢与胡可[5]等多对明星。

对于这类婚姻形态，持反对态度的网友占大多数。观点主要集中在明星的"模范效应"会影响青年人的婚恋观。"sun"认为明星奉子成婚对社会只能形成负面效应，"会带坏年轻人"[6]。雅虎网认为，由于明星们在年轻人中有很大影响力，大量名人奉子成婚对年轻人产生了不容忽视的影响，甚至"先上车后补票"在年轻人中成为时尚。在性观念相对开放的现代社会，尤其在一些成功嫁入豪门的女明星的影响下，年轻人容易产生"性行为可以帮助我控制对方"的错觉。更有甚者会以为同居就是往婚姻迈进了一步，至少也是换取婚姻的筹码。这些都是不健康的婚恋心理。[7]

奉子成婚的行为与中国传统道德教化是水火不相容的。在我国文化中存在着传统的"三位一体"模式，即性生活、家庭生活和生育缺一不可。而且，性关系和生育要发生在合法结婚之后，任何偏离该模式的行为都会被视为越轨。在传统社会，未婚先孕是妇女不遵守三从四德的表现，封建落后的村庄会按照村规对其惩罚甚至处死，族人也会受到整个村落人的蔑视。在现代化社会里，一方面，城市化使得人与人之间的心理距离不断变宽，人们不愿意主动关心他人的私生活；另一方面，由于西方"新潮"的观念传入我国，非婚同居、未婚先孕等现象已被社会、媒体、同辈群体默

---

① 参见安徽广播网，http：//www. ahradio. com. cn/news/system/2011/03/08/001379432_ 05. shtml。

② 参见新浪网，http：//ent. sina. com. cn/x/2005－09－10/1519836978. html。

③ 参见搜狐娱乐，http：//yule. sohu. com/20070215/n248252426. shtml。

④ 参见安徽广播网，http：//www. ahradio. com. cn/news/system/2011/03/08/001379432_ 05. shtml。

⑤ 参见安徽广播网，http：//www. ahradio. com. cn/news/system/2011/03/08/001379432_ 05. shtml。

⑥ 参见腾讯论坛，http：//comment5. ent. qq. com/comment. htm？site＝ent&id＝28835579。

⑦ 参见雅虎娱乐，http：//xk. cn. yahoo. com/articles/080715/1/b28e_ 15. html。

认接受，当事人也不再会将未婚同居视为"见不得人"的事情。奉子成婚的婚姻形态便很好地证明了这一点，它肢解了传统的婚姻模式，使得生育与婚姻分离。

## 第六节　模范婚变：变革婚姻持续单偶制

模范婚变，顾名思义，是指曾经被认为是模范的夫妻，最后发生婚变的一种婚姻形态。

2011 年初，被媒体和网友公认为模范夫妻的姚晨和凌潇肃，公开发表了离婚声明。姚晨与凌潇肃是北京电影学院 99 级的同班同学，大二时建立了恋爱关系，毕业后便正式登记结婚。结婚之后，两人一直很低调。即便是在姚晨因拍摄《武林外传》而大红大火之后，仍过着平凡的小日子。2009 年，夫妻二人首次合作主演《与空姐同居的日子》，戏内戏外大秀恩爱，互相表白。在接受多家媒体的采访时，也讲述了一些生活中幸福的细节。2010 年 3 月，夫妻二人做客新浪网，讲述曾经的浪漫，还称打算三年之后生孩子。2011 年 1 月，凌潇肃对媒体表示，和姚晨还没有举行婚礼，会择期补办一个迟到的婚礼。但半个月后，两人授权腾讯公司，发表公开声明："很遗憾地告之诸位，我们已于 2011 年 1 月 28 日，在西安民政部门办理了离婚手续……而那美好的过往，让我们坚信，无论爱情还是婚姻，依然值得用生命去追求，用一生去守候。"① 一则结束七年婚姻生活的声明不禁令人感慨娱乐圈诱惑太多，难抵"七年之痒"。曾经被人们称为模范夫妻的谢霆锋与张柏芝也于 2011 年协议离婚。②

明星模范夫妻可以让人们对爱情、婚姻、家庭充满希望，而如今，不少模范夫妻都已离婚。这令网友们不禁大呼"再也不相信爱情了！"姚晨和凌潇肃离婚的消息传出后，网友"潇潇暮"发表博文，"连姚晨都离婚了，普天之下还有什么样的婚姻是值得信赖的？无论他们之前怎样幸福，终究还是无法逃脱七年之痒的魔咒，曾经是多么让人羡慕的一对啊，他们

---

① 参见腾讯娱乐，http://ent.qq.com/a/20110128/000458.htm。
② 参见腾讯娱乐，http://ent.qq.com/a/20110822/000412.htm。

是天造地设的，无论外面的世界多么浮华，姚晨和凌潇肃一样的幸福甜蜜。可现在，他们结束了长达几年的感情，难道真的是因为娱乐圈的诱惑吗？"（潇潇暮，2011）腾讯网评论道，"一向勇于秀恩爱的张柏芝、谢霆锋夫妇也传出了离婚的消息，这个消息几乎令所有人都大跌眼镜，恐怕马上又将上演新一轮'我再也不相信爱情'的哀号。"①

　　在传统和现代婚姻家庭生育模式中，都暗含着一种夫妻双方应从一而终、白头到老的思想。这便是婚姻家庭模式所奉行的持续单偶制。而序列单偶制是夫妻双方婚姻关系并未持续，婚姻关系在中途断裂。而且，离婚后的某一方或者双方都经历了单身、新的恋爱和再婚的过程。序列单偶制没有打破"一夫一妻"的婚姻制度本身，仅是改变了其形式。现代的婚姻家庭模式是单偶制，夫妻双方共同努力维持婚姻。现代社会，婚姻法虽明确规定婚姻自由，但社会大众仍不能摘下有色眼镜看待离婚和再婚。而后现代的婚姻家庭模式却淡化了婚姻从始至终的内在要求，离婚也显得很平常。娱乐圈里的一些明星夫妻，在结婚的前几年，婚姻家庭生活很和谐，深受圈内其他明星、媒体和社会大众的好评，有些甚至还被称为"模范夫妻"。公众在赞赏这些明星夫妻之余，也无形之中寄予了他们对明星的期望，希望他们可以为复杂多变的娱乐圈、为社会大众树立永久婚姻的榜样。然而，一旦这些模范夫妻发生婚变，或者在离婚后找到新的伴侣，就会打破其在公众心中的形象，社会大众对序列单偶制也会产生消极的看法。

# 第七节　结论与讨论

　　在现代社会，婚姻家庭的建立具有一个普遍性程序：青年人首先完成学业，并能获得一份能够养活自己的工作。在男女相识相恋的基础上，结为夫妻组成家庭，然后生育子女。这种现代的婚姻家庭模式具有程序性和可预测性的特征。但是伴随着经济的发展、文化观念的多元、青年人自我独立意识的增强和女性地位的提高等原因，性基础被弱化、婚前性行为和

---

① 参见腾讯论坛，http：//comment5. ent. qq. com/comment. htm？ site = ent&id = 28756502。

未婚同居被越来越多的年轻人接受生活方式多样以及年轻人拒绝选择标准化模式进入婚姻生活，导致婚姻家庭模式出现新的变化，形成了后现代婚姻家庭模式。新的模式具有非结构性、不可预测性和多样性的特征。

本次研究的主要观察对象是我国娱乐圈的明星，他们呈现出的新的婚姻形态与国外（以欧美国家为主）基本完成的婚姻家庭模式的后现代转型有相同之处。第一，均在不同程度解构了传统—现代婚姻家庭模式，各组成要素独立地分离出原有高度整合的婚姻家庭模式。例如，明星中的同性恋、同性婚与国外同性婚比例上升，都体现了生理基础与婚姻的分离；明星的奉子成婚与国外比例大幅度上升的未婚同居、非家庭户、① 未婚生子，② 体现了生育与婚姻的分离。第二，内容相同，表现形式有相似性。例如，中国明星的婚姻形态中的闪婚闪离与模范婚变与国外离婚率上升，③ 共同体现了持续单偶制向序列单偶制的转变。④

从已有的文献可以看出，西方国家传统—现代婚姻家庭模式的碎片化已经随着社会的发展而越来越普遍，中国明星的婚姻形态也正在不断解构已有的高度整合的婚姻家庭模式。那么，明星群体中的这种现象是否会对青年人产生影响呢？

---

① 越来越多的欧洲青年倾向于选择未婚同居、非家庭户这样的生活方式。欧洲国家（除东欧）的青年同居比例逐渐上升，居前三位的分别是英国、丹麦和法国，青年同居比例均超过18%。参见 Claire Wallace, Sijka Kovatcheva, 1998, Youth in Society: The Construction and Deconstruction of Youth in East and West Europe, St. Martin Press, 第 135~136 页。

② 欧洲青年对未婚怀孕、未婚生子的宽容度越来越高，未婚怀孕不再被视为未婚女青年的"悲剧"。欧洲国家，特别是以瑞典为代表的北欧国家，其未婚生子比例高达 50% 以上。参见 Claire Wallace, Sijka Kovatcheva, 1998, Youth in Society: The Construction and Deconstruction of Youth in East and West Europe, St. Martin Press, 第 138~139 页；"在 19~44 岁的女性中，高中没上完就辍学的女性中有 60% 的人同居过。""现在，超过三分之一的家庭处于同居状态，'夫妻'甚至还生了孩子。"参见〔美〕史蒂文·瓦戈著《社会变迁》（第五版），王晓黎等译，北京大学出版社，2007。

③ "In Britain, over a third of all marriages end in divorce within ten years." 参见〔英〕安东尼·吉登斯著《社会学》（第六版），北京大学出版社，2010；"All measures of divorce are to some extent estimates, but on the basis of past trends, we can guess that some 60 percent of all marriages contracted now might end in divorce within 10 years." 参见〔英〕安东尼·吉登斯著《社会学》（第六版），北京大学出版社，2010。

④ 现代核心家庭正在被离婚家庭、重组家庭、单亲家庭和同居等这样的后现代家庭结构所替代。参见 Claire Wallace, Sijka Kovatcheva, 1998, Youth in Society: The Construction and Deconstruction of Youth in East and West Europe, St. Martin Press。

针对这一问题，我们在北京某高校做了一项对 653 名大学生的问卷调查。从调查所得的数据看，大学生普遍认同慈善婚，而对同性婚、隐婚、闪婚闪离、奉子成婚和模范婚变持消极态度。从"同心圆"的理论视角出发，大学生对后现代婚姻形态认同度的高低，取决于后现代婚姻的实践主体与其自身关系距离的远近。大学生对外群体（陌生人、明星）选择后现代婚姻形态的认同度高，对内群体（同学、朋友、亲人）选择这种婚姻形态的认同度低（除慈善婚外）。

从表 16-1 可以看出，大学生对明星的态度比较宽容。赞成明星慈善婚的比例最高（70.3%）。对其他婚姻形态，有 50% 以上的大学生持"无所谓"态度。而对于他们本人，"肯定不会"和"可能不会"选择同性婚的比例高达 84%，其次分别是闪婚闪离（70.5%）、隐婚（62.6%）、奉子成婚（57.1%）和模范婚变（56.8%）。

表 16-1　大学生对明星、本人选择后现代婚姻形态的态度

单位:%

| | | 同性婚 | 隐婚 | 闪婚闪离 | 慈善婚 | 奉子成婚 | 模范婚变 |
|---|---|---|---|---|---|---|---|
| 明 星 | 非常赞成 | 6.9 | 6.6 | 3.5 | 36.8 | 6.9 | 4.0 |
| | 赞　成 | 18.7 | 15.3 | 4.7 | 33.5 | 10.6 | 5.7 |
| | 无 所 谓 | 59.1 | 62.2 | 64.0 | 25.4 | 64.5 | 68.1 |
| | 反　对 | 8.9 | 9.8 | 20.5 | 2.0 | 13.2 | 18.1 |
| | 非常反对 | 6.4 | 6.1 | 7.2 | 2.3 | 4.9 | 4.1 |
| 大学生 | 肯 定 会 | 1.4 | 1.7 | 2.0 | 2.3 | 1.5 | 1.4 |
| | 可 能 会 | 4.6 | 11.8 | 8.3 | 31.9 | 13.2 | 9.6 |
| | 不 确 定 | 10.0 | 23.9 | 19.3 | 33.4 | 28.2 | 32.2 |
| | 可 能 不 会 | 13.9 | 24.2 | 33.4 | 20.8 | 29.7 | 36.4 |
| | 肯 定 不 会 | 70.1 | 38.4 | 37.1 | 11.6 | 27.4 | 20.4 |

从总体上讲，明星婚变及媒体的报道对大学生婚姻模式选择的影响，并没有人们想象的那么大，它的影响主要体现在大学生对明星选择"替代性"婚姻家庭模式态度的宽容上，而对自身的影响较小。当然，目前大学生在此方面的宽容，究竟是由于明星的示范效应，还是大学生自身观念的转变，抑或是两者的契合，还有待于进一步观察。

# 第十七章 女性身体的社会建构及其后现代转向

## ——以美容手术为例

本章以原始部落的阴蒂割除术与现代社会的美容手术的比较为切入口，探讨美容手术是否如主流话语所宣扬的那样是现代女性主体性的体现。通过对 8 位新闻当事人的案例分析，我们从个体视角深入讨论了女性选择美容手术的意义建构机制，即工具理性霸权、惯习和场域合谋以及抽象体系信任三大机制。从社会视角分析了这三大机制背后的深层动因，即在现代性语境下，身体的商品化、文化的再生产与产业化将女性席卷其中，促使她们自觉改造身体与气质。作为结构维度的补充，我们分析了女性身体实践中存在的后现代转向。她们强调个体化、自我表现及解构性。

## 第一节 引言

很多"现代人"对遗存于非洲民族部落的"阴蒂割除术"（卡蒂，2009）并不陌生，每每谈及都会默默为当地妇女的悲惨遭遇扼腕叹息，内心或许还会掠过一些隐隐的庆幸：上帝未将我降临于那里。然而，这种庆幸未免来得过早。若以人类学视角作解，可知"阴蒂割除术"对非洲的民族部落来说，是女性融入群体的具有标志性意义的过渡礼仪。这种"过渡礼仪"（范·盖内普，2010）具有很多非凡的意义，绝不是运用现代医学理论，将其描述为残忍、暴虐那样简单。当然我们并非认同阴蒂割除术的残忍性，只是要以此指出"现代人"对于前现代社会的陈旧遗存往往怀有一种"进化论式"的天然优越感。殊不知，历史在其演进过程中，往往将许多社会事实，一再重演。所谓"现代人"，所谓"优越性"都将不复存在。我们在现代性的语境中，女性的"美容手术"不过是重演了非洲民族部落的"阴蒂割除术"。两者存在明显的关联，都是对女性身体的改造。聪慧的读者可能会立刻指出二者的差异："阴蒂割除术"是女性被动遭受野蛮的制度性侵害，是男权社会对女性的压迫；"美容手术"是现代女性自觉追求美丽，主动改造身体的行为，具有主体意义。然而事实的确如此吗？

深入研究非洲部落的人类学家告诉我们，那里的妇女们正在更为狂热地维护甚至强化阴蒂割除术，女性也往往是这一礼仪的主持者和操刀手。这种狂热，与现代女性对美容手术的态度如出一辙。

2010 年 11 月 24 日，2005 年度成都赛区超女、24 岁的王贝在整形手术中出现意外，于 15 日命丧整形手术台。而类似"身体再造"损害事件不仅发生在明星及公众人物身上，在普通大众中也是屡见不鲜。"整容狂人"红粉宝宝十几年来整容 200 多次，总共花费 400 万元，得到的结果却是身体的疤痕、胸部彻夜的疼痛以及将来可能走不了路的双脚。这个女孩因为不满意自己的外形，从 16 岁起，"放弃工作只为等待手术"（广州日报，2012）。

现代女性似乎正在逐渐摆脱男权社会的压迫，然而我们所宣称的女性主体性是否真的是基于女性立场的"自觉"？这背后是否存在某一潜移默化中驱使女性消费、改造身体的力量？相较于"阴蒂割除术"，"美容手术"背后所隐藏的无形之手到底是对女性的解放，还是更深层次的禁锢？当越来越多的现代女性在实现所谓的自我追求，投入到改造身体的洪流中时，我们不得不产生这样的反思性疑虑：谁动了她们的模样？

# 第二节　理论综述

## 一　身体实践研究的三大范式综述

### 1. 社会性的身体：象征主义与结构主义的思潮

在社会学领域，马克思、涂尔干和莫斯都强调社会性的身体。马克思在经济研究的框架下用唯物的观点提出劳动的、集体的身体实践活动的重要性。身体只是马克思的分析框架里的一个实践工具。涂尔干则提出，人是"双向"的，既有生理性与个体性，又有社会性。社会性的身体是更高层次的身体。莫斯也认为身体是"人类最基本的、最自然的工具"。他所要表达的思想是生理的身体是被社会、文化所塑造的。因此，涂尔干、莫斯这一脉的社会科学研究者把身体从个性化过渡到社会性。

综上所述，这一传统的观点认为：身体的物质性与个性让位于身体的社会性与象征性。可以以身体的物质性与个性为起点来探讨其背后的社会和道德秩序。

### 2. 政治性的身体：后结构主义与女性主义

马克斯·韦伯的新教伦理理论认为，身体和它的情绪受到理性的规范和控制，是与新教伦理和资本主义的崛起联系在一起的。根据新教伦理，肉体的欢娱被从事艰苦的劳动的禁欲身体所唾弃。而米歇尔·福柯的身体权力观从历史的角度具体地研究了权力对于身体的作用方式：从酷刑暴力到监狱式的改造以及各种方式的规训。身体是臣服的、规训的，不具有能动性与主动性。

女性主义的身体政治则认为个人的即是政治的。身体在传统社会科学领域的长期缺席，被归因于男性在这个领域的长期主导地位。

综上所述，这一传统的观点认为：身体被权力规范和控制，受到轻蔑对待和压抑。现代性对身体的压迫被认为是身体从物质性转向政治化。他们的话语更强调反思性的批判与激进式的重建。

### 3. 现象学的身体：身体的主动性

在现象学思潮下，"身体从来不是一个简单的生理性客体，而是意识的体现，是意图以及各种实践的起源地。"这一理论主张在梅洛·庞蒂的《知觉现象学》（莫里斯·梅洛·庞蒂，2001）一书中得以体现。身体现象学虽然认识到身体的主动性与能动性，强调活生生的身体、身体体验、身体的心性等方面，但却没有给历史的、社会的视角留下多少空间（黄盈盈，2008）。

## 二 中国本土视角下"美容手术"研究综述

在中文期刊数据库中检索关键词"美容手术"，有1334条记录含有此关键词。从中可发现至少80%来源于医疗刊物，如《医药与保健》《医学理论与实践》《现代医药卫生》等医学类专门性刊物及《中国美容医学》

《中国实用美容整形外科杂志》等美容分支型专门性刊物。另有 10% 左右的相关论文涉及美容手术的医疗纠纷，探讨术后的心理咨询与护理的文章，散见于健康类刊物中。

由此可见，中国本土有关"美容手术"的社会学研究十分欠缺。在有限的社会学研究中，以下三篇论文具有代表性，提出了三种不同的观点与立场，基本可以代表中国本土视角下有关"美容手术"的基本论点。

香港中文大学人类学系所的文华教授所写的《整形美容手术的两难与焦虑的女性身体》一文，在反思女性主义的不同立场之后，结合民族志田野资料，认为女性的主动性不该被全部抹杀，存在着女性运用自己的身体来协商自己生活的可能。

中南大学社会学系所的刘媛媛、张桂荣在《对身体消费的解读与反思——基于演艺明星整容的社会学分析》一文中却提出了不同的看法，他们既不同意身体的规训与控制，也不赞成对身体进行消费主义的解构。他们认为"明星整容"事件是对身体及身体规律的尊重，使身体达到马克思所说的"全面发展"状态。

中国人民大学社会与人口学院的马国栋博士在《从"三寸金莲"到"女性整容"——谈女性人类学研究的意义》一文中表达了长久以来女性在男权文化占主导地位的社会中受压迫的生存状态，也深刻揭示了女性自我意识淡薄所遭受的痛苦煎熬。中国传统的男尊女卑思想依旧潜行于现代女性的思想行为之中而不被其察觉。

综上所述，针对美容手术的研究或评论，要么是在生理效果的层面，要么是在文化话语的宏观层面。结果，往往忽视了接受美容外科手术的女性自身的经历。我们始终无法回避的基本假设是，身体是所有社会生活开始的地方，所以它是社会学研究的逻辑起点。更为重要的是，身体是文化的媒介。

# 第三节 研究设计

## 一 研究思路

国人对美容手术的认知，普遍停留在医学健康角度。也就是说，人们关心的仍然只是美容手术的过程，怎样有效完成美容手术以及如何规避术中、术后的风险。普遍被忽略却十分重要的问题是，为什么要进行美容手术？近年来女性整容背后的意义建构机制是什么？本研究将紧扣这一核心展开论述。

与"阴蒂割除术"相比，"美容手术"也是对身体的改造。为什么能在现代性的语境中大行其道，并被认为是女性主体性意义得以彰显的行为？本文主张运用布迪厄和吉登斯的现代性社会建构视角解释这一文化现象。

女性身体实践的形式是多种多样的，比如化妆、减肥、有氧运动、护肤、理发等。然而，美容手术应当被认为是女性身体实践的重要方面或极端形式。因为美容手术对身体进行了直接性、入侵性，甚至不可逆的改造。

通过对美容手术的考察，试图去理解女性选择美容手术背后的动因，即女性美容手术的意义建构机制。虽然具体研究方法的落脚点在女性的个体经历，但要试图理解这一意义建构机制，还需要将个体行为置于更为宏大的叙事场景中加以透视。文华对整形美容进行研究分析时，关注的是三个"W"的问题：who，why 和 what。具体来说，who 指的是谁是选择整形的女性；why 探讨的是她们为什么选择整形；what 关注的是这些女性对整形手术的选择是在什么样的情境中发生的（文华，2010）。在我们看来，三个"W"中，why 是占据核心位置的，who 和 what 构成了具体历史情境中的人物与场景。因此，本文在对案例进行分析时，对案例当事人的分类也是基于当事人选择美容手术的意义建构机制，即"why"。

二 研究方法

1. 文献法

本文主要采用文献分析法。实际上，要进入参与美容手术的当事人的生活场所存在很多"进入"的困境。因为很多女性不愿意承认自己曾经做过这类外科手术，而医生也因为与病人之间签有保密协议而无法提供相关信息。因此，我们采用文献法来开展研究工作。文献法较好地解决了这类研究困境，不仅拓展了研究视野，也使我们在收集信息与资料的过程中得到更多的有益启示。

本文的文献主要来源于中文期刊数据库（知网、人大复印资料等）、国内的重点新闻网站及报刊（如新华网、北京周报）、国外研究者的访谈数据等。

运用文献法最难避免的缺陷是研究者所使用的材料始终是二手的，未经研究者核实的、粗糙的资料。因此在运用文献研究法时，我们始终注意文献资料的批判性摘取、整理、分析与使用。

### 2. 案例法

虽然在论述过程中适当运用了部分数据来佐证本文观点，但分析的落脚点仍在案例上。由于美容手术是女性对自我身体改造的敏感问题，涉及社会舆论压力、伦理压力、自我认同等复杂方面，因此唯有深入了解每个具体当事人的行为情境，才能避免简单粗暴，进而顺利通达本文的研究内核。本文的案例主人公主要来源于媒体深度报道的新闻当事人及国外美容手术研究中的访谈当事人。

案例法的缺陷也非常明显。没有大范围的抽样调查，样本量有限。因此，本研究所能做的是尽可能在有限的样本中，做有效的差异化探讨与分析。

## 第四节 美容手术案例分析

### 一 概念界定

#### 1. 美容手术

（1）定义：通过正规专业培训的医生在特定的场所，运用先进的仪器、设备、材料对人体进行生理结构的改造，使之符合某种"美"的要求。

（2）分类：美容术分为两类，一类属于生活美容，一类属于医疗美容。其中医疗美容是指运用手术、药物、医疗器械以及其他具有创伤性或者侵入性的医学技术方法对人的容貌和人体各部位形态进行的修复与再塑，如文唇、文眉、祛斑、除皱、隆胸、吸脂、祛疤痕等。相比之下，由于医学美容具有创伤性、侵入性的特点，故具有一定的风险性。

（3）归纳与总结：本文的"美容手术"，特指医疗美容。本研究所涉及的美容手术不包括因为先天性疾病或后天意外所造成的身体残损而进行的美容修补手术。这里的"美容手术"基本等同于流行文化中俗称的"整容"。

**2. 身体实践**

（1）目的：桑德拉·巴特基认为，为了具有女性气质，女性开展身体实践。社会建构论学者对此十分赞同，海德研究发现：基于身体的气质构建对两性提出来不同的要求与划分（见图 17 - 1）（李银河，2005）。

表 17 - 1　气质构建对两性的不同要求与划分

| 男性气质/主体 | 女性气质/客体 |
| --- | --- |
| 认知主体/自我/独立性/主动性 | 认知客体/他者/依赖性/被动性 |
| 主体性/理性/事实/逻辑/阳刚 | 客体性/情感/价值/非逻辑/阴柔 |
| 秩序/确定性/可预见性/控制性 | 无序/模糊性/不可预见性/服从性 |
| 精神/抽象/突变性/自由/智力 | 肉体/具体/连续性/必然/体力 |
| 文化/文明/掠夺性/生产/公众性 | 自然/原始/被掠夺性/生殖/私人 |

（2）内容：桑德拉·巴特基认为，身体实践包括三个范畴，即目标在于产生有确定的尺寸和外貌的实践；产生出身体的特定手势、姿势和动作的实践；那些宣扬把身体作为一种装饰性外观来展示的实践。今天许多和美容相关的广告，其战略都是提醒或暗示女性，她们的肉体是有缺陷的。从上到下、从里到外、从前到后、从左到右，女人身体的每个部位都需要改良和重造，以接近标准化的美女形象。妇女的身体也受到要表达顺从的训练——她们的姿势在揭示身体同时也是掩藏身体；妇女应该顺从地听从男性的指导。这样的规训改变了女性的外观。同时，还要在男人的凝视下生活，成为男性凝视恰到好处的对象。在凝视中，有两条方针，一是女人站的地方应尽可能的小，看上去苗条和年轻；二是确保女人比男人地位低。这样，女性展示时既满足了男性视觉的要求又满足了精神的要求。

（3）归纳与总结：本文的"身体实践"是指女性为了具有女性气质，通过对身体的尺寸、外貌、姿势动作、展示效果进行身体塑造的行为。即通过对身体的塑造来修补身体的不足从而达到"男性凝视"的理想的状况。身体实践的形式是多样化的，美容手术是其中的一种形式。这是一种基于对外貌形象的不可逆性的身体改造，使之符合"美"的要求。因此美容手术包含了丰富的文化含义。而对身体的不可逆改造之所以引起研究者巨大的兴趣是因为身体是社会与个人相遇的一个结合点，在这里，自我被创造出来。因此，人们要不断追索身体实践的最终目的是什么？社会建构论者旗帜鲜明地告诉我们：形塑一种女性气质，即依赖性的、被动的、服从的、客体的以及原始的。

## 二 案例展示与分析

### 1. 案例当事人一览表

表 17 - 2　8 位美容手术实践当事人的基本情况

| 编　号 | 手术时间 | 地　域 | 姓　名 | 年龄（岁） | 职　业 | 美容手术 |
|---|---|---|---|---|---|---|
| 1 | 2012 年 4 月 | 太　原 | 蔷薇老妈 | 57 | 网络红人 | 抽脂、拉皮手术 |
| 2 | 2000 年 7 月 | 新　疆 | 丽　萍 | 42 | 杂货店老板娘 | 改变脸型手术 |
| 3 | 2012 年 3 月 | 深　圳 | 陈女士 | 40 | 部门主管 | 切眉拉皮手术 |
| 4 | 2011 年 4 月 | 北　京 | 周小姐 | 27 | 公司文员 | 双眼皮手术 |
| 5 | 2010 年 5 月 | 成　都 | 田小姐 | 25 | 普通文员 | 颧骨下颌角磨骨术 |
| 6 | 2011 年 6 月 | 湖　南 | 李同学 | 22 | 应届毕业生 | 隆鼻、双眼皮、抽脂 |
| 7 | 2011 年 12 月 | 天　津 | 丽　嘉 | 20 | 幼儿园老师 | 腹部和腿部吸脂术 |
| 8 | 2011 年 8 月 | 天　津 | 小　林 | 19 | 重点高校大四在读 | 祛痘、换肤手术 |

通过对数十篇新闻报道的分析整理，选择以上 8 位是近年来出现在新闻媒体报道中的当事人。她们因为各种原因受到新闻媒体的关注，大多数是由于美容手术后产生医疗纠纷而成为社会新闻热点人物。

对于这 8 位当事人的背景资料，不能从手术时间、地域、职业及手术类型进行简单归类。这是因为，尽管职业与美容手术类型、手术时间之间存在千丝万缕的联系，但因为有限的样本量以及本研究主题的限制，我们只能暂时放弃这个假设，而将 8 人以年龄从高到低进行编号排列。

虽然难以得出某些变量间的相关关系，但通过整理分析可以认为：

首先，当事人为 19～57 岁，年龄跨度很大。说明美容手术不仅仅是中年妇女修颜的专属手术，更多的青年人已经成为美容经济的生力军。

其次，本研究中的 8 位当事人在社会阶层的划分中，处在中等偏上阶层，如高校毕业生、部门主管、白领、老师等，属于社会中的"体面人"。说明美容手术不再是古代宫廷女人的专属秘术，也不再是电影明星名模的专业手术，它正在渗入普通大众的生活，为中上阶层接受并竭力推广。

最后，30岁以下的年轻女性热衷于对身体进行局部改造，如隆鼻、削骨、祛痘、换肤等手术。而40岁以上的妇女则将注意力集中在拉皮、抽脂等全身性手术。而且，近年来前一类群体的人数正在迅猛增加，尤其是"微整形"人群数量急剧增长。

### 2. 美容手术的意义建构机制一览表

表17－3　美容手术意义建构机制分析

| 意义建构机制 | 描述性语言 | 当事人的特点 | 代表人物 |
| --- | --- | --- | --- |
| 以自身为目的、现实的——认为自己的形体没能很好地表现真实的自我，所以试图利用美容手术达到内外统一 | "我觉得我不算老，我不想看起来那么老，最好像巩俐一样那么美""我运动又节食，我想看来更漂亮些""我喜欢瓜子脸" | 社会地位较高，生活平顺安逸，比较富足 | 1号、5号、7号 |
| 通过美容手术取悦他人 | "我被丈夫嫌弃了，我希望更漂亮吸引他的注意""我的工作伙伴们都长得年轻漂亮，在我们这行，干得好必须得有长相""求职屡遭失败，我希望通过改变外形获得更多的职业机会" | 通常职场或婚姻受挫，希望通过容貌的改变来谋求现状的改善 | 2号、3号、6号 |
| 吸引力不够 | "她的鼻子像他的父亲""嫁得好，必须得长得好，花点钱整容，很正常" | 通常父母对青少年的外貌不够满意，要求对其进行改造 | 4号 |
| 反复无常的特定群体 | "我想做鼻部手术，因为我喜欢的电影明星曾经做过""我要隆胸，因为这样使我更像我男朋友所爱慕的那个女人" | 理由千奇百怪，捉摸不定 | 8号 |

通过对案例当事人的美容手术意义建构机制的分析，可将其归类为以上四类。

第三类、第四类的案例当事人被认为受到父辈文化或同辈文化的影响，作出美容手术的行为选择。而第一、第二类案例主角无论人生境遇是否顺畅，是否以美容手术来做"仪式"上的抵抗，都可被认为是某种程度上的自主选择美容手术，没有受到明显的文化压迫或强权。因此，如果能够论证这两类人群的行为是惯习和场域的统一，是工具理性倾向的建构机制，那么，我们就可以推翻引言开头中"现代人对于美容手术是新时代女性自觉追求美丽的行为"的论断，从而可以推论美容手术与阴蒂割除术在历史的深层话语上的某种一致性。因此，我们主张探讨美容手术意义建构机制，以此来分析女性身体实践的本质，从而以批判性的思维来看待我们所处的现代社会中的"习以为常"。

### 三 探析意义建构机制

**1. 个体行为视角：工具理性、惯习与场域以及抽象体系信任三大机制**

（1）工具理性霸权

首先分析第二类人群的三位当事人。她们均在各自生活中遇到危机，要么是婚姻危机（2号当事人），要么是职业危机（3号当事人、6号当事人）。当人生遭遇挫折时，这三位女性纷纷将缓解挫折感，改善现状的途径指向了美容手术。"不漂亮"成为了她们理直气壮地向人们解释人生危机的理由。要变得漂亮，做美容手术，成为她们改变现状，渡过危机，重新收获新生活的重要途径。

这类人群对整容行为的意义建构充分迎合了马克斯·韦伯的工具理性概念。韦伯将合理性分为两种，即价值（合）理性和工具（合）理性。工具理性是指目的—手段理性，包括明确的目标定义和对达到目标的最有效途径的越来越精确的计算。与此相对的"价值理性"，是指行为人注重行为本身所能代表的价值，不计较手段和后果。

美容手术被当做手段，以此来达到度过人生危机的愿景。整容只是作为一个工具，被绑架来实现自我的其他目的。2号丽萍遇到婚姻危机时，没有反思婚姻本身的问题，而是首先把责任指向自己，指向自己的外貌，将危机归因为身体的缺陷。丽萍与丈夫共同经营一个杂货店，生活安乐富足。婚后不久，丈夫嫌弃她年纪大了，皮肤越来越差，"我甚至有时候怀疑老公外面有别人。我们有时还为这个吵架。"3号陈女士事业颇为成功，但遇到职场潜规则时，也不自觉地顺应职场文化而改造外形。陈女士来自繁华的不夜城深圳，经过多年的打拼，已经高居部门主管的职位。"我们跑销售的这行，多多少少还是要靠脸蛋的。年轻的那一拨小姑娘上来了，时刻都有危机感啊。"6号李同学在大学生就业困境的背景下，没有反思如何提升自我的业务水平能力，而是首先将求职失败的矛头指向自己不出众的外貌。李同学是应届毕业生，在屡屡求职失败之后，她选择了整容。整容之后她想踏上演艺之路，但仍然频频受挫，"我的爷爷都已经不认识我"（哭泣）。一方面，我们看到在转型时期的中国，社会分层流动的不合理带来女性在职场中的弱势地位。另一方面，越来越多的女性在整容行为的意义建构中暴露出明显的工具理性倾向。

韦伯已向我们预言：工具理性霸权具有将人异化和物化的可能性。在一份来自咨询公司的整容行业报告中显示，80% 以上的丰胸整形是出于职业需要。丰胸整形的主要客户群是模特、艺人、性工作者以及情妇。这部分女性在丰胸手术时以"职业需要"来合理化自己的行为，实则是工具理性的践行者。显然，在女性整容行为的意义建构中，工具理性是一个可被广泛认同与接受的机制。

（2）惯习与场域的合谋

第一类人群没有明显的工具理性倾向，因此若还以这一机制来解释，略显无力。因此我们主张以布迪厄的实践理论来分析此类群体。尽管我们没有机会深入访谈当事人，但从新闻报道的内容上仍然能捕捉到三位当事人的美容动机。无疑，她们的生活在外人看来平顺安逸，富足安乐。换句话说，她们并没有充分的理由需要进行美容手术。因此，很多人包括她们自己都将美容行为的意义建构机制定义为"自觉性"，无人强迫或要求，出于一种"对美的追求与向往"，甚至属于"价值理性"倾向。但当我们仔细审视她们口中的"美"时，发现"美"是历史的，主观的，甚至是被流行文化建构的。1号蔷薇老妈认可的美丽是"巩俐一样的气质"。蔷薇老妈的儿女都颇有成就，自己的生活也富足安逸，虽年近60岁，但仍然充满活力和生活的热情。因为参加某歌唱选秀比赛而一举成名。她认为通过整容也能"拥有像巩俐一样的气质"。5号田小姐认可的美丽是"瓜子脸"，田小姐是成都美女，但她对自己的圆脸仍然不满意，"喜欢瓜子脸"。尽管周围的朋友和家人都认为她已经足够美丽了，但她仍然觉得不满意。7号幼儿园老师认可的美丽是"细腿"。丽嘉是年轻漂亮的幼儿园老师，性格温顺，能歌善舞，嫁给当地富商之后，生活富足而平顺。但她对自己腿上的赘肉非常痛恨，每每看到都觉得是"眼中钉"。瓜子脸，细腿，巩俐气质，这些"美丽标准"可以说在电视传媒广告中司空见惯。它是如何悄悄地潜入了女性的意识中，被强化和自觉践行的呢？这股来势凶猛的力量又如何细化了美丽的标准以及各个局部的美，诱使女性主动规训身体呢？

布迪厄的实践理论提出了两个核心概念："惯习"和"场域"。惯习是指由积淀在个人身体内的一系列历史惯习所构成，是一种结构形塑机制，涉及社会行动者具有的对应与其占据的特定位置的性情倾向。它被认为是"一种体现在人身上的历史"。但由于人们将它内化为一种"第二天性"，以至于人们已经忘记它是一种历史。惯习是"外在性的内化"，而场域则是"内在性的外化"，它是由身体和信念两部分组成。由深信的实践理念指导身体作出行为选择。因此场域是被各种社会秩序加以系统利用的体现在身体上的性情倾向。

尽管三位当事人已经处在社会分层的中上阶层，生活富足安逸，但他们仍然选择对身体进行改造，使其更加完美。这便是通过惯习把场域建构为一个充满意义的，被赋予了感觉和价值，值得社会行动者去投入、去尽力的世界。瓜子脸、细腿、巩俐气质等惯习塑造出了一个充斥流行文化的世界，一个人人都追逐美，追逐流行的场域。反过来场域又影响当事人的具体行为的选择，推动更多的人投入到对美的追求和身体改造的洪流之中。社会的支配秩序依靠一种"看不见的、沉默的暴力"。符号权力便是通过这样一个"合谋"的方式完成的。在两性支配的权力关系中，分类图式在男性和女性中灌输了相应的性别惯习（如男性气质、女性气质）。如今我们在美容手术这一女性身体实践中看到妇女们面对以自身为牺牲品的攻击行为时，也心甘情愿参与"合谋"，甚至主动去捍卫它或为它辩护。这与非洲原始部落里主持阴蒂割除术的妇女是殊途同归的。

在社会阶层的分类图式中，惯习同样将场域建构为一个充满意义的，值得投入付出的世界。社会阶层较高的女性所身着的服饰和所具有的气质被认为是高贵的、优雅的以及得体的。在黛布拉·L.吉姆林的受访人中，有一位43岁的桑德拉女士，她是一名办公室主任。为了消除大腿和臀部的赘肉，接受了抽脂手术。"以前，就算穿再高档的衣服，我看上去总像一个不谙世事的胖妇人。现在我穿上它们，显得优雅得体。"因此她的美容手术被认为不仅仅是为了青春和穿漂亮衣服，而是为了满足社会阶层文化理念。也就是说美容手术使她实现身居特殊社会地位的目标（黛布拉·L.

吉姆林，2010）。显然，场域和惯习在此处再一次"合谋"。

追求自我实现的现代女性实际上处于一个充满符号的场域中，个体的惯习不断通过场域建构意义世界。而场域又在潜移默化中反作用于处在场域中的个体的具体行为选择。微整形早期因台湾综艺节目的宣传而盛行，形成了场域。案例中的周小姐、李同学、小林这些年轻人纷纷投入微整形的大军。她们选择美容手术是惯习，是"外在性的内化"。同时她们又强化了微整形的场域，而影响越来越多的人进行微整形，塑造出一种自然的、充满意义的、值得付出的文化氛围。这便是第一类群体的整容行为意义建构机制。

（3）抽象体系的信任

吉登斯对现代性的见解是基于对三大动力机制的分析。围绕这三大动力机制的核心是"信任"这一概念。对抽象体系的信任是现代性的重要特征之一。现代人面对象征符号和专家体系时，对自己无所知晓的运作规则充满信心，确信这些规则本身是正确的，可以依赖的，所需要确定的只是是否合乎规则。整容手术之所以被称为"术"，便是因为它涉及技术、特殊知识。整容手术纠纷也大多因为医患双方在知识信息中的不平等地位造成的。但几乎所有的女性选择美容手术都基于对专家体系的信任，虽然自己可能对此一无所知。丽萍在与丈夫吵架之后，偶尔在报刊上阅读到一篇美容广告宣传：不开刀、无痛苦、没后遗症，打一针就能拥有美丽。并且整形特聘的是新疆乌鲁木齐市的专家。丽萍选择整容手术的直接原因是来做手术的人是"专家"。专家到底专业或不专业，她无从考察，也从未想过考察，便将自己的身体交付给了这一"专家"。这便是现代性的重要特征，对抽象体系的信任深深烙在现代人的身上，而这往往使当事人身心受到双重伤害。这也是现代人经常感到冷漠、无力、不安全的原因之一。大部分进行美容手术的妇女对医疗美容知识的储备甚少，但凭着对专家体系的盲目信任，对运行规则的信心十足，而将身体交付于美容体系。医疗事故频频发生，但是人们关注的焦点是"医生的手术是否符合规范"，而不是"医生的手术本身是否合理"。因此，对抽象体系的信任是美容手术行为的意义建构中最基本最广泛的机制。

**2. 社会视角：文化工业主义**

（1）大众传媒与消费主义

书报亭中销售最火爆的杂志无疑有个共同点——封面上那美丽曼妙的

"封面女郎"。她们往往妆容精致，身材窈窕，气质出众，是"标准美女"。显然，一方面杂志社挑选符合大众审美的封面女郎；另一方面，杂志封面女郎的形象也在引领女性们追逐美丽、时尚以及潮流。然而这些美丽曼妙、精致无瑕的形象被完美呈现的背后，除了数目可观的金钱成本以外，则是一系列复杂的化妆、拍摄等技术性的劳作，甚至包括多次的反复。也就是说美丽所付出的种种代价却被悄悄掩盖了。

漂亮精致的封面女郎形象给予了女性很大的视觉冲击，激发了广泛的模仿效应。因此，很多杂志上也适时地推出了一系列的商业广告。2号案例当事人丽萍正是在报刊上阅读到整容广告才促发她进行美容手术的。与"封面女郎"起着相同作用的便是众多的电影女明星。她们的气质形象不但在电影中被塑造，而且在众多的公共场合中不断强化，如时尚派对、颁奖典礼、新闻发布会等。因此也是被凝视的"他者"。如1号当事人之所以要整容，就是"为了拥有像巩俐一样的气质"。艾晓明也列举了这样一幅广告：一个苗条女子仅穿着内裤和高跟鞋，一条大腿斜伸出来，两寸高的鞋跟处于画面上突出的位置，一位男子蹲在地上欣赏她（艾晓明，2002）。姜秀花也同样列举了两个此类广告。曲美："这个夏天，曲美减肥茶可望把梦中的完美身材带到你的面前，尽享男孩们的爱慕眼光！"大印象："大印象相信，今年夏天，苗条健康的你会为美丽的城市增添一道靓丽的风景线"（姜秀花，2003）。这类商业广告在大众传媒上屡见不鲜。它们有意或无意地在不断强化一个信息：妇女需要控制自己的身体，尤其是对男性来说有观赏价值的性感身体。妇女的身体受到尊重只因其装饰性，而不是因其本身。

显然，无论是电视媒体、纸媒，还是网媒，使用女性的身体形象是商业广告呈现的主要叙事方式。女性是被注视的对象，被当做具有性特征的物体，而男性则是看的主体和评价的主体。这也是1号、6号、7号当事人选择抽脂手术的原因之一。为追求瓜子脸、皮肤光洁而整容也同样可以得到部分解释。

（2）再生产机制：身体商品化与文化产业化

吉尔·里波韦兹基在《第三类女性：女性地位的可变性与不可变性》中向我们提供了一组来自法国的美容消费品数据：从1918年开始口红业获得巨大市场；防晒油和指甲油的产销在30年代突飞猛进。但美容用品民众消费的全盛时期则始于 20 世纪中叶。在法国，1958～1968 年，香水和美容产品的营业额翻了 2.5 番；在 1973～1993 年，这个数字从 3.5 亿法郎上涨到 278 亿法郎。基于科技的进步，工业生产方式的发展，生活水平的提高，美容用品在如今的社会已成为日常消费品，成为人人能力可及的"奢侈品"（吉尔·利波维茨基，2000）。可见，作为现代女性，如果不懂一些美容术，就会被视为异类（如广告语所宣传的"没有丑女人，只有懒女人"）。美容消费品已经深入到人们的日常生活之中，可以说无处不在。也就是说，追求女性美已经成为很多女性的生活方式。

1991 年美国女性主义者纳奥米·沃尔夫在她声名鹊起的畅销著作《美貌神话》中提出，美貌神话在父权主义的"男性凝视"下和全球资本主义的打造下成为了操控女性的工具（柳波，2009）。美貌神话的建构，扎根于资本主义经济的诱因，由产值上千万元的行业所操纵。人们不仅在文化的浸染中传播、扩散美貌神话，而且不自觉地被卷入了资本主义声势浩大的文化工业化中。

随着消费主义和大众文化的兴起，身体经由"消费"这一手段转化为一个社会性的文化符号。理性的身体、信仰的身体与诗性的身体，被欲望的身体、碎片化的身体所取代。在这一身体被"产业化"的过程中，消费主义与身体资本的勾结昭然若揭。

人们对外貌进行技术性的改造，热衷美容手术，实际上就是自现代社会才兴起的身体消费行为。身体消费是指人们为塑造或维护自己的外在形象进行的各种消费，如服装、美容、整容以及健身等，是一种为增加身体资本而进行的社会行动。一方面，消费主义为身体资本的增加提供了可能，同时强化了人们对身体资本的投资欲望。另一方面，身体资本的增加带来了其他社会资本的增加，从而增强了社会阶层自下向上流动的可能（比如黛布拉·L. 吉姆林的访谈资料中提到的桑德拉夫人），以此促使人们以更大的热情投入到消费主义的洪流中。显然，身体资本在"外在身体"的张扬中所获得的回报是巨额的，通过控制或操纵"理想躯体"的视觉范式（杂志、电影中标准美女的展示）、创造丰胸或苗条的广告神话（曲美、大印象）、彩绘人体秀、选美比赛、时装表演、写真图片传播等手段，使得人们浸染于产业化、标准化、流程化的消费主义社会氛围中。操纵这一系列文化产业运作的幕后集团从中获得巨大暴利，推动整个社会群体自觉扮演产业化社会中的消费角色。

在消费主义与身体资本相互的勾结中还渗透着严重的"商品崇拜"情结。影视、广告以全新的阉割方式，让胸、臀、腰、腿、唇、乳房等令人崇拜的部分从身体中剥离出来（比如曲美广告女主角的翘臀、电视屏幕上大写的 C 杯），商品崇拜直接而粗暴地将身体"物化"，剥离其本该具有的主体的记忆、历史、情境，而将其异化为具有交换价值的"东西"（黄念然，2009）。

文化再生产与文化工业主义的方兴未艾，使得美容手术获得了巨大的文化支持与经济支撑。从社会视角来理解妇女们整容行为的意义建构机制，可以从更宏大的叙事中找到更稳定的依托，从而使我们的研究具有更完整的解释体系。

### 四 身体的后现代转向

在对这 8 位当事人进行分类之后，我们就每一类别作了深入探析，由此可知美容手术的行为渗透着三大意义建构机制，从而也充分论证了现代女性追逐美容术并非是主体性的自觉，而是社会文化建构的结果。接下来，我们又对每一类别中的个体作差异化的再探析。这一分析结果恰好从另一侧面补充了上一结论。我们认为，现代女性美容手术的行为除了建构式的机制作用，还有后现代化转型的倾向。

后现代化是一种新的价值观和生活方式。它的核心目标是个人幸福最大化，突出特征是宗教、法律权威逐渐被解构、被边缘化。身体的后现代化被福柯认为是涉及"生存技术"和"自我技术"的重要性和自主性的探寻，以此来确立各种行为的规则和标准，以改变自己的独特存在。即"把自己的生活改变成一种具有审美价值和反映某些风格标准的作品"。由此我们推论身体的后现代转型有三个重要特征：①个体化。强调自我的独特性与差异性。②自我表现。强调自我表达与展现。③解构性。对神圣性、权威性的"远离"趋势。

#### 1. 个体化

女性在选择改变自己体貌的过程中，实际上存在一个自我选择差异化的特征。至少对以下两种情境具有选择性：一是手术时间，二是手术类型。我们在对 8 位当事人进行意义建构分析时发现，不同的女性在不同的年龄段选择进行手术。这一主体选择性有别于阴蒂割除术。阴蒂割除术被认为是依照世代沿袭的传统在某个特定时间集体性地进行身体改造。而现代女性则是依据自身的需求（尽管这种需求被认为是社会建构的）来调整性地进行手术时间的选择。蔷薇老妈年近50岁，热爱生活，无所忧虑，选择进行美容手术。而仍然是学生的小林才刚刚19岁，她也可以选择整容。陈女士因为职场需求在40岁时作了切眉拉皮手术。丽萍因为婚姻危机在30岁时作了改变脸型的手术。由此可见女性们对于何时手术具有选择性。另一方面，阴蒂割除术是具有特定改造对象的手术，而美容手术实际上具备多种手术类型可供选择：抽脂、拉皮、隆鼻、双眼皮等（尽管这些选择也是有限的）。周小姐、田小姐、李同学、丽嘉、小林都是朝气蓬勃的年轻姑娘。尽管她们是因为各自生活境遇的不同而选择了整容，但她们手术类型存在差异。周小姐进行双眼皮手术，田小姐则是颧骨下颌角磨骨术，李同学和丽嘉更是作了抽脂手术，小林则是因为还在青春期，作了祛痘手术。由此可见，相较于阴蒂割除术，女性对于手术类型的选择也具有一定自主性。再者，阴蒂割除术的手术意义指向单一，为了获得个体的生命过渡及部落族群的认同。而美容手术的意义指向更为复杂，它涉及当事人所处的生命历程中的具体情境。当事人往往依据不同的情境来通过美容手术合理化自己的行为。因此，进行美容手术的女性在身体实践的过程中具有有限的自主性。手术的时间点、手术类型及手术意义指向的自主性被认为是存在的，尽管是有限的。女性依据"我与你不同、我与他不同"的个体化诉求，作出不同的选择，以此来强调自我的独特性与差异化。显然，这是女性身体实践向后现代转向的突出表现之一。

2. **自我表现**

后现代情境中的人们往往处于一种多元文化价值冲突融合的氛围中。一方面受到现代性的工具理性的建构，追求效率，褒奖那些通过努力奋斗获得成功的人。另一方面后现代性的入侵，带来了人们对超越性的追求。这种追求最大限度地张扬在人们对自我表现（self - expression）的渴望之中。这一点较为明显地在中上阶层中得到体现。他们通过努力奋斗积累了一定的社会财富、名望，而获得了相应的社会地位。追求的层次也从片面追求投入产出比，上升到追求情感慰藉与效率并重，追求精神层次的满足感，因此具有非工具理性的倾向。自我表现，有两个突出特征，一是表达自我存在的主体性意义，二是表达对超越性意义的诉求。在美容手术的身体实践中，身体被赋予了丰富的符号意义。女性们通过改造身体来彰显自我，具有"自我表现"的倾向。周小姐在父母的劝导下进行整容手术，但术后仍然表示"我不快乐。我不想活在父母的安排之下，我想寻求改变"。在这里，我们听见主体意义的呼声，听见"我要成为我自己"的呼声。尽管受到"尊敬老人，听话，乖巧"等传统文化的影响而整容，但主体性意义并未丧失，而是发出了自问"我快乐吗？"显然，在青年人的价值体系构建中，传统意义上的权威与价值渐渐没落。青年人更关注与自身息息相关的快乐感存在与否。也就是自我有没有最大限度地被张扬出来，"我的感受（快乐）"有没有被最大限度地表达出来。虽然青年人自信张扬，自我表现的欲望很强，然而相较于积累了更多的财富与社会资本的中老年女性，中老年女性表现出来更为鲜明的自我表现特征。其中最具典型性的当事人是蔷薇老妈。蔷薇老妈在50岁的年纪仍然选择整容，不为度过人生危机，只是寻求自我价值。"我觉得我不算老，我觉得我能够获得更漂亮"，显然这是对刻板角色的反抗。同时，蔷薇老妈还是因唱歌而蜚声网络的红人。我们查询了当事人的背景资料，发现蔷薇老妈生活富足安逸，儿女孝顺，是社会中的"体面人"。她通过人生前30年的努力奋斗积累财富，为儿女创造良好的教育环境，使自己获得了向上流动的可能。如今，花甲之年本该安享晚年，可是她却"不安分"，参加电视节目，录制网络节目，成为了"网络红人"。较高的社会地位使她有充足的资本去完成超越性的追求，同时她实现了自我提升，从过去努力奋斗，兢兢业业中解放出来，追求精神层面的情感慰藉与自我实现。50岁的蔷薇老妈参加唱歌选秀比赛，通过整容让自己变得更加年轻美丽，这些行为不全是经过精确计算投入产出比后的理性化抉择。参加比赛的初衷也不是纯粹为了获得物质收益。整容也不再是为了取悦谁或度过人生危机。儿女们鼓励年迈的父母收获更多情感上的快乐与满足。精确计算、严格规制、效率优先不再受人追捧，人们希冀温情与快乐。因此，从自我实现这一脉的分析中，可以发现，美容手术这一身体实践中不仅存在社会建构的意义机制，而且还渗透着鲜明的后现代特征。

### 3. 解构性

有学者认为，美容手术本身就是一种仪式上的意义抵抗。但我们认为它并非是对"容貌危险论"的简单反抗，而是一种对现代性的解构。近20年来，权威，无论是宗教权威还是法律权威，都面临着被漠视与解构的危险。这种解构性，一方面体现为价值多元性，单一权威崇拜被多重世俗化标准所替代。神圣的权威呈现出一种逐渐"远离"的情态。神圣性被日常生活化。另一方面解构性往往表现出令人啼笑皆非的荒诞性。小林同学作为"90后"青年的代表，她是天津某重点高校的学生，也是同学中的化妆达人。案例当事人一方面因为就读于重点高中，被社会舆论认为是标准好学生，另一方面又表现出被社会舆论非议的另一特征"化妆达人"。这两个标签同时在小林身上展现，却安然无事。可见，人们也并非绝对崇拜社会舆论所规定的标准（这里体现为"成绩好的优秀学生"），青年人开始追求异于规定标准之外的另类特征。比如说"化妆达人""减肥达人""游戏达人"。以这种另类标签在同龄人中获得认同，这也是现代性权威被解构的表现。另外，在被问到为什么还要进行"祛痘、换肤手术时"，她表示"没什么特别的理由，我就是想做这个手术，可能是我喜欢的明星做过隆鼻，也可能是我看起来怪怪的，需要做隆鼻。"显然，她的美容手术动因一般被认为是幼稚的，不成熟的，甚至是荒诞的。"我做手术"的前后因果关系非常模糊。但正是因为这种荒诞性，这种因果指向上的模糊性，恰恰解构了正统意义上的理性与规范性，呈现出一种"我想这么做，就这么做"的后现代化倾向。

在结构维度上，补充后现代化转型这一象征性维度，使得我们对美容手术等女性身体实践的理解有一个全面深入的全景视角。尽管我们非常强调个体行为的社会建构意义机制，但是案例当事人差异化选择所展现的个体化与自我表现倾向也给予我们不一样的观察视角。身体的后现代转向所呈现的实际上是一个隐蔽的感性世界。它提供的是非理性、非规范的，重情感、重个体经验的象征维度。在科恩的"双向度人"理论看来，任何社会人都生活在一个双向维度的状态之中，当下的中国尤为明显。现代性的构建在摇旗呐喊中逐渐成形，后现代又以迅雷不及掩耳之势强势入侵，影响了一批经历改革开放而生活富裕的"城市新贵"。这与西方的文化模式是不同的，西方的后现代是在现代性发育相当成熟的状况下孕育而生的。因此尽管两股思潮互相斥责，但人们往往能在其中找到恰如其分的定位。中国的现实是这两股思潮纠葛在一起，呈现出某种程度上的混乱或混杂化状态。结构—象征双向维度对应于现代性—后现代性，贯穿于当下中国人的生活中。我们不断游走于结构与象征的双向维度之中，试图追求现代性的丰满及后现代的蓬勃。试图维持精确计算、严格规制、效率优先的同时，追求脉脉温情、快乐满足及公平正义。这两者在理论家那里似乎是绝对对立的，而在本文的中国女性身体实践中则恰如其分地融合在了一起。

# 第五节　反思与未来

## 一　本研究的不足与反思

由于时间的限制以及"进入"的困境，没有进行历时性的专业田野调查，也就没有丰富而具有深度的一手资料，这是本研究最大的缺陷，也是后来的研究者可以改进之处。充分的田野调查，亲自到达研究的一线，被研究者能够整体性地展示美容手术者的生活背景、个人经历。任何简单地通过他人的只言片语而下某种结论的方式都是不恰当的。当然，在特殊情况下，充分利用手头的文献资料进行整理分析，也是合适的。列维·施特劳斯就是这方面的典范。

以上是研究方法的不足，研究方法的不足也会带来研究内容的疏漏。本文在有关美容手术者的生活经历、美容动因的描述上大多引用新闻媒体的深度报道。我们认为如果无法顺利构建当事人完整的意义世界，也就无法将她的美容手术行为与她的人生史联系，从而更为深入地了解当事人的选择。我们之所以如此强调当事人的话语与意义世界，是因为如果研究者无法意识到被研究者作为有历史、记忆的活生生的人而存在的话，那么研究内容本身便失去了意义。

## 二　本研究的意义与未来

### 1. 身体的压迫与抵抗

身体之所以应当受到关注是因为身体与自我身份认同之间存在重要的联系。身体，甚至被激进的建构主义社会学家称为"最后的防线"。关注对身体的"凝视""改造""消费"对于我们清晰辨别身体政治下的权力话语逻辑具有重大意义。我们也只有了解与我们共存亡的身体，才能更加接近人性本质，更加明了"人从何处来，又往何处去"。

### 2. 身体实践的后现代视角

在以往的研究实践中，研究者的最终话语纷纷落脚在社会文化对女性性别惯习的建构上，而没有以女性身体实践为研究的表征，将女性话语里的后现代成分纳入研究视野之中。本文在确立研究视角时，充分考虑了女性身体实践的社会建构层面以及后现代转向层面。建构论启示我们以社会集体意识对个体的影响来思考身体实践，而后现代理论启示我们关注由女性个体的自觉产生的社会影响力。这显然是两个维度上的相对视角，却产生了奇妙的互补。与吉登斯的"结构二重性"理论也不谋而合。社会研究者一方面要考察行动是如何在日常环境条件下被结构化，另一方面又要考虑到行动又是如何通过本身的作用将这种结构化特征不断地再生产出来。

本文在论述后现代理论时，显然主张一种温和的解构主义。解构并不是全盘碎片化，去意义化，而是推崇一种反权威、倡个性的批判性视角。当代中国，现代性与后现代性处于混杂化状态，这一视角的出现将有效补充以往分析范式的不足。研究者们有必要在社会结构之外倾听人们情感化、个体化的诉求。这一诉求随着经济水平的提升，城市新贵的涌现而日益凸显。我们预测这将是未来女性身体研究的重要阵地。因此，有必要将后现代视角纳入女性身体实践的研究。

### 3. 本研究的可突破口与未来

（1）女性人生史

整容并不是一个短暂性效应的行为，它的作用和影响甚至会贯穿女性的一生。美容手术的意义建构机制只是关注了美容手术者术前所处的文化环境和个人经历的互动关系，却忽略了当事人在美容手术后所要经历的一系列人生课题。如怎样面对人们羡慕又嘲讽的目光？如何在"假我"和"真我"之间找到平衡？以及术后如何构建新的人生目标？这些问题的提出正是基于对当事人的人生史的尊重，最大程度上使被研究者的话语得到最充分的表达。

（2）比较研究

近来中国本土女性身体的研究主要集中在两大敏感群体上，一是性工作者，一是情妇"二奶"。前者的研究者以黄盈盈为代表，后者的研究者以肖索未为代表。她们在论及性工作者和"二奶"的行动策略与社会互动逻辑时，都采用了田野调查的方法，都关注了身体的意义。显然，身体资本在这两个群体中都具有非常重要的地位。那么，这灰色群体相较于光鲜的封面女郎、电影明星，身体资本的投资到底是增加还是减少？两类群体是否具有可比性？

另外，正如马国栋在研究整容问题时，与中国古代遗俗"三寸金莲"作比较。这也启发我们在研究问题时可以用比较研究的方法，拥有更开阔的研究视野。

# 第十八章　从流行音乐看青年的后现代
# 价值取向

伴随着全球化进程出现的后现代价值观已经影响到广大青年的价值取向，甚至可以说是对其价值观的解构和颠覆。流行音乐作为透视青年价值观的一面镜子，可以反射出青年价值观正逐渐向后现代价值观靠拢。本文通过对数十首蕴涵后现代理念的流行音乐的分析，揭示出流行音乐所承载的青年后现代价值取向：快乐至上；解构传统；反叛权威；多元与宽容。

## 第一节　研究的问题及其背景

流行音乐是不同于古典音乐的一种音乐体裁，是对通俗易懂、易在青年中流传、具有时代特征音乐的泛称。包括通俗歌曲和通俗器乐曲，题材多以反映青年心声为主（《中国大百科全书·音乐舞蹈卷》，1989）。由于流行音乐的绝大多数载体以歌曲形式出现，以致"流行歌曲"这一提法，后来往往与"流行音乐"一词混用（*New Standard Encyclopedia*，1990）。在下文中，"流行音乐"亦与"流行歌曲"混用。

流行音乐与青年的成长息息相关，它已经融入青年的日常生活，对青年这一亚文化群体有着潜移默化的影响。流行音乐与青年的价值观之间存在着不可割裂的联系，仿佛是一个记录青年价值观的笔记本。马琴芬、马德峰（2005）认为，流行歌曲代表着青年的某种思想价值观念，流行歌曲的演变也能大致折射出青年价值观念的变迁。某一时期受到青年狂热追捧的流行音乐，往往承载着他们的主要价值取向。青年从流行音乐中听到自己内心的叛逆，对爱情的憧憬，对未来生活的向往，对社会不公的控诉和呐喊……置身于流行音乐中的青年，往往自觉或不自觉地随大众接受、认同乃至内化其中的价值观念。也就是说，流行歌曲和青年价值观交互作用，流行歌曲反映了青年一定时期价值取向的变化趋势，又倒过来影响和塑造了青年的价值观念（申玉，2008）。

中国目前总体还处于从传统社会向现代社会的过渡阶段，但伴随着全球化进程而出现的后现代价值观已经影响到广大青年的人生、爱情等方面的价值取向。当前的中国可以说是传统、现代和后现代三种价值观压缩在同一时空。在从传统向现代价值观转变的过程中，也渗透着"后物质主义、生态保护、妇女运动、宽容、创造性、生活满意、情绪稳定、身体健康、闲暇重要、朋友重要、自由选择、相信他人、同性恋 OK 等具有强调重视和关心个人的自我表现价值因素的后现代价值成分"（吴鲁平，2001）。后现代其实是对现代辩证性的反思，是现代社会发展到一个巅峰以后的逆转，"解构""颠覆""多元"等都是后现代的关键词。越来越多的青年受到后现代价值观的影响，他们反传统、反权威、反理性、反对男权主义、反对人类中心主义，追求快乐、注重感觉、强调自由，往往被视作"新新人类"。

具有商品性的流行音乐只有迎合时代需要不断传达新的价值理念，才能在市场中存活并流行下去。流行音乐不仅形式上受到后现代的改造，呈现出音乐碎片化的无中心状态，承载于其中的价值观也逐渐向后现代价值观靠拢。尽管目前传统和现代的价值观还盘踞在中国流行音乐的主要领地，但后现代价值观并不示弱。甚至可以说"流行歌曲是后现代每日生活的声道，在电梯和机场、酒吧和饭店、街道、购物中心以及运动场中想躲也躲不掉"（约翰·斯道雷，2001）。所以，流行音乐所呈现的后现代价值观就成为一个值得研究的主题。

## 第二节 研究方法

由于歌词比旋律更能表征价值取向，本研究选择对流行音乐的歌词进行定性分析。内容分析方法假定在书籍、电影、歌曲等材料中所发现的行为模式、价值观念和态度，反映出并影响着创造和接受这些材料的人们的行为、态度和价值观。把搜集到的材料做分类整理，分析单位可以是一个段落、一个句子、一个字。定性内容分析主要由研究者通过阅读、收听或观看，然后依靠主观感受、理解、体会和分析，来解读、判断和挖掘信息中所蕴涵的本质内容（风笑天，2001）。

基于青年更加偏爱港台歌手，港台流行歌曲对青年的影响要远远大于大陆歌曲的事实，本研究选择著名的香港歌手陈奕迅、台湾歌手周杰伦、台湾乐团五月天的流行歌曲作为分析文本。选择他们的原因是，他们都是流行乐坛屈指可数的领军人物和灵魂指标，"颠倒众生，吹灰不费"，无数青年为之疯狂；他们的歌词中蕴含着深刻的故事情节和心情感悟，很多脍炙人口的经典歌词，被广大青年视为人生格言；他们的歌曲都紧跟潮流和市场，传达的后现代理念较为丰富。

表 18-1  分析歌曲列表

| 歌　手 | 歌曲及年代 |
|---|---|
| 五月天 | 《温柔》2000、《爱情万岁》2000、《终结孤单》2000、《彩虹》2001、《人生海海》2001、《阿姆斯壮》2003、《摇滚本事》2003、《雌雄同体》2003、《在这一秒》2003、《恒星的恒心》2003、《爱情的模样》2003、《倔强》2004、《孙悟空》2004、《错错错》2004、《超人》2004、《乱世浮生》2005、《牙关》2005、《知足》2005、《恋爱 ing》2005、《宠上天》2006、《为爱而生》2006、《香水》2006、《快乐很伟大》2006、《抓狂》2007、《离开地球表面》2007、《你不是真正的快乐》2008、《笑忘歌》2008、《春天的呐喊》2008、《爆肝》2008、《第二人生》2011、《OAOA》2011 |
| 陈奕迅 | 《我的快乐时代》2000、《K 歌之王》2000、《信心花舍》2001、《爱是怀疑》2001、《低等动物》2001、《少见不怪》2002、《十年》2003、《我有我爱你》2003、《裙下之臣》2006、《落花流水》2006、《马里奥派对》2007、《快乐男生》2007、《烟味》2007、《打回原形》2007、《红玫瑰》2007、《心的距离》2009、《大人》2010、《无人之境》2010、《乐园》2011、《游吟诗人》2011 |
| 周杰伦 | 《黑色幽默》2000、《世界末日》2001、《龙拳》2002、《懦夫》2003、《三年二班》2003、《困兽之斗》2004、《我的地盘》2004、《逆鳞》2005、《漂移》2005、《本草纲目》2006、《稻香》2008、《龙战骑士》2008、《跨时代》2010、《惊叹号》2011 |

# 第三节　研究发现

## 一　快乐至上

### 1. 人生态度

（1）及时行乐，肆意狂欢

后现代价值观从"发展价值"向"幸福价值"转变，追求即时满足。

流行音乐受到后现代享乐主义价值观的影响，常常热衷于制造和传播快乐，传达出人生短暂，及时行乐、肆意狂欢才是最实在的价值观。

> 烟火跟我都是越黑暗越灿烂
> 太阳下山就是我的精华时段
> 不是不爱睡觉
> 不是不够爱肝
> 我只是还有很多很多很多
> 正经事要管
> 不是不爱阳光
> 不是不谈恋爱
> 我只是进度要赶
> 游戏要玩青春要糜烂
> 夜店爆肝夜唱爆肝
> 狂热狂舞狂欢
> 我怕闷不怕爆肝
> 打怪爆肝打牌爆肝
> 贪吃贪心贪玩
> 我怕烦不怕爆肝
> 听歌爆肝写歌爆肝
> 伤心伤肺伤肝

这首《爆肝》洋溢着后现代的气息，歌词是多种感性元素毫无规则的拼贴，杂乱无章，乍一看让人感到不知所云。它是后现代青年恣意狂欢，及时行乐的写照。向更多的青年传达"游戏要玩，青春要糜烂"，抓紧时间"狂热狂舞狂欢"的思想。此外还有"做个快乐的人，敞开全世界的门，我比谁都大声，当第一人，是的，我有这样的天分"（《快乐男生》）；"颓废混杂着烟味，我满脸胡楂，在自得其乐的世界，颓废我微熏的醉，对镜子傻笑，脸上的快乐很直接"（《烟味》）；"越玩越 high 越玩越大，快乐无限梦无价，天都不怕地也不怕，大声地唱，快乐很伟大"（《快乐很伟大》）；"放肆的尽情挥霍，那一年玩的多疯，你和我站上全世界的最快乐的巅峰"（《牙关》）；"在这一秒快乐最重要，眼泪到哪里去了我不知道，从这一秒快乐最重要，多想要尽情胡闹跳得更高"（《在这一秒》）；"就算一秒也要快乐的决心"（《乱世浮生》）；"就算是整个世界把我抛弃，而至少快乐伤心我自己决定"（《人生海海》）；"长路漫漫是如何走过，宁愿让乐极忘形的我离时代远远，没人间烟火，毫无代价唱最幸福的歌"（《我的快乐时代》）都反映了青年对快乐的轰轰烈烈追求。

后现代的快乐青年总是号召身边还在苦恼的朋友一同追逐快乐，挥霍青春。"期待一趟旅程精彩万分，你却还在等，等到荒废青春用尽体温，才开始悔恨"（《第二人生》）；如果你不及时行乐，而是等到青春荒废，到时候会悔恨终生。所以"请变大快乐气氛，尖叫吧你是人，这责任你亦有份，请发现你是人"（《大人》）；"快张开你的嘴 OA～OA，再不管你是谁 OA～OA，人生都太短暂，别想别怕别后退，现在就是永远""人生都太短暂，去疯去爱去浪费"（《OAOA》）；"这一生都在等待，这一生都在错过，别再找借口别再啰唆"（《摇滚本事》）；"如果你的孤单只是你的习惯，你就把你自己锁起来，实在太不应该"（《终结孤单》）；"你值得真正的快乐，你应该脱下你穿的保护色"（《你不是真正的快乐》）；"欢迎你来到这个乐园，放纵自己，让所有的人都为你疯狂，暂时忘却虚空，享受暧昧的短暂片刻"（《乐园》）。青春就是要抛开多愁善感，耍赖自在地沉醉，痛快地发泄，手舞足蹈疯癫地笑。

（2）放逐理想，不再拼搏奋斗

于是，青年对快乐的追求远远大过对理想的追逐，理想甚至被他们抛弃了。哈维曾说，"现代主义在很大程度上表达的是对美好未来的追求，尽管这样一种追求由于遭到不断的幻灭而往往引发受害妄想，但是，后现代主义的典型表现却是抛开了这个追求"（陈刚，1996）。理想作为终极价值被消解了，青年为了理想拼搏奋斗的精神崩溃了，对他们而言唯有此时此刻的快乐才是最实际的。因为"一切是虚无，但世界太枯燥，花一世名和利流汗拼搏，到最后同样是幻觉一种"（《马里奥派对》），所以"笑一个吧，功成名就不是目的，让自己快乐，快乐这才叫做意义"（《稻香》），"这一生只愿只要平凡快乐，谁说这样不伟大呢？"（《笑忘歌》）。受后现代价值观影响的青年不再拼搏奋斗，而是主张过一种简单生活，没有奢侈的轻松生活。

### 2. 爱情观念

（1）爱是游戏

在爱情中，同样快乐至上，玩得开心是爱情的主要原则。既然人生都是游戏，爱情又怎么不能恣意享受？"恋爱 i－n－g，happy i－n－g，心情就像是坐上一台喷射机"（《恋爱 ing》）。在后现代社会，一切事物都可以被解构到支离破碎的地步，包括爱情。性爱不再建立在爱情或生育后代的基础上，摆脱了这两种羁绊，后现代的爱情追求即时享乐而不再是"执子之手，与子偕老"。后现代爱情的基本特征是"两性生活不再以生育或爱情为前提条件而以自身为唯一目的，在解构永恒的语境中追求短暂瞬时的强烈体验"（丛娟，2006）。后现代的青年"成为感觉的追求者和搜集者""不断接受新的感觉，贪婪无度地追求总是比以前更加强烈和深刻的崭新体验"（齐格蒙特·鲍曼，2002）。"because 爱是游戏，爱是怀疑，爱是种近乎幻想的真理，because 爱能怀疑，爱能叛逆，so 别把这游戏看得太仔细"（《爱是怀疑》）。正如歌曲所述，自古以来神圣不可侵犯的爱情遭到了怀疑，被视作游戏。

> 我不在乎你的姓名
> 你的明天你的过去你是男是女
> 我是如此的清醒
> 不打算离去也不打算真的爱你
> 相恋不能再倾国倾城
> 倾倒你心里越来越冷坚固的灵魂
> 此刻你也就别再等
> 不能再等不能再等让热情变冷
> 就让我吻你吻你吻你直到天明
> 就让我穿过你的外衣然后你的内衣
> 就让我吻你吻你吻你直到天明
> 就让我刺探你最深深深处你的秘密
> 就让我吻你吻你吻你直到天明
> 就让我穿过你的外衣然后你的内衣
> 就让我吻你吻你吻你直到天明

> 别再等待不曾降临的真理
>
> 黎明之前
>
> 只要和你
>
> 尽情嬉戏

这是五月天的《爱情万岁》，明确表示"不打算离去也不打算真的爱你""就让我穿过你的外衣然后你的内衣""只要和你尽情嬉戏"，甚至"不在乎你的姓名你的明天你的过去你是男是女"。赤裸露骨的歌词反映出后现代青年对物欲、生理性快感的追求。

此外还有《低等动物》，"留不住你的心，我只要留住你的人，留不住你的人，也要留住一吻，擒住你的肉身，不需要俘虏你灵魂，像个低等动物"。认为人都是低等动物，所谓的爱情其实只是对对方身体的渴求，为了满足自己的生理需要。《裙下之臣》，"热血在腾，问哪里有人一生只得一个女人""我要赞美上帝，活着就是无乐趣，也胜在有女人，忙于心软与被迷魂，流连淑女群烈女群，为每人动几秒心"，辛辣刺激地表现出拜金的女人、花心的男人、男人对女人的爱慕崇拜和这个感情日益轻浮的世界。《无人之境》，"这个世界最坏罪名叫太易动情，但我喜欢这罪名，惊天动地，只可惜天地亦无情，不敢有风不敢有声，这爱情无人证，飞天遁地贪一刻的乐极忘形，好想说谎不眨眼睛，这爱情无人性""我信与你继续乱缠难再有发展，但我想跟你乱缠"，描述了一段突破道德底线，隐瞒欺骗家人朋友的婚外恋情。认为爱情只要有一刻的乐极忘形就足够惊天动地，哪怕偷偷摸摸，并不需要朝朝暮暮长长久久地陪伴。这些流行音乐都热衷于呈现人的生物性，赤裸地表现人的原始欲望和本能冲动。

可见，后现代的爱情是典型的感觉主义和享乐主义，在时间维度上是割裂过去、现在与未来之间的联系，突出推崇当下的存在，以追求当下的体验和感觉为指归。的确，当下"80后"离婚率激增甚至超过了结婚率，很多"90后""00后"频频更换恋爱对象或者性伴侣，成为后现代爱情观勇敢无畏的践行者。在他们身上，传统的忠于爱情、生死不渝消失了，取而代之的是后现代快餐式情感原则：不讲忠贞，不讲生死不渝，而是不断追求，不断猎取，一旦拥有就意味着要寻求新的目标。自由的心永远居无定所，不受羁绊的情感永远在漂移。

（2）分手也要快乐

到了分手时刻，也大可不必悲痛欲绝要死要活。合则聚，不合则散，快乐就好。"流水很清楚惜花这个责任，真的身份不过送运，这趟旅行若算开心，亦是无负一生"（《落花流水》），世界上本不是所有的爱情都有未来，爱的时候如果开开心心，这一生就有了值得怀念的东西。曾经拥有就足够，又何必执著于两个人的天荒地老。传统的青年往往将爱情视作生命，失恋也像抽离生命一样痛苦。他们因承受不了失恋的打击，感到无比痛苦和纠结。而持后现代价值观的青年则不以为然，"如果你快乐不是为我，会不会放手其实才是拥有？"（《知足》）；"要是彼此都有些既定路程，学会洒脱好吗？"（《落花流水》）；"怀抱既然不能逗留，何不在离开的时候，一边享受一边泪流？"（《十年》），这些歌曲都呈现出青年的一种豁达放手的价值观。他们甚至可以说"未爱我是你不济""难做爱侣，我极同情你不幸"，你没有选择我"其实你损失不菲"（《我有我爱你》），我用不着伤心难过。"而既然分开了，何必又想打扰，而既然分开了，问好亦不必要"（《少见不怪》），根本没有必要紧抓回忆的包袱，悲伤总是要沉淀的，此时此刻的快乐才最重要。毕竟风花雪月从来都不肯等人，每一秒每一刻都仿佛大盗，偷走的青春正在一天天变老。好好生活，珍惜现在每一刻的快乐才是最重要的。

二　解构传统

后现代的主题就是"解构"，除了上文所述的永恒的爱情被解构为短暂欲望，后现代还反对男权主义，消解和摧毁了男性套在女性身上的枷锁。女性不再只是温柔脆弱需要男性保护的柔弱形象，而是在爱情中逐步掌握主动权。

后现代的男性在爱情里往往是甘愿为女性付出，甚至臣服于女性，唯她是从的角色。如"没有花院后山可给你游览，放弃做巨人做插花之男""为你编花成篮花光了时间，放弃学做人学插花消闲"（《信心花舍》）中的男性为了女友能欣赏到美丽的花甘愿抛弃大男人的形象去学插花。此外还有"我无时无刻都无怨无悔，让你无忧又无虑每一天，你一个口令，我一个动作绝不拖延，让你无法又无天的撒野"（《宠上天》）；"我来到这个世界，这个人生，为你而生存"（《为爱而生》）；"对你深深崇拜深深迷恋深深的沉醉，深深爱上一种奉献的哲学，献上快乐献上伤悲献上自我献上世界""你的魔法爱情的霸权，为你臣服为你捍卫"（《香水》）；"让那摆呀摆呀的裙臣服百万人对你我崇拜得太过分，为那转呀转呀的裙，死我都庆幸"（《裙下之臣》）。

而女性由于在爱情中掌握了主动权，享受着男性过分的宠溺与崇拜，往往成为抛弃男性的负心角色。她们捉摸不透，淡漠绝情，是造成男性伤痛的罪魁祸首，印证了那句"得不到的永远在骚动，被偏爱的都有恃无恐"（《红玫瑰》）。和传统的男性抛弃女性相反，越来越多的男性成了爱情里容易受伤害的角色。如《彩虹》中"其实我不知道眼泪有没有流，就像这故事中你有没有爱过我""你的爱就像彩虹，雨后的天空，绚烂却教人迷惑""一层一层一层一层，一层一层又一层层的迷宫，我来不及回头，忽左忽右忽上忽下，忽东忽西忽前忽后的折磨，都是你的捉弄"，突出了女性捉摸不定，如迷宫一般的形象。此外还有"不懂你的黑色幽默，想通却又再考倒我，说散你想很久了吧，我不想拆穿你"（《黑色幽默》）；"为什么你能同时那么残酷又温柔，当你微笑告诉我这是好结果，一时之间我不知道应该说些什么"（《错错错》）；"你言辞闪烁，原因当然不明显""你绝情已让我的心委屈到极限"（《心的距离》）；"我只求能借一点的时间来陪，你却连同情都不给"（《世界末日》）；"神也不能阻挡你想离开的心"（《超人》）；"带走回荡的回忆，你像流浪的流星，把我丢在黑夜想着你"（《恒星的恒心》）；"然后发现你的改变，孤单的今后，如果冷该怎么度过"（《温柔》）；"而你那呵欠绝得不能绝，绝到溶掉我"（《K歌之王》），都展现了女性的捉摸不透和绝情，而男性则成为被抛弃后痛不欲生，被阴影笼罩的受伤者，刚强的一面不再。

### 三 反叛权威

后现代价值观强调自我表达，不再有对权威的尊重。作为后现代主义的践行者，青年自我意识觉醒，反传统、反中心、反权威、反理性、要解放。他们追求个性化和创造性，寻求个性的解放和价值观念的创新。很多流行音乐都承载了此类价值观，如五月天《春天的呐喊》整首歌都反映出强烈的反权威主张。

不要叫我比赛不要再看我成绩单

不要再无奈不要再忍耐不要再让我伤肝

天天都火腿蛋天天都排骨鸡腿饭

我需要扭转我需要意外我需要感觉存在

当阳光很冷淡心情很吉卜赛

没人能挡住我跟平凡掰掰

方向盘指向南一路都不转弯

除非我看到沙滩看到大海看到未来

爽要呐喊不爽更要喊

压力要甩忧郁要推翻

爽要呐喊用力的呐喊喊到流汗

喊到没遗憾一生能有几次跟世界宣战

不想再当模范不想要再当乖乖牌

我只想摇摆我只想旋转我只想阅到腿软

让冬天被打败让春天冲上了舞台

让热血变红让天空变蓝让我把无聊炸开

看羚羊草枝摆我爱上大自然

来不及等泪干来不及防晒

浪漫只怕太慢痛快只怕太快

快让我看到沙滩看到大海看到未来

爽要呐喊不爽更要喊压力要甩忧郁要推翻

爽要呐喊用力的呐喊喊到流汗喊到没遗憾

一生能有几次跟世界宣战

　　每一句歌词都是青年发出的反叛权威的呐喊，对父母呐喊"不要叫我比赛，不要再看我成绩单，我不想再当模范，不想要再当乖乖牌"，对快节奏的现代都市生活呐喊"看羚羊草枝摆，我爱上大自然，快让我看到沙滩，看到大海，看到未来"，他们在对世界宣战。广大青年早已厌倦父母的管束，厌倦快节奏的现代生活，他们向往以前的田园生活："深蓝的天很美，到处飘着鲜花芬芳的香味"（《游吟诗人》）；"走下乡寻找哪有花香，坐车厢朝着南下方向，鸟飞翔穿过这条小巷，仔细想这种生活安详"

（《三年二班》），他们渴望自由自在，不受压抑和控制，"只不过回到现实一切都变得冷漠"（《游吟诗人》）。

现代价值观强调工具理性，十分注重个体的发展价值，这使得处于成长期的青年肩负巨大的家庭、学校和社会压力。青年在被生理的困扰、学业的压力、感情的困惑、社会初涉的不易等各种成长问题过分压抑后，终于爆发不满情绪："很不爽，我很不爽，不要让我更不爽，快抓狂，我快抓狂"（《抓狂》）。于是后现代所倡导的不顾一切的反传统、反理性观点给予了青年巨大的力量，他们大胆地唱出"丢掉背包再丢唠叨，丢掉电视丢电脑，丢掉大脑再丢烦恼""一颗心噗通噗通地狂跳，一瞬间烦恼烦恼烦恼全忘掉，我再也不要再也不要，委屈自己一秒"（《离开地球表面》）；"躯壳如行尸走肉，陷阱旋涡我已受够，挣脱逃离这个空洞，如果我冲出黑幕笼罩的天空，就别再捆绑我的自由，在狂风之中嘶吼，作困兽之斗，我奋力冲破"（《困兽之斗》）；"整个世界正在对我们挑衅，就算如此还是得无惧前进"（《逆鳞》）；"喔喔喔喔我不要再忍受，离开无聊的地球，我不能再软弱，请给我活着的借口"（《阿姆斯壮》）；"这一生太多的妥协，这一刻彻底的打碎，这一次丢掉名字性别"（《OAOA》）。

"说不不代表懦夫"（《懦夫》），反而应该感到很骄傲。青年在解构一个权威的同时，又创造了另一个权威，就是自己。"在我的地盘你就得听我的"（《我的地盘》）；"所有关于我的传说全都不对全都是纸屑全部要改写，对敌人的谦卑，抱歉我不会，而远方的龙战于野，咆哮声不自觉横越过了几条街，我坚决冲破这一场浩劫"（《龙战骑士》）；"用我的方式改写一部历史"（《本草纲目》）；"哇靠毅力极限燃烧，哇靠斗志仰天咆哮，哇靠自己创作跑道，靠！！！！！！！靠毅力极限燃烧。哇靠斗志仰天咆哮，哇靠高速奔向目标，靠！！！！！！！"（《惊叹号》）；"零到一百公里，谁敢与我为敌，我用第一人称在飘移青春，输跟赢的分寸计算得很准"（《漂移》）；"我右拳打开了天化身为龙，那大地心脏汹涌不安跳动，全世界的表情只剩下一种，等待英雄，我就是那条龙"（《龙拳》）；"时代无法淘汰我霸气的皇朝，你无法预言，因为我越险翅越艳"（《跨时代》）。这些歌曲都表达了青年反叛、以自我为中心的愿望，"我就是我自己的神，在我活的地方"（《倔强》），"齐天大圣是我，谁能奈何了我？"（《孙悟空》）。

## 四 多元与宽容

后现代代表了对多元价值的诉求，摒弃了"中心论""二元论"的垄断性、封闭性和排他性。世界自身的多样性和丰富性要求人们对世界认识的差异性，后现代价值观因此具有开放性和宽容性的特征。就拿爱情来说，青年对待爱情的态度更加宽容，认为爱情无界限，可以跨越一切。他们追求多元性，要求尊重差异，容忍各式各样的爱情，甚至把各种荒诞多元的爱情看做富有刺激性和趣味。对他们而言，同性恋、双性恋、人兽恋都很 OK。

> 你是巨大的海洋
> 我是雨下在你身上
> 我失去了自己的形状
> 我看到远方爱情的模样
> 曾经孤单的彷徨
> 曾经相信曾经失望
> 你穿过了重重的迷惘
> 那爱的慌张终于要解放
> 你是谁教我狂恋
> 教我勇敢地挑战全世界
> 在一样的身体里面
> 一样有爱与被爱的感觉
> 我爱谁已无所谓
> 没有谁能将爱情划界限
> 在一样的身体里面
> 谜样的魔力却是更强烈

如《爱情的模样》中所描述的"在一样的身体里面，一样有爱与被爱的感觉，我爱谁已无所谓，没有谁能将爱情划界限，在一样的身体里面，谜样的魔力却是更强烈"，描述同性之间找到了心灵的另一块缺口，彼此吸引和契合。另外，《盛夏光年》中"放弃规则放纵去爱，放肆自己，放空未来，我不转弯我不转弯"，表明不愿意遵守规则，要不顾一切地超越界限，放纵去爱。《雌雄同体》中"我要你爱上我，你不该猜测应该爱我，我可以是男是女，可以飘移不定，可以调整百分比，只要你爱我一切都没问题"，宣告为了爱情可以变换性别也没有什么不可以。《打回原形》中"几双手几双腿方会令你喜欢我，顺利无阻，你爱我别管我几双耳朵，共我放心探戈"，一句只要你爱我，别管我有几双耳朵突破了物种的界限。这些歌曲传达的价值观都是对爱情的自由和放纵的一种追求，对多元爱情的宽容。不管对传统的美德和社会准则构成多么大的威胁，无论什么性别、身份和地位，所有的爱情都是平等的，都需要被尊重。

# 第四节　结语

在经历了纷扰不休的现代生活之后，一部分青年受到后现代价值观的感召，终于奋起反叛权威，追求此时此刻的快乐。他们也号召更多的青年恣意狂欢、挥霍青春。由于被现代的工具理性过分压抑，后现代的青年渴望快乐，渴望自由，渴望回归自然，渴望找个类似香格里拉的遥远地方去流浪。这些渴望在现实中不一定能实现，但表达这些渴望的流行音乐却是人人都可以吟唱的。青年之所以迷恋流行音乐，是因为他们能在其中发现自己的某种状态和情感，能在其中认清自己的价值观。在现实中受到的压抑、内心深处的愿望，只有通过流行音乐才能毫无保留地表达。由于流行音乐的创作者和演唱者通常也是青年，他们创作和演绎的歌曲往往承载着青年的价值观，能让广大青年感同身受。流行音乐受到越多青年的喜爱，就说明蕴涵于其中的价值观得到青年越多的认可。后现代的青年 believe in music，面对着音乐才能感到快乐。在音乐中他们能奢侈地做着简单生活的梦：在游乐的时空喝着新鲜的花茶，在夏天的尾巴做四季的狂想，和草原上的蝴蝶一起飞往月球，过往的烦恼在这天开出了花，城市中所有的抑郁都已被抛开……

# 第十九章　大学生手机短信中的后现代价值倾向

## ——对 3405 条短信文本的内容分析

本章运用质性资料分析软件 Nvivo 9.0，对收集的 10 位在校本科生的 3405 条短信文本进行类属分析。研究发现，大学生使用的手机短信形式和内容都有后现代的倾向。从形式上看，具有即刻性和可复制性、自由性和接收的被迫性、"一对多"的发送方式、用语的多元化和简单化、标点符号的多样性等特征；从内容上看，不仅存在解构主义倾向，而且还涉及人生观、宗教观、消费观、婚恋观、政治观等领域，表现了明显的后现代化倾向。

2001 年，阁大洪首先对手机进行了学术研究，他在《手机正在成为媒体工具》中认为，手机技术发展，其媒体工具的特性越来越彰显，利用手机短信向客户终端提供新闻，可以使新闻无处不在。现实情况是手机的发展速度远远超出了人们的猜想，且中国自 1998 年开通手机短信业务以来，手机短信的使用频率以迅雷不及掩耳的速度增长（李敬，2008），它已经成为人们生活中不可或缺的一部分。

特别是大学生群体，他们在高校有相对多的业余时间进行交友、恋爱、联系同学，在学习、社团工作中也离不开手机，特别是离不开手机短信的使用。有统计数据显示，截至 2010 年 6 月底，国内已有 8 亿多（80535.4 万）移动手机用户，在这 8 亿多用户中，青少年手机使用群体是一个值得研究和探讨的对象（袁潇，2011；风笑天，2011）。另外，国外研究显示，相对于其他群体，青少年更频繁地使用手机，没有手机的青少年自我感觉到被排除在友谊团体和社会网络之外（Charlton，2002）。特别是手机的短信功能，青年大学生使用手机短信息时在形式上和内容上都展示了他们的价值，表达了他们的需求，这对我们了解大学生价值观状态具有重要意义。

短信是信息社会的产物，有学者（蒋晓丽，2007；李有光，2008；刘海燕，2008）认为，短信的很多特点具有后现代的特征。笔者从后现代化理论的角度，探讨大学生手机短信形式和内容上体现的后现代化倾向。笔者收集的第一手资料来源于 10 位在校大学生的 3405 条短信文本，其中包括短信、飞信（移动用户）、邮箱短信（电信用户）。之所以把飞信和邮箱短信也作为研究资料的来源，是因为飞信和邮箱短信能通过网络直接发送到对方手机中，对方可以用手机短信回复，他们和手机短信没有本质区别。笔者把全部短信文本录入到质性资料分析软件 Nvivo 9.0 中，进行类属分析，建立开放式编码、轴心编码和核心编码，把反映出后现代特点的文本进行归类，分为短信形式上和内容上的后现代化倾向。其中，调查对象的资料见下表：

| 编　号 | 姓　名 | 性　别 | 年　级 | 来　源 | 数　量 |
| --- | --- | --- | --- | --- | --- |
| 01 | Cpp | 女 | 大一 | 手机短信和飞信 | 414 |
| 02 | Zhg | 男 | 大一 | 手机短信和飞信 | 82 |
| 03 | why | 女 | 大二 | 手机短信和飞信 | 138 |
| 04 | Zlx | 男 | 大二 | 飞信 | 123 |
| 05 | Jqy | 女 | 大三 | 手机短信和邮箱短信 | 128 |
| 06 | Xyb | 男 | 大三 | 手机短信和飞信 | 611 |
| 07 | ll | 女 | 大四 | 手机短信和飞信 | 129 |
| 08 | lzh | 男 | 大四 | 手机短信 | 531 |
| 09 | lq | 女 | 大三 | 飞信 | 718 |
| 10 | zjl | 男 | 大三 | 手机短信和飞信 | 440 |

## 第一节　短信形式的后现代化倾向

"后现代"具体是什么概念，目前学界还争论不休。有学者认为后现代主义哲学反对同一性、整体性、主体性、确定性、通约性和权威性（李朝东，2010；姜宗强，2010），也有学者认为后现代思想家的主要倾向是解构，是批判，是否定，在"时空压缩"下的中国，多元性、超越性、开放性都是后现代的特点（景天魁，1999），同时，"即时满足、认真的崩溃"（王军，2004；李宝章，2004）、"刹那主义、强调当前"（赵飞，2011）也是后现代化特征的一部分。这些在短信的形式中都有所体现。

**1. 短信的即刻性和可复制性**

赵飞认为，短信有无距离性与瞬息性（即时性），人与人之间的距离不再成为交流的障碍，使人与人之间没有距离正体现了"时空压缩"的后现代特点（赵飞，2011）。在发达的科学技术支撑下，无论短信的发送者与接收者在信号范围内的什么角落，短信都能瞬间到达。"住手"（大学生lq），在这条短信所表现的情境中，发送者与接收者似乎是在同一个场景中，发送者能通过短信阻止接收者的行为，而以往这样的情况只有在同一个时空中才能出现，短信的即刻性就体现于此。"你一会有空吗？""师弟，你在哪里"（大学生 zhg）类似的短信发送者急于找到对方，他们选择通过短信这一媒介寻找对方，正是基于短信能够即刻把信息发送传到对方手机中。短信的即刻性同时也要求接收者在即刻给予回复，如"收到请回复，谢谢""烦请各位收到速回～谢谢"（大学生 cpp），只有这样才符合短信即刻性的特点。"木有收到短信吗？到底去不去啊"（大学生 wzj），短信的发送者利用短信的即刻性发出信息，如果对方没有及时回复，短信就起不到理想的效用，发送者也会因此着急。如果自己不能及时回复，一般都会做一番解释，"只因前几天没话费了，今天才充的值。所以现在才回复你哈"（大学生 lzh）。

短信的另一个即刻性表现在"幽默短信"中，即"幽默短信"带来的快乐和开心在即刻产生作用并且是暂时的。"幽默短信"给予对方短时间的快乐，主体对此刻的体验强劲有力，神秘且压抑的"刹那主义"正是后现代艺术的要求（赵飞，2011）。"你总是心太软，心太软"（大学生lq）——这种用歌词来评价对方的短信可以让对方即刻产生心理反应。而"你我相识是缘分，是是非非结不分，白天夜里四年里，痴才爱你到如今。感动吧～请看每句第一字不服是吧！再看每句第二字晕了吧"（大学生jqy）。这类短信带来的幽默总能让接收者会心一笑，但这种心理反应和开心持续的时间很短，接收者往往都是看过笑过就不再回味，甚至会立刻删掉类似的短信。

短信还有"可复制性"的特点，特别是飞信软件的使用，大学生们可以在电脑上复制同条短信发给不同的朋友，只需改一下称呼。如"MT：明天一定挤得慌…""DD：明天一定挤得慌…"（大学生 ztz）——除了称呼外祝福的内容一模一样。实际上，短信和飞信的群发功能就是可复制性的表现，只不过这种复制工作由手机或电脑承担了。这种"可复制性"和传统的写信、打电话的"单一性"形成对比，具有后现代的特点。

**2. 短信使用的自由性和接收的被迫性**

大学生基本实现人手一部手机，手机短信给了手机族们巨大的自由，这是后现代社会生活的要求，在传统社会生活中这些都无法满足（蒋晓丽，2007）。发送短信不受时间、工作、技术的影响，大学生可以在上课、开会、休息时间自由地发短信。即使对方关机，在开机时仍然能收到短信。在笔者收集到的短信中，都能看到短信发送的这种不受时间限制的自由，如"都睡了啊，就是没睡着"（大学生 lzh）"我已经上课了"（大学生 zhg）。此外，大学生还有发与不发的自由，对于收到的短信可以回复或不回复。编写短信内容也没有受到限制，任何亲密、低俗、毫无意义的内容，只要你想发，都可以通过短信发给对方，比如"亲爱的，么么""哇咔咔"（大学生 why）——这种亲密的，在口头交流中较少出现的词汇却可以在短信中大量存在，大学生们可以借此自由地抒发情怀。

同时，大学生们也面临着"接收的被迫性"这一挑战，这是商业社会的必然现象。从文本内容来看，发送短信给大学生的不仅仅是他们的朋友，还有广告商、移动公司、诈骗人、陌生人、考研机构等，他们利用短信不设限的接收机制，疯狂地给大学生发送广告信息、诈骗信息、考研通知等垃圾信息。大学生无法分辨收到的信息是否都是自己需要的，但为了不漏掉有用信息，他们不得不一一查看，更何况要删除一条短信，必须在打开该短信后才能删除。即使对某个号码设限不予接收，广告公司和考研机构也可以通过不同的号码发送，事实上他们也这样做了。从大学生收到的短信来看，收到的内容来自同一个公司，但发送的号码却不一样。伽达默尔曾区分了后现代社会的三种强迫类型：重复强迫、消费强迫和舆论强迫，短信文本正在借助自身的可复制性和商业性对我们构成了以上三种强迫（李有光，2008）。如"10658288：10000 张丰台踏青节旅游门票等你抢…""106582068：思念生根发芽…祝你笑脸如花…""0595483845：海文考研通知…"（大学生 jqy）——类似的短信发送者通过换号码的方式重复强迫，各种商业短信正铺天盖地地发送到大学生的手机中。

### 3. "一对多"的困惑

随着技术的发展，特别是飞信在 2008 年的市场运营之后，群发短信在大学生中广泛流行。从大学生的短信中可以看到如"跑吧今晚 8：00 在教学楼 1508 开会，请跑吧干事及会员准时参加""又要到周末了，希望大家周末过得愉快…""大家圣诞快乐！哈哈"（大学生 cpp）。在社团工作布置、事件通知、祝福短信发送中，飞信和手机短信的群发功能给大学生带来了极大的方便。"一对多"的进步解决了个人与群体的矛盾，有重大事情不用组织大家开会，不用亲自到各个宿舍串门，只要一个群发短信就能解决问题。

但随之而来的是"一对一"与"一对多"的困惑。当我们收到一条短信时，很难分辨自己是唯一的接收者还是众多接收者之一。如"亲，把你的专业年级和班级发给我吧"（大学生 ll）"手机竟然还有短信没发完，骚扰一下哈哈哈"（大学生 fmt），类似的短信让接收者无法分辨对方是只给自己发还是给自己所属的群体发，而这个判断直接关系到是否回复短信。大学生对于群发的祝福短信往往带有排斥心理而置之不理，对于群发的通知认为也没有回复的必要，而对于发给自己或和自己联系的信息往往会给予回复。但当"一对一"和"一对多"的短信同时接收时，往往会给他们带来判断的困惑，在回复与不回复间徘徊。

### 4. 短信用语的多元化

传统社会，劳动是青年天职，到了后现代社会，青年在休闲和自我表达方面的要求更为强烈（Claire，Sijka，1998）。在短信呈现的世界里只有大学生群体，他们拥有自己的语言，可以放肆地展示自我，短信用语中增加了传统语言中不具有的内容，更加多元化。如"姐姐我快 over 了""欢迎致电或 face to face 哈哈哈哈"（大学生 lq），"新年快乐！あけましておめでとうございます"（大学生 ztz）——把中文、英文、日文一起用到短信中，这也被称作后现代的碎片书写（赵飞，2011）；"一童鞋""一董事长你好""嘿嘿…""一亲~"（大学生 zjl）体现的是用多元的称呼代替传统的姓名称呼；"我们神马都木有""偶在看天天向上"（大学生 lgp）则是网络用语在短信中的运用；"偶是偶我完了吗?""干哈介了你"（大学生 why）很好地把家乡话和普通话结合起来用到短信中；"哇嘎嘎嘻嘻…"

"咯咯咯好吧…"（大学生 zhg）把感叹词用于交流则增加了短信的可读性。这些短信用语的多元特征，表达了大学生善于创新、不拘一格的特点。

多元化的同时又存在简单化的倾向，这与传统冗杂的礼节形成鲜明对比。传统的信息要求格式标准、内容详细、完整，而大学生在某些短信中表现的是追求简单，只要能表达意思即可，更加注重表达感情及其多样性。如"？""10""那""嗯"（大学生 zjl）——一个符号、一个数字、一个汉字即构成一条短信；"老冯我真的快受不了了""撕心裂肺"（大学生 lq）这两条短信，原本可以在一条短信里说清楚，但大学生们更愿意将其分为两条，把多而长的内容简单化，分多条短信发送。笔者认为，原因之一是短信的免费性（飞信和邮箱短信可发送免费短信），一条和多条并不会造成消费上的差别，二是多而杂的短信读起来更为吃力。

**5. 标点符号的多样性**

传统的信息描述中运用的标点极少，多是逗号、句号、问好、感叹号。大学生们在短信内容中增加了多种标点符号，而且运用的方式更为多样，标点符号的功能也得到了增强。具体分为三种短信内容。

一是只有标点符号的短信。如"？？？？""。。""——。。""？《"（大学生 zjl）。我们并不能从这样的短信中看出发送者要表达什么意思，而要根据之前双方的交流背景才能推断这些符号的意义。有些符号并不具备意义，大学生发送符号有时并没有什么目的，只是消遣时间，等待对方回复而已，而有些则能很好地表达大学生们当时的心情。

二是没有标点符号的短信。如"嗯没事按这个时间有时候我都还在加班呢嘿嘿你也不要想那么多了""嗯回到北京了呵呵你呢"（大学生 rll）。通过发送没有符号的短信，可以给阅读者以新鲜感，但主要是为了表达自己的个性。

三是标点符号运用的多样性。如"⊙ω⊙实际是……现在很挤的慌～""O（∩_∩）O～没有哇"（大学生 why）——把各种表情符号与特殊标点符号和汉字放在一起用，能增加短信的可读性；"＊冬天来了＊送你一栋小屋（用－i［］做成一个房子）希望能让你温暖整个冬天…好好照顾自己@＿@""没有空啊＝＝＝要做作业啊＝今天"（大学生 jqy）——用其他符号代替逗号和句号分词的功能，打破了原有的符号格局。

# 第二节　短信文本内容的后现代化倾向

大学生群体是思维最活跃的群体，他们的价值观也最为多元。目前已有许多学者研究了大学生后现代价值观的问题，本文也通过分析收集的大学生短信文本，发现了大学生价值观的后现代取向。在收集的 3405 条短信中，涉及价值观内容的有 403 条，约占 11.84%。在这些反映价值观的短信中，具有后现代取向的有 308 条，占 76.43%。在短信中各种价值观所占的比例不均匀，各种价值观在大学生中间的分布也不均匀，比如，已恋爱大学生的短信体现后现代婚恋观的内容比未恋爱的大学生多。

## 一　短信文本中的解构现象

### 1. 解构经典、解构标准

"明月几时有，把饼问青天，不知饼中何馅，今日是莲蓉，我欲乘舟观月，又恐飞船太慢，远处不胜寒。祝大家中秋快乐！"（大学生 jqy），这条短信文本解构了传统的诗歌内容，把"酒""琼楼"代表的"思念"的含义解构了，再用"饼""飞船"代替。原来的经典诗词被解构了，而用生活中的词语代替，这样，高雅文化与大众文化之间层次分明的差异消弭了（迈克·费瑟斯通，2000）；"四种语言祝福你：汉语版天天快乐英语版 HAPPY EVERY DAY 俄语版买个萝卜切吧切吧剁日语版锅你洗了吧→碗你洗了吧瓢你洗了吧盆你洗了吧锅碗瓢盆你都洗了吧""…扫瑞…对不住了～～～～～～"（大学生 cpp）。这类短信把正式的语言标准解构了，在正式语言中，各种语言不能混合使用，而这里则是根据俄语和英语的读音，用汉字来表达，虽然不能表达英语和俄语的意思，但用"洗碗洗盆"之类的小事来表达祝福确实很有幽默感。

### 2. 解构严肃

"今天是高考结束半周年纪念日，向所有曾经在人类史上最残酷的战争中浴血奋斗过的同胞致敬，并为我们逝去的青春默哀一分钟…"（大学生 jqy）。在官方语言中，"纪念日""战争""致敬""默哀"都是在重大事件或严重的灾难才用的词。这条短信文本把它们所代表的严肃的含义解构了，用来形容"高考"。后现代化强调轻松自由的环境，认为闲暇重要，反对严肃、反对唯一性。这种用"严肃"的词形容高考，具有讽刺的意味。

所有这些"解构"，在德里达看来，就是对结构的消除和分解，就是要消解根深蒂固的本质主义的优先性，寻求思想表达的开放之域（李朝东，2010；姜宗强，2010）。

## 二 后现代人生价值观

### 1. 以快乐为人生目的

"看完之后笑笑就行；今天的你快乐就行！""那就睡觉吧！苦了自己，也伤透了心，值得？""多一点快乐，少一点烦恼！累了就睡觉，醒了就微笑！"（大学生 jqy），这是一种与悲观相反的人生态度，吴鲁平认为在后现代化阶段，人们不再以成就动机和个人发展为核心价值，而是以快乐和幸福为个体所追求的核心价值（吴鲁平，2007）。一些大学生不再一味地追求发展和成就，而更加注重眼前的幸福快乐，如"睡觉""微笑""无烦恼"，他们追求暂时的快乐，对于不开心的事情认为没必要去考虑。

除了快乐，"没办法，天生的"[①] 体现的是对实现自我价值的欣赏；"玩是必须的""在家很享受吧？"体现的是对享受生活的重视，这都是后现代的特征和表现。

### 2. 经常思考人生意义

"或许你说的对吧，是我太懦弱了"（大学生 lq）是大学生对自己过去的评价；"我有时候觉得自己没掌握好技巧，频繁伤害别人的心灵，事后觉得特别对不起人…"（大学生 zjl）是对自身行为的反思；"zjl 你长大了很多，我觉得我没有长大，怎么办？"（大学生 lgp）是他们在成长过程中的思考；"每个成长阶段，都会遇到很多很难抉择的事情。然我明白了很多人生道理，有一天它将会是我们人生中不可多得的经验"（大学生 ztz）是对人生的思考。这些短信体现的是大学生对人生的思考和评价，经常思考人生的意义和目的的比例上升也是后现代的表现（吴鲁平，2003）。因为在传统社会，"青年"没有自主权，在家完全受到父母的压制，他们较

---

① "没办法，天生的"是回复"您真有文化"的短信。

少思考人生的意义。改革开放前的大学生，他们的工作完全由国家或组织安排，自己没有选择的余地。但市场经济给了当代大学生选择的空间，命运掌握在自己手中，他们思考如何才能让人生更有意义，思考如何做出正确的选择。

### 三 后现代宗教价值观：上帝成为朋友

"一天我救了佛，佛说：我可以让你许个愿。我对佛说：让我所有朋友身体健康！佛说：只能四天。我说：好，春天，夏天，秋天，冬天…（略）佛哭了…说：以后你所有的朋友将天天健康快乐！""我可不来超度你""在雪花还没飘下，圣诞老人还没睡醒"（大学生 jyl）。这是对传统宗教观念的反叛，正如福柯在呼告"上帝死了"之后又呼告"人死了"，人们的信仰受到了极大冲击。在大学生眼中，佛和上帝不再是宗教和信仰的象征，而被用来表达祝福的工具。他们不再是"万能的主"，他们可以被人类感动到哭，人类也可以有上帝"超度"的能力，上帝与凡人无异，甚至成了大学生的朋友。大学生的宗教观念淡化，上帝（信仰）在自己的生活中的地位下降，但对精神世界的关心增强（吴鲁平，2003）。他们认为并非只有宗教才能丰富自己的精神世界。

### 四 后现代消费价值观

#### 1. 符号重要

"然后大概 6 点在厨子吃饭（体育馆附近，具体我也不懂在哪里）一个人大概要交 50""下午两点去康康唱歌"（大学生 zjy）。当代大学生在消费的过程中，重视的是商品的符号和商店的名称，而不是商店地址，在哪个店比在哪个地址更为重要。后现代的消费价值观最显著的特点是符号消费，Baudrillard 认为"消费……是一种系统化的符号操作行动……为了成为消费物品，物品必须成为符号"（Poster，1988 年）。正如乔治·瑞泽尔的研究告诉我们的一样，物品的种类可被视为个人的生产种类。人们（在很大程度上）就是他们所消费的东西，人们就是以他们所消费的物品为基础而将自己与其他类型的人相区别（乔治·瑞泽尔，2003）。在这种消费观指导下，符号不仅成为商品的标志，还成为身份的象征。

### 2. 花明天的钱圆今天的梦

"JL，你有钱吗？我要去看她，你借我 500 吧，下个月我妈寄给我了还你"（大学生 lzh）。在传统社会，物质匮乏，人们以生存消费为主，往往很多东西想买却不能买，想用却不能用，根本没钱花。随着社会发展，人们温饱问题得到解决，但仍然不敢放肆消费，在满足基本消费前提下把大部分存到银行，有钱花舍不得花。当代大学生的消费观则又往前走了一步，他们认为有多少则应毫无保留地花多少，不花就是浪费，如"短信"没发完就一定要发完，下个月就用不了了，他们重视的是充分地利用资源。更有一些大学生善于"超前消费"，花明天的钱圆今天的梦，没钱花就借，等有钱了再还。

### 五 后现代婚恋价值观

### 1. 男人不是女人的全部

"不是男朋友也能拧盖子啊""没有男人你还有梦想，没有男人你还有朋友，没有男人你还有家人！除了男人你还有自己的责任！"（大学生 fmt）。在传统社会中，女性是男人的附属品，男人就是女人的一切。而当代女大学生的婚姻观念得到了改变，他们认为没有了男人也照样生活，一些原来要男朋友才能做的事好朋友也可以做，除了男人还有家人和朋友，她们不再把男朋友视为一切，而是更愿意自己掌握自己的命运。吴鲁平在研究中认为当代大学生的后现代价值观有如下特点：性观念开放和宽容；同居、不想结婚者增多；丁克家庭增多；代际关系上，自主与依赖并存，父母的权威丧失（吴鲁平，2003）。因此，不是一定要结婚才能在一起生活，有很多青年选择同居、不结婚。

### 2. 不要爱太深、分手不再痛苦

"我好像没有把他当成学校最亲的人是不是很不好？""谁说一定要想他啊，想念你和老 F 不可以啊""我怎么没觉得他想我啊""我似乎想和他在一起却不知为何又不太想在一起"（大学生 lgp），一些大学生在恋爱中认为不一定要把对方视为自己最亲密的人，不一定把对方看的比老朋友更重要。当今校园恋爱后分手的情况很普遍，恋爱也具有风险性，两人恋爱不一定能走向婚姻，因而他们更多的是简简单单地爱，不注入太多情感，不要爱对方太深。

"没志气，没出息，混蛋，不就是分手？不就是离开一个不值得的人？""分手不是我的错是他不够成熟，也是我不够成熟"（大学生 fmt），对于分手，大学生们不再闹得你死我活，而是看得更开。这与传统社会相比是一个进步，传统社会中没有恋爱自由，妻子必须忠实于丈夫，丈夫死了妻子必须守寡。封建社会结束后，社会趋于开明，男女之间可以自由恋爱，但恋爱的目的是结婚。而当今大学生则认为"恋爱是恋爱结婚是结婚，不一样的"（大学生 lgp），恋爱只是生活的一部分，两个人不适合就可以分手，分手不再是痛苦的事，分手是为了下一次更好地恋爱。

## 六　后现代政治价值观：政治即生活

"风雨苦难我们一起走过，辉煌成就我们一起创造。中国，我为你骄傲""发这个短信有 N 个目的：……五、告诉你政治局新的班子定了，常委没咱俩^_ ^。八、证明一下中国移动铁塔还没被美国炸掉"（大学生 jqy），一些大学生把自己发展与国家的发展联系在一起，政治也成了生活中开玩笑的话题；"你发给我的短信极少，严重影响我的心情，现暂停你的短信服务，请于明天上午十点自带小板凳和小奶瓶到天安门向毛主席忏悔！"（大学生 yss），政治人物在大学生心中不再是高高在上，讨论政治人物不再严肃，我们可以和"毛主席"一起开玩笑，可以称呼江主席为"老江"；"向党好好汇报我这么优秀的思想，哈哈""从现在起我要端正入党态度，为了党也为了你"（大学生 ztz），一些大学生不再把思想汇报和入党动机看作严肃的问题，而是把它们融入到生活和玩笑中。政治在后现代社会中与人们的生活密切相关，政治不再是纯粹的政党政治，而更多的是生活政治（Claire，Sijka，1998）。在传统封建社会，百姓不敢私自议论政治，政治与生活是分离的。在新中国成立后相当长的一段时间里，对政治的议论仍然存在一定风险。到了后现代社会，人们可以充分表达自己对政治的看法，而且在生活中处处是政治。

# 第三节　讨论

　　手机在大学生群体中使用普遍，且短信世界中没有权威，无拘无束，大学生们可以在短信平台中任意展示自我，表达自我情感。因而，在短信的形式和内容中都能找到后现代化的倾向。但由于短信的承载量较少，且内容多以事务性内容为主，创作主体是大学生，因而在短信中呈现的后现代化倾向没有像流行歌曲中体现得那么充分。在这些具有后现代化倾向的短信文本中，能体现后现代政治观、宗教观、消费观的内容较少，而关于后现代人生观、后现代婚恋观和解构主义现象等涉及生活的内容较多。其中有一些内容涉及就业、消费等事务，但并不能从文本本身看出他们的价值观，而需要进一步的访谈才能得出结论，这就给进一步的研究提供了参考。

# 第三部分

# 时空压缩：青年价值观研究的新视角

# 第二十章 传统价值观与现代价值观和后现代价值观能否同时并存

## ——中国大陆青年价值结构的"多重性"及中日韩三国青年价值结构模式比较

1978 年改革开放以来,中国青年的价值观发生了迅速转变。现代价值观正逐步取代传统价值观。加之,受全球化浪潮的影响,西方发达国家青年价值观的"脱现代化"变化,也使得今天中国青年的价值观有向后现代价值观变动的趋势。那么,传统价值、现代价值与后现代价值三个不同的价值观能否集中地压缩到同一时空之中,存在于青年的价值结构之中?本章以"修正了的现代化理论"和"后现代化理论"为理论依据,依据1999 年"中日韩三国青年生活观与社会意识调查"资料,探讨处于"后现代化"背景下不同价值观能否在中国青年中并存的问题。经研究发现,中国青年在大多数方面的价值结构具有传统性与现代性并存的二重结构特点,同时后现代的价值观已经为部分青年所接受。可以说,传统性、现代性、后现代性确实已压缩到同一时空的中国青年价值结构中。

## 第一节 研究背景与问题的提出

### 一 改革开放以来中国的社会结构转型、经济体制转轨与青年价值观的现代化研究

所谓"价值观",是指"在对客观事物或现象进行是或非、有意义或无意义、值得接纳或不值得接纳判断时所依据的一系列最基本的准则或尺度"(中国社会科学院社会学所,1993)。更简单地说,青年价值观,"是

指青年关于社会现象和特定事件的一般性意义评价及其选择意向"（谢维和，1994）。

从社会学的角度看，价值观属于社会文化领域的范畴，与社会的经济、政治相对应。社会学中的现代化理论认为，经济发展与政治和文化变迁之间存在着一定的内在联系，尽管不同的现代化理论大师在三者之间的联系方式上存有不同的看法。美国学者英格尔哈特认为，相对而言，马克思更强调经济发展对政治和文化变迁的作用，而韦伯则更强调文化对经济发展的作用。他用纵贯数据定量地分析了经济发展、政治发展和文化价值变迁之间的关系后指出，马克思和韦伯的观点都得到了证实。经济发展确实引起了政治和文化价值观的变迁；而文化价值观的变迁，也对经济发展和政治发展产生了巨大的影响作用（Ronald Inglehart，1997）。

中国自 1978 年实行改革开放以来，青年的价值观发生了极为迅速的变化。这一变迁的第一个背景是，它发生在中国社会结构加速转型和经济体制快速转轨时期。所谓社会结构的转型，是指由传统型社会向现代型社会快速转型。更具体地说，是指社会由传统社会向现代社会转化，由农业社会向工业社会转化，由乡村社会向城镇社会转化，由封闭社会向开放社会转化。而体制转轨，则是指从计划经济体制向社会主义市场经济体制转轨（陆学艺，1995）。两个转变交织在一起，使得中国社会的结构转型，比任何转型时期都更为复杂，由此而引起的价值变迁也更为深刻。有关专家指出，1978 年年底以来与经济改革相联系的中国社会结构转型主要有：第一，身份体系弱化，结构弹性增强。第二，资源配置方式转变（中央的资源控制权力下移，市场在资源配置中的作用日益增强），体制外力量增强。第三，国家与社会相对分离，个人自主选择增强（郑杭生，1996）。上述社会结构方面的巨大变化，无疑对人们的传统观念（包括农业社会形成的"旧传统"和新中国成立后在计划经济体制下形成的许多"新传统"）形成了巨大的冲击。

在中国场景下以"两个转变"为特殊社会历史背景而发生的这场青年价值观变迁也并不是完全被动的。一方面，它受制于"两个转变"，是社会结构转型和经济体制转轨的结果和产物；另一方面，它又对社会结构转型和经济体制转轨起着能动的促进和推动作用。从青年价值观变迁的整个历程来看，它不仅与社会结构转型和经济体制转轨相适应或同步发生，有时甚至还领先于"两种转变"而率先变化（当然，也有滞后的情形）。这不仅仅是因为价值观的变迁是实现"两个转变"或发展现代化的前提条件，更主要的是因为，中国改革开放以来的社会转型，其时序是"以思想解放为先导，从经济体制改革着手，把经济建设作为中心，政治体制改革跟在后头，从而达到相互促进，覆盖社会各个部门"（郑杭生，1996）。因此，每一次大的改革或社会结构的重大调整或变动，往往是以价值观的变动为先导的。

对于社会快速转型时期中国青年价值观的演变，近20年来，尤其是近10多年来，有关方面的专家学者在全国范围内做了大量的实证性研究，取得了重大进展。

一项最具有代表性的全国性的有关调查研究指出，青年的价值观变迁存在着三个基本的演变取向，即群体本位取向向个体本位取向的偏移；单一取向向多元取向发展；世俗性的价值目标正在取代理想主义的价值目标（中国社会科学院社会学所，1993）。

另一项涉及转型时期农民价值观的研究，逐一分析了农民在开放意识、风险意识、进取意识、贫富意识、自我意识、政治法律意识等观念意识方面的转型程度（刘精明，1996）。

我们认为，许多类似的研究，都比较客观地描述了中国大陆在社会快速转型时期青年价值观变动中呈现出的一些主要趋势或现代化倾向。但值得注意的是，众多研究所具有的一个共同特点是，他们的研究所依据的理论框架，实际上都属于将传统价值观与现代价值观一刀切开，具有"二元论"特点的"古典现代化理论"框架，因而或多或少地、有意识或无意识地存在着传统与现代的"二元"分析问题，即将传统价值观和现代价值观看做是对立的两极，重点探讨青年价值观从传统向现代的转变。在上述的第一项研究中，"三个基本演变取向"表述中的群体本位取向、单一取向和理想主义的价值目标，与传统或正统相对应；而个体本位、多元化、世俗性价值目标，则与现代相对应。因此，三个基本的演变取向，说到底，就是一个取向，即现代价值观取代传统价值观的取向。而在上述的第二项研究中，其理论框架上的传统与现代的二元划分也是非常明显的。

本文提出要加以重点讨论的第一个问题是，在中国内地的社会结构实现从传统型向现代型的快速转型过程中，青年的传统价值观（传统性）与现代价值观（现代性）能否同时并存？或借用吉登斯"结构化理论"（The Theory of Structuration）的术语来表述（吉登斯，1998），青年的价值结构是否具有传统与现代的"二重性"（duality），而不是二元论（dualism）意义上的传统与现代的对立。

二　全球化、后现代化与中国青年价值观变迁的社会时空特性——"时空压缩"（Time‑space Compress）现象研究

中国青年价值观变迁的第二个背景是，这一变迁是在中国社会实行对外开放政策的情景下发生的。因此，它无疑地要受到全球化浪潮的影响。换句话说，国外青年的价值观，尤其是发达国家青年价值观的变迁趋势，也会影响今天中国青年的价值观变动。

今天，那些处于世界体系中心的西方发达国家青年的价值观，与他们所处的社会结构一样，呈现出了某种"后现代"的特征。美国学者英格尔哈特（Ronald Inglehart）在他的《现代化与后现代化》（Modernization and Postmordernization）一书中，用大量的实证材料，系统地描述了发达工业社会自20世纪70年代以来发生的从物质主义价值观向后物质主义价值观转变，从现代价值观向后现代价值观转变的具有类型学意义上的社会文化价值变迁，并具体地指出这种后现代主义价值观的主要特征。即后物质主义、宽容、信任他人、保护生态、自由选择、不相信科学万能、闲暇重要、不再强调任何权威，以及成就动机弱化等（Ronald Inglehart，1997）。日本学者千石保先生也对当代日本青年的种种后现代化现象进行了描述。这些现象主要包括：产业社会的"认真"价值已崩溃，青年视"认真"为较真；青年人为了玩而工作，干活时要有即时满足感等（千石保，1999）。

这就是说，当下中国这样的发展中国家青年的价值观正在发生所谓的从传统向现代转变的时候，发达国家青年的价值观已开始了"脱现代化"，即向后现代化转变的历程。

鉴于上述背景，本文提出要加以重点讨论的第二个问题是，在全球化及发达国家已出现后现代化价值观的背景下，中国青年中是否会出现后现代价值取向，并进而形成传统价值、现代价值与后现代价值的三重结构？即传统价值、现代价值与后现代价值三个不同的东西是否能够集中地压缩到一个时空之中，存在于青年的价值结构之中？如借用景天魁先生的"时

空压缩"（Time – space Compression）概念（景天魁，1999）加以表述，即青年价值结构中，是否会出现"时空压缩"现象？

将上述两个要加以讨论的问题合在一起就构成一个问题，即本章的题目：传统价值观、现代价值观和后现代价值观能否同时并存的问题。

## 第二节　国内外有关文献综述及本文的理论<br>分析框架和基本假设

有关传统价值观与现代价值观之关系问题的研究，国外的研究文献大体可归结为三种理论。

第一种理论是"古典现代化理论"。亦称"新旧取代假说"或"趋同论"。台湾有的学者曾对这方面的理论做过比较详细的文献综述（杨国枢，1994）。他认为，这一理论流派的主要代表人物有 Inkeles、Smith 和 Kahl。这种理论的基本特点是，认为传统与现代是二分对立的。经由现代化历程，人们的现代心理与行为特征将全面取代传统的心理与行为特征，因而，不同社会的人们在心理上将出现一种"趋同化"（convergence）趋势。美国的英格尔哈特教授和巴克教授（Ronald Inglehart and Wayne E Baker，2000）也指出，"趋同论"作为一种现代化理论，出现于战后（第二次世界大战）的美国社会，其主要代表人物有 Lerne 和 Weiner。这种现代化理论将落后国家的不发达状况，归因于这些国家的内部特质，即传统的经济、传统的心理和文化特质、传统的制度等内在因素。因此，他们认为，落后国家要想走资本主义的富裕之路，就必须用现代价值观去取代传统价值观。但这种理论遭到越来越多学者的批判。

第二种理论是"传统文化相对独立论"（DiMaggio，1994）。这种理论认为，价值观具有相对独立于经济发展的特性。传统价值观即使是在社会发生经济和政治变迁的情况下，仍然能够存在下来，具有可持续性（persistence of traditional values）。它与价值变迁理论中的"趋同论"针锋相对，认为出现一套完全相同的现代价值观根本不可能。这是因为，在经济发展所引起的文化变迁当中，传统价值观仍将产生自己独立的影响作用。

第三种理论是"修正了的现代化理论"（revisions of modernization theory, Ronald Inglehart and Wayne E Baker, 2000)。这种理论认为，现代化理论中关于经济发展与文化价值变迁之间存在一定的内在联系的观点是正确的，经济发展将引起文化价值观的变迁。但需要修正的是，经济发展与文化变迁之间的联系，不是一种铁的历史规律（iron laws of history），而只是一种概率性（或然性、可能性）的趋势（probabilistic trend）。此外，一个社会的传统文化或价值观，对该社会的文化价值变迁也起着极其重要的作用，传统价值观具有持续性。基于上述两点认识，这一理论对那种认为现代化将使世界在不远的将来产生同质性的世界文化的观点持怀疑态度（We doubt that the forces of modernization will produce a homogenized world culture in the foreseeable future）。

有关中国人个人传统性（传统价值）与现代性（现代价值）的研究，台湾起步较早，而且也较为系统深入。杨国枢先生指出，"有关中国人之个人现代性（individual modernity）的研究，我们在台湾已进行了二十多年。自 1969 年到 1984 年，我们是在古典现代化理论的影响之下，从事有关的研究工作，目的是想了解在现代化的社会变迁过程中台湾民众之心理与行为的变迁情形。在此期间，我们完成了大约二十项实验研究。"1985 年前后，杨国枢先生等又对过去的研究进行了反思和检讨，并认为犯了许多错误，因此，在其后的研究中采取了新的研究策略。这些新策略的新思路如下（杨国枢，1994）。

第一，旧策略将个人传统性（个人的传统心理特征）与个人现代性（个人的现代心理特征）视为两类互相对立或相反的心理特征，故将两者置于同一续谱（continuum）的两侧，组成一个连续的双极变项（bipolar variable）。新策略则将个人传统性与现代性视为两个不同的续谱或变项，故将其分别加以测量。

第二，旧策略将个人现代性（及个人传统性）视为单向度或维度的（unidimensional）心理特征，新策略则将个人传统性与现代性分别视为多向度或维度（multidimensional）心理特征（即传统性与现代性各含数项不同的心理成分）。

第三，旧策略在测量个人现代性时并不考虑生活范畴的不同，新策略则分别就不同生活范畴来测量个人传统性与现代性。

第四，旧策略在测量个人现代性时比较注重跨文化（cross - culture）

普同性内涵，新策略在测量个人传统性与现代性时则是偏重本土性。

在新的研究策略的指导下，他们分别编制了个人传统性与个人现代性的不同量表，并分别在 20 世纪 90 年代初期对部分大学生和社会成人施测。对所得资料进行因素分析（factor analysis）后，得出了个人传统性的五个主成分（遵从权威、孝亲敬祖、安分守成、宿命自保、男性优越）和个人现代性的五个主成分（平权开放、独立自顾、乐观进取、尊重情感、两性平等）。通过分别计算个人传统性五成分与现代性五成分之间的净相关系数（partial correlation coefficient）发现，传统性的不同成分与现代性的不同成分之间的关系是复杂的，而并非古典现代化理论所预期的那种简单的、此消彼长的负相关关系（见图 20-1）。具体分析可划分为四类。

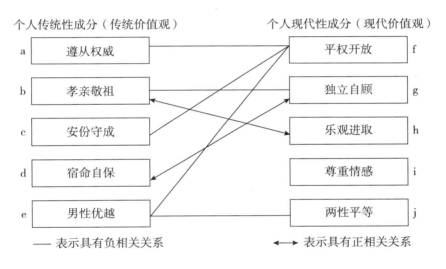

图 20-1　个人传统性五成分与个人现代性五成分之间的关系

第一类：传统性成分与现代性成分之间，只存在着单纯的负相关关系。如传统价值观中的遵从权威、安分守成、男性优越，与现代价值观中的平权开放、两性平等之间的关系便属于这种情况。这意味着，随着越来越多的人具有越来越强的平权开放、两性平等的现代价值观念，遵从权威、安分守成、男性优越等传统价值将呈弱化趋势，不可能以原有的强度同上述两项现代性心理特征长期并存。

第二类：传统性成分与现代性成分之间，既存在负相关关系，也存在正相关关系，两种关系兼而有之。孝亲敬祖这一传统性成分与独立自顾、乐观进取两个现代性成分之间的关系，便属于此类。孝亲敬祖与独立自顾成负相关，而与乐观进取成正相关。由于被调查对象在独立自顾与乐观进取之间更强调后者，所以，孝亲敬祖减弱幅度的可能性较小，甚至不减反增。

第三类：传统性成分与现代性成分之间，不存在任何关系。如现代性中的尊重情感与传统性中的五个成分，都没有明显的相关关系。因此，它有可能与传统性心理特征长期并存。

第四类：传统性成分与现代性成分之间只成正相关关系。如宿命自保与独立自顾的关系便是如此。这意味着，在社会的现代化过程中，当独立自顾逐渐加强之时，传统的宿命自保不但不致相伴减弱，反而会有相伴而有所增加的倾向。但两者之间只有较弱的正相关关系。

我们在研究中国大陆社会转型时期的青年人格价值取向时也曾发现，青年对优良传统人格特质的喜欢程度，与青年对现代人格特质的喜欢程度之间存在着一定程度的正相关关系。通过因子分析，我们抽取了构成青年人格价值取向的四个公共因子。在因子 1 上负载较高的项目有自信、竞争、创新、自我设计、自我实现和社会实现等 6 个项目，可命名为现代人格因子；在因子 2 上负载较高的有诚实、宽容、善良、忠孝、勤俭、勤奋、无私等 7 个项目，可将它命名为传统人格因子；在因子 3 上负载较高的有说谎、嫉妒、圆滑等 3 个项目，可将它命名为负向人格因子；在因子 4 上负载较高的有实惠。相关分析发现，优良传统人格因子与现代人格因子得分之间的相关系数 R 为 0.4550（显著水平为 0.001）。这就是说，对现代人格喜欢程度越高的青年，对优良传统人格特质的喜欢程度也越高。这一事实表明，就其总体而言，青年心目中，传统与现代是相容的，而不是彼此相矛盾、对立和冲突的。进一步分析还发现，在优良传统人格与现代人格之间，青年更多地表现出对优良传统人格的青睐（吴鲁平，1996）。

更进一步，我们还依据 20 世纪 90 年代所做的数项全国性调查数据，将处于社会转型时期的中国大陆青年的心态或价值观变动概括为"6 个特点"和轨迹。即认同与更新并存；多元化与趋同化相混；理性与非理性相杂；物质价值与精神价值共享；个体利益与群体利益兼顾；结构与机制共变（吴鲁平，1996）。这种概括和归纳，无疑是力图克服青年价值观变迁描述研究中的两极化式的、简单的"直线进化模式"。但这种努力是一种在调查数据出来后的事后努力，而在前期的研究设计中，并没有明确地提出这种假设，因而，在其指标的构造和问卷设计思路上，这种思想体现得极不充分。具体表现为，得出的结论更偏重于定性判断——尽管也有一些定量的实证数据，但就总体而言，缺乏系统化的实证材料的支持。

本研究将以"修正了的现代化理论"和"后现代化理论"为理论依据，对处于"后现代化"背景下的中国大陆青年的价值变迁进行分析和讨论。具体说来，将重点分析以下两个问题，并提出相应的有关理论假设。

**1. 有关传统价值与现代价值是否能同时并存的问题：理论假设及其分析框架**

我们的理论假设是，传统价值中的一些成分能够与现代价值中的一些成分同时并存，形成传统性与现代性共存于青年内心世界的心理结构的二重性。这种心理结构的二重性，主要表现在两个方面：其一，同一价值观系统内部，存在着传统性与现代性的双重构造；其二，不同的价值观系统之间或同一价值观的不同领域之间，存在着传统性与现代性的双重构造。

**2. 有关后现代价值与现代价值和传统价值能否同时并存的问题：理论假设及其分析框架**

我们的理论假设是，后现代价值观既能与一些传统价值观共存，又能与一些现代价值共存。

上述两个假设归纳成一个最基本的或核心的假设便是，在中国大陆青年的价值结构中，存在着传统、现代与后现代的三重构造。


# 第三节　研究方法、资料及其指标构造


一　研究方法与资料

本研究采用的方法为问卷调查法。资料来源于中日韩三国学者于1999年4月至1999年6月所做的"中日韩三国青年生活观与社会意识调查"（以下均简称为"三国调查"）。三国调查在北京调查了大学生700人，职业青年400人；在河南和山东共调查了农村青年600多人。在日本和韩国分别调查了大学生 1000 多名。

本文的分析采用跨国比较的方法，以日本和韩国青年的有关数据为参照，重点分析中国大陆青年的价值观现状及其结构性特征。

日本、韩国和中国三个国家在地理位置上同属于东亚，且在历史上都属于受儒家文化（或儒教）影响很深的国度。目前，三个国家的社会经济发展水平又刚好处在发达、较发达和欠发达三个不同的发展水平上，因此，当我们在分析中国青年的价值发展时，以日本和韩国为参照，可以更好地透视中国青年价值变迁的结构性特点及其未来发展趋势。

二 关于传统性与现代性之结构二重性的指标构造

**1. 反映同一价值观内部传统性与现代性之结构二重性的指标构造**

"孝"意识之心理结构中的传统与现代指标构造。

q4（反哺意识、养老意识）、q24 - b（父子等级意识、父权意识）

人际心理距离上传统与现代二重心理结构的指标构造——"同心圆"上的位置移动与非移动

q3a（血缘关系网意识之一——兄弟姐妹网络意识）

q7（趣缘网意识——朋友网络意识）

q6c（情感支持网络上的传统性与现代性）

**2. 反映不同价值观之间，或同一价值观在不同社会生活领域之间的传统性与现代性之结构二重性的指标构造**

情感性与非情感性的二重结构

q10（职场的情感性与非情感性）、q15c（社会政治领域的情感性与非情感性）

集体取向与个体取向的二重结构

q20（政治与社会生活领域的集体取向与个体取向）、q5（个人生活领域的集体取向与个体取向）

国家民族意识（闭合性）与对外开放意识（开放性）的二重结构

q15b、q9

认同本国传统文化与接纳西方文化的二重结构

q24_ 21（对本国传统文化的态度）、q24_ 22（对西方文化的态度）

三 关于后现代性的指标构造

q14（后物质主义）

q16（质疑科学万能的价值观）

# 第四节 调查结果分析

有关传统价值观与现代价值观之结构二重性的分析

一 同一价值观系统内部传统性与现代性的结构二重性分析

实证分析之一："孝"意识之心理结构中的传统性与现代性。

"孝"是构成中国传统价值观的一个极其重要的组成部分。中国的儒家文化历来强调"孝"。尽管不同时期"孝"意识的具体所指有所不同，即它是多维度的。但在传统的中国社会，以下两个方面的内容可以说是必不可少的。

第一，养老意识。传统中国社会的代与代之间是一种"双向哺育"的关系。父母养育未成年的子女，子女长大成人后，尤其是当父母年老后，子女要反过来"赡养"父母。对于那些不赡养父母的子女，人们视之为不肖子孙。

第二，父权意识。传统社会十分注重"君君、臣臣、父父、子子"的等级意识。体现在家庭内，一个重要的表现就是婚姻大事，"父母之命，媒妁之言"，父母包办子女的婚姻。如违背父母意愿，同样被视为不肖子孙。

"三国调查"结果显示，构成传统"孝"意识的上述两个要素，在中国的现代化过程中所表现出的趋势是不一致的。当第二个传统性因素呈现出非常强的弱化态势，变得明显地越来越远离传统，走向了所谓的"现代性"时，而第一个传统因素则具有相当强的"持续性"。这就使得原来意义上的传统"孝"意识的结构发生了本质的变化。从多维测量的视角看，它从原来的多维而只具有传统性的单一结构，变成了多维兼具传统性因素和现代性因素的"二重结构"（见图 20 - 2）。

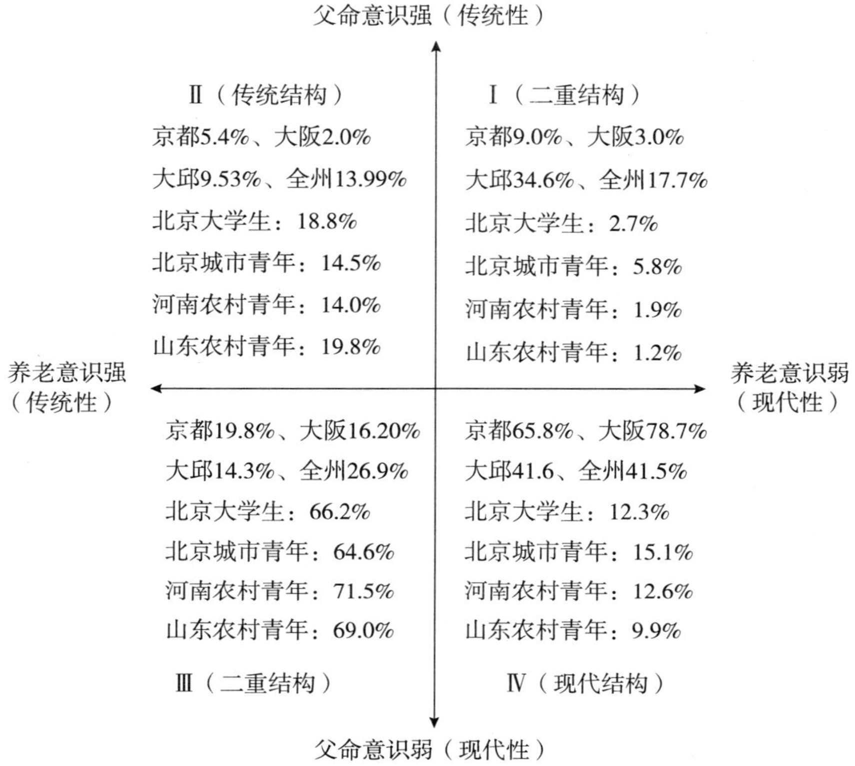

父命意识强（传统性）

Ⅱ（传统结构）　　　　　Ⅰ（二重结构）

京都5.4%、大阪2.0%　　　京都9.0%、大阪3.0%

大邱9.53%、全州13.99%　　大邱34.6%、全州17.7%

北京大学生：18.8%　　　北京大学生：2.7%

北京城市青年：14.5%　　北京城市青年：5.8%

河南农村青年：14.0%　　河南农村青年：1.9%

山东农村青年：19.8%　　山东农村青年：1.2%

养老意识强　　　　　　　　　　　　　养老意识弱
（传统性）　　　　　　　　　　　　　（现代性）

京都19.8%、大阪16.20%　京都65.8%、大阪78.7%

大邱14.3%、全州26.9%　　大邱41.6、全州41.5%

北京大学生：66.2%　　　北京大学生：12.3%

北京城市青年：64.6%　　北京城市青年：15.1%

河南农村青年：71.5%　　河南农村青年：12.6%

山东农村青年：69.0%　　山东农村青年：9.9%

Ⅲ（二重结构）　　　　　Ⅳ（现代结构）

父命意识弱（现代性）

**图 20 - 2　按"养老意识 - 父命意识"强度划分的传统"孝"意识的结构**

注："养老意识强"，指被访者在对 q4 题的回答中，选择了"在任何情况下都打算尽全力照顾父母"，而选择"不太想照顾父母""没有照顾父母的打算""根据自己的实际情况力所能及地照顾父母"者，均被视为"养老意识弱"；"父命意识强"，指被访者在对 q24b 题的回答中，选择了非常赞成或比较赞成"不缔结父母反对的婚姻"这一观点，选择不太赞成、非常反对和说不清，被视为"父命意识弱"。

图中共分 4 个象限。4 个象限是根据养老意识强、弱与父命意识强、弱的不同组合形成的。象限Ⅰ表示父权意识强，但养老意识弱，是孝意识上传统性与现代性之结构二重性的一种表现；象限Ⅱ表示父权意识强，养老意识也强，是孝意识上的典型的传统结构；象限Ⅲ表示养老意识强，但父权意识弱，是孝意识上的另一种传统与现代之二重结构；象限Ⅳ表示养老意识弱，父权意识也弱，可暂命名为孝意识上的现代结构。

对图 20 - 2 所示中国、日本、韩国三个国家青年在孝意识上的结构模式作一比较发现：

第一，三国青年的孝意识结构都已发生了很大的变化。养老意识与父命意识都很高的传统结构所占比例，在目前三个国家的青年中都只占少数（分别在 5% ~20%）。但相对而言，中国青年（尤其是农村青年）的这一比例高于韩国青年，而韩国青年又略高于日本青年（具体数据见图中的第 II 象限）。

第二，与日本和韩国青年相比，中国青年在孝意识结构上的最大特点是，养老意识强但父命意识弱。属于这类二重结构的比例，在被调查的各类中国青年中为 64% ~72%，远远高于日本和韩国青年的这一比例（具体数据见图中的第 III 象限）。因此，这种类型的二重结构，可以称之为"中国式结构"。

第三，日本青年在孝意识结构上的最大特点是，养老意识弱，父命意识也弱。属于这类结构的比例在京都为 65.8%，在大阪为 78.7%，远远地高于中国青年的这一比例，也明显地高于韩国青年（具体数据见图中的第 IV 象限）。因此，这种类型的孝意识结构，与其称之为现代结构，还不如称之为"日本式结构"。

第四，韩国青年在孝意识结构上的最大特点是，属于父命意识强，养老意识弱的这类二重结构的比例，明显地高于中国和日本。因此，孝意识上的这类二重结构，似乎也可称之为"韩国式结构"。

第五，日本、韩国与中国在历史上都曾深受儒教文化的影响，但目前的日本青年在上述两个维度上都离传统较远。因此，"中国式结构"作为一种传统性与现代性并存的二重性结构类型，是一种特殊的、过渡型的结构（即随着经济的发展，演变成日本式结构）呢，还是一种具有普遍意义，并具有中国特色而长期存在的结构类型，目前下任何结论都还为时尚早。

实证分析之二：人际关系或社会网络上的传统性与现代性——"同心圆"上的位置移动与非移动。

费孝通先生在《乡土中国》一书中指出，自然经济条件下的中国人的人际关系是一种"差序格局"。即社会中的个体成员在构建自己的人际关系时，以自己为中心，社会关系层层往外推，离自己血缘关系越远，人际关系越薄。其形象化的比喻是"把一块石头丢在水面上所发生的一圈圈推出去的同心圆波纹"。在这样的人际关系和社会网络中，人们非常重视以家庭和家族关系为主的亲缘关系和以居住空间分布为特征的地缘关系，而各种非亲缘和地缘关系则相对被忽视。

随着经济与社会的发展，人们的社会网络空间有了很大的扩展。一些社会学家预测，随着社会的现代化，以业（职业）缘、趣（兴趣）缘等各种非亲缘关系为主的现代人际关系或社会网络，将取代传统的以亲缘和地缘关系为主导的人际关系或社会网络。

毫无疑问，各种非亲缘和地缘的人际关系将在现代社会中发挥极其重要的作用。但问题是，它们与传统的人际关系或传统的社会网络之间，是互补的关系呢，还是互斥的、此消彼长的关系？关于这一问题，三国调查中可供分析的数据很多，本文只选取其中的部分题目来加以分析。

在三国调查中，q3a是有关应该怎样与兄弟姐妹相处的提问，测量的是兄妹关系意识的强度，q7是有关如何与村里（对中国农村青年而言）、单位（对中国城市青年而言）和大学（对中日韩大学生而言）里的朋友相处的提问，测量的是趣缘关系意识的强度。兄妹关系和朋友关系分别体现的是传统的血缘关系和现代的非血缘关系。并且，上述两种关系在绝大多数情况下，都属于同辈关系，因此，将它们放在一起比较，具有较高的可比性。从有关上述两题的统计结果来看，三国青年的人际关系结构变迁具有以下特点（见图20-3）。

第一，传统的人际关系结构，即兄妹关系意识强，朋友关系意识弱，在中国、韩国和日本都仍然占有较大的比例，除大阪外，其余各地所占比例在30%~50%（其中，中国大于韩国，而韩国又略大于日本）。早已步入了发达工业社会的日本，传统的人际关系结构所占比例仍然接近1/3，这一事实表明，传统的人际关系结构模式，能够伴随社会的现代化进程而长时期持续存在。

第二，在韩国和中国，都有相当多青年的人际关系结构属于传统性因素与现代性因素并存的二重结构模式，即他们在朋友关系意识增强的同时，仍然保持了强烈的兄妹关系意识。这种二重结构类型的人际关系模式，在韩国青年中所占比例将近一半（47%），成为韩国青年在人际关系结构上的主导模式。在中国，也有四成至五成青年的人际关系结构模式属于这种模式。这表明，在社会现代化及人际关系结构的变迁中，传统性与现代性是可以长期并存的。

兄妹强关系意识（传统性）

Ⅱ（传统结构） | Ⅰ（二重结构：传统与现代）

Ⅱ（传统结构）

京都32.1%、大阪27.4%

大邱38.5%、全州36.9%

北京大学生：49.1%

北京城市青年：48.8%

河南农村青年：43.8%

山东农村青年：51.2%

Ⅰ（二重结构：传统与现代）

京都16.4%、大阪7.9%

大邱47.0%、全州47.1%

北京大学生：41.1%

北京城市青年：33.0%

河南农村青年：48.2%

山东农村青年：38.5%

朋友弱关系意识（传统性） ←——————————→ 朋友强关系意识（现代性）

京都40.7%、大阪58.9%

大邱10.2%、全州9.8%

北京大学生：6.1%

北京城市青年：11.6%

河南农村青年：4.9%

山东农村青年：7.8%

京都10.8%、大阪5.8%

大邱4.3%、全州6.2%

北京大学生：3.8%

北京城市青年：6.7%

河南农村青年：3.1%

山东农村青年：2.5%

Ⅲ（后现代结构？） | Ⅳ（现代结构）

兄妹弱关系意识（现代性？）

**图 20 - 3 按"朋友关系—兄妹关系"意识强度两个维度划分的人际关系结构**

注："兄妹强关系意识"，指被访者在对 q3a 题的回答中，选择了"互相关心、互相帮助"，而选择"礼尚往来""经常往来"，被视为"兄妹弱关系意识"；"朋友强关系意识"，指被访者在对 q7 题的回答中，选择了"任何问题都能相互商量"，而选择"能就一些问题进行商量"和"可以随便聊天或一起玩"，被视为"朋友弱关系意识"。

　　第三，无论是在中国，还是在韩国和日本，都没有发现占据主导地位的所谓"现代人际关系结构模式"，即传统人际关系与现代人际关系之间此消彼长，最终结果是现代人际关系代替传统人际关系的模式。最能代表这种模式的结构是图 20 - 3 中第Ⅳ象限所示的结构。但从图中可以看出，即使是在日本，这种模式在青年中所占的比例也不过 10% 左右，而在中国和韩国，这一比例都相当低。

　　第四，在日本，出现了一种占据主导地位的"非传（统）非现（代）"的人际关系结构模式。这种模式的特点是，它既没有传统人际关系结构中的兄妹强关系意识，也没有现代人际关系结构中的朋友强关系意识。这种类型的人际关系结构，在日本京都所占比例超过四成，而在大阪，则高达近六成。这意味着，在日本青年中，有四成到六成的青年既不想与兄妹保持强关系，也不想与朋友保持强关系。这种结构模式是日本的新人类所表现出的一种暂时的状态模式，还是已步入后现代化或脱现代化国家的人们在人际关系结构上将必然出现或发生概率相当大的一种模式，即所谓的"后现代模式"呢？这有待于继续研究和观察。

图中共分 4 个象限。4 个象限是根据兄妹关系意识强、弱与朋友关系意识强、弱的不同组合形成的。象限 I 表示兄妹关系意识强，朋友关系意识也强。它是人际关系意识或社会网络上传统性与现代性共存为一体的一种二重结构；象限 II 表示兄妹关系意识强，但朋友关系意识弱，是人际关系意识上的一种典型的传统结构；象限 III 表示兄妹关系意识弱，朋友关系也弱。它是一种既非传统，也非现代的类型，暂且称之为后现代结构；象限 IV 表示朋友关系意识强，但兄妹关系意识弱，暂命名为现代结构。

三国调查问卷中的 Q6a - q6d 也是一组反映人际关系结构和社会（支持）网络结构现状的题目。由于篇幅所限，仅就其中的 q6c，即"对于您而言，可以说心里话的人是谁？（可选多项）"这一测量人际情感关系或人际情感支持网络的传统性与现代性题目的结果进行分析。对该题的统计分析结果如图 20 - 4 所示。

图中共分 4 个象限。4 个象限是根据血缘关系强、弱与朋友取向强、弱的不同组合形成的。象限 I 表示血缘取向强，朋友取向也强。它是人际关系或人际情感支持网络上传统性与现代性共存为一体的一种二重结构；象限 II 表示血缘取向强，但朋友取向弱，是人际关系或人际情感支持网络上的一种典型的传统结构；象限 III 表示血缘取向弱，朋友取向也弱。它是一种既非传统，也非现代的类型，暂且称之为后现代结构；象限 IV 表示朋友取向强，但血缘取向弱，即所谓的现代结构。

如图 20 - 4 所示，按"朋友取向—血缘取向"两个维度划分的人际情感支持网络结构来看，第一，人际情感关系网络上的传统型结构无论是在中国，还是在日本和韩国，都仍然占有较大的比例。其中，在中国的农村，所占比例相当大，达四成左右。即使是在日本，也仍然在二成左右。第二，传统性与现代性共存为一体的二重结构，在中国和韩国分别占三成到四成。第三，所谓的现代型结构，在日本比较明显，占据主导地位，有四成到五成被调查者的情感支持网络结构属于这种类型。在韩国青年和中国的城市青年和北京的大学生当中，这种结构类型也占有较大的比例，分别在三成至四成。但在中国的农村地区，这种类型所占比例相对较少。尤其是在山东农村，仅为13.4%。第四，两种取向都弱的所谓"后现代型结构"，在三个国家所占比例都很低，绝大多数被调查群体的这一比例，都在10%以下。

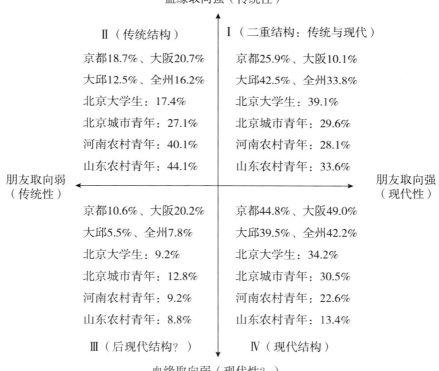

血缘取向强（传统性）

Ⅱ（传统结构）

京都18.7%、大阪20.7%

大邱12.5%、全州16.2%

北京大学生：17.4%

北京城市青年：27.1%

河南农村青年：40.1%

山东农村青年：44.1%

Ⅰ（二重结构：传统与现代）

京都25.9%、大阪10.1%

大邱42.5%、全州33.8%

北京大学生：39.1%

北京城市青年：29.6%

河南农村青年：28.1%

山东农村青年：33.6%

朋友取向弱（传统性）　　　　　　　　　　　　　　　　　朋友取向强（现代性）

京都10.6%、大阪20.2%

大邱5.5%、全州7.8%

北京大学生：9.2%

北京城市青年：12.8%

河南农村青年：9.2%

山东农村青年：8.8%

京都44.8%、大阪49.0%

大邱39.5%、全州42.2%

北京大学生：34.2%

北京城市青年：30.5%

河南农村青年：22.6%

山东农村青年：13.4%

Ⅲ（后现代结构？）　　　Ⅳ（现代结构）

血缘取向弱（现代性？）

**图 20 - 4 按"朋友取向—血缘取向"两个维度划分的人际情感支持网络结构**

注："血缘取向强"，指被访者在回答 q6c（中文问卷 q6d）"对于您来说，可以说心里话的人是谁？"时，选择了题目所列选项中具有血缘关系的父亲、母亲、兄弟姐妹、爷爷奶奶等中的一种或一种以上者。而对上述四个对象，一个都没有选中的，被视为"血缘取向弱"；"朋友取向强"，指被访者在对上题（q6c）的回答中，选择了非血缘关系的同性朋友、异性朋友中的任一对象或两个对象都被同时选中者。而对上述两个对象（同性朋友、异性朋友）一个都没有选中者，称之为"朋友取向弱"。

二 不同价值观之间，或同一价值观在不同社会生活领域中的传统性
与现代性之结构二重性分析

实证分析之一：情感性与非情感性的二重结构。

传统社会的最大特点是讲究情感和道德，而现代社会的最大特点则是讲究情感中立性、理性、法律和规则（Talcott Parsons，1951；Ronald Inglehart，1997）。注重传统的情感价值和道德价值，体现在现代的职业生活领域，便是在领导与个人之间的关系问题上，倾向于愿意与单位领导建立一种除工作关系之外，还渗透着非工作关系的私人关系，体现在社会与国家层面，便是用道德的标准来要求国家领导人。而与此相反，注重理性价值、法律价值和规则价值等现代价值者，则表现为在职业生活领域期待自己与单位领导人的关系是一种纯粹的工作关系，照章办事，公事公办，私事私办；表现在社会与国家生活层面，则是要求国家领导人以法治国，而不是用自己的道德标准来治理国家。

在社会的现代化进程中，是否会出现人们在职业生活领域注重传统的情感性，而在国家与社会生活领域则注重非情感的现代性之结构二重性呢？

图 20 - 5 是对 q10（反映职业生活中的情感性与非情感性取向）和 q15c（反映社会生活领域的情感性与非情感性取向）两题所做统计分析的结果。图中纵轴上方的"国家与社会生活领域：重视理性、法律因素"，是指被访者在回答 q15c"您认为国家元首等最高领导人应该以什么作为运行政治的准则？"一题时，选择了"法律"这一选项，而图中纵轴下方的"国家与社会生活领域：重视非理性、道德因素"，是指被访者在回答上述题目时，选择了"自己的道德标准"这一选项；图中横轴左边的"职场：重视情感"，是指被访者在回答 q10"您希望您的领导是哪一种类型的人？"这一题时，选择了"有时会违反工作规则让下级干额外的工作，但也能在与工作无关的事情上帮助下级"，而横轴右边的"职场：重视规则"则代表被访者在回答上述题目时，选择了"既不会违反工作规则让下级干额外的工作，也不会在与工作无关的事情上帮助下级"。对图 20 - 5 所示的结构模式进行分析，我们不难发现：

第一，三国青年在职业生活领域，都十分重视情感性，而不是具有非

情感性的规则。无论是中国青年，还是日本青年和韩国青年，在职业生活领域表现出重视情感性的比例，即象限Ⅱ的比例加上象限Ⅲ的比例，几乎都在60%以上。但在国家与社会生活领域，三国青年中的绝大多数，却又都表现出了重视理性与法律因素的倾向。各国的这一比例（具体比例为象限Ⅰ的比例加上象限Ⅱ的比例）同样是在60%以上。尤其是中国的北京大学生和北京城市青年，这一比例高达90%以上。这意味着职业生活领域里的情感性取向与国家和社会生活领域的非情感性取向并存于青年价值结构中的二重结构模式，在三国青年中具有普遍性。

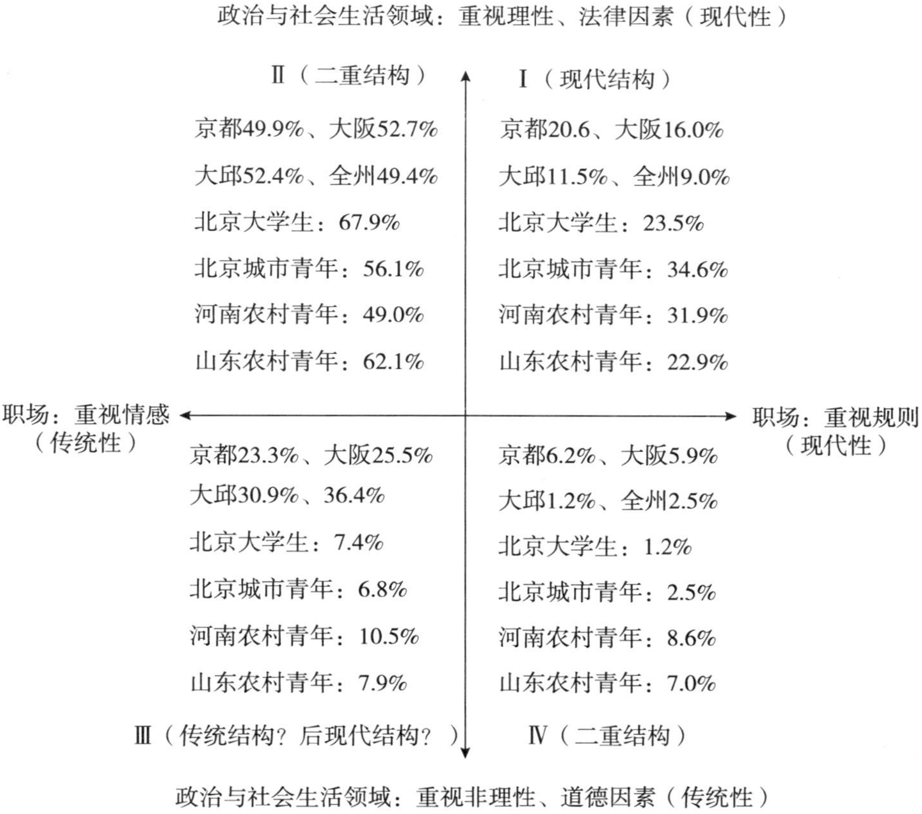

政治与社会生活领域：重视理性、法律因素（现代性）

Ⅱ（二重结构） ↑ Ⅰ（现代结构）

| Ⅱ（二重结构） | Ⅰ（现代结构） |
|---|---|
| 京都49.9%、大阪52.7% | 京都20.6、大阪16.0% |
| 大邱52.4%、全州49.4% | 大邱11.5%、全州9.0% |
| 北京大学生：67.9% | 北京大学生：23.5% |
| 北京城市青年：56.1% | 北京城市青年：34.6% |
| 河南农村青年：49.0% | 河南农村青年：31.9% |
| 山东农村青年：62.1% | 山东农村青年：22.9% |

职场：重视情感（传统性）←————————————————→职场：重视规则（现代性）

| 京都23.3%、大阪25.5% | 京都6.2%、大阪5.9% |
|---|---|
| 大邱30.9%、36.4% | 大邱1.2%、全州2.5% |
| 北京大学生：7.4% | 北京大学生：1.2% |
| 北京城市青年：6.8% | 北京城市青年：2.5% |
| 河南农村青年：10.5% | 河南农村青年：8.6% |
| 山东农村青年：7.9% | 山东农村青年：7.0% |

Ⅲ（传统结构？后现代结构？） Ⅳ（二重结构）

政治与社会生活领域：重视非理性、道德因素（传统性）

**图 20-5 按"职场—政治生活领域"两个维度划分的情感性与非情感性结构**

第二，无论是在中国，还是在日本和韩国，从职业生活和国家与社会生活领域两个维度来看，价值取向都属于非情感性的、单一的现代型结构的青年，都只占少数。各国的这一比例几乎都在 1/3 以下。

第三，尽管由职业生活的情感性和国家与社会生活领域的非情感性所构成的二重结构模式在三国青年中都占据主导地位，但三国青年在此方面还是表现出了各自不同的特点。与日本和韩国青年相比，中国青年的特点是，二重结构和现代结构最多；韩国青年的特点是二重结构和后现代结构（或是传统结构？）较多；日本青年的特点在表面上与韩国青年相似，也是二重结构和后现代结构（或是传统结构？）较多。但两者在第Ⅲ象限所表现出的较高比例方面，是否存在着韩国青年更接近传统结构，而日本青年更接近后现代结构的区别呢？从三国调查数据来看，还暂时难以分辨清楚。

实证分析之二：集体取向与个体取向的二重结构。

个人价值观上的集体取向，还是个体取向，也是用来区分传统价值与现代价值的一个重要尺度。在帕森斯提出的五对模式变量（Five Pattern Variables）中，其中一对就是自我取向（Self - orientation）与集体取向（Collectivity - orientation）（Talcott Parsons，1951）。

在本次调查中，q5 和 q20 是分别用来测量被调查者在个人生活（生活方式）和国家与社会生活两大领域里的集体取向与个体取向的指标。在回答 q5 "您喜欢哪种生活方式？（限选 1 项）" 时，选择 "自由愉快地度过自己现在的每一天""制定切实可行的计划，为自己的未来创造优裕的生活条件""和亲近的人和睦温馨地过好现在的生活" 者，被视为在个人生活方式领域具有个体取向，而选择 "不光考虑自己，也帮助目前遇到困难的人""和社会中的其他人携起手来共建美好的未来社会" 者，被视为在此方面具有集体取向；在回答 q20 "您有为本国社会做贡献的愿望吗？（限选 1 项）" 时，选择非常强烈和比较强烈者，被视为在国家与社会生活领域具有集体取向，而选择不太强烈和丝毫没有这个愿望者，被视为在此方面具有个人取向。对上述两题中的两种取向再进行不同形式的组合，就构成了如图 20 - 6 所示的集体取向与个体取向的四种结构类型。三国青年在每一类型所占的比例，分别见图中的每一象限。

从图 20 - 6 可以看出：第一，在个人生活领域和国家与社会生活领域这两大领域都表现出集体取向的传统型结构，在河南和山东被调查的农村青年中仍然占据主导地位，两地青年中属于这一类型的比例均在半数以上。第二，韩国青年和中国北京的城市青年和大学生在此方面表现出的最大特点是，他们在集体与个体取向方面具有结构上的二重性。即他们在个人生活方式领域表现出强烈个体取向的同时，仍然保持了在国家与社会生活领域的集体取向。这种二重性的结构类型，在韩国青年和中国北京的城市青年和大学生中所占比例，都高达 70%。第三，在日本青年中，兼具集体取向与个体取向这种二重结构类型的比例也不低，京都将近一半。但与中国和韩国相比，它的最大特点是，在个人生活领域和社会生活领域两大领域都表现出个体取向的所谓现代型结构所占比例最高。京都为四成左右，而大阪则超过五成。

图 20-6　按"个人生活—社会生活"两个维度划分的集体取向与个体取向结构

实证分析之三：国家民族意识（闭合性）与对外开放意识（开放性）的二重结构。

国家民族意识（民族主义）与对外开放意识（或全球意识和世界主义），也是划分传统价值（传统性）与现代价值（现代性）的另一个重要尺度。这一划分侧重于从空间的维度来划分传统与现代，并将空间上的封闭性视为传统，而将空间上的开放性视为现代。

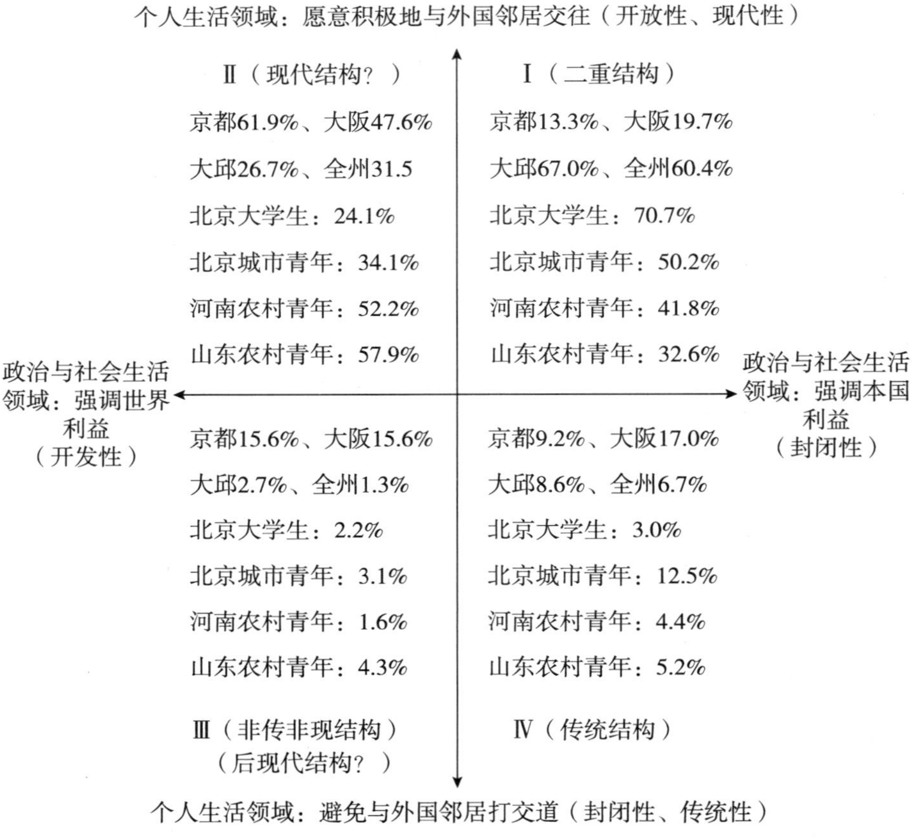

个人生活领域：愿意积极地与外国邻居交往（开放性、现代性）

| Ⅱ（现代结构？） | Ⅰ（二重结构） |
|---|---|
| 京都61.9%、大阪47.6% | 京都13.3%、大阪19.7% |
| 大邱26.7%、全州31.5 | 大邱67.0%、全州60.4% |
| 北京大学生：24.1% | 北京大学生：70.7% |
| 北京城市青年：34.1% | 北京城市青年：50.2% |
| 河南农村青年：52.2% | 河南农村青年：41.8% |
| 山东农村青年：57.9% | 山东农村青年：32.6% |

政治与社会生活领域：强调世界利益（开发性） ←

→ 政治与社会生活领域：强调本国利益（封闭性）

| | |
|---|---|
| 京都15.6%、大阪15.6% | 京都9.2%、大阪17.0% |
| 大邱2.7%、全州1.3% | 大邱8.6%、全州6.7% |
| 北京大学生：2.2% | 北京大学生：3.0% |
| 北京城市青年：3.1% | 北京城市青年：12.5% |
| 河南农村青年：1.6% | 河南农村青年：4.4% |
| 山东农村青年：4.3% | 山东农村青年：5.2% |

| Ⅲ（非传非现结构） | Ⅳ（传统结构） |
|---|---|
| （后现代结构？） | |

个人生活领域：避免与外国邻居打交道（封闭性、传统性）

**图 20 - 7　按"个人生活—政治社会生活"两个维度划分的开放性与封闭性的二重结构**

在三国调查中，q9"如果有外国人突然搬来做您的邻居，您打算怎样与他们交往？（限选1项）"和 q15b"您认为国家在国际社会中应该以什么态度进行外交活动？（限选1项）"两题分别测量的是个人生活领域与政治和社会生活领域的开放性与闭合性的指标。对 q9 题回答"因对异国文化有兴趣而积极交往"者被视为开放意识强，具有开放性，而回答"因对异国文化不了解而避免打交道"者被视为闭合性强；对 q15b 回答"应该以本国的利益为重"者被视为国家民族意识强，具有闭合性，而回答"应该以整个世界的利益为重"者被视为开放意识或全球意识强，具有开放性。

图 20 - 7 是对上述两题的统计分析结果。从图中可以看出，中国北京大学生和北京城市青年的最大特点是，他们一方面在个人生活领域表现出巨大的开放性，愿意与外国人作邻居并积极交往，但另一方面，他们在政治与社会生活领域仍然表现出强烈的闭合性，即强调本国利益。这种开放性与闭合性并存的二重结构在北京大学生和北京城市青年中占据主导地位。韩国青年在此方面的特点与中国北京的城市青年和北京的大学生大体相同。日本青年的特点是，他们在个人生活领域和社会生活领域都表现出较强的开放性。但令人费解的是，中国河南和山东的农村青年，也有相当多的比例属于在两个领域的开放性程度都高的所谓现代结构类型。这意味着他们比大学生和职业青年在社会政治生活领域更具有开放性。即他们的世界意识更强，而国家利益意识更弱。关于这一点应作如何解释呢？目前还不是十分的清楚。

实证分析四：认同本国传统文化与接纳西方文化的二重结构。

在三国调查中，q24_ u、q24_ v 和 q24_ w 分别测量了各国青年对"应该继承本国的传统文化""西方文化是追求物质享受、竞争激烈、让人互相敌对的文化"的态度。统计结果发现，无论是中国青年，还是日本和韩国青年，他们中的大多数都属于既强调要继承本国的传统文化，但又不排拒西方文化的二重结构类型。

## 三　关于后现代价值观与传统价值观、现代价值观并存的分析

尽管在中国青年的价值结构中占据主导地位的结构是属于传统与现代并存的二重结构，甚至在一部分领域中存在以传统结构为主的状况，而那种与传统完全对立的所谓现代价值结构相对少见，但这并不意味着后现代价值观与中国青年无缘。相反，它已经在中国的部分青年中出现，从而，形成了青年价值观领域里的一种传统、现代与后现代三种不同的价值并存于青年价值结构中的多重价值格局。

应该继承本国传统文化

| | |
|---|---|
| 京都20.0%、大阪18.4% | 京都68.8%、大阪67.8% |
| 大邱17.4%、全州18.9% | 大邱78.9%、全州79.2% |
| 北京大学生：17.0% | 北京大学生：75.9% |
| 北京城市青年：20.4% | 北京城市青年：75.0% |
| 河南农村青年：20.0% | 河南农村青年：70.3% |
| 山东农村青年：36.2% | 山东农村青年：53.4% |

赞成西方文化是让人互相敌对的文化 ← → 反对西方文化是让互相敌对的文化

| | |
|---|---|
| 京都1.9%、大阪3.9% | 京都9.4%、大阪9.9% |
| 大邱0.5%、全州0.5% | 大邱3.1%、全州1.4% |
| 北京大学生：0.9% | 北京大学生：6.2% |
| 北京城市青年：0.4% | 北京城市青年：4.3% |
| 河南农村青年：4.2% | 河南农村青年：5.5 |
| 山东农村青年：4.5% | 山东农村青年：5.9% |

反对应该继承本国传统文化

**图 20 - 8 对传统文化的认同与对西方文化的接纳并存的二重结构**

实证分析一：后（脱）物质主义价值观分析

在三国调查中，q14 "您认为政府目前应该重视的问题是什么？（限选3 项）"测量的是青年的脱物质主义与物质主义价值观。题中列出了 7 个具体的实际选项。选择维护国内的治安和秩序、发展经济、提高本国的国际地位这三个答案的分别计 1 分，选择努力提高学术和文化水平、增加人民参与政治的机会、增进和外国的友好关系这三个答案的分别计 -1 分，如果选择了提高国民的社会保障水平，不计分。然后将被调查者对此题的三次选择的选项的得分相加，就构成青年的脱物质主义价值综合指数。得分在 -3 ~ +3 之间。分数越低代表脱物质主义越强，而分数越高则代表物质主义越强。

从统计分析的结果来看，日本青年的脱物质主义倾向明显地强于中国和韩国，而中国青年的物质主义倾向则明显地强于日本，也高于韩国（见表20-1和图20-9）。但河南农村青年的脱物质主义倾向为什么高于北京的大学生和城市青年，原因还有待于作进一步地探讨。

**表 20 -1 中国、日本和韩国青年的脱物质主义价值观**

单位:%

| 脱物质主义—— 物质主义 | 京 都 | 大 阪 | 大 邱 | 全 州 | 北 京 | 北京城市 | 河 南 | 山 东 |
|---|---|---|---|---|---|---|---|---|
| -3 | 0.5 | 0.5 | — | 0.3 | — | 0.1 | 0.4 | 0.4 |
| -2 | 12.2 | 7.6 | 5.2 | 5.0 | 0.6 | 0.9 | 1.3 | 0.4 |
| -1 | 13.5 | 17.3 | 4.5 | 6.0 | 6.9 | 10.4 | 25.4 | 11.7 |
| 0 | 38.6 | 35.5 | 40.0 | 41.6 | 20.8 | 16.2 | 13.8 | 8.8 |
| 1 | 20.4 | 26.9 | 12.3 | 16.1 | 43.0 | 48.8 | 40.5 | 38.3 |
| 2 | 12.5 | 8.6 | 35.1 | 29.8 | 18.4 | 14.3 | 10.8 | 10.8 |
| 3 | 2.3 | 3.6 | 2.8 | 1.3 | 10.1 | 9.5 | 7.8 | 29.6 |

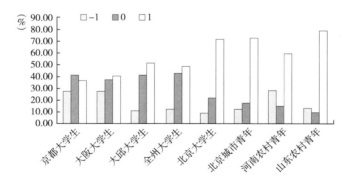

**图 20 -9 中国、日本和韩国青年的脱物质主义价值观**

注：图中右侧的"-1"为表20-1中的-1、-2、-3这三项的比例之和，代表的是脱物质主义价值观；图中右侧的"1"为表1中的1、2、3这三项的比例之和，代表的是物质主义价值观。

实证分析二：怀疑科学万能的价值分析

对科学的功能持一定程度的怀疑态度，是后现代价值的一个特点（Englehart，1997）。在三国调查中的q16"您认为解决环境问题的最好办法是什么？（限选1项）"一题测量的便是青年是否相信科学万能。对此题回答"限制追求富裕生活的欲望"或"改变以科学技术为中心的文明模式"，记－1分，表示怀疑科学万能。而回答"企业应该担起责任"或"开发保护环境的科学技术"及"政府采取切实可行的对策"，记0分。

从统计结果看，日本青年中对科学持一定程度的怀疑态度者约占1/4，明显高于中国，也高于韩国。但值得注意是，尽管如此，中国青年中也有将近10%的青年具有怀疑科学万能的倾向。

**表20-2　您认为解决环境问题的最好办法是什么？（限选一项）**

单位:%

| 科学万能 | 京都大学生 | 大阪大学生 | 大邱大学生 | 全州大学生 | 北京大学生 | 北京城市青年 | 河南农村青年 | 山东农村青年 |
|---|---|---|---|---|---|---|---|---|
| 怀 疑 | 25.3 | 22.4 | 16.8 | 17.0 | 10.5 | 8.1 | 10.5 | 7.3 |
| 不怀疑 | 74.7 | 77.6 | 83.2 | 83.0 | 89.5 | 91.9 | 89.5 | 92.7 |

# 第五节　讨论与结论

1. 本章所关注的理论问题之一是传统价值观与现代价值观能否同时并存的问题。通过对调查数据的分析，实证性地分析了中日韩三国青年在价值结构方面的差异。从多维（二维）分析的角度看，中国青年在大多数方面的价值结构具有传统性与现代性并存的二重结构特点。典型意义上的传统价值与现代价值结构，在中国青年中都只是少数。这种二重结构为主导的结构模式，将当代中国青年的价值观类型一方面与传统价值观类型区别开来，另一方面，又与西方的价值观类型，甚至与日本的价值观类型相区别。

2. 传统性或传统价值与现代性或现代价值观共存于青年价值结构之中，其方式是多种多样的。其一是同一价值观内部的传统性因素与现代性因素并存；其二是同一价值观在不同领域的传统取向与现代取向并存。

3. 中国青年的这种传统性与现代性并存的价值结构，是一种过渡类型，还是一种能持续长久的结构模式，有待于观察。但从业已高度发达的日本青年在不少领域中仍有大量的这种模式存在来看，至少这种模式能在相当长的时期内在中国存在。

4. 尽管中国正在进行现代化，但后现代的价值观已经进入中国的部分青年之中。

5. 上述特点归纳为一点，在当代中国青年当中，传统性、现代性、后现代性确实已压缩到同一时空的中国青年价值结构之中。

# 第二十一章  志愿者参与动机的结构
## 转型和多元共生

### ——从志愿活动的参与动机看青年价值结构的多重性

本章依据对 24 名青年志愿者所做的第一手访谈资料，利用质的资料分析软件 Nvivo 7，对志愿者参与动机的结构变迁及其特征进行深入分析。研究发现，一方面，志愿者的参与动机正在实现从传统性动机（以"责任感"为轴心）向现代性动机（以"发展"为轴心）和后现代性动机（以"快乐"为轴心）的结构转型；另一方面，不同类型的动机不是绝对对立的，而是可以共生的。在志愿者的参与动机结构模型中，存在由两种或两种以上的动机类型混杂化后形成的"多元混合模型"。本文最后运用"时空压缩"（Time Space Compress）这一概念工具，对志愿者参与动机的"结构转型"和"多元共生"现象做了理论解释。

志愿者为什么参与志愿活动？换句话说，他们参与志愿活动的动力或动机是什么？对这一问题，学术界已有许多学者做过比较详尽的探讨（徐文新、李五一、李艳、郝瑞庭，1996；涂敏霞、张炳富，1998；金大陆、袁沛林，1998；谭建光、凌冲、朱莉玲，2005）。而对于志愿者参与动机的类型及其结构，也有一些学者做过初步探寻（仇立平，1998；王芳、张乐天，2000；刘珊、风笑天，2005；吴鲁平，2007）。

然而，对于志愿者参与动机的结构变迁及其特征，学术界却缺乏应有的研究。本研究的主要目的是，利用 2005~2006 年对 24 名青年志愿者做的第一手访谈资料，对志愿者参与动机的结构变迁及其特征进行探索性的研究。

本项研究中，笔者将被访者提到的 20 多种参与动机分为三类：(1) 以"责任感"为轴心的传统性动机。除了责任感，还包括帮助别人或为他人（或同学）服务、做些对社会有益或有意义的事情等。(2) 以"发展"为轴心的现代性动机。包括专业实践、专业研究、锻炼能力、扩大交往圈、和同学有更多的交流、更容易接近老师、丰富生活、接触了解社会、适应社会、寻机会找个兼职等。（3）以快乐为轴心的后现代性动机。除了快乐，还包括好奇、新奇、兴趣、自由、休闲、玩玩、开心、好玩、充实、满足等。

对访谈资料的分析，采用国际上最为流行的质的资料分析软件 NVivo 7（参见 Http：//www. qsrinternational. com）。具体分析方法包括类属分析和模型分析。在类属分析中，笔者按照"扎根理论"对资料分析的要求，利用软件中的 Nodes 功能，对资料做了三级编码，即一级编码（开放式编码）、二级编码（轴心编码）和三级编码（核心编码），具体回答以下 6 个问题：（1）志愿者参与志愿活动的具体动机到底有哪些？（2）他们的参与动机可分为哪几种主要类型？（3）他们的参与动机是一种什么样的结构？是单一结构，还是混合结构？（4）在不同的参与阶段，他们的参与动机有无变化？即初始阶段的参与动机与进入后持续阶段的参与动机是否不同？（5）根据对上述问题的回答，我们能够探索性地建构出一些什么样的有关中国青年志愿者参与动机的"扎根理论"（grounded theory）？（6）建构出的这些理论，对于相关政策的制定具有什么样的启示？在模型分析中，笔者利用软件中的 Models 功能，建构了 7 种具体的动机结构模型，并依据其构成要素，将其分为两类：一类是"单一结构模型"，包括典型传统型、典型现代型和典型后现代型等；另一类是"多元混合结构模型"，包括传统动机与现代动机混合型、传统动机与后现代动机混合型、现代动机与后现代动机混合型、传统动机—现代动机—后现代动机混合型等。

表 21 - 1　被访者的基本情况

| 被访者编号 | 姓　　别 | 是否党员 | 学习或工作单位 |
| --- | --- | --- | --- |
| 1 | 女 | 预备党员 | 某大学社会学系研究生，在北京志愿者协会秘书处实习 |
| 2 | 男 | 否 | 某大学二年级硕士生，曾被学校授予 2004 年校级青年志愿者一等奖，没有加入专门的志愿组织 |
| 3 | 男 | 否（团员） | 北京某商贸学校毕业，曾就职于计算机行业，现已辞职，接受过北京市青志协的培训，从事有关老人关爱的志愿服务工作 |

| 被访者编号 | 姓　别 | 是否党员 | 学习或工作单位 |
|---|---|---|---|
| 4 | 男 | 否 | 北京中关村一家科技公司中某小部门的经理 |
| 5 | 男 | 否 | 北京某大学英文系新闻专业大三学生 |
| 6 | 女 | 否 | 打工妹，在一家贸易公司做销售，主要做手机附件的销售 |
| 7 | 女 | 党员 | 北京某学院大四学生，从大二起担任青年志愿者协会会长 |
| 8 | 男 | 否（入党积极分子） | 北京某学院一年级硕士生，研究方向是集成电路设计，没有加入专门的志愿者组织 |
| 9 | 女 | | 毕业于北京某大学经济学专业，现在一家NGO从事专职志愿服务工作 |
| 10 | 女 | | 在北京某学院读书期间曾任学院青年志愿者协会会长，参加工作后不再参加志愿活动 |
| 11 | 女 | | 北京某高校的一名行政人员，在读书期间，间歇性地参加过志愿服务，毕业前参加过北京市大学生基层服务团 |
| 12 | 女 | 党员 | 政府机关工作人员，本科学历，报名参加2005年青年志愿者扶贫接力计划团中央示范项目 |
| 13 | 男 | 党员 | 高校辅导员，本科学历 |
| 14 | 男 | 党员 | 在读研究生，本科专业是电子电路，现在学的是集成电路设计 |
| 15 | 男 | | 不详 |
| 16 | 男 | | 北京某学院大二学生，西部之窗协会成员 |
| 17 | 女 | | 北京某大学一年级研究生 |
| 18 | 男 | | 北京某学院大二学生，现任青年志愿者协会会长 |
| 19 | 女 | 否 | 北京某学院大四学生，曾在系级志愿者组织中任宣传部长 |
| 20 | 男 | 党员 | 北京某大学二年级研究生 |
| 21 | 男 | 党员 | 北京某大学二年级研究生，爱心社手语社社长 |
| 22 | 女 | | 北京某学院二年级本科生 |
| 23 | 女 | | 北京某学院二年级本科生 |
| 24 | 女 | 党员 | 北京某学院一年级研究生 |

# 第一节　参与动机的类型化分析

在对资料实行开放式登录中，笔者找到了 26 个受访者使用的"本土概念"，如"责任感""帮助别人或为他人服务""做些对社会有益或有意义的事情""专业实践""锻炼能力""扩大交往圈""丰富生活""寻机会找个兼职""好奇""新奇""兴趣""自由""休闲""玩玩""开心""好玩""快乐"等。在关联式登录或轴心登录中，笔者发现，可用三个概念或主要类属将上述概念连接起来，即"责任感""发展"和"快乐"。除"发展"概念是本人根据实际情况建构出的一个概念之外，其余两个概念都是受访者使用的"本土概念"，来源于开放式登录中的一级编码。在关联式登录或轴心登录中浮现出的这三个概念，构成了志愿者参与动机类属分析当中的三个主类属，或主要类型。而在每一个主类属或主要类型的下面，都包含若干个相关的分类属，比如在"责任感"下面有"帮助别人或为他人服务""做些对社会有益或有意义的事情"等；在"发展"下面有"专业实践""锻炼能力""扩大交往圈""丰富生活""寻机会找个兼职"等；在"快乐"下面有"好奇""新奇""兴趣""自由""休闲""玩玩""开心""好玩"等。以下尝试对志愿者参与动机的三个主要类属或主要类型及其所包含的相关分类属进行具体分析。

## 一　动机类型一：以"责任感"为轴心的传统性动机

基于责任感而参与志愿活动，是一种典型的传统性参与动机。在被访问者中，提到这一动机的有 10 人，他们当中又分三种情况。

一是比较抽象，但非常直接地表达出了这一参与动机。他们直接使用责任感这一抽象概念，来回答有关参与动机的提问。例如，当被访者 15 被问及促使你第一次参与志愿行动的因素主要有哪些时，他的问答是："责任感、荣誉感、觉得这样做比较进步"。当被进一步要求说得具体点时，他也只用了"作为大学生应该富有一定的责任感"这类抽象话语做进一步阐释。

二是比较抽象，且间接地表达出这一参与动机。他们没有直接使用责任感这一抽象概念，而是通过述说自己看到电视中那些需要帮助而得不到帮助之人的痛苦的眼神，心里就有一种负罪感来间接表达这种责任感。

> 说实话，是不是协会会员我倒觉得没什么，但是参加不参加就大不同了。看到电视中那些需要帮助的人痛苦的眼神，心里就有一种负罪感。大家都是同胞，怎么能没人帮助他们呢？我怎么感觉有点说大话的感觉？！不过心里真是这样想的，信不信由你，当今这社会也是有"傻瓜"的（被访者3）。

三是非常具体地表达了这一参与动机。他们认为，作为一个公民，有义务和责任帮助别人或为他人服务；有义务和责任做些对社会有益或有意义的事情。

### 1. 帮助别人或为他人（或同学）服务

> 当时就是举办全国博士生学术论坛的时候，研究生会人手严重不足，我是临危受命……没想太多，先把事情扛下来再说，帮同学的忙（被访者2）。

> 以前入协会之前，包括现在我都觉得，中国、北京就是我的家，这里的人民就是我的家人，帮助他们就像给家里人帮忙，没什么，再说，我也有需要大家帮助的时候呀，我需要帮助的时候大家也是这样帮我的（被访者3）。

> 我当时也没有想太多，就是想去做点事情，帮别人做点事（被访者19）。

> 从个人来说，是因为我接触了手语，参加了爱心社的手语班，我觉得手语很美，也能满足我自己。所以我自己觉得我要学，我要去帮助别人（被访者21）。

### 2. 做些对社会有益或有意义的事情

> 刚开始来的时候确实是有一种大学生的感觉，就是感觉自己考上大学了，就觉得应该符合时代对大学生的那种要求，心里确实想着要做一些对社会有意义的事情（被访者7）。

> 从个人理想方面看，我从小就有那么一些为社会做一点点事情的

抱负；志愿服务正好给了我这样一个机会，让我去通过它来为他人服务（被访者16）。

能为社会做点事啊，也很光荣（被访者7）。

## 二　动机类型二：以"发展"为轴心的现代性动机

现代性的一大特点是工具理性在人们的世俗生活当中占据极其重要的地位。体现在个体价值层面就是，社会中的个人往往将自我发展或成就动机作为个人的核心价值。在本次访谈中，以"发展"为轴心的具体参与动机有10种，提到这一类参与动机的有13人。具体情况如下。

### 1. **专业学习**

（1）专业实践

有的志愿者参与志愿活动是因为他们参加的活动与自己所学的专业关系非常密切。例如，学外语的参与"北京市英语游园周"活动，学社工的参加一些帮助福利院老人或艾滋病患者等社会弱势群体的活动。由于他们参与的这类志愿活动类似于专业实践，因此，他们把它看成是一种专业实习的机会。

和自己的专业能挂钩……也可以学习一下，见识一下……（被访者17）。

当时是去敬老院，去跟那些老人聊聊天。那个时候好像是春天……大一的时候想多接触一下社会吧，正好又是学社会工作这个专业的，这些活动和社会学有一些关系，去这些福利机构看一下，觉得挺好的（被访者10）。

可能是因为社工需要实践的原因吧！而且我对这一块比较感兴趣，我觉得做得越少的我就越感兴趣，而且相对于其他的弱势群体来说，艾滋这一块更属于弱势群体，刚好有这个机会，刚好美心露来咱们学校作讲座，就跟着她一块去了，差不多也就是这样子（被访者23）。

（2）专业研究

一位从事社会学研究的研究生在回答"最初你是怎么想到参加志愿者

活动的?"这一问题时，作了如下回答。

> 我导师是研究这个方面的，我跟着这个方向走，要进行研究，自然要多了解一点（被访者1）。

### 2. 锻炼能力

锻炼能力是不少被访者提到的一个参与动机。

> 志愿服务能让人感到精神上的充实，能够锻炼自己的个人能力，得到一些意想不到的收获（被访者16）。

> 因为我的好朋友在青年志愿者协会做会长，她说如果我加入的话，直接就可以做外联部的部长，外联部主要负责与其他学校的志愿者协会联系，以及联系一些部门、单位合办一些活动，我想在此过程中能够锻炼自己的实践能力、工作能力和交往能力……所以就欣然答应参加了（被访者24）。

在大学里，锻炼能力有很多方式，参加其他社团也可以锻炼能力，为什么大学生要选择参与志愿组织的活动来锻炼自己的能力呢？被访者18的回答为我们提供了答案。

> 问：锻炼的途径有很多，为什么会选择西部之窗和青志协呢？
> 答：因为在×××（学校名称）只有这两个社团可以走到外面去，其他的社团都不能……我觉得自己还是属于那些挺愿意做事情的那种。像有些协会招的那些干事，好多都是那种只想挂个名、不想做事的人。我愿意从做事中学到东西，不是像有些人那么功利，想以后在简历中写上自己做了什么事情，担任过什么职务等。我想从做事中锻炼自己，而不是为了将来写简历（被访者18）。

### 3. 扩大交往圈

扩大交往圈也是一些志愿者常提到的一个重要的参与动机。例如，被访者24在谈到自己的参与动机时，除了提及前面所说的能够锻炼各种能力之外，还提到了参与志愿活动"能够扩大自己的人际交往圈"。还有一些同学谈到了比扩大交往圈更为具体的动机。

（1）和同学有更多的交流

> 问：促使你第一次参与志愿行动的因素主要有哪些？
>
> 答：责任感，荣誉感，觉得这样做比较进步。
>
> 问：能说得具体点吗？
>
> 答：大一感觉比较空闲有时间，而且觉得作为大学生应该富有一定的责任感，再加上通过这种活动可以和同学有更多交流机会（被访者15）。

（2）更容易接近老师

> 我觉得参加的动机一开始应该是感性的，大概是功利性的动机也会有……比如校庆吧，就是我们学校的办公室、团委老师指导的，如果带有功利性思想的话，在这活动中故意跟老师接触啊，以后在种种方面会得到一些回馈啊，我觉得如果有这种想法的话也是很容易达到的，其实，就看一个人真正抱着什么心态去了（被访者8）。

### 4. 丰富生活

> 刚来学校吧，就觉得也确实应该参加一些活动，可以丰富一下自己的生活，而且当时青志协在我们看来，就是走出校园的活动比较多，而且活动比较丰富，所以当时就选了参加青志协了（被访者7）。
>
> 我是在大二开学的时候加入 ×××（学校名称）的青年志愿者协会的，从那时起才开始参加志愿工作。主要是因为当时功课比较轻松，没什么课程压力，平时自己也没什么事情可做，为了丰富一下自己的业余生活，免得闲的无聊，才去参加青年志愿者协会的（被访者24）。

### 5. 了解与适应社会
（1）接触、了解社会

> 我没有工作就直接上的研究生，需要自己更多地了解社会生活（被访者1）。

被访者10和被访问者18也表达了类似的动机。前者表示，当初去福利院服务，就是"想多接触一下社会"，而后者表示，之所以去做志愿服务，就是"想接触社会，面向社会"，并认为，"作为一个真正的大学生应该有一种公益性人格，对外面社会的事情必须了解。"

（2）适应社会

被访者10明确地表述了这一动机。

> 问：你为什么参加北京市的志愿服务活动啊？
>
> 答：当时是毕业之前，工作也找到了，就想去基层锻炼一下自己，给自己更多的实践机会，觉得机会挺难得的，然后就报名参加了。
>
> 问：你觉得它给你带来什么机会啊？
>
> 答：学习的机会，提高自己对基层的一些认识，这也是一个从学生到社会人的转变的桥梁和中介，能让我学会如何去适应这个社会，我觉得是一个挺好的实践机会（被访者10）。

### 6. 寻机会找个兼职

有的志愿者参与志愿活动，还想借此机会找个兼职。被访者17非常清晰地叙述了她的这一想法。

> 问：你为什么愿意来参加这些志愿服务？
>
> 答：……可以学习一下，见识一下，看看有没有机会，找个兼职什么的。

三 动机类型三：以"快乐"为轴心的后现代性动机

在后现代化（或晚期现代化、反思现代化）阶段，人们开始对早期现代化阶段的古典现代性反思，已充分认识到古典现代性，尤其是工具理性的局限性，因此，不再以成就动机和个人发展为核心价值，而是以快乐和幸福为个体所追求的核心价值。

本次调查发现，以"快乐"为轴心的具体参与动机共有11种，除"快乐"外，还有10种具体动机，提到这一类参与动机的共有12人。具体情况如下。

## 1. 好奇—新奇

（1）好奇

被访者 11 经常在报纸或新闻中听到志愿活动这一词语，觉得很好奇，想去体验一下，于是便去参加了志愿活动。

> 问：是什么促使你参加志愿活动的？主要因素是什么？
>
> 答：最开始是很好奇，因为经常听到志愿活动这一词语，比如在报纸或新闻上。
>
> 问：这些报导给你的感觉是怎样的？
>
> 答：就感觉是一项蛮崇高的活动，对于它到底是做什么的很好奇，因为只是听说过但不知道究竟是做什么的，想去体验一下做志愿者到底是什么感觉。小时候学校会组织一些活动，看望孤寡老人，但都是硬性的规定，就觉得这项活动很有意义，对自己各方面都有提高，让自己生活挺充实的，因此很愿意参加这个活动（被访者 11）。

被访者 2 也有类似的参与动机，在谈到为什么参与志愿活动时，他说"就是想体验一下"。而当访员进一步追问"仅仅想体验吗？"，他回答"是呀，没有其他的什么企图。"

（2）新奇

还有被访者参与志愿服务，是因为他们觉得这项活动很新奇。被访者 17 就是一例。

> 问：你为什么愿意来参加这些志愿服务？
>
> 答：觉得很新奇的，以前没有参加过这些活动（被访者 17）。

## 2. 兴趣—自由

（1）兴趣

被访者 7 是通过社团招新参与志愿组织的。他之所以参与志愿服务，是他对青志协的一些活动挺感兴趣，于是就参加了。

> 当时学校很多社团招新，就觉得青志协这边确实是，嗯，因为以前有关于它的简介，看到它以前做的一些活动，觉得挺感兴趣的，然后就参加了（被访者 7）。

而被访者 23 之所以参与援助艾滋病患者的一些志愿活动，除了专业因素外，与她"对这一块比较感兴趣"也是分不开的。

（2）自由

有的志愿者参与志愿活动，是出于对自由的追求。被访者 5 所讲述的故事，具有典型意义。

他在大一的时候，当过班长，后来又在学生会担任干部。但无论是当班长，还是当学生会干部，他都觉得"没意思""不舒服"。因为两者都是"体制内"的，"一是自由度不够，还有就是做的那些事情很多不是自己想做的，像在班委和学生会里做的那些事情，已经给你画好圈了，你只能在那个圈子里面做。"因此，在大二的时候，成立了一个有关"三农"问题的研究会，然后围绕"西部阳光"，成立了一个 NGO 组织，向各个基金会，如福特基金会等几个公司去讨一些赞助。钱一来了，很多困难就解决了。他的最大感受是，在 NGO 这类组织从事志愿服务，"没有太多的东西束缚你，可以发挥自己的东西的空间比较大。"而且，这类志愿者组织，"人性化很强"。在这类组织当中，"人们比较单纯，其他想法很少……有什么说什么，免不了吵架什么的，工作上的分歧，吵完了就完了，没事……比如说这 NGO 的负责人，有哪块做得不对，我就直接指出来，哪怕把他骂一顿（笑），发一个邮件，在网上说一些坏话是吧，没关系，过一阵子就好了，他也不在乎。"

### 3. 休闲—玩玩

（1）休闲

> 问：你作为志愿者并不是所有事都做，选择做某事，有自己的价值考虑在里面，对吧？
>
> 答：主要是帮助自己的生活，更多的是一种闲暇，一种放松（被访者 20）。

（2）玩玩

被访者 17 明确地表述了这一动机：

> 问：你为什么愿意来参加这些志愿服务？
>
> 答：……我们上街的机会较少，学校离那里很远，上一次街也不

容易，就当出去玩玩吧（被访者 17）。

她还具体分析了自己与两个同学参与志愿活动的三种不同心态。

> 我们三个研一的有着三种不同的心态。因为我是三个人中间的组长，和他们两个人交流得也挺多。有一个同学是完全抱着混的心态去的，他说我去了，他也就跟着去了，反正是玩的。还有一个同学她是抱着学习的态度去的。而我既抱着玩的心态，又抱着学的心态。那个抱着学习态度来的同学，把学习看得很重，来的目的很明确，就是要学到东西。所以太庙前面的专家讲座，就认真地去听了。而抱着玩的态度来的同学，也就是衣服被人拿走的同学，就是领资料什么的（被访者 17）。

她认为，上述三种不同的态度，与她们各自的家庭背景有关。

> 抱着玩的态度来的同学家里条件很好，生活过得很优裕，像个小公主似的。而那个抱着学习态度来的同学在农村长大，还有个弟弟，家里条件不是很好，就非常珍惜学习的机会。我就是居中的那种，能学就学，能玩就玩。我想这与每个人的处事态度和方式有关，与他的家庭背景和成长经历有关（被访者 17）。

### 4. 开心—好玩

（1）开心

> 和做 NGO 相关工作的这些人特别容易接触，然后就觉得跟他们在一起的时候特别开心，特别轻松（被访者 27）。

（2）好玩

> 问：参加志愿者最主要的因素有哪些？
>
> 答：……有的是来打发时间，没什么事情的时候参与过来，觉得挺好玩的（被访者 24）。

### 5. 充实—满足

（1）充实

促使我参加志愿行动的因素有一半是在打工妹之家期间受到他们的影响；另一半是自己觉得参加这些心里比较充实（被访者6）。

志愿服务能让人感到精神上的充实（被访者16）。

（2）满足

我觉得对刚进入志愿领域的人来说，最大的动机是兴趣或者一种帮助别人的优越感、满足感（被访者21）。

如果说上述10种具体参与动机还都只是在间接地展示"快乐"这一"轴心"动机的话，那么，被访者4的参与动机，则直指"快乐"这一轴心。

他认为，好人有两种：一种是自己快乐，别人也快乐；一种是自己痛苦，但别人快乐。他不喜欢做第二种人。因此，他现在之所以做志愿服务，"是因为它是我生活的一部分，它是个快乐的东西……因为我觉得它不快乐的话，我就不会去做的。"

我认为我做的事都很有代表性，想代表一个群体，代表一个70年代后生的一个群体……你看到许多像50年代的人，他们总是在说"抛头颅，洒热血"。60年代的人说"我用青春赌明天"。70年代的人说"我想用轻松的生活来对待每一天"。这是我和我旁边的人共同的想法，就是如果能用一种游戏的方式，一种很轻松的方式能让我们还有大自然以及身边的父母都能快乐，这是我一直想倡导的一种生活方式（被访者4）。

## 第二节　参与动机的结构转型：从传统性动机转向现代性动机和后现代性动机

从访谈结果看，青年志愿者的参与动机正在实现从传统性动机向现代性动机和后现代性动机的转型。具体表现为：在被访的 24 名青年志愿者中，其参与动机属于典型现代型（6 人）和典型后现代型（5 人）的人数，明显多于属于典型传统型的人数（2 人）。具体情况如下：

## 一 典型传统型

它的特点是，在其结构中，除了单一的传统性动机外，没有现代性动机和后现代性动机的成分。被访者 3 和被访者 12 的动机结构属于这种类型（见图 21 - 1）。

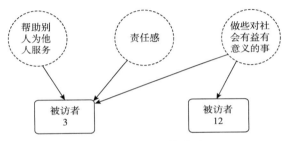

**图 21 - 1 典型传统型**

例如，被访者 3 提到了三个具体参与动机，但从类型上看，它们都属于以"责任感"为轴心的传统动机。

一是责任感。他没有直接使用责任感这一抽象概念，而是通过述说自己"看到电视中那些需要帮助而得不到帮助之人的痛苦的眼神，心里就有一种负罪感"间接地表达出来的。

> 说实话，是不是协会会员我倒觉得没什么，但是参加不参加就大不同了。看到电视中那些需要帮助的人痛苦的眼神，心里就有一种负罪感。大家都是同胞，怎么能没人帮助他们呢？我怎么感觉有点说大话的感觉？！不过心里真是这样想的，信不信由你，当今这社会也是有"傻瓜"的。

二是想帮助别人或为他人服务。

> 以前入协会之前，包括现在我都觉得，中国、北京就是我的家，这里的人民就是我的家人，帮助他们就像给家里人帮忙，没什么，再

说，我也有需要大家帮助的时候呀，我需要帮助的时候大家也是这样帮我的（被访者3）。

三是想做些对社会有益或有意义的事情。

在家待着也是浪费时间，不如出来做些（对社会）有意义的工作。

## 二 典型现代型

它的特点是，在其结构中，除了单一的现代性动机外，没有传统性动机和后现代性动机的成分。被访者1、被访者10、被访者14、被访者18、被访者22和被访者23的动机结构都属于这种类型（见图21-2）。

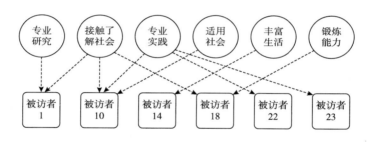

**图21-2 典型现代结构**

例如，被访者10提到了三个具体参与动机，但从类型上看，它们都属于以"发展"为轴心的现代性动机。

一是接触了解社会。

问：能不能回忆你第一次参加志愿活动是什么时候啊？

答：大一下学期吧，当时是去敬老院，去跟那些老人聊聊天。那个时候好像是春天。

问：什么原因让你去参加的啊？

答：大一的时候想多接触一下社会吧……当时去的时候也没有太多想法，就是想接触一下社会。

二是专业实践。

这些活动（指去敬老院）和社会工作有一些关系，去这些福利机构看一下，觉得挺好的……就是想去实践一下。

三是适应社会。

问：你后来为什么参加北京市的志愿服务活动啊？

答：当时是毕业之前，工作也找到了，就想去基层锻炼一下自己，给自己更多的实践机会，觉得机会挺难得的，然后就报名参加了……这也是一个从学生到社会人的转变的桥梁和中介，能让我学会如何去适应这个社会。

### 三 典型后现代型

它的特点是，在其结构中，除了单一的后现代性动机外，没有传统性动机和现代性动机的成分。被访者4、被访者5、被访者9、被访者11和被访者20都属于这种类型（见图21-3）。

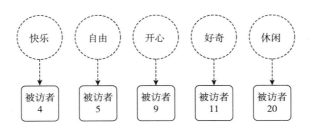

**图21-3 典型后现代型**

例如，被访者4参与志愿活动主要因为"它是个快乐的东西"。他认为，好人有两种：一种是自己快乐，别人也快乐；一种是自己痛苦，但别人快乐。他不喜欢做第二种人。因此，他现在之所以做志愿服务，"是因为它是我生活的一部分，它是个快乐的东西……因为我觉得它不快乐的话，我就不会去做的。"

我认为我做的事都很有代表性，想代表一个群体，代表一个70年代后生的一个群体……你看到许多像50年代的人，他们总是在说"抛头颅，洒热血"。60年代的人说"我用青春赌明天"。70年代的人说"我想用轻松的生活来对待每一天"。这是我和我旁边的人共同的想法，就是如果能用一种游戏的方式，一种很轻松的方式能让我们还有大自然以及身边的父母都能快乐，这是我一直想倡导的一种生活方式。

又如，被访者5之所以参与志愿活动，是因为在NGO这类组织从事志愿活动，感觉很自由。他在大一的时候，当过班长，后来又在学生会做一般的干部。但无论是当班长，还是当学生会干部，他都觉得"没意思""不舒服"。因为两者都是"体制内"的，"一是自由度不够，还有就是做的那些事情很多不是自己想做的，像在班委和学生会里做的那些事情，已经给你画好圈了，你只能在那个圈子里面做。"因此，在大二的时候，成立了一个有关"三农"问题的研究会，然后围绕"西部阳光"，成立了一个NGO组织，向各个基金会，如福特基金会等几个公司去讨一些赞助。钱一来了，很多困难就解决了。他的最大感受是，在NGO这类组织从事志愿服务，"没有太多的东西束缚你，可以发挥自己的东西的空间比较大。"而且，这类志愿者组织，"人性化很强"。在这类组织当中，"人们比较单纯，其他想法很少……有什么说什么，免不了吵架什么的，工作上的分歧，吵完了就完了，没事……比如说这NGO的负责人，有哪块做得不对，我就直接指出来，哪怕把他骂一顿（笑），发一个邮件，在网上说一些坏话是吧，没关系，过一阵子就好了，他也不在乎。"

## 第三节　参与动机的多元共生：传统动机、现代动机与后现代动机的混杂化

访谈资料同时显示，志愿者参与动机的结构转型并非完全是线性的。即传统动机、现代动机和后现代动机之间并不是完全对立、互不相融、此消彼长的关系。相反，在被访的24名志愿者中，有10名个案的参与动机结构，既不属于典型的传统型，也不属于典型的现代型或后现代型。他们的动机结构是多重的，是两种或两种以上动机类型的混合体。具体情况如下。

## 一 传统动机与现代动机混合型

它的特点是，在其结构中，既有传统性动机成分，又有现代性动机成分。被访者 15、被访者 19 和被访者 24 属于这种类型（见图 21 - 4）。

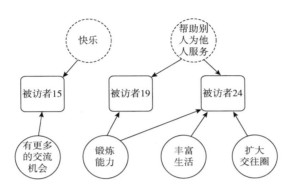

**图 21 - 4　传统动机与现代动机混合型**

例如，被访者 24 提到了四个具体动机。其中，"帮助他人为他人服务"属于传统性动机，而锻炼能力、丰富生活、扩大交往圈则属于现代性动机。

> 我是在大二开学的时候加入青年志愿者协会的。主要是因为当时功课比较轻松，没什么课程压力，平时自己也没什么事情可作，为了丰富一下自己的业余生活，免得闲的无聊，才去参加青年志愿者协会的。而且我觉得加入一个协会可以多认识一些人，扩大自己的交往圈，对自己总是有好处的，比如锻炼自己的交往能力等。并且，如果自己能够给予他人帮助的话也是一件好事。还有一个重要的诱因就是，因为我的好朋友在青年志愿者协会做会长，她说如果我加入的话，直接就可以做外联部的部长，外联部主要负责与其他学校的志愿者协会联系，以及联系一些部门、单位合办一些活动，我想在此过程中能够锻炼自己的实践能力、工作能力和交往能力，还能够扩大自己的人际交往圈，所以就欣然答应参加了，也可以为我的好朋友减少一些工作强度和压力。

二 传统动机与后现代动机混合型

它的特点是，在其结构中，既有传统性动机成分，又有后现代性动机成分。被访者2、被访问者6和被访者21属于这种类型（见图21-5）。

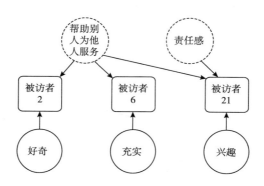

**图 21-5 传统动机与后现代动机混合型**

例如，被访者21提到了三个具体动机。其中，"帮助他人为他人服务"和"责任感"属于传统性动机，而"兴趣"则属于后现代性动机。

问：你觉得你参加志愿活动的动机和原因是什么？

答：我觉得对刚进入志愿领域的人来说，最大的动机是兴趣或者一种帮助别人的优越感、满足感。但时间一长，这种满足感会转化为一种社会的责任感，看到别人要摔倒的时候就会有责任去拉别人一把。时间越长，这种责任感越强烈。有一次，在车上看到一个聋哑人和另外一个人发生矛盾了，我会手语的话，我会用手语帮他们解释一下。

三 现代动机与后现代动机混合型

它的特点是，在其结构中，既有现代性动机成分，又有后现代性动机成分。被访者8和被访者17属于这种类型（见图21-6）。

例如，被访者17提到了四个具体动机，涉及现代性动机与后现代性动机两大类别。

她提到的"专业实践"，属于现代性动机类型。

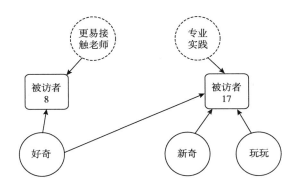

**图 21-6 现代动机与后现代动机混合型**

> 和自己的专业能挂钩……也可以学习一下，见识一下……

而她提到的"好奇""新奇""玩玩"则属于后现代性动机。

［好奇］

问：除此之外，你还想参加哪些志愿服务？

答：前不久听说宋庆龄基金会组织了一些志愿者去香港开展活动，我挺想去。但是我还未打听清楚就截止了。我想参加这样的活动去丰富一下自己的阅历。这样的活动组织得很正规，我就想参加这样的活动。就想去见识见识，也没有指望通过一两次志愿服务在能力上有多大提高，想通过一两次志愿服务就提高自己的能力，是不大现实的。就想知道世界是怎么样的，就想知道别的领域是什么样的，出于人的好奇心嘛，因为我们平时接触的圈子太小了。作为学生整天窝在学校里，整天看书本上的东西，也不知道自己应该学到什么东西。这个世界这么大，以后出去了，和你专业不相关的东西反而占的比例更大。

［新奇］

问：你为什么愿意来参加这些志愿服务？

答：觉得很新奇，以前没有参加过这些活动。

［玩玩］

问：你为什么愿意来参加这些志愿服务？

答：……我们上街的机会较少，学校离那里很远，上一次街也不容易，就当出去玩玩吧！

### 四 传统动机、现代动机与后现代动机混合型

它的特点是，在其结构中，有传统性动机成分，也有现代性动机成分，还有后现代性动机成分。被访者 7 和被访者 16 属于这种类型（见图 21 - 7）。

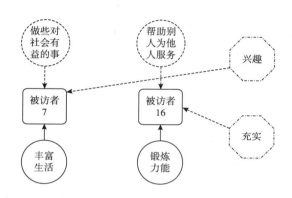

**图 21 - 7 传统动机、现代动机与后现代动机混合型**

例如，被访者 7 提到了三个具体动机。"做些对社会有益的事"属于传统性动机；"丰富生活"属于现代性动机；"兴趣"属于后现代性动机。

问：你是通过什么渠道参加的呢？

答：社团招新……当时学校很多社团招新……因为以前看到它（指青志协）做的一些活动，觉得挺感兴趣的，就参加了。

问：那你为什么会对这个感兴趣呢？

答：第一个就是，感觉自己考上大学了，应该符合时代对大学生的那种要求，心里想着要做一些对社会有意义的事情，另外就是刚来学校，觉得应该参加一些活动，可以丰富一下自己的生活，而且当时青志协在我们看是走出校园的活动比较多，而且活动比较丰富，所以当时就选了参加青志协。

又如，被访者 16 既提到了传统性动机（"帮助别人为他人服务"），也

提到了现代性动机（"锻炼能力"）和后现代性动机（精神上的"充实"）。

问：你为什么想到要参加志愿服务活动？

答：从情感上说，我出生在农村，家庭条件不好，在读书的过程中得到不少人的关心和帮助。比如，我高中时有一次生病住院，同病房的老爷爷的爱人，就常常给我带不少好吃的；高中读书时，在校寄宿，我的班主任每月资助我50元钱当生活费，学校也给我每月80元。那时候每个周末，我都去一个同学家，他的父母对我很好，把我当自己的孩子一样看待，从不把我当外人看。从个人理想方面看，我从小就有那么一些为社会做一点点事情的抱负。志愿服务正好给了我这样一个机会，让我去通过它来为他人服务。同时，志愿服务能让人感到精神上的充实，能够锻炼自己的个人能力，得到一些意想不到的收获。不过，主要还是因为情感方面的原因。

# 第四节　参与动机的过程化分析

本次调研有一个意外的发现，有些被访者在陈述自己的参与动机时，对其做了阶段性划分。从他们的叙述来看，个体的参与动机不是静态不变的，而是处于变动之中。这一演变的过程大体可以分为两个阶段，即初始参与阶段和进入后的持续参与阶段。两个阶段的参与动机，即进入时的"初始参与动机"和进入后的"持续参与动机"存在很大的不同。

被访者21的感受是，最初参与志愿活动的动机是兴趣或者是一种帮助别人的优越感、满足感（初入参与动机）。但时间一长，这种满足感转化为一种社会的责任感和个体的自觉行动（持续参与动机），成为支撑志愿者持续参与的原动力。

我觉得对刚进入志愿领域的人来说，最大的动机是兴趣或者一种帮助别人的优越感、满足感。但时间一长，这种满足感会转化为一种社会的责任感，看到别人要摔倒的时候就会有责任去拉别人一把。时间越长，这种责任感越强烈。有一次，在车上看到一个聋哑人和另外一个人发生矛盾了，我会手语的话，会用手语帮他们解释一下。比如说我是做儿童护理的，当遇到儿童有自闭症的话，会用自己的知识帮他解决困难（被访者21）。

参与动机在不同阶段的这种变化，从被访者23的讲述中也能够清晰地看到。她最初参与援助河南的艾滋病患者这个项目的原因非常富有激情，"因为自己是河南人，想扭转大家对河南人的印象"（初始参与动机）。与此同时，她也比较理性，因为她所学的专业是社工，需要实践。而现在，她正在经历从激情向责任（持续参与动机）的过渡。

我觉得现在的阶段属于从激情向责任过渡的那个阶段。我觉得哪一天不看艾滋方面的东西会觉得不舒服，所以每天我们寝室人都说你快掉到那堆里了，开始做这方面的事情我就觉得自己走不出来，有不想走出来的那种感觉，你就会觉得有很多很多事情需要你去做（被访者23）。

被访者9是一名在NGO中从事志愿活动管理工作的专职志愿工作者。在她的谈话中，她还将第二阶段，即持续参与阶段的动机，进一步分成两个阶段，即责任阶段和最高境界阶段。

对于我们的志愿者，他们进来的时候（初始参与阶段）是充满了激情的，我们经常会时不时帮他调整一下情绪。因为你有激情是非常好的事情，但是光有激情就容易把事做坏了，所以我们经常会有一些知识上，还有心理各方面的引导，让志愿者慢慢地意识到，这是一种社会责任，就是光有激情是不够的。你需要责任，你需要知识来加强你的服务能力（持续参与阶段）。然后在我们需要的时候，他会进入志愿者的最高境界（持续参与阶段），即每一个志愿者会把志愿服务的内容、志愿服务的工作当成日常生活一样。每天早晨起来不刷牙我不舒服，我每个月没有这个孩子的信息我就觉得生活少了什么似的，我觉得这就是最好的境界。而且每个志愿者不管你是做什么样的志愿服务你都会遇到困难的。我们经常跟志愿者说，志愿者精神提倡的很重要的一点就是你很开心、很乐观地帮助别人，当你遇到困难的时候，你一点都不气馁，你把它当成自己的事情一样，去想办法去解决（被访者9）。

## 第五节 时空压缩：对参与动机的结构转型和多元共生现象的一种理论解释

本项研究发现，除被访问者13属于无动机外，其余23名青年志愿者的动机结构，可分为7种具体模型。通过对"单一结构模型"，包括典型传统型、典型现代型和典型后现代型等三种具体模型的分析表明，青年志愿者的参与动机正在实现从传统性动机（以"责任感"为轴心）向现代性动机（以"发展"为轴心）和后现代性动机（以"快乐"为轴心）的结构转型。而通过对"多元混合结构模型"，包括传统动机与现代动机混合型、传统动机与后现代动机混合型、现代动机与后现代动机混合型、传统动机—现代动机—后现代动机混合型等四种模型的分析表明，不同类型的动机并非是完全对立的关系，而是可以共生的。

如果青年志愿者的参与动机仅仅是在实现从传统性动机向现代性动机的结构转型，以及在青年志愿者参与动机的多元混合模型中仅仅只存在"传统动机与现代动机混合型"，那么，其理论解释是相对容易的。这是因为，中国从1978年实行改革开放以来，其社会结构处于从传统型社会向现代型社会的快速转型之中。这种社会结构的转型，更具体地说，就是由传统社会向现代社会转化，由农业社会向工业社会转化，由乡村社会向城镇社会转化，由封闭社会向开放社会转化（陆学艺，1995）。在这种转化过程中，国家与社会相对分离，个人自主选择增强（郑杭生，1996）。与社会结构的上述快速转型相关联，个体主观世界的价值结构必然会实现从传统向现代的转型。这种转型反映在志愿者参与动机的结构变迁方面，就会出现这种现象，即从"典型传统型"转向"典型现代型"，或从"典型传统型"转向"传统动机与现代动机混合型"。

然而，令人费解的是，在青年志愿者参与动机的结构转型中，出现了多种与后现代性动机成分（以"快乐"为轴心）相关联的动机结构模型。

具体包括：（1）具有"单一结构模型"特点的"典型后现代型"。（2）具有"多元混合结构模型"特点的"传统动机与后现代动机混合型""现代动机与后现代动机混合型"和"传统动机、现代动机与后现代动机混合型"。那么，如何从理论上对上述四种与后现代性动机成分相关联的参与动机的结构模型进行解释呢？笔者认为，"时空压缩"这一概念，为我们提供了很好的理论视角及其概念工具。

"时空压缩"（Time Space Compress）这一概念指的是，传统性、现代性和后现代性这三个不同的东西能够集中地压缩到同一个时空之中，即在全球化的背景下，由于一些发达国家已进入后工业化或后现代化时代，因而，一些属于"后发—外生型"的发展中国家，尽管还在实现现代化，即无论是社会结构层面的现代化，还是主观价值观念层面的现代化，都还尚未结束，传统性与现代性的紧张关系还远未消失，但它们又不得不面对后现代性的冲击和挑战。于是，传统性、现代性和后现代性这三个不同的东西，就共存于同一社会的同一时空之中。有学者甚至认为，从社会发展的时空结构来看，目前中国社会具有的最大特点就是"时空压缩"（景天魁，1999）。

正是由于中国社会具有这种"时空压缩"的特点，所以不难理解，为什么在青年群体中，当一些青年的参与动机结构还属于典型传统型或典型现代型时，而另一些青年的参与动机结构却转向了典型后现代型？与此同时，也就不难理解，为什么在青年个体之中，其参与动机结构不仅存在"传统动机与现代动机混合型"，而且还存在"传统动机与后现代动机混合型""现代动机与后现代动机混合型"以及"传统动机、现代动机与后现代动机混合型"等多种混合模型。

## 第六节　参与动机的政策启示

### 1. "责任—奉献"及其政策启示

今天的青年志愿者，是一代新型的志愿者，他们参与具有奉献意义的志愿活动，更多的是出于责任伦理的考虑，而不是出于信念伦理。他们非常关注志愿行动的客观效果，而并不是仅仅满足于象征性地进行富有奉献符号价值式的表演。在他们心目中，志愿组织开展的一些活动，实际上就是一个个正在实施的"社会项目"（Project）。他们不仅在各种项目间进行选择，更重要的是，他们特别关注项目本身的意义和价值。对于那些只具形式主义意义的志愿活动，如"学雷锋日"去公园打扫卫生之类的活动，他们往往不屑一顾。在他们看来，这类活动毫无必要和价值，因为它是园区或公园清洁工的分内之事。他们真正想参与的志愿活动，是那些能为社会中的弱势群体办实事的"献爱心活动""支农支教活动""西部阳光行动""扶贫接力计划"和"大学生三下乡活动"等。

这一发现对政策制定者的启示是，对志愿活动项目的策划，要力避形式主义，而在活动实施当中，要务求实效。否则，所实施的活动项目，将对青年没有任何吸引力。

### 2. "发展—奉献"及其政策启示

从理论上讲，志愿行动是一种不计报酬和回报的奉献活动。但从现实层面看，当代志愿者，在参与志愿活动时是有所期待的（Hustinx，2001）。从本次调查来看，相当多的中国青年志愿者在谈及自己的参与动机时，除了提到传统的参与动机（如责任感，帮助他人，做些对社会有益或有意义的事情）外，还提到了许多与个人发展相关的动机，如专业实践、专业研究、锻炼能力、扩大交往圈、丰富生活、了解与适应社会、寻机会找个兼职等。这意味着，青年志愿者的奉献是建立在自我发展基础之上的奉献。至少，在他们看来，这种奉献，不应与他们自身的发展相冲突。

这一发现的政策启示是，对于志愿活动项目的设计，要充分重视志愿者在行动中是否能够获得进步和发展；在进行志愿活动的社会动员时，要更多地从青年自身发展的角度进行宣传，而不能仅仅停留在社会需要的视角。

### 3. "快乐—奉献"及其政策启示

本次调查发现，被访志愿者提到的许多参与动机，都与个体的快乐有相当程度的关联。这意味着在他们心目中，志愿活动中的奉献，是一种快乐的奉献，而不是一种痛苦的奉献。

这一发现的政策启示是，大众媒体在宣传志愿活动，尤其是在宣传志愿行动者时，要多一份快乐，少一点痛苦。

### 4. "量力—奉献"及其政策启示

在本次访谈调查中，有的志愿者谈到，他们不推崇丛飞那种精神，认为他做的一些事情，已超出了自身的能力。志愿奉献应当量力而为，要在"自己力所能及的情况下干一些自己力所能及的事情"。

> 丛飞，他本来是一个歌手，但是为了把自己歌唱事业的钱贡献给山区的小孩，给那些需要钱来帮助完成学业或其他的小孩，他居然吼着嗓子唱，累得自己后来得了癌症，成那样了。我觉得这样都丧失了自己以后创造生产力的可能，而且自己的小孩都没上学呢……因为他没时间照顾小孩，他老婆就跟他闹离婚，小孩就被扔在家里。他自己也没时间照顾小孩，自己的小孩都不管，自己的小家都没管好，他去管那个大家。我觉得就没有权衡好，应该先把小家管好再管大家嘛。一定要力所能及，不要搞得那么极端嘛。你要全社会来学习你，你也要先顾好自己的小家，分内的事情要先做好（被访者19）。

这一发现颇具政策启示，它意味着，不要过度地拔高青年志愿者在志愿活动中的奉献精神，他们追求的是量力奉献，而不是透支奉献。与此同时，它也提示媒体，榜样的宣传要具有科学性。要尽可能多地报道那些在力所能及的范围内做出突出贡献的志愿者。

综上所述，笔者认为，下列四句话可成为志愿活动之社会动员的口号：

> "我参与、我奉献、我发展、我快乐"

最后，有必要指出的是，本文只是对志愿者参与动机所做的一个探索性研究，文中的结论，还有待于在以后的质的研究，尤其是在以后的量的研究中进一步的验证。

# 参考文献

艾晓明：《广告故事与性别——中外广告中的妇女形象》，《妇女研究论丛》2002 年第 2 期。

安东尼·吉登斯：《社会的构成》，李康、李猛译，生活·读书·新知三联书店，1998。

班建武：《符号消费与青少年身份认同》，《教育学术月刊》2009 年第 10 期。

波波：《娱评：周立波带富婆妻子做慈善招谁惹谁了？》，腾讯网，2011。http://ent.qq.com/a/20111011/000410.htm。

比尔麦克基本：《自然的终结》，吉林人民出版社，2002。

C.莱特·米尔斯：《白领：美国的中产阶级》，周晓虹译，南京大学出版社，2006。

蔡拓：《全球主义与国家主义》，《中国社会科学》2000 年第 3 期。

陈刚：《大众文化与当代乌托邦》，作家出版社，1996。

陈莉：《消费主义与可持续消费的困境》，《青年研究》2001 年第 5 期。

陈樨等：《经济转型与人生价值观的变革》，《北京师范大学学报（社会科学版）》1998 年第 2 期。

陈锡敏：《试析爱国行为》，《中国青年政治学院学报》2006 年第 2 期。

陈向明：《质的研究方法与社会科学研究》，教育科学出版社，2009。

陈晓刚：《论网络时尚对青年人生观的影响及其对策》硕士学位论文，西南师范大学，2001。

陈昕：《消费与救赎——当代中国日常生活中的消费主义》，江苏人民出版社，2003。

陈玉慈：《衣装的社会——衣装与身体的意涵》，韦伯文化国际出版社，2009。

程为坤：《西方学术界的中国妇女与性别研究》，《四川大学学报：哲社版》2007 年第 6 期。

成伯清：《消费主义离我们有多远》，《江苏行政学院学报》2001 年第 2 期。

成伯清、李林艳：《现代消费与青年文化的建构》，《青年研究》1998 年第 7 期。

成伯清：《现代西方社会学有关大众消费的理论》，《国外社会科学》1998 年第 3 期。

丛娟：《后现代时期爱情观的基本特征》，《韩山师范学院学报（社会科学版）》2006 年第 2 期。

戴锐：《消费主义生活方式与青年精神》，《青年研究》1997 年第 8 期。

戴维·巴尔博扎：《中国，购物者的新大陆》，《参考消息》2005 年期次 16909。

杜伟：《日本后现代社会的价值观与道德观》，《当代青年研究》2003 年第 6 期。

〔法〕范盖内普：《过渡礼仪》，张举文译，中国商务出版社，2010。

〔法〕吉尔·利波维茨基：《第三类女性：女性地位的不变性与可变性》，湖南文艺出版社，2000。

〔法〕让·波德里亚：《消费社会》，刘成富、全志纲译，南京大学出版社，2000。

〔法〕尚·布希亚：《物体系》，林志明译，上海人民出版社，2001。

方亚琴：《以北京为例对中国城市女性消费主义倾向的实证研究》，硕士学位论文，中国人民大学，2005。

房宁、王炳权、马利军：《成长的中国》，人民出版社，2002。

费孝通：《生育制度》，天津人民出版社，1981。

风笑天：《社会学研究方法》，中国人民大学出版社，2004。

风笑天：《社会学研究方法》，中国人民大学出版社，2001。

冯忠良等：《教育心理学》，人民教育出版社，2000。

付卫华：《消费主义思潮与大学生思想道德建设》，《安阳工学院学报》2005 年第 5 期。

郭成、陈红：《当代女中学生的人格特点及教育对策》，《西南师范大学学报》2005 年第 3 期。

韩勇：《城市青年隐婚现象探析》，《中国青年研究》2006 年第 2 期。

何兰萍：《波德里亚论被消费的休闲》，《自然辩证法研究》2002 年第 9 期。

何培忠：《中日青年生活观比较》，经济管理出版社，2000。

何佩群编译《消费主义的欺骗性——鲍曼访谈录》，《中华读书报》1998 年 6 月 17 日。

〔荷〕凯西·戴维斯：《重塑女体：美容手术的两难》，张君玫译，巨流出版社，1997。

贺金瑞、燕继荣：《论从民族认同到国家认同》，《中央民族大学学报》2008 年第 3 期。

侯杰泰、温忠琳、成子娟：《结构方程模型及其应用》，教育科学出版社，2004。

胡斌武：《东西部大学生人生价值观比较研究》，《思想·理论·教育》2002 年第 10 期。

黄火明：《青年"闪婚"现象的社会学探析》，《中国青年研究》2007 年第 10 期。

黄嘉文：《白领女性"健康自主"行为的实践与反思——一项基于日常饮食生活的个案研究》，《妇女研究论丛》2011 年第 2 期。

黄庐进：《消费主义与学生价值观教育》，《教学与管理》2010 年第 1 期。

黄念然：《电子传媒时代的身体状况》，《文艺研究》2009 年第 7 期。

黄希庭等：《当代中国青年价值观与教育》，四川教育出版社，1994。

黄希庭、郑涌等：《当代中国青年价值观研究》，人民教育出版社，2005。

黄英：《城市中学生消费主义倾向及其影响因素研究》硕士学位论文，中国青年政治学院，2007。

黄盈盈：《身体、性、性感——对中国城市年轻女性的日常生活研究》，社会科学文献出版社，2008。

江宜桦：《自由主义、民族主义与国家认同》，扬智文化事业股份有限公司，1998。转引自彭芙蓉《现代化进程中的国家认同研究》，西北师范大学，硕士论文，2009。

姜秀花：《对女性身体再造行为的文化评析》，《妇女研究论丛》2003

年 5 月。

蒋晓丽:《从"第五媒体"到后现代文化——中国学者研究视域中的"手机短信"综述》,《西南民族大学学报》2007 年第 185 期。

金大陆、袁沛林:《上海青年心目中的志愿者行动——关于对青年志愿者行动认识、理解与心态的调查》,《当代青年研究》1998 年第 3 期。

景天魁:《中国社会发展的时空结构》,《社会学研究》1999 年第 6 期。

君塚大学等:《东亚社会价值的趋同与冲突——中日韩青年社会意识比较》,社会科学文献出版社,2001。

李朝东、姜宗强:《现代西方哲学思潮》,高等教育出版社,2010。

李春华、李冠芳、李振起:《社会思潮——影响当代大学生人生价值观的重要因素》,《思想政治教育研究》1998 年第 2 期。

李敬:《手机短信影响下的人际交往》,《东南传播》2008 年 6 月。

李骏、邓国彬:《消费社会的社会机制》,《改革与战略》2003 年第 6 期。

李沛良:《社会研究的统计应用》,社会科学文献出版社,2003。

李银河:《女性主义》,山东人民出版社,2005。

李有光:《后现代视域中短信文本的文化批判》,《社会科学》2008 年第 6 期。

连福鑫等:《流动青年的人生价值观分析》,《当代青年研究》2009 年第 11 期。

连福鑫等:《大学生价值观的变迁研究》,《当代青年研究》2008 年第 6 期。

廖福霖:《论大学生人生观的结构及形成》,《当代青年研究》1986 年第 9 期。

林德发:《大学生人生价值观形成与发展的影响因素分析》,《思想教育研究》2003 年第 10 期。

林芳玫:《女性与媒体再现——女性主义与社会建构论的观点》,巨流图书出版社,1996。

林震:《台湾民主化进程中的国家认同》,《台湾研究集刊》2001 年第 2 期。转引自郑富兴《经济全球化与国家认同感的培养》,《教育研究与实验》2005 年第 3 期。

刘德寰等:《改革开放对大学生价值观念的影响》,《青年研究》1992 年第

1 期。

刘俊彦：《消费主义思潮与青少年思想道德建设》，《中国青年政治学院学报》2006 年第 1 期。

刘海燕：《青少年手机短信传播的后现代问题》，《当代青年研究》2008 年第 2 期。

刘精明：《转型时期农民的价值观》，郑杭生主编《当代中国农村社会转型的实证研究》，中国人民大学出版社，1996。

刘兰珍、饶德江：《广告传播中女性形象的贬损分析》，《武汉大学学报（人文科学版）》2005 年第 4 期。

刘录护：《城市中学生消费中的性别社会化研究》，《青年研究》2009 年第 2 期。

刘珊、风笑天：《大学生志愿服务：动机、类型及问题》，《陕西青年管理干部学院学报》2005 年第 2 期。

刘胜枝：《被建构的女性——对当代女性杂志中女性形象的文化研究》，《青年研究》2006 年第 6 期。

刘晓君：《全球化过程中的消费主义评说》，《青年研究》1998 年第 6 期。

柳波：《女性"身体再造"：父权制规训下身体的对象化》，《山西农业大学学报（社会科学版）》第 10 卷第 8 期。

卢嘉瑞：《消费主义在中国：表现、危害及治理》，《湖北经济学院学报》2005 年第 4 期。

卢嘉瑞：《消费主义辨析》，《宁夏党校学报》2005 年第 4 期。

陆幸福：《哈贝马斯宪法爱国主义探析》，《西南政法大学学报》2006 年第 2 期。

陆学艺：《21 世纪中国的社会结构——关于中国的社会结构转型》，《社会学研究》1995 年第 2 期。

陆云山：《观念超前行为滞后——当代大学生人生观价值观特征》，《当代青年研究》1992 年第 1 期。

〔美〕艾伦·杜宁：《多少算够——消费社会与地球的未来》，吉林人民出版社，1997。

〔美〕黛布拉·L. 吉姆林：《身体的塑造——美国文化中的美丽和自我想象》，广西师范大学出版社，2010。

〔美〕丹尼尔·贝尔：《资本主义的文化矛盾》，赵一凡、蒲隆、任晓晋译，商务印书馆，1992。

〔美〕凡勃伦：《有闲阶级论》，蔡受百译，商务印书馆，1981。

〔美〕赫伯特·马尔库赛：《单向度的人》，张峰、吕世平译，重庆出版社，1988。

〔美〕亨廷顿：《我们是谁：美国国家特性面临的挑战》，程克雄译，新华出版社，2005。

〔美〕卡拉·亨德森：《女性休闲：女性主义视角》，云南人民出版社，2004。

〔美〕卡普洛：《美国社会发展趋势》，刘绪贻等译，商务印书馆，1997。

〔美〕卡蒂：《被切除的人生》，梁若瑜译，大田出版社，2009。

〔美〕罗斯托：《经济成长的阶段——非共产党宣言》，商务印书馆，1962。转引自郑红娥《社会转型与消费革命——中国城市消费观念的变迁》，北京大学出版社，2006。

〔美〕乔治·瑞泽尔：《后现代社会理论》，谢立中等译，华夏出版社，2003。

〔美〕史蒂文·瓦戈：《社会变迁》（第五版），王晓黎等译，北京大学，2007。

〔美〕詹明信：《晚期资本主义的文化逻辑》，陈清侨等译，生活·读书·新知三联书店，1997。

马国栋：《从"三寸金莲"到"女性整容"——谈女性人类学研究的意义》，《兰州学刊》2010年第3期。

马琴芬、马德峰：《中国青少年思想价值观变迁研究——基于239首流行歌曲的分析》，《山西青年管理干部学院学报》2005年第3期。

迈克·费瑟斯通：《消费文化与后现代主义》，刘精明译，译林出版社，2000。转引自赵飞《论短信文学的后现代文化背景》，《梧州学院学报》2011年4月第21卷第2期。

农夫三拳：《评论：网民对同性恋存误解 专业人士解读"罪与罚"》，凤凰网，2011。http://ent.ifeng.com/idolnews/special/lvlipingfithomo/detail_2011_07/01/7385193_0.shtml。

潘小松：《美国消费主义的起源》，《博览群书》2004年第4期。

潘泽泉、杨莉瑰：《女性研究范式重建、知识建构逻辑与中国经验——社会性别视角下的女性发展研究》，《广东社会科学》2011年第1期。

潘岳：《直面中国资源环境危机——呼唤以新的生态工业文明取代旧工业文明》，《国土资源导刊》2005年第2期。原载《环球时报》2004年2月6日第15版。

彭慧蓉、钟涨宝：《大学生消费方式的现代性与后现代性分析》，《经济师》2004年第7期。

齐格蒙特·鲍曼：《个体化社会》，范祥涛译，上海三联书店，2002。

〔日〕千石保：《"认真"的崩溃——新日本人论》，何培忠译，商务印书馆，1999。

〔日〕千石保：《日本的高中生》，胡霞译，海豚出版社，2001。

钱可威：《浅析列宁的"爱国主义"观——从对列宁一句话的误译谈起》，《理论月刊》2007年第1期。

钱雪梅：《论文化认同的形成和民族意识的特性》，《世界民族》2002年第3期。

乔纳森·H.特纳：《社会学理论的结构》，邱泽奇、张茂元译，华夏出版社，2008。

乔治·瑞泽尔：《后现代社会理论》，华夏出版社，2003。

仇立平：《上海社区的志愿者活动》，《社会》1998年第2期。

邱雪：《董洁潘粤明26日奉子成婚　无明星到场》，搜狐网，2008。http：//yule.sohu.com/20080926/n259769220.shtml。

茹春亚、黄爱华：《社会转型期符号消费的伦理学分析》，《理论与改革》2003年第6期。

萨利·毕培·杰里米·克迪：《企业和个人成功的基础》，经济管理出版社，2006。

申玉：《流行歌曲与青少年价值观交互影响的多视角研究》，《山西大学》，2008。

宋蕾等：《"80后"青少年人生价值观实证研究》，《青岛大学师范学院学》，2009。

苏颂兴：《从传统向自我向他人价值导向的转变——当代中国青年人生价值观的演变》，《当代青年研究》1998年第4期。

孙立平：《关注 90 年代中期以来中国社会的新变化》，《社会科学论坛》2004 年第 1 期。

孙玉杰：《关于社会转型过程中大学生价值观不确定性的思考》，《青年探索》1998 年第 5 期。

谭建光、凌冲、朱莉玲：《现代都市志愿者心态分析》，《中国青年研究》2005 年第 1 期。

田力萌、杨长征：《近 5 年青少年流行文化现象的特点》，《中国青年研究》2003 年第 2 期。

涂敏霞、张炳富：《广州市民如何看待志愿工作——关于广州市民对志愿工作认知的调查报告》，《青年探索》1998 年第 4 期。

王芳、张乐天：《高校志愿服务活动参与主体状况的调查与思考》，《山西青年管理干部学院学报》2000 年第 3 期。

王建民：《身体与城乡结构的象征性界分——以黑龙江吴村建筑农民工群体为例》，《江海学刊》2009 年第 9 期。

王军等：《传统与后现代——当代大学生价值观教育刍议》，《辽宁教育研究》2004 年第 3 期。

王宁：《消费的欲望》，南方日报出版社，2005。

王蒲生：《轿车与消费主义》，《道德与文明》1998 年第 6 期。

王玉生，陈剑旄：《关于节俭与消费的道德思考》，《道德与文明》2003 年第 1 期。

王展鹏：《宪法爱国主义与欧洲认同：欧洲宪法的启示》，《欧洲研究》2005 年第 5 期。

王治河：《论后现代的全球意识》，《马克思主义与现实》1998 年第 4 期。

王逢振、谢少波：《全球化文化与空间在中国的复制》，《社会科学》2006 年第 7 期。

汪益民等：《高校研究生人生价值观现状调查和思考》，《学位与研究生教育》1997 年第 6 期。

文兵：《现代和后现代价值观的超越：多元中的追求》，《学术研究》2008 年第 8 期。

文华：《整形美容手术的两难与焦虑的女性身体》，《妇女研究论丛》2010 年第 1 期。

吴鲁平、刘涵慧、王静：《公民国家认同的特点及其与对外接纳度的关系研究——来自 ISSP 的证据》，《国际社会科学杂志（中文版）》2010年第 3 期。

吴鲁平：《西方发达国家青年价值结构的转型及其社会经济根源——英格尔哈特的后现代化理论》，《中国青年政治学院院报》2002 年第 2 期。

吴鲁平：《转型社会中青年人格价值取向的结构及其特点》，《青年研究》1995 年第 5 期。

吴鲁平：《转型社会中的青年心态》，黄志坚、潘岳、李晨主编《走向新世纪的中国青年》丛书，中国和平出版社，1996。

吴鲁平：《发达国家青年价值观变迁的启示》，《中国青年研究》2001年第 5 期。

吴鲁平：《中国当代大学生问题报告》，江苏人民出版社，2003。

吴鲁平：《志愿者的参与动机：类型、结构——对 23 名青年志愿者的访谈分析》，《青年研究》2007 年第 5 期。

吴红艳：《西南高校大学生人生价值观调查》，《宁波大学学报（教育科学版）》2008 年第 2 期。

武小燕：《日本"成人式"的现状及其启示》，《河南教育学院学报（哲学社会科学）》2009 年第 1 期。

向荣：《背景与空间：90 年代中国文学的文化语境》，《社会科学研究》2002 年第 2 期。

肖显静：《消费主义盛行对世界环境的影响》，《前线》2002 年第 9 期。

潇潇暮：《"模范夫妻"姚晨夫妇离婚　娱乐圈那些丢失了爱情的明星们》，搜狐网，2011。http://www.tiboo.cn/yule/b608718/。

谢维和：《青年价值观发展报告》，单光鼐、陆建华主编《中国青年发展报告》，辽宁人民出版社，1994。

谢昌逵：《展望新人类——全球化与青年价值观的演变》，《青年研究》2001 年第 3 期。

熊东萍、苏华：《全球化下的大学生全球意识教育》，《江西教育科研》2005 年第 12 期。

许戈辉：《李银河：同性婚姻对中国有百利而无一害》，凤凰网，2011。http://phtv.ifeng.com/program/mrmdm/detail_2011_03/14/5142365_0.shtml。

徐华春等：《中国青年人生价值观初探》，《西南大学学报（人文社会科学版）》2008 年第 5 期。

徐文新、李五一、李艳、郝瑞庭：《中国青年志愿者行动的现状与发展》，《中国青年研究》1996 年第 2 期。

许燕等：《北京和香港大学生价值观的比较研究》，《心理学探新》2001 年第 4 期。

袁潇、风笑天：《少年手机需求及使用行为研究现状》，《中国青年研究》2011 年第 4 期。

袁久红、陈培永：《全球化语境下的国家意识与民族认同——对流行的三种理论话语的辨析》，《江苏行政学院学报》2006 年第 5 期。

阎缨：《消费主义文化与环境意识》，《昆明大学学报》2002 年第 1 期。

杨国枢：《传统价值观与现代价值观能否同时并存》，杨国枢编《中国人的价值观——社会科学观点》，桂冠图书公司，1994。

杨锋：《转型期农村青年人生价值观的分化与整合》，《青年探索》2009 年第 1 期。

杨雄：《澳门青少年人生价值观调查研究》，《中国青年研究》1996 年第 4 期。

杨雄：《中国当代青年价值观发展的三个阶段》，《探索与争鸣》1999 年第 5 期。

杨雄：《应正确看待当前青少年"高消费"现象》，《探索与争鸣》2003 年第 5 期。

杨魁、董雅丽：《消费文化——从现代到后现代》，中国社会科学出版社，2003。

姚本先等：《国内外大学生人生观研究的现状、问题及趋向》，《辽宁师范大学学报（社会科学版）》2007 年第 1 期。

姚建平：《消费认同》，社会科学文献出版社，2006。

〔英〕安东尼·吉登斯：《社会学》（第六版），北京大学出版社，2010。

〔英〕鲍曼：《被围困的社会》，郇建立译，江苏人民出版社，2005。

〔英〕J. M. 凯恩斯：《就业利息和货币通论》，商务印书馆，1963。转引自郑红娥《社会转型与消费革命——中国城市消费观念的变迁》，北京大学出版社，2006。

〔英〕迈克·费瑟斯通：《消费文化与后现代化主义》，刘精明译，译林出版社，2000。

周宪、许钧主编《文化：社会学的视野》，商务印书馆，2002。

约翰·斯道雷：《文化理论与通俗文化导论（第二版）》，南京大学出版社，2001。

俞海山：《可持续消费模式论》，经济科学出版社，2002。

余晓敏：《道德消费主义：欧美管理学界的理论与实证研究以及对我国的启示》，《甘肃社会科学》2005年第4期。

于颖：《消费主义与城市青少年》，《中国青年研究》2006年第1期。

张帆等：《当代大学生价值观新动向——后现代语境下的大学校园亚文化》，《中国青年研究》2006年第3期。

张红霞、李佳嘉，郭贤达：《中国城区青少年对广告价值的评价：前因和后果》，《心理学报》2008年第2期。

张健：《精神世界建构：超越意识与全球意识》，《中共福建省委党校学报》2004年第1期。

张进辅等：《中国大学生传统人生价值观的调查研究》，《西南师范大学学报（人文社会科学版）》2001年第1期。

张军、邓理峰、沈旻：《中国家庭的营销模型：90年代以来中国家庭价值观念变迁及其对家庭消费的影响》，《财经界》2005年第6期。

张汝伦：《经济全球化和文化认同》，《哲学研究》2001年第2期。

张卫良：《20世纪西方社会关于"消费社会"的讨论》，《国外社会科学》2004年第5期。

张文伟：《消费主义的兴起与现代化的发展》，《理论月刊》2005年第6期。

赵飞：《论短信文学的后现代文化背景》，《梧州学院学报》2011年第21卷第2期。

赵金亮等：《改革开放后大学生人生价值观的嬗变与重塑探微》，《学理论》2009年第15期。

郑德生：《评当代大学生的价值观——兼析现代西方哲学思潮的影响》，《青年研究》1982年第7期。

郑杭生主编《从传统向现代快速转型过程中的中国社会》，中国人民大学出版社，1996。

郑红娥：《社会转型与消费革命——中国城市消费观念的变迁》，北京大学出版社，2006。

郑红娥：《中国的消费主义及其超越》，《学术论坛》2005 年第 11 期。

郑震：《身体：当代西方社会理论的新视角》，《社会学研究》2010 年第 3 期。

周安平：《结构婚姻性别基础》，《北大法律评论》2004 年第 6 卷第 1 期。

周中之：《全球化背景下民族精神教育初探》，《思想·理论·教育》2005 年第 3 期。

周艳春：《李银河：闪婚符合人性》，新浪网，2005。http：//eladies. sina. com. cn/nx/2005/0527/1030162891. html。

《中国大百科全书·音乐舞蹈卷》，中国大百科全书出版社，1989。

中国青少年研究中心、中国青少年发展基金会编《新跨越——当代农村青年报告（1999～2000）》，浙江人民出版社，2000。

中国社会科学院社会学所：《中国青年大透视——关于一代人的价值观演变研究》，北京出版社，1993。

钟祖荣：《可持续发展消费伦理的大力倡导及其生态意义》，《北京教育学院学报》2002 年第 4 期。

Abramson and Inlehart, 1995, Valur Change in Global Perspective. Ann Arbor. University of Michigan Press. 转引自 Partrick Mullins. Dai – Yeun Jeong. John S. Western. et al. Consumerim and Sustainable Development：An Australian – south Korean Comparative Study. Korean Social Science Journal. 2004. 1。

Baltimore. Johns Hopkins University Press. 转引自成伯清《消费主义离我们有多远》，《江苏行政学院学报》2001 年第 2 期。

Biswas – Diener, R. , Diener, E. 2001, Making the Best of a Bad Situation：Satisfaction in the slums of Calcutta. Social Indicators Research, 55, 329 – 352.

Blank, T. Schmidt, 2003, National Identity in a United Germany：Nationalism or Patritism? An Empirical Test with Representative Data. 24（2）：289 – 312.

Bronfenbrenner, U. , & Evans, G. W, 2000, Developmental Science in the 21st Century：Emerging Questions, Theoretical Models, Research Designs and Empirical Findings. Social Development, 9（1）, 115 – 125.

Bruce E. Tonn and Carl Petrich, 1998, Everyday Life's Constraints on Cityzenship in The United States. Academic Press Futures. 30.

Charlton, T., Panting, C., Hannan, A. Mobile Telephone Ownership and Usage among 10 & 11 Year olds: Participation and Exclusion. Emotional and Behavioral Difficulties, 2002, 7: 152 – 163. 转引自袁潇、风笑天《青少年手机需求及使用行为研究现状》,《中国青年研究》2011 年第 4 期。

Chien – Huang Lin and Hung – Ming Lin, 2005, An Exploration of Taiwaness Adolescents' Impulisive Buying Tendency. Adolescence. Vol. 40.

Chien – Huang Lin and Hung – Ming Lin. An Exploration of Taiwaness Adolescents' Impulisive Buying Tendency. Adolescence, No. 157, 2005, pp. 215 – 216.

Cohen S., Wills T. A., 1985, Stress, Social Support, and the Buffering Hypothesis. Psychol. Bull. 98: 310 – 57.

Claire Wallace, Sijka Kovatcheva, 1998, Youth in Society: Modernization and the Construction of Youth, Macmiccan Press led, 216.

Clas Eriksson, 2004, Can Green Consumerism Replace Environmental Regulation? – A Differentiated – products Example. Resource and Energy Economics. 26.

Consumerim and Sustainable Development: An Australian – south Korean Comparative Study. Korean Social Science Journal, 1.

Coenders, M., & Scheepers, P., 2003, The Effect of Education on Nationlism and Ethnic Exclusionism: An International Comparison. Political psychology.

Dagevos, H., 2005, Consumers as Four – faced Creatures: Looking at Food Consumption from the Perspective of Contemporary Consumers. Appetite, 45: 33.

Davidov, E., 2009, Measurement Equivalence of Nationalism and Constructive Patriotism in the ISSP: 34 Countries in a Comparative Perspective, Advance Access Publication.

Diener, E., 2000, Subjective Well – Being: The Science of Happiness and a Proposal for a National Index. American Psychologist, 55（1）, 34 – 43.

Diener, E., Biswas – Diener, R., 2002, Will Money Increase Subjective Well – Bing? Social Indicators Research 57: 119 – 169.

Diener, E., Diener, M., Diener, C., 1995, Factors Predicting the Subjective Well – being of Nations'. Journal of Personality and Social Psychology, 69, 851 – 864.

Diener, E., Sandvik, E., Seidlitz, L., & Diener, M., 1993, The Relationship between Income and Subjective Well – being: Relative or Absolute? Social Indicators Research 28, 195 – 223.

Diener, E., & Suh, E. M., 1999, National Differences in Subjective Well – being. In E. Kahneman, E. Diener, & N. Schwarz (Eds.), Well – being: The foundations of Hedonic Psychology (pp. 434 – 450). New York: Russell Sage Foundation。

DiMaggio. Paul, 1994, Culture and Economy. PP. 27 – 57 in The Handbook of Economic Socilolgy, edited by N. J. Smelser and R. Swedberg. Princeton, NJ: Princeton University Press. (转引自 Ronald Inglehart, Wayne E. Baker. "Modernization, Cultural Change, and the Persistence of traditional Values")。

Diener, E., & S. Oishi: 2000, "Money and Happiness: Income and subjective Well – being across Nations", in E. Diener and E. M. Suh (eds.), Subjective Well – being across Cultures, Cambridge, MA: MIT Press.

Doeley, K. M., & Silver, B. D, 2000, "Sub – national and National Loyalty: Cross – national Comparisons", International Journal of Public Opinion Research, Vol. 12 (4).

Earl Babbie, 2005, The Basics of Social Research Third Edition, 北京大学出版社。

Easterlin, R. A, 1995, Will Raising the Incomes of All Increase the Happiness of All? Journal of Economic Behaviour and Organization, 27 (1), 35 – 48.

Easterlin, R. A, 2001, Income and Happiness: Towards a Unified Theory. Economic Journal, 111 (473), 465 – 484.

Edwards, P, 1990, The Amy and the Micro – Word: Computers & the Polotics of Gender Identity. Journal of Women in Culture and Society, 16. Miles, S. (1998). Consumerism: as a Way of Life. London: Sage. Mullins, P., Jeong, D. Y., Western, J. S., et al. (2004).

Evans, M. D. R., & Kelley, J, 2003, National Pride in the Developed World: Survey Data from 24 Nations. International Journal of Public Opinion Research, 14 (4).

Fairbrother, G. P, 2003, . Toward Critical Patriotism – Student resistance to Political Education in Hongkong and China, Hong kong University Press, 78 – 105.

Hans Dagevos, 2005, Consumers as Four – faced Creatures. Looking at Food Consumption from the Perspective of Contemporary Consumers. Appetite.

Hjerm, M, 1998, National identities, National Pride and Xenophobia: A Comparison of Four Western Countries. Acta Sociologica, 41 (4).

Huddy, L., & Khatib, N, 2007, American Patriotism, National identity, and Political Involvement. Amercian Journal of Political Science, 51 (1): 63 – 77.

Hustinx, 2001, Individualism and New Styles of Youth Volunteering: An Empirical Exploration. Voluntary Action 3 (2), 47 – 55. 转引自 Walter Rehberg, 2005, Altruistic Individualists: Motivations for International Volunteering Among Young Adults in Switzerland, Voluntas: International Journal of Voluntary and Nonprofit Organizations. Vol. 16, No. 2, June 2005 (C 2005).

Jones, F. L., & Smith, P, 2001, Diversity and Commonality in National Identities: An Exploratory Analysis of Cross – National Patterns. Journal of Sociology, 37 (1): 45 – 63.

Jones, F. L., & Smith, P. 2001b, "Individual and Societal Bases of National Identity: A Comparative Multi – level Analysis", European Sociological Review. Vol. 17.

Keane, J., 1994, "Nations, Nationalism and Citizens in Europe", International Social Science Journal. Vol 140. 转引自 Hjerm, M. 1998a, "National Identities, National Pride and Xenophobia: A Comparison of Four Western Countries", Acta Sociologica. Vol. 41 (4)。

Kellner. Critical Theory, Maxism, and Modernity, Baltimore. Johns Hopkins University Press, 1989. 转引自成伯清:《消费主义离我们有多远》,《江苏行政学院学报》2001 年第 2 期。

Kunovich, R. M., 2004, "Social Structural Position and Prejudice: An Exploration of Cross – national Differences in Regression Slopes", Social Science

Research. Vol. 33.

Kunovich, R. M., 2009, "The Sources and Consequences of National Identification", American Sociological Review. Vol. 74.

Lau, A., Cununlns, R., & MePherson, W., 2005, An Investigation into the cross – cultural equivalence of the Personal Well – being Index. Social Indicators Research, 75: 403 – 3

Legge Jr, J. S., 1996, Antiforeign Sentiment in Germany: Power Theory versus Symbolic Explantion of Prejudice. The Journal of Politics, 1996, 58 (2): 516 – 527.

Lucia Rabello de Castro, 2006, What's New in The South? —Consumer Culture and The Vicissitudes of Poor Youth's Identity Construction in Uurban Brazil. Young.

Meincke, F., 1970, Cosmopolitanism and the National State (7th ed, Kimber, R. B. Trans.) Princeton University Press——转引自 Stephen, S (2002). Challenging the civic/Ethnic and West/East Dichotomies in the Study of Nationlism. Comparative Political Studies, 35: 555。

Michael, I, 1993, Blood and belonging: Journeys into the New Nationalism. New York: Farrar, Straus, Giroux. 转引自 Shulman, S. Challenging the civic/Ethnic and West/East Dichotomies in the Study of Nationlism Comparative Political Studies, 2002, 35: 556。

Moghadam, V. M., 1995, Gender and Revolutionary Transformation", Gender and Society, 9. 转引自 Evans, M. D. R., Kelly, J. (2003). National Pride in the Developed World: Survey Data from 24 Nations. International Journal of public opinion Research, 14 (4): 324。

New Standard Encyclopedia, Standard Educational Corporation, Chicago, U. S. A., Vol. 13, 1990. 转引自张鹭《当代流行歌曲歌词的语言艺术》, 硕士学位论文, 2005。

Park, N., Peterson, C., & Seligman, M. P., 2004, Strengths of Character and Well – Bing. Journal of Social and Clinical Psychology, 23 (5): 603 – 619.

Partrick Mullins. Dai – Yeun Jeong. John S. Western. etal, 2004., Consumerim and Sustainable Development: An Australian – south Korean Comparative Study. Korean Social Science Journal.

Quillian, L., 1995, "Prejudice as a Response to Perceived Group Threat: Population Composition and Anti – immigrantand Racial Prejudice in Europe". American Sociological Review, Vol. 60 (4).

Raijman, R., Davidov, E., Schmidt, P., & Hochman, O., 2008, "What does a Nation Owe non – citizens? National attachments, Perception of Threat and Attitudes towards Granting Citizenship Rights in a Comparative Perspective", International Journal of Comparative Sociology. Vol. 49.

Ran Wei. Zhongdang Pan, 1999, Mass Media and Consumerist Values in the People's Republic of China. International Journal of Public Opinion Research.

Rex, J, 1996, National Identity in the Democratic Multi – cultural State. Sociological Research Online, 1 Issure 2, Http: //www. socresonline. org. uk/socresonline/1/1/1. html——转引自 M. Hjerm (1998). National identities, national pride and Xenophobia: A comparison of four western countries. Acta Sociologica, 41 (4): 337。

Rogers, B., & Cooper, F., 2009, "Beyond 'identity' Thoery and Society", 29: 转引自 Kunovich, R. M. (2009). The Sources and Consequences of National Identification. American Siciological Review, 74: 574。

Ronald Inglehart, 1997, "Modernization and Postmodernization – cultural, Economic and Political Change in 43 Societies. Princeton", Princeton University Press.

Ronald Inglehart, Wayne E. Baker, 2000, Modernization, Cultural Change, and the Persistence of traditional Values", American Sociological Review, Vol. 65, February, PP. 19 – 51.

Scheepers, P., Gijsberts, M., Coenders, M., 2002, "Ethnic Exclusionism in European Countries. Public Opposition to Civil Rights for Legal Migrants as a Response to Perceived Ethnic Threat", European Sociological Review. Vol. 18.

Semyonov, M., Raijman, R., Tov, A. Y., & Schmidt, P., 2004, "Population Size, Perceived Threat, and Exclusion: A Multiple – indicators Analysis of Attitudes toward Foreigners in Germany". Social Science Research. Vol. 33.

Shulman, S., 2002, Challenging the civic/Ethnic and West/East Dichotomies in the Study of Nationlism. Comparative Political Studies.

Sinnott, R., 2004, An Evaluation of the Measurement of National, Subnational and Supranational Identity in Major cross/national Surveys.

Sklair, L. 1991, Solciology of Global System. New York: Harvester Wheatsheaf. Bronfenbrenner U. (1979). The Ecology of Human Development: Experiments by Nature and Design. Cambridge, MA: Harvard University Press.

Sklair. L. Solciology of Global System. New York. Harvester Wheatsheaf. 1991. 转引自 Partrick Mullins. Dai – Yeun Jeong. John S. Western. et al. Consumerim and Sustainable Development: An Australian – south Korean Comparative Study. Korean Social Science Journal. 2004. 1。

Smith, A, 1991, National Identity. Penguin Books, London: 9 – 10. 转引自 Jones, F. L., Smith, P. Individual and Societal Bases of National Identity – A Comparative Multi – level Analysis, 2001, European Sociological Review, 2001b, 17 (2): 105。

Smith, T. W., & Kim, S., 2006, "Word opinion, National Pride in Comparative Perspective: 1995/1996a and 2003/2004", International Journal of Public Opinion Research. Vol. 18 (1).

Stephen, C., Kosack, G., 1985, Immigrant Workers and Class Structure in Western Europe. 2d ed. New York: Oxford University Press, 转引自 Legge Jr, J. S. (1996). Antiforeign Sentiment in Germany: Power Theory versus Symbolic Explantion of Prejudice. *The Journal of Politics*, 1996, 58 (2): 517。

Stephen, S., 2002, Challenging the civic/Ethnic and West/East Dichotomies in the Study of Nationlism. Comparative Political Studies, 35: 558 – 559.

Talcott Parsons, 1951, The Social System, Routledge & Kegan Paul Ltd, England

Tomlinson. J. Cultural Imperialism. London. Pinter Publishers. 1991. 转引自 成伯清《消费主义离我们有多远》,《江苏行政学院学报》2001 年第 2 期。

Veenhoven, R., 1991, Is Happiness Relative? Social Indicators Research, 24, 1 – 34.

William T. Cavanaugh. When Enough is Enough. Sojourners Magazine. 2005. 34.

Walter Rehberg, 2005, Altruistic Individualists: Motivations for International Volunteering among Young Adults in Switzerland, Voluntas: International Journal of Voluntary and Nonprofit Organizations.

# 后　记

　　本书是本人在承担全国教育科学"十五"规划项目"北京青年的后现代价值观研究"（项目编号为 FEB011092）、国家社会科学基金"十五"规划项目"全球化时代中国城市青少年价值结构的多重性研究"（项目编号为 03BSH028）和"中日韩三国青年社会意识比较研究"国际合作项目（1999~2003 年）等三个重大项目的基础上，在中国青年政治学院后期科研项目经费的资助下，与本系的刘涵慧、王静两位年轻教师以及自己所带的研究生和本科生合作完成的。书中有 8 篇文章曾在《中国青年研究》《青年研究》和《中国青年政治学院学报》等 CSSCI 期刊上发表，还有 1 篇文章发表在中国社会科学杂志社与联合国教科文组织合办的重要刊物《国际社会科学杂志（中文版）》上。上述 9 篇文章，有的被《社会科学报》、人大复印报刊资料《政治学》和《青少年导刊》全文转载，产生了一定的社会影响。"北京青年的后现代价值观研究"项目在 2010 年结项时，受到专家好评，被评为优秀等级。

　　书中的其余 12 篇文章，则是在近几年得到中国青年政治学院科研基金资助后，在充分利用上述三个项目积累的第一手实证调查资料和收集到的两个高度相关的大型国际调查，即"国际社会调查项目"（ISSP）和"世界价值观调查"（WVS）的原始数据库的基础上，依据"全球化理论"和"后现代化理论"，并运用 SPSS、AMOS 和 HLM 等定量资料分析软件中的各种统计分析技术以及 Nvivo 定性资料分析软件中的各种分析技术，对原始资料进行深度分析后写成的。

　　从书中本人撰写的第一篇文章《西方发达国家青年价值结构的转型及其社会经济根源》在《中国青年政治学院学报》2002 年第 2 期上发表，到我和刘涵慧、王静两位年轻老师合作撰写并发表在《国际社会科学杂志》2010 年第 1 期上的文章《公民国家认同的特点及其与对外接纳度的关系研究》被中国人民大学书报中心复印报刊资料《政治学》2011 年第 5 期全文转载，历时近 10 年的时间。而从 2001 年第一篇文章撰写开始，到书中最后一篇文章撰写结束，则经历了 12 年的时间。这长达 12 年的研究历程大致可以分为两个阶段。

**1. 艰难的探索阶段（2001～2005 年）**

这一阶段重点是从"后现代化理论"的视角来观察中国青年的价值变迁。标志性的开端是本人申报的全国教育科学"十五"规划项目"北京青年的后现代价值观"被获准立项。但真实的起点，则比它要早得多。在与日本佛教大学社会学部的同行从事"中日韩三国青年社会意识研究"的过程中，1999 年我在日本京都与佛教大学星明教授和君冢大学教授的交流过程中得知，美国密歇根大学的 Ronald Inglehart 教授在 1997 年出版了一本研究价值观的专著，书名叫做《Modernization and Postmodernization》。一听到书名我就产生了好奇，因为当时的国内同行在研究青年价值观时，用得最多的理论视角有两个：一个是"从计划到市场"的转型理论；另一个就是"从传统到现代"的现代化理论。也有将两个视角合成一个，统称为"社会转型理论"。而用"后现代化理论"来解释青年的价值变迁，我还是第一次听说。再一看书，顿时有种"眼前一亮"的感觉。该书不仅在理论上给人一种新颖的感觉，其经验证据的充实度和代表性也令我吃惊。因此，回国后对该书进行了仔细研读，于 2000 年写了一篇后来发表在《中国青年政治学院学报》2001 年第 2 期的那篇文章，对该书的一些主要发现作了介绍。随后，2002 年在澳大利亚的昆士兰大学参加由"国际社会学协会"（ISA）举办的四年一度的"世界社会学大会"时，在其中的"青年社会学研究委员会"，即 RC34 分会场，认识了当时担任秘书长的 Claire Wallace 女士。由于早就从 RC34 委员会通讯上得知她和 Sijka Kovatcheva 合作写了一本叫做《Youth in Society-The Construction and Deconstruction of Youth in East and West Europe》的书（1998 年由 Macmillan Press LTD 出版），所以，见面就告诉她我对此书非常感兴趣，建议用我出版的中文著作和她交换，她当即非常愉快地同意了，会后，我很快就收到了她寄来的那本书。在仔细研读了她的著作及日本学者千石保先生写的《认真的崩溃》之后，又写了一篇题为《发达国家青年价值观变迁的启示》的文章。

在引介性的工作完成后，当我将目光转向中国来研究中国青年的价值观变迁时，就显得步履维艰。这主要有三个方面的原因。

一是当时中国的大多数学者，尤其是研究中国青年价值观的学者，他们的共同话语还停留在"现代化理论"，更准确地说，是停留在"古典现代化理论"的话语，对于"后现代化理论"的话语，他们不熟悉，难以沟通和交流。

二是中国属于发展中国家，现代化的大业远没有完成，总体来说还不够发达和富裕，因此，从"后现代化理论"或从"后现代社会理论"的视角来观测中国青年的价值变迁，是否具有合理性是一个问题。当然，与前一个问题比较起来，这个问题是带有根本性的。在这种情形下，是否应该沿着这一路径走下去，我自己感到彷徨和困惑。在相当长的一段时间里，一直在思考和观察，不敢写任何东西。

三是究竟要选取哪些领域进行研究，以及采用什么方法来研究。即框架和方法问题。与第二个问题比较起来，这是一个最核心的问题。

但值得庆幸的是，困扰研究深入下去的前两个问题在随后基本得到解决。从第一个问题来看，介绍或研究"后现代社会理论"和"后现代化理论"的专著和文章越来越多，学者的观点也从一开始大多将其（"后学"）视为垃圾范式，逐步转变为有越来越多的学者开始对它加以辩证地看待。对于第二个问题，我的想法是，尽管中国还在进行现代化，工业化还没有完成，但信息化和后工业化的浪潮同样在席卷中国城市。中国的绝大多数省会城市，甚至包括西部的许多省会城市，如成都、西安等地，无论是从工业产值所占的比重看，还是从在工业领域里就业的劳动力所占比重看，都已经不是一个由工业所主导的工业社会了，当然，更不是一个由农业所主导的农业社会，已经变成了一个地地道道的后工业社会结构，即第三产业的产值所占比重和在第三产业就业的劳动力所占比重，都远远超过了工业，更超过了农业。关于这一点，景天魁老师做了非常好的概括。他认为，从时空的角度来看，中国社会的最大特点是"时空压缩"，即传统、现代和后现代的东西，同时存在于中国当下的社会之中。此外，在中国城市，尤其是在中国的沿海发达城市和各省会城市中成长起来的一代，即所谓的"80后"或现在的"90后"，与他们的父母相比，生活在一个物质相对富裕的社会之中。这意味着后现代价值观在中国的城市社会具有它存在的社会基础和条件。因而，从"后现代化理论"的视角来研究中国青年的价值观，当然也就具有一定的合理性。

在这一阶段，还有一个困惑就是，对于社会结构的这种变迁及其由此所导致的价值观变迁，到底用什么"标签"或"话语"来命名也是一个问题。除了用"后现代化"和"后现代性"来指称上述变化外，国外有学者将其称为"晚期现代化"和"晚期现代性"（如吉登斯等）；国内也有学者将其称为"第二次现代化"（如何传启先生）或"新型现代性"等（如郑杭生老师）。尽管"称谓""话语"或"能指"有所不同，但其"所指"则大体基本一致。但由于美国学者 Inglehart 在《Modernization and Postmodernization》一书中，依据"世界价值观调查"数据，通过因子分析，比较系统地区分了价值变迁的"两个维度"，即"从传统到现代维度"和"从现代到后现代维度"，且每个维度所具有的指标也比较清晰，所以，我觉得用"后现代化"来指称价值观上的这种变迁，也未尝不可。命名和符号固然重要，但我觉得，命名和符号所指称的那些现象或表征，在中国的当下社会是否已经或正在发生，以及将来是否会进一步扩散和加剧，则似乎更为重要。

### 2. 扎实的攻坚阶段（2006~2012年）

这一阶段之所以是攻坚，主要是因为要解决前面提到的第三个问题。即框架和方法问题。对于这一问题，一开始打算只采用定量的方法，设计一个总问卷进行调查，然后对资料进行量化分析。但后来发现，在没有做深入的本土化工作的前提下去设计一个结构化的问卷，在相当程度上只能是简单地重复"世界价值观调查"的内容，难以有新的发现。因此，经过再三思考，放弃了这种想法和做法。最后选定的研究策略是，围绕总体目标，采用"各个击破"的方法。

接下来的研究实际上沿着"两条路径"逐步展开。

第一条路径是继续沿着"后现代化理论"的索引前行。沿着这一路径，我自己独立完成了北京青年的价值观向后现代价值转向的研究，撰写相关论文1篇；我和我的同事或学生合作，研究了中学生中的消费主义倾向及其影响因素，撰写了3篇相关方面的学术论文；我和我的同事或学生合作，研究了世界各国公民的主观幸福感及其影响它的个体与国家特征，以及中国IT白领青年的主观幸福感及其影响因素，撰写了3篇相关方面的学术论文；我和我的学生合作，研究了大学生的后现代人生价值观及其影响因素，撰写相关方面的学术论文1篇；我和我的学生合作，还研究了女性身体建构、明星婚姻形态、流行音乐和手机短信中所呈现出来的具有后现代价值取向的各种表征，共撰写了4篇学术论文。如果说在这一阶段研究的早期，主要是从与"系统"相关的层面来探寻青年中的后现代价值取向的话，那么，在这一阶段研究的后期，则主要是从青年的"日常生活领域"来探寻青年的后现代价值取向。

第二条路径则是沿着"全球化理论"的索引前行。在这一路径里，又细分为两条小的路径：（1）从跨国或跨文化的视角，研究了世界各国尤其是美国和日本等发达国家公民的国家认同的结构、特点及其与对外接纳度的关系，以及影响它的个体因素和国家特征方面的因素等，共写了4篇学术论文。（2）将目光聚焦到中国，研究了青年国家意识与全球意识的关系及青年国家态度与全球态度的关系等，共撰写了2篇相关的学术论文。

在沿着上述两条路径前行的时候，我们还力图对上述两个理论进行某种程度的超越，于是，又借用了"时空压缩"这一概念工具，对中国青年价值观变动及其特点做了更具"本土化"特色的描述与解释，提出了类似青年价值结构的"多重性"和价值观的"结构转型"与"多元共生"等概念。

回顾10多年来我们对青年价值观的研究历程，并不总是感到兴奋和愉悦。因为，在这种回顾与反思中，我们也清醒地意识到研究中存在的许许多多的问题，充满了各种遗憾。

譬如，我们在研究中国青年的价值观时所采用的理论框架，无论是全球化理论，还是后现代化理论，基本上都属于国外的理论。尽管我们利用中国的经验资料对其进行了验证和修订，也力图用"时空压缩"、结构多重性、多元共生等理论概念来重新概括中国的经验发现，但从总体上看，与具有真正意义上的"中国气派、中国风格和中国特色"这一要求或标准比起来，还有很大差距。

又譬如，对中国青年价值观的研究，还缺乏全国范围大规模的概率抽样调查。我们的调查，有的局限在某一两个城市，因而，缺乏对全国范围内青年价值观现状的推论意义；有的采用的是定性研究方法，选取的对象不是定量研究意义上的有代表性的样本，因而，其研究结论只具有探索性的意义。

上述理论框架和方法方面的问题或遗憾，只能留在我们的后续研究中去加以解决。

本书各章的写作分工为：第一章：吴鲁平、刘涵慧、王静；第二章：刘涵慧、吴鲁平；第三章、第四章：吴鲁平、刘涵慧；第五章：吴鲁平、文雅；第六章：吴鲁平、刘涵慧；第七章：吴鲁平；第八章：吴鲁平、王静；第九章：吴鲁平、谈杰；第十章：谈杰、吴鲁平；第十一章：黄英、吴鲁平；第十二章：吴鲁平、王静、刘涵慧；第十三章：吴鲁平；第十四章：崔雪、吴鲁平；第十五章：吴鲁平；第十六章：吴鲁平、梁璐；第十七章：吴鲁平、孙静；第十八章：吴鲁平、杨飒；第十九章：吴鲁平、钟坚龙；第二十章、第二十一章：吴鲁平。

刘涵慧和王静两位年轻教师是我所在的青少年工作系 2010 年引进的两位博士，她们均毕业于北京师范大学心理学院，刘涵慧的专长是教育心理学，王静的专长是发展心理学。

文雅、黄英、谈杰、崔雪 4 位同学是我带的研究生。文雅和黄英是 2004 级的研究生，后来两位都考上了人大的博士生。谈杰和崔雪分别是 2005 级和 2009 级的研究生。

孙静和梁璐是我带的 2008 级的本科生，孙静今年已考上北大社会学系研究生，梁璐则考上了我的研究生。杨飒和钟坚龙是我带的 2009 级的本科生。

在即将结束后记的写作时，我要感谢与我合作的两位年轻老师和六位学生，没有他（她）们的参与，书稿撰写工作不可能在如此短期内完成。我要感谢日本佛教大学的星明教授和君塚大学教授，通过与他们的合作，我不仅开阔了学术视野，更重要的是，他们及其所在学部的教授使我坚定了做"学术研究"的信念与信心，免去了当时中国学术界流行的"学术市场化"带来的困扰。我要感谢"日本国际交流基金会"的朋友，该基金会在 2009 年 3 月为我提供了非常好的住房条件和非常充裕的生活费用，让我在京都大学做了为期 4 个月的访学及对日本青年价值观的研究。在这几个月的时间里，我不仅收集了一些有关日本青年价值观和有关欧美国家青年价值观的调查资料，而且就日本青年价值观的一些问题与星明教授和君塚大学教授做了深入交流。在此期间，我还有两个意外的收获：一是获得了我一直关注的"世界价值观调查"（WVS）这一大型调查的原始数据库的使用权，二是获得了"国际社会调查项目"（ISSP）大型调查的原始数据库的使用权。我利用这一难得的没有任何公务在身的快乐幸福时光，仔细地研究了这两个大型数据库的内容及其结构，认真阅读了有关的说明及研究文献，并在此基础上，构思了若干篇论文的思路和框架。这成为我在2010～2011年，与刘涵慧和王静两位教师合作撰写那几篇文章的重要基础。

我要特别感谢为我们书稿写书评的几位教授，尤其是郑杭生教授。他给我们写的书评，不仅充分肯定了书稿的学术价值，而且非常中肯地指明了我们在后续研究中需要注意的问题，如理论框架问题和方法问题。他在理论框架方面提出的"新型现代性"，即偏重于对现代性进行建设性反思，为我们后续研究指明了理论方向。另外，他还具体指出了送审稿中一篇文章存在的问题。经过认真考虑，我们将该文从书稿中彻底删除了。

我还要感谢我的妻子吴琦和儿子吴辰绅，在这个相当"急功近利"的年代，对我这样一个"低声慢语"之人的高度钦佩和欣赏。这为我在这个充满躁动的环境里，仍然能保持一种平和的心态和理想主义的探索激情，创造了一份难得的宁静和安心。

最后，感谢社会科学文献出版社皮书出版中心邓泳红主任和本书责任编辑王颉先生，感谢对本书进行认真细致校对的简臻锐、沈永辉、付琪琳、梁璐、钟坚龙、信元等六位同学。

吴鲁平

2012 年 6 月 22 日初稿

2012 年 7 月 18 日定稿

**图书在版编目(CIP)数据**

后现代化理论视野下的青年价值观研究／吴鲁平,刘涵慧,王静等著.
—北京:社会科学文献出版社,2013.3
(青年研究学术论丛)
ISBN 978 - 7 - 5097 - 4252 - 5

Ⅰ.①后… Ⅱ.①吴… ②刘… ③王… Ⅲ.①青年 - 价值论
(哲学) - 研究 - 中国 Ⅳ.①D432.62

中国版本图书馆 CIP 数据核字 (2013) 第 018352 号

·青年研究学术论丛·
**后现代化理论视野下的青年价值观研究**

著 者／吴鲁平 刘涵慧 王 静 等

出 版 人／谢寿光
出 版 者／社会科学文献出版社
地 址／北京市西城区北三环中路甲 29 号院 3 号楼华龙大厦
邮政编码／100029

责任部门／皮书出版中心 (010) 59367127 责任编辑／王 颉
电子信箱／pishubu@ ssap. cn 责任校对／韩海超
项目统筹／邓泳红 责任印制／岳 阳
经 销／社会科学文献出版社市场营销中心 (010) 59367081 59367089
读者服务／读者服务中心 (010) 59367028

印 装／三河市尚艺印装有限公司
开 本／787mm×1092mm 1/16 印 张／27.5
版 次／2013 年 3 月第 1 版 字 数／445 千字
印 次／2013 年 3 月第 1 次印刷
书 号／ISBN 978 - 7 - 5097 - 4252 - 5
定 价／79.00 元